中国监察法学

ZHONGGUO JIANCHA FAXUE

江国华◎著

中国政法大学出版社

2018・北京

图书在版编目（CIP）数据

中国监察法学/江国华著. —北京:中国政法大学出版社, 2018.8（2020.9 重印）
ISBN 978-7-5620-8451-8

Ⅰ.①中… Ⅱ.①江… Ⅲ.①行政监察法－法的理论－中国 Ⅳ.①D922.114.1

中国版本图书馆 CIP 数据核字(2018)第 173856 号

出版者　中国政法大学出版社

地　　址　北京市海淀区西土城路 25 号

邮寄地址　北京 100088 信箱 8034 分箱　邮编 100088

网　　址　http://www.cuplpress.com (网络实名：中国政法大学出版社)

电　　话　010-58908586(编辑部) 58908334(邮购部)

编辑邮箱　zhengfadch@126.com

承　　印　北京鑫海金澳胶印有限公司

开　　本　720mm×960mm　1/16

印　　张　25

字　　数　450 千字

版　　次　2018 年 8 月第 1 版

印　　次　2020 年 9 月第 2 次印刷

定　　价　59.00 元

目　录

绪 论

2018年3月11日，第十三届全国人民代表大会第一次会议经投票表决，通过了新的《中华人民共和国宪法修正案》，在《宪法》第三章“国家机构”中增设“监察委员会”。增加的五个条文对国家监察委员会和地方各级监察委员会的名称、性质、地位、人员组成、任期任届、领导体制、工作机制等作出了专门规定。根据《宪法》相关条文规定，第十三届全国人民代表大会第一次会议于2018年3月20日通过了《中华人民共和国监察法》（以下简称《监察法》），共分9章69条，对国家监察的领导体制、国家监察机关及其职责、监察范围和管辖、监察权限、监察程序、反腐败国际合作、对监察机关和监察人员的监督、法律责任等作了全面的规定。这部法律的出台标志着我国的新监察体制正式步入了正轨，国家监察工作实现了有法可依，为监察机关与监察人员行使监察权提供了基本的法律保障，这不仅对我国未来的职务违法犯罪的监察活动起到了重要的导向作用，而且与每个公民的权利与政治生活息息相关。因此，学习并掌握该法不仅是公职人员的必要职业素养，也是公民保障自身权利与自由的有力途径，应对其有一个系统地掌握。

本书主要根据《监察法》及相关法律规定，就当前国家监察体制的各项内容、必要性、具体实施办法及存在的问题展开论述，将其与既有的法条进行对比，并与已有的监察案例相印证，力图对当前以《监察法》为核心的监察制度进行一个较为全面的梳理与解释，冀有助增强大众对该法的了解掌握。其主要内容如下所述：

一、监察委员会的性质和地位

（一）监察委员会的性质

根据现行《宪法》第123条和《监察法》第3条规定，中华人民共和国各级监察委员会是行使国家监察职能的专责机关，依法对所有行使公权力的公职人员进行监察，调查职务违法和职务犯罪，开展廉政建设和反腐败工作，维护宪法和法律的尊严。其具体含义为：

1. 监察委员会是党直接领导的政治机关，是实现党和国家自我监督的政治机关。监察委员会依法行使的监察权，不是行政监察、反贪反渎、预防腐败职能的简单叠加，而是一项与立法权、行政权、审判权、法律监督权并列的国家权力。各级监察委员会，在党直接领导下，代表党和国家对所有行使公权力的公职人员进行监督，既调查职务违法行为，又调查职务犯罪行为。监察机关的性质、地位和职权既不同于行政机关，也有别于司法机关。

2. 监察委员会是国家的监察机关，是国家机构体系的组成部分。国家监察委员会由全国人民代表大会产生，地方各级监察委员会由本级人民代表大会产生。由人民代表大会产生国家监察机关，其对人大负责、受人大监督，贯彻了人民代表大会这一根本政治制度，并确立了监察委员会作为国家机关的宪法地位。各级监察机关和监察人员依照宪法和法律规定的职责、权限和程序行使监察权，实现国家监察全面覆盖，深入开展反腐败工作，推进国家治理体系和治理能力现代化。

3. 监察委员会是行使国家监察职能的专责机关，是党和国家监督体系的组成部分。专责机关不仅强调监察委员会的专业化特征、专门性职责，更加突出强调了监察委员会的责任，行使监察权不仅仅是监察委员会的职权，更是其职责和使命担当。各级监察委员会应依照法律规定独立行使监察权，依法对所有行使公权力的公职人员进行监察，调查职务违法和职务犯罪，开展廉政建设和反腐败工作，维护宪法和法律的尊严。

（二）监察委员会的地位

在国家宪法体制中，各级监察委员会具有独立的法律地位。

1. 独立的法人资格。《宪法》第一章“总纲”第3条明确规定，“国家行政机关、监察机关、审判机关、检察机关都由人民代表大会产生”，第三章“国家机构”中也为监察委员会设专节，规定了监察委员会的性质、地位等内容，这都表明在国家宪法体制中，监察委员会是与国务院、人民法院和人民检察院等并列的国家机关。各级监察委员会与行政、审判、检察等国家机关彼此分工负责、互不隶属。

2. 独立地行使职权。根据《宪法》和《监察法》的规定，监察委员会是行使国家监察职能的专责机关。各级监察委员会依照法律规定独立行使监察权，不受行政机关、社会团体和个人的干涉。

3. 独立的组织体系。根据《宪法》和《监察法》的规定，中华人民共和国各级监察委员会是国家的监察机关。中华人民共和国国家监察委员会是最高监察机关；省、自治区、直辖市、自治州、县、自治县、市、市辖区设立监察委员会。

二、监察委员会的组织形式和领导体制

（一）监察委员会的组成和任期

根据《宪法》第124条、《监察法》第8条和第9条规定，中华人民共和国设立国家监察委员会和地方各级监察委员会。

1. 国家监察委员会由全国人民代表大会产生，负责全国监察工作。国家监察委员会由主任、副主任若干人、委员若干人组成，主任由全国人民代表大会选举，副主任、委员由国家监察委员会主任提请全国人民代表大会常务委员会任免。国家监察委员会主任每届任期同全国人民代表大会每届任期相同，连续任职不得超过两届。

2. 地方各级监察委员会由本级人民代表大会产生，负责本行政区域内的监察工作。地方各级监察委员会由主任、副主任若干人、委员若干人组成，主任由本级人民代表大会选举，副主任、委员由监察委员会主任提请本级人民代表大会常务委员会任免。地方各级监察委员会主任每届任期同本级人民代表大会每届任期相同。

（二）监察委员会的组织形式

根据《宪法》和《监察法》规定，监察委员会的组织体系包括：国家监察委员会、地方各级监察委员会、专门监察委员会和派驻或者派出监察机构、监察专员。

1. 国家监察委员会是最高监察机关，负责全国监察工作。县级以上各级监察委员会负责本行政区域内的监察工作。

2. 专门监察委员会主要是指国家在解放军和武警部队设立的专门监察委员会。根据《监察法》第68条规定，中国人民解放军和中国人民武装警察部队开展监察工作，由中央军事委员会根据本法制定具体规定。

3. 派驻或者派出监察机构、监察专员是指各级监察委员会根据监察工作需要，向党政机关和其他组织派驻或派出的工作组织。根据《监察法》第12条规定，各级监察委员会可以向本级中国共产党机关、国家机关、法律法规授权或

者委托管理公共事务的组织和单位以及所管辖的行政区域、国有企业等派驻或者派出监察机构、监察专员。监察机构、监察专员对派驻或者派出它的监察委员会负责。

4. 国家实行监察官制度，依法确定监察官的等级设置、任免、考评和晋升等制度。

（三）监察委员会的领导体制

各级监察委员会在党直接领导下，代表党和国家对所有行使公权力的公职人员进行监督。在宪法和法律的框架内，监察委员会实行双重领导体制。

1. 各级监察机关对国家权力机关负责，受其监督。国家监察委员会对全国人民代表大会和全国人民代表大会常务委员会负责，并接受其监督。地方各级监察委员会对产生它的国家权力机关负责，并接受其监督。

2. 在监察机关体系内部，国家监察委员会是最高监察机关，领导地方各级监察委员会的工作，上级监察委员会领导下级监察委员会的工作。地方各级监察委员会对上一级监察委员会负责，并接受其监督。

三、监察委员会的职责、权限和监察范围

（一）职责

监察委员会依照《监察法》和有关法律规定履行监督、调查、处置之职责。

1. 监督职责。监督是监察委员会的首要职责，监察委员会将代表党和国家，依照宪法、监察法和有关法律法规，监督所有公职人员行使公权力的行为是否正确，确保权力不被滥用，确保权力在阳光下运行，把权力关进制度的笼子里。监察机关履行监督职责的方式包括教育和检查，其中，廉政教育是防止公职人员发生腐败的基础性工作，廉政教育的根本内容是加强理想信念教育，使“讲规矩、守法律”成为公职人员的自觉行动，不断增强不想腐的自觉。监督检查的方法包括列席或者召集会议、听取工作汇报、实施检查或者调阅、审查文件和资料等，内容是公职人员依法履职、秉公用权、廉洁从政从业以及道德操守情况。

2. 调查职责。调查的主要内容，包括涉嫌贪污贿赂、滥用职权、玩忽职守、权力寻租、利益输送、徇私舞弊以及浪费国家资财等职务违法和职务犯罪行为，基本涵盖了公职人员的腐败行为类型。其中，“贪污贿赂”主要是指贪污、挪用、私分公共财物以及行贿受贿等破坏公权力行使廉洁性的行为；“滥用职权”主要是指超越职权，违法决定、处理其无权决定、处理的事项，或者违反规定

处理公务，致使公共财产、国家和人民利益遭受损失的行为；“玩忽职守”主要是指公职人员严重不负责任，不履行或者不认真、不正确履行职责，致使公共财产、国家和人民利益遭受损失的行为；“徇私舞弊”主要是指为了私利而用欺骗、包庇等方式从事违法活动的行为。有的行为与刑法规定的罪名和有关法律法规规定的违法行为不完全对应，但其实质是一致的。比如“权力寻租”，主要是指公职人员利用手中的公权力，违反或者规避法律法规，谋取或者维护私利的行为；“利益输送”主要是指公职人员利用职权或者职务影响，以违反或者规避法律法规的手段，将公共财产等利益不正当授受给有关组织、个人的行为；“浪费国家资财”主要是指公职人员违反规定，挥霍公款、铺张浪费的行为。

3. 处置职责。主要包括以下四个方面内容：（1）对违法的公职人员依法作出政务处分决定。监察委员会根据监督、调查结果，对违法的公职人员依照法定程序作出警告、记过、记大过、降级、撤职、开除等政务处分决定。（2）对履行职责不力、失职失责的领导人员进行问责。这里所谓的“问责”，是指监察委员会根据问责的有关规定，对不履行或者不正确履行职责的，按照管理权限对负有管理责任的领导人员作出问责决定，或者向有权作出问责决定的机关提出问责建议。问责的对象是公职人员中的领导人员，主要是指中国共产党机关、人大机关、行政机关、监察机关、审判机关、检察机关、政协机关、民主党派和工商联机关中担任各级领导职务和副调研员以上非领导职务的人员；参照公务员法管理的单位中担任各级领导职务和副调研员以上非领导职务的人员；大型、特大型国有和国有控股企业中层以上领导人员，中型以下国有和国有控股企业领导班子成员，以及上述企业中其他相当于县处级以上层次的人员；事业单位领导班子成员及其他六级以上管理岗位人员。（3）对涉嫌职务犯罪的，将调查结果移送人民检察院依法审查、提起公诉。被调查人涉嫌职务犯罪，监察机关经调查认为犯罪事实清楚，证据确实、充分的，制作起诉意见书，连同案卷材料、证据一并移送检察机关依法审查、提起公诉。（4）对监察对象所在单位提出监察建议。监察建议是监察委员会依照法定职权，根据监督、调查结果，对监察对象所在单位廉政建设和履行职责存在的问题提出的。监察建议不同于一般的工作建议，它具有法律效力，被提出建议的有关单位无正当理由必须履行监察建议要求其履行的义务，否则，就要承担相应的法律责任。

（二）权限

各级监察委员会依法行使监察职权，并遵循《监察法》和相关法律的权限规定。

1. 调查权限。(1) 对可能发生职务违法的监察对象，监察机关按照管理权限，可以直接或者委托有关机关、人员进行谈话或者要求说明情况。(2) 在调查过程中，对涉嫌职务违法的被调查人，监察机关可以要求其就涉嫌违法行为作出陈述，必要时向被调查人出具书面通知。(3) 对涉嫌贪污贿赂、失职渎职等职务犯罪的被调查人，监察机关可以进行讯问，要求其如实供述涉嫌犯罪的情况。(4) 在调查过程中，监察机关可以询问证人等人员。

2. 留置权限。对涉嫌贪污贿赂、失职渎职等严重职务违法或者职务犯罪的被调查人，或者涉嫌行贿犯罪或者共同职务犯罪的涉案人员，监察机关已经掌握其部分违法犯罪事实及证据，仍有重要问题需要进一步调查，并有下列情形之一的，经监察机关依法审批，可以将其留置在特定场所：(1) 涉及案情重大、复杂的；(2) 可能逃跑、自杀的；(3) 可能串供或者伪造、隐匿、毁灭证据的；(4) 可能有其他妨碍调查行为的。留置场所的设置、管理和监督依照国家有关规定执行。

3. 查封扣押等权限。(1) 监察机关调查涉嫌贪污贿赂、失职渎职等严重职务违法或者职务犯罪时，根据工作需要，可以依照规定查询、冻结涉案单位和个人的存款、汇款、债券、股票、基金份额等财产。冻结的财产经查明与案件无关的，应当在查明后三日内解除冻结，予以退还。(2) 监察机关在调查过程中，可以调取、查封、扣押用以证明被调查人涉嫌违法犯罪的财物、文件和电子数据等信息。(3) 采取调取、查封、扣押措施，应当收集原物原件，会同持有人或者保管人、见证人，当面逐一拍照、登记、编号，开列清单，由在场人员当场核对、签名，并将清单副本交财物、文件的持有人或者保管人。(4) 对调取、查封、扣押的财物、文件，监察机关应当设立专用账户、专门场所，确定专门人员妥善保管，严格履行交接、调取手续，定期对账核实，不得毁损或者用于其他目的。(5) 对价值不明物品应当及时鉴定，专门封存保管。(6) 查封、扣押的财物、文件经查明与案件无关的，应当在查明后三日内解除查封、扣押，予以退还。

4. 搜查权限。(1) 监察机关可以对涉嫌职务犯罪的被调查人以及可能隐藏被调查人或者犯罪证据的人的身体、物品、住处和其他有关地方进行搜查。在搜查时，应当出示搜查证，并有被搜查人或者其家属等见证人在场。(2) 搜查女性身体，应当由女性工作人员进行。(3) 监察机关进行搜查时，可以根据工作需要提请公安机关配合。

5. 勘验鉴定权限。(1) 监察机关在调查过程中，可以直接或者指派、聘请具有专门知识、资格的人员在调查人员主持下进行勘验检查。勘验检查情况应当制作笔录，由参加勘验检查的人员和见证人签名或盖章。（2）监察机关在调查过程中，对于案件中的专门性问题，可以指派、聘请有专门知识的人进行鉴定。鉴定人进行鉴定后，应当出具鉴定意见，并签名。

6. 技术调查权限。（1）监察机关调查涉嫌重大贪污贿赂等职务犯罪，根据需要，经过严格的批准手续，可以采取技术调查措施，按照规定交有关机关执行。（2）批准决定应当明确采取技术调查措施的种类和适用对象，自签发之日起三个月以内有效。（3）对于复杂、疑难案件，期限届满仍有必要继续采取技术调查措施的，经过批准，有效期可以延长，每次不得超过三个月。（4）对于不需要继续采取技术调查措施的，应当及时解除。

7. 通缉与出境管制权限。（1）对于在逃的依法应当留置的被调查人，监察机关可以决定在本行政区域内通缉，由公安机关发布通缉令，追捕归案。通缉范围超出本行政区域的，应当报请有权决定的上级监察机关决定。（2）为防止被调查人及相关人员逃匿境外，经省级以上监察机关批准，监察机关可以对被调查人及相关人员采取限制出境措施，由公安机关依法执行。（3）对于不需要继续采取限制出境措施的，应当及时解除。

8. 取证权限。（1）监察机关行使监督、调查职权，有权依法向有关单位和个人了解情况，收集、调取证据。监察机关及其工作人员对监督、调查过程中知悉的国家秘密、商业秘密、个人隐私，应当保密。（2）任何单位和个人不得伪造、隐匿或者毁灭证据。（3）监察机关依照法律规定收集的物证、书证、证人证言、被调查人供述和辩解、视听资料、电子数据等证据材料，在刑事诉讼中可以作为证据使用。（4）监察机关在收集、固定、审查、运用证据时，应当与刑事审判关于证据的要求和标准相一致。（5）以非法方法收集的证据应当依法予以排除，不得作为案件处置的依据。

9. 监察建议权限。（1）对于主动认罪认罚的涉嫌职务犯罪的被调查人：有自动投案、真诚悔罪悔过的，或者积极配合调查工作、如实供述监察机关还未掌握的违法犯罪行为的，或者积极退赃、减少损失的，或者有重大立功表现的，或者案件涉及国家重大利益等情形的，监察机关经领导人员集体研究，并报上一级监察机关批准，可以在移送人民检察院时提出从宽处罚的建议。（2）职务违法犯罪的涉案人员揭发有关被调查人职务违法犯罪行为，查证属实的，或者提供重要线索，有助于调查其他案件的，监察机关经领导人员集体研究，并报上一级监察机关批准，可以在移送人民检察院时提出从宽处罚的建议。

（三）监察范围

为实现国家监察全面覆盖的目标，监察机关可按照管理权限对在党政机关、人民团体、国有企业、公办文教机关等从业的公职人员和管理人员进行监察，包括：

1. 中国共产党的机关、人民代表大会及其常务委员会、人民政府、监察委员会、人民法院、人民检察院、中国人民政治协商会议及各级委员会机关、民主党派机关和工商业联合会机关的公务员，以及参照《中华人民共和国公务员法》管理的人员。

2. 法律、法规授权或者受国家机关依法委托管理公共事务的组织中从事公务的人员。

3. 国有企业管理人员。

4. 公办的教育、科研、文化、医疗卫生、体育等单位中从事管理的人员。

5. 基层群众性自治组织中从事集体事务管理的人员。

6. 其他依法履行公职的人员。

四、国家监察委员会的工作原则

（一）监察权独立行使原则

监察机关依照法律规定独立行使监察权，不受行政机关、社会团体和个人的干涉。

1. 依法是前提。监察委作为行使国家监察职能的专责机关，必须严格依照法律进行活动，既不能滥用或者超越职权，违反法律规定的程序，也不能不担当、不作为，更不允许利用职权徇私枉法，放纵职务违法犯罪行为。

2. 监察权的独立不是指监察官的个人独立，而是指监察委员会独立行使监察权。

3. 监察权独立行使并不妨碍本级人民代表大会及其常务委员会进行监督，但人大监督权的行使应不得干涉监察工作的正常进行。这里的“干涉”，主要指行政机关、社会团体和个人利用职权、地位，或者采取其他不正当手段干扰、影响监察人员依法行使职权的行为。

（二）配合与制约原则

监察机关履行职责离不开审判机关、检察机关、执法部门的协助、配合，同时也需要这些机关的监督制约。

1. “互相配合”，主要是指监察机关与司法机关、执法部门在办理职务违法犯罪案件方面，要按照法律规定，在正确履行各自职责的基础上，互相支持，不能违反法律规定，各行其是。

2. “互相制约”，主要是指监察机关与司法机关、执法部门在追究职务违法犯罪过程中，通过程序上的制约，防止和及时纠正错误，以保证案件质量，正确应用法律惩罚违法犯罪。

（三）协助原则

对监察机关依法提出的协助要求，有关机关和单位应当在其职权范围内依法予以协助。监察机关工作过程中，遇到超出监察机关职权范围或者其他紧急、特殊情况，需要公安、司法行政、审计、税务、海关、财政、工业信息化、价格等机关以及金融监督管理等机构予以协助的时候，有权要求其予以协助。比如，监察机关进行搜查时，可以根据工作需要提请公安机关配合，公安机关应当依法予以协助；监察机关采取留置措施，可以根据工作需要提请公安机关配合，公安机关应当依法予以协助；监察机关决定通缉的，由公安机关发布通缉令，追捕归案。

（四）以事实为根据、以法律为准绳原则

国家监察工作必须实事求是，重事实、重证据，以事实为根据、以法律为准绳。监察机关在办理案件过程中，要在查清事实的基础上，结合事实，正确适用法律，确保依法监督。“以事实为根据”，主要是指公职人员是否违法犯罪，罪轻还是罪重，都要以事实为根据。“以法律为准绳”，是指监察机关开展监察工作，包括案件线索处置、初核、立案、调查、作出处置决定等都要以监察法等法律法规为标准。此外，对当事人应平等适用法律，保障当事人的合法权益，不允许任何人享有任何特权。“在适用法律上一律平等”，是指监察机关对所有监察对象，不论民族、职业、出身、性别、教育程度都应一律平等地适用法律。“保障当事人的合法权益”，是指严格遵循相关法律规定，不得违法侵犯公民、法人和其他组织的合法权益。这里的“当事人”，既包括被调查人也包括涉案人员等其他人员。

（五）人权保障原则

人权保障原则是监察权运行必须遵从的基本原则，其要求监察机关应严格遵循各项法律规定，不得违法侵犯公民、法人和其他组织的合法权益，并将该原则具体落实在监察工作的全过程之中。比如，监察机关以非法方法收集的证据应当依法予以排除，不得作为案件处置的依据。监察机关严禁以威胁、引诱、欺骗及其他非法方式收集证据，严禁侮辱、打骂、虐待、体罚或者变相体罚被

调查人。留置法定期限届满不予以解除的，被调查人员及其近亲属有权向监察机关申诉；监察机关有受理申诉及对情况属实的应予以纠正的义务。对监察机关涉及本人的处理决定不服的，监察对象可向作出决定的监察机关申请复审，对复审决定仍然不服的，可向上一级监察机关申请复核。对调查工作结束后发现立案依据不充分或失实、案件处置出现重大失误、监察人员严重违法的，追究相关人员责任。

五、监察程序

（一）线索处置程序

问题线索是监察工作的源头，管好线索是监察工作的关键环节，具体而言，可分为线索受理、分送、处置、监督、统计、归档等环节。

1. 线索受理。监察机关对于报案或者举报，应当接受并按照有关规定处理。对于不属于本机关管辖的，应当移送主管机关处理。

2. 分办处置。案件监督管理部门在线索受理之后，应及时提出分办处理意见，报监察机关主要负责人审批，并将问题线索移交至承办部门。对于需要采取初步核实方式处置问题线索的，监察机关应当依法履行审批程序，成立核查组。初步核实工作结束后，核查组应当撰写初步核实情况报告，提出处理建议，承办部门应当提出分类处理意见。

3. 统计归档。监察机关应当加强对调查、处置工作全过程的监督管理，承办部门应当定期汇总线索处置情况，并定期向案件监督管理部门通报。案件监督管理部门对问题线索处置进度进行跟踪管理、定期汇总、核对问题线索及处置情况，并向监察机关主要负责人报告。问题线索处置完毕后，应当按照“谁承办、谁负责，谁立卷、谁归档”的原则，案结卷成，全程留痕做好卷宗归档工作。

（二）立案调查程序

经过初步核实，对监察对象涉嫌职务违法犯罪，需要追究法律责任的，监察机关应当按照法律规定的权限和程序办理立案手续。

1. 调查准备程序。监察机关主要负责人依法批准立案后，应当主持召开专题会议，研究确定调查方案，决定需要采取的调查措施。调查人员应当严格执行调查方案，不得随意扩大调查范围、变更调查对象和事项。对调查过程中的重要事项，应当集体研究后按程序请示报告。立案调查决定应当向被调查人宣布，并通报相关组织。涉嫌严重职务违法或者职务犯罪的，应当通知被调查人家属，并向社会公开发布。

2. 证据收集程序。监察机关对职务违法和职务犯罪案件，应当调查，收集被调查人有无违法犯罪以及情节轻重的证据，查明违法犯罪事实，形成相互印证、完整稳定的证据链。监察机关在收集、固定、审查、运用证据时，应当与刑事审判关于证据的要求和标准相一致。以非法方法收集的证据应当依法予以排除，不得作为案件处置的依据。具体包含：（1）严禁以威胁、引诱、欺骗及其他非法方式收集证据，严禁侮辱、打骂、虐待、体罚或者变相体罚被调查人和涉案人员；（2）调查人员采取讯问、询问、留置、搜查、调取、查封、扣押、勘验检查等调查措施，应当依照规定出示证件，出具书面通知，由二人以上进行，形成笔录、报告等书面材料，并由相关人员签名、盖章；（3）调查人员进行讯问以及搜查、查封、扣押等重要取证工作，应当对全过程进行录音录像，留存备查。

3. 回避程序。（1）办理监察事项的监察人员有下列情形之一的，应当自行回避，监察对象、检举人及其他有关人员也有权要求其回避：是监察对象或者检举人的近亲属的；担任过本案的证人的；本人或者其近亲属与办理的监察事项有利害关系的；有可能影响监察事项公正处理的其他情形的。（2）为保障监察权的独立行使，对于监察人员打听案情、过问案件、说情干预的，办理监察事项的监察人员应当及时报告。有关情况应当登记备案。（3）发现办理监察事项的监察人员未经批准接触被调查人、涉案人员及其特定关系人，或者存在交往情形的，知情人应当及时报告。有关情况应当登记备案。

4. 留置程序。（1）监察机关采取留置措施，应当由监察机关领导人员集体研究决定。设区的市级以下监察机关采取留置措施，应当报上一级监察机关批准。省级监察机关采取留置措施，应当报国家监察委员会备案。（2）留置时间不得超过三个月。在特殊情况下，可以延长一次，延长时间不得超过三个月。省级以下监察机关采取留置措施的，延长留置时间应当报上一级监察机关批准。监察机关发现采取留置措施不当的，应当及时解除。（3）监察机关采取留置措施，可以根据工作需要提请公安机关配合。公安机关应当依法予以协助。（4）对被调查人采取留置措施后，应当在二十四小时以内，通知被留置人员所在单位和家属，但可能有毁灭、伪造证据，干扰证人作证或者串供等有碍调查情形的除外。有碍调查的情形消失后，应当立即通知被留置人员所在单位和家属。（5）监察机关应当保障被留置人员的饮食、休息和安全，提供医疗服务。讯问被留置人员应当合理安排讯问时间和时长，讯问笔录由被讯问人阅看后签名。（6）被留置人员涉嫌犯罪移送司法机关后，被依法判处管制、拘役和有期徒刑的，留置一日折抵管制二日，折抵拘役、有期徒刑一日。

（三）处置程序

1. 处置方式。监察机关根据监督、调查结果，依法作出如下处置：（1）对有职务违法行为但情节较轻的公职人员，按照管理权限，直接或者委托有关机关、人员，进行谈话提醒、批评教育、责令检查，或者予以诫勉。（2）对违法的公职人员依照法定程序作出警告、记过、记大过、降级、撤职、开除等政务处分决定。（3）对不履行或者不正确履行职责负有责任的领导人员，按照管理权限对其直接作出问责决定，或者向有权作出问责决定的机关提出问责建议。（4）对涉嫌职务犯罪的，监察机关经调查认为犯罪事实清楚，证据确实、充分的，制作起诉意见书，连同案卷材料、证据一并移送人民检察院依法审查、提起公诉。（5）对监察对象所在单位廉政建设和履行职责存在的问题等提出监察建议。（6）监察机关经调查，对没有证据证明被调查人存在违法犯罪行为的，应当撤销案件，并通知被调查人所在单位。

2. 移送起诉。对被调查人涉嫌职务犯罪的情形，监察机关经调查认为犯罪事实清楚，证据确实、充分的，制作起诉意见书，连同案卷材料、证据一并移送人民检察院依法审查、提起公诉。

3. 救济程序。（1）对监察机关作出的涉及本人的处理决定不服的，监察对象可以在收到处理决定之日起1个月内，向作出决定的监察机关申请复审，复审机关应当在1个月内作出复审决定。对复审决定仍不服的，可以在收到复审决定之日起1个月内，向上一级监察机关申请复核，复核机关应当在2个月内作出复核决定。复核机关经审查，认定处理决定有错误的，原处理机关应当及时予以纠正。复审、复核期间，不停止原处理决定的执行。（2）对于监察机关及其工作人员超期留置等违反法律法规、侵害被调查人合法权益的行为，被调查人及其近亲属有权向该机关申诉。受理申诉的监察机关应当在受理申诉之日起1个月内作出处理决定。申诉人对处理决定不服的，可以在收到处理决定之日起1个月内向上一级监察机关申请复查，上一级监察机关应当在收到复查申请之日起2个月内作出处理决定，情况属实的，及时予以纠正。（3）监察机关及其工作人员行使职权，侵犯公民、法人和其他组织的合法权益，造成损害的，依法给予国家赔偿，以实现对被监察对象合法权益的有效保障，同时，督促监察机关公正规范地行使监察权。具体的适用条件、赔偿标准和赔偿程序等内容由相关法律进行规定。

六、国家监察与刑事司法的衔接

（一）线索移交

人民法院、人民检察院、公安机关等国家机关在工作中发现公职人员涉嫌贪污贿赂、失职渎职等职务违法或者职务犯罪的问题线索，应当移送监察机关，由监察机关依法调查处置。被调查人既涉嫌严重职务违法或者职务犯罪，又涉嫌其他违法犯罪的，一般应当由监察机关为主进行调查，其他机关予以协助。对监察机关移送的案件，人民检察院经审查后，认为需要补充核实的，应当退回监察机关补充调查，必要时可以自行补充侦查。此外，对于不属于监察机关管辖的报案和举报，应当移送相关的主管机关进行处理。

（二）工作配合

监察机关在调查过程中需要采取技术调查、通缉、限制出境等措施的，经过严格的审批程序后，按照规定交有关机关执行。监察机关进行搜查以及采取留置措施时，可以根据工作需要提请公安机关配合，公安机关应当依法予以协助。

依法应当留置的被调查人如果在逃，监察机关可以决定在本行政区域内通缉，由公安机关发布通缉令，追捕归案。监察机关为防止被调查人及相关人员逃匿境外，经省级以上监察机关批准，可以对被调查人及相关人员采取限制出境措施，由公安机关依法执行。

（三）证据转化

监察机关在监督调查过程中所收集到的物证、书证、证人证言、被调查人供述和辩解、视听资料、电子数据等证据材料，在刑事诉讼中都可以作为证据使用。监察机关在收集、固定、审查、运用证据时，应当与刑事审判关于证据的要求和标准相一致。以非法方法收集的证据应当依法予以排除，不得作为案件处置的依据。对于重要取证工作，应当全过程进行录音录像，留存备查。

（四）移送起诉

对被调查人涉嫌职务犯罪，监察机关经调查认为犯罪事实清楚，证据确实、充分的，制作起诉意见书，连同案卷材料、证据一并移送人民检察院依法审查、提起公诉；对监察机关移送的案件，人民检察院依照当前《刑事诉讼法》对被调查人采取强制措施。对监察机关移送的案件，人民检察院认为犯罪事实已经查清，证据确实、充分，依法应当追究刑事责任的，应当作出起诉决定；人民检察院经审查，认为需要补充核实的，应当退回监察机关补充调查，必要时可以自行补充侦查，但对于补充调查的案件，应当在一个月内补充调查完毕，补充调查以二次为限；人民检察院对于有《刑事诉讼法》规定的不起诉的情形的，经上一级人民检察院批准，依法作出不起诉的决定。监察机关认为不起诉的决定有错误的，可以向上一级人民检察院提请复议。

（五）国家赔偿

监察机关及其工作人员违法行使职权，侵犯公民、法人和其他组织的合法权益，造成损害，被监察人或其代理人提起诉讼的，人民法院应当依法受理，并依据法律规定的赔偿标准和赔偿程序作出裁判；被诉的监察机关负责人员应当出庭应诉，并执行法院生效判决，履行国家赔偿义务。

第一章 总 则

第一节 国家监察法的基本宗旨和目标

一、《监察法》的基本宗旨

（一）深化国家监察体制改革

习近平总书记指出，国家监察体制改革是事关全局的重大政治体制改革，目的是加强党对反腐败工作的集中统一领导。[1]深化国家监察体制改革是以习近平同志为核心的党中央作出的事关全局的重大政治体制决定，是强化党和国家自我监督的重大决策部署，其涉及政治权力、政治体制、政治关系的重大调整。改革的目标是：整合反腐败资源力量，加强党对反腐败工作的统一领导，构建集中统一、权威高效的中国特色国家监察体制，实现对所有行使公权力的公职人员监察全覆盖。自 2016 年 12 月十二届全国人大常委会第二十五次会议通过《全国人民代表大会常务委员会关于在北京市、山西省、浙江省开展国家监察体制改革试点工作的决定》以来，国家监察体制改革试点工作始终在积极稳步推进。党的十九大进一步作出重大战略部署，要求将改革试点工作在全国推开，组建国家、省、市、县监察委员会，制定《监察法》。根据党的十九大精神，在认真总结三省市试点工作经验的基础上，2017 年 11 月，十二届全国人大常委会第三十次会议通过《全国人民代表大会常务委员会关于在全国各地推开国家监察体制改革试点工作的决定》，国家监察体制改革试点工作在全国有序推开，目前，省、市、县三级监察委员会已经全部组建成立。[2]为了把党的十八

---

〔1〕 吴旭明：“习近平总书记关于深化国家监察体制改革重要论述的内在逻辑体系”，载《中国纪检监察报》2018 年 4 月 19 日。

〔2〕 “全国人民代表大会常务委员会关于在全国各地推开国家监察体制改革试点工作的决定”，载《全国人民代表大会常务委员会公报》2017 年第 6 期。

大以来在推进党风廉政建设和反腐败斗争中形成的新理念、新举措、新经验以法律形式固定下来，巩固国家监察体制改革成果，保障反腐败工作在法治轨道上行稳致远，2018 年 3 月 20 日，第十三届全国人民代表大会第一次会议表决通过《中华人民共和国监察法》，我国的国家监察体制改革由此迈出里程碑式的一步。在全国范围内产生了国家、省、市、县四级监察委员会，党和国家形成了巡视、派驻、监察“三个全覆盖”的权力监督格局，进一步织密了中国特色反腐败法网，进一步完善了中国特色反腐败体制机制，标志着国家监察体制改革取得了突破性进展和决定性成果——中国特色国家监察体制已经形成，也标志着我国反腐败工作已经进入依法反腐和依宪反腐的新阶段。[1]

（二）加强对所有行使公权力的公职人员的监督，实现国家监察全面覆盖

1. 国家监察“全面覆盖”之“缘由”

监察全覆盖符合新形势下的我国国情。在我国，党政军民学，东西南北中，党是领导一切的。所有行使公权力的国家机关都处于党的统一领导下，所有行使公权力的公职人员都代表党和政府，都要践行全心全意为人民服务的根本宗旨。因此，健全党和国家监督体系，必然要求党内监督全覆盖与国家监察全覆盖相统一。十八大以来，以习近平同志为核心的党中央坚持反腐败无禁区、全覆盖、零容忍，以雷霆万钧之势，坚定不移“打虎”“拍蝇”“猎狐”，不敢腐的目标初步实现，不能腐的笼子越扎越牢，不想腐的堤坝正在构筑。五年多来，党内监督得到有效加强，全面从严治党政治责任得到强化，监督对象覆盖了所有党员。[2]在强化党内监督、用纪律管住党员干部的同时，必须构建国家监察体系，对党内监督达不到的地方，或者对不适用执行党的纪律的公职人员，依法实施监察，才能真正把权力关进制度的笼子里。制定《监察法》，就是要贯彻落实上述改革精神，以法律的形式全面填补国家监督空白，实现国家监察对所有行使公权力的国家公职人员的监督全覆盖。

2. 国家监察“全面覆盖”之“意涵”

第一，从权力种类来看，全面覆盖是覆盖全部公权力，即覆盖立法权、行政权、司法权、监察权等全部国家公权力。换言之，权力类型囊括全部国家权力。[3]在国家监察体制改革以前的行政监察制度之下，监察部门是政府的一个职能部门，其监察覆盖范围只包括国家行政机关及其公务员，以及国家行政机关

[1] 谢超：“《监察法》对中国特色反腐败工作的法治影响”，载《法学杂志》2018 年第 5 期。

[2] 参见邱曼丽：“落实全面从严治党 必须强化党内监督”，载《先锋》2016 年第 11 期。

[3] 参见胡锦光：“论监察委员会‘全覆盖’的限度”，载《中州学刊》2017 年第 9 期。

任命的其他人员，即行政监察只覆盖国家行政权力运行机关。[1]而国家监察则覆盖全部国家权力运行机关，包括立法机关、行政机关和司法机关，即国家监察委员会可以对“一府两院”和其他公职人员进行监察监督，不再限于行政权之内。

第二，就权力运行过程而言，全面覆盖是覆盖权力运行的全过程。从监察机关的职权内容来看，监察委员会对于公职人员行使公权力情况实行的是全程监督，不同于以往着重事后监督和惩戒的监察模式。此次改革之后所构建的“全面覆盖”的监察权，其监察范围既包括事前的廉政宣传和建设，又包括事中的履职监督和对违纪违法行为的监督，又包括事后对职务违法犯罪行为的有效处置。因此，其是集事前、事中和事后监督三位一体的监督形态，并且相比以往“重事后监督”之模式，更加注重事前与事中的监督，以确保形成“既监察于已然，又监察于未然”的全程无缝监督机制。

第三，从人的角度而言，全面覆盖是覆盖所有行使公权力的公职人员。[2]对公职人员的全面覆盖首先意味着打破了之前党的纪律检查机关、政府的行政监察机关以及检察院职务犯罪侦查与预防部门“各管一段”的监督格局，实现了不分党员与非党员，但凡行使公权力就须接受监督的重大制度创新。在监察体制改革以前，一方面，根据《行政监察法》(2010 年) 第 2 条之规定，行政监察机关的监察范围限于国家行政机关及其公务员和国家行政机关任命的其他人员，无法涉及人大、政协、司法机关和国家企事业单位等非行政性机构的公职人员；另一方面，根据《党章》(2017 年) 和《党内监督条例》(2016 年) 的规定，纪委只能对党员进行监督、检查和处理，大量非党员的公职人员不在纪委监督之列，从而形成了大幅的监察空白区域。[3]针对上述监察机制的重大缺陷，此次改革作出了重大的制度改变。监察委员会作为与“一府两院”法律地位相平行，且是履行国家监察职能的专责机关，能够实现对包括立法机关、行政机关和司法机关在内的所有国家机关公职人员的监督和监察。加之监察委员会和纪委合署办公，这样可以使得监督范围囊括党内和党外的全部公职人员。[4]

---

〔1〕 参见秦前红：“困境、改革与出路：从‘三驾马车’到国家监察——我国监察体系的宪制思考”，载《中国法律评论》2017 年第 1 期。

〔2〕 卢乐云：“实现对所有行使公权力的公职人员监察全覆盖”，载《人民日报》2018 年 3 月 27 日。

〔3〕 参见李建国：“关于《中华人民共和国监察法（草案）》的说明——2018 年 3 月 13 日在第十三届全国人民代表大会第一次会议上”，载《全国人民代表大会常务委员会公报》2018 年第 2 期。

〔4〕 参见马怀德：“国家监察体制改革的重要意义和主要任务”，载《国家行政学院学报》2016 年第 6 期。

对于“行使公权力的公职人员”的具体范围，《监察法》规定了六类人员，对之前有学者提出的九类人员的监察范围进行了限缩，即坚持以是否真正“行使公权力”为中心，将事业单位和社会自治组织中的普通工作人员排除在外，以免因监察范围“过度覆盖”而导致监察不力，影响“监察”的专业化和高效性。具体而言，依据《监察法》第15条，监察对象包括以下六类人员：一是中国共产党机关、人民代表大会及其常务委员会机关、人民政府、监察委员会、人民法院、人民检察院、中国人民政治协商会议各级委员会机关、民主党派机关和工商业联合会机关的公务员，以及参照《中华人民共和国公务员法》（2017年）管理的人员；二是法律、法规授权或者受国家机关依法委托管理公共事务的组织中从事公务的人员；三是国有企业管理人员；四是公办的教育、科研、文化、医疗卫生、体育等单位中从事管理的人员；五是基层群众性自治组织中从事管理的人员；六是其他依法履行公职的人员。

3. 国家监察“全面覆盖”的限度

从法治主义视角出发，监察权的“全面覆盖”应以不损害其他国家机关独立行使职权为基本要求，即在对人大代表、法官和检察官进行监督时必须谨慎，具体而言：

第一，对人大代表的监督只限于其在本职工作中行使公权力的行为。理论上，作为民选产生的人大代表，只能由各级人民代表大会予以监督。在性质上，此种监督属于政治监督而非监察机关所能进行的一般监督。故而，监察机关应当基本遵循近代以来的代议自治原理，通行的包括规则自治、机构人员自治、纪律惩戒自治。[1]简言之，监察机关对于人大代表的监督，应当限于人大代表在其本职工作中行使公权力的行为，而不能对人大代表的履职行为进行监督，以避免权力间的冲突。例如，对于宪法所赋予人大代表的言论保障权、人身特殊保护权等，监察机关在监察工作中应谨慎对待，以避免监察权对立法权的不当干预。

第二，对检察官和法官的监督不能影响其对案件的独立判断，不应干扰检察权和审判权的独立行使。监察机关与检察机关、审判机关在工作上存在前后衔接关系，即监察机关调查完毕的案件都需要移送检察机关审查起诉后才能进入到正式的司法裁判过程中，由人民法院作出最终的裁决。故此，监察机关对司法机关工作人员的监督方式和监督力度将于事实上引起较大的连锁反应，尤

---

〔1〕参见秦前红、刘怡达：“监察全面覆盖的可能与限度——兼论监察体制改革的宪法边界”，载《甘肃政法学院学报》2017年第2期。

其是当监察机关对于检察机关和审判机关的监督力度超出了合理的范围和限度时，对于司法机关而言，将会平添诸多压力和阻力，且在实质上也破坏了三机关之间的合作、制约与监督关系，导致国家机关之间权力运行和司法生态出现失衡现象。〔1〕

（三）深入开展反腐败工作

以零容忍态度惩治腐败是中国共产党鲜明的政治立场，是党心和民心所向。因此，必须始终坚持在党中央的统一领导下深入推进反腐工作。国家监察体制改革之前，我国反腐败领导体制和工作机制的总框架是：党委统一领导、党政齐抓共管、纪委组织协调、部门各负其责、依靠群众支持和参与。实践中，反腐败职能机构呈现的“三驾马车”的结构，意味着国家监察职能被分解成三部分，分别由中国共产党纪律检查机关、政府监察机关和国家司法机关行使。〔2〕换言之，我国广义上的反腐体制至少包含了行政监察、党内纪检监督、检察机关的法律监督等几种形式，相应的，其所涉及的主体则既有作为行政机关的监察部门、作为党内组织的纪律检查部门，还有司法机关中的检察机关。如此多样态的反腐体制虽然可以从不同领域和不同方面体现国家监督的影响力和执行力，但是多主体共同主导的监督体制也不可避免地会陷入“九龙治水而水不治”的困境中。因此，虽然十八大以来我国反腐败斗争已经形成压倒性态势，但当前反腐败斗争形势实际上依然严峻复杂，与党风廉政建设和反腐败斗争的要求相比，我国的反腐体制机制或监察体制至少还存在以下问题：

1. 监察对象交叉重复且不周延

对象范围是各监督主体职权内容的主要体现。在我国，党管干部是坚持党的领导的重要原则。作为执政党，我们党不仅负责干部的培养、提拔、使用，还必须对干部进行教育、管理、监督，必须对违纪违法的干部作出处理，对党员干部和其他公职人员的腐败行为进行查处。虽然在监察体制改革之前党内监督已经实现了全覆盖，但是行政监察机关、党内纪检机关以及检察机关所能够监督的对象范围却是存在交叉和重合的，这无疑会阻碍“党管干部”这一原则的贯彻落实。〔3〕具体而言：一是行政监察的对象主要为行政机关及其任命的工

〔1〕 参见秦前红、刘怡达：“监察全面覆盖的可能与限度——兼论监察体制改革的宪法边界”，载《甘肃政法学院学报》2017 年第 2 期。

〔2〕 秦前红：“困境、改革与出路：从‘三驾马车’到国家监察——我国监察体制的宪制思考”，载《中国法律评论》2017 年第 1 期。

〔3〕 参见李建国：“关于《中华人民共和国监察法（草案）》的说明——2018 年 3 月 13 日在第十三届全国人民代表大会第一次会议上”，载《全国人民代表大会常务委员会公报》2018 年第 2 期。

作人员，而人大机关、政协机关、党的机关等工作人员就被排除在行政监察的范围之外；二是党的纪律检查部门的监察对象仅限于中共党员，对于非中共党员的国家公职人员就无权进行有效监督；三是检察机关虽然拥有较为广泛的法律监督权，但其监察行为也主要针对贪腐贿赂和渎职犯罪人员，如若行使国家公权力的主体，其违法程度并未达至犯罪，或是仅仅违反了内部规章和纪律，那检察机关就无权对其进行处理。

据此，虽然在我国现行的监察体制下包含了多元的监察主体，但是这些主体由于受自身属性和职权范围的限制，其只能对一部分的监察工作发挥作用，而无法有效地统摄所有监察工作的进行。这种“各管一段”和“分类而治”的方式，虽然提高了监督的专业性和针对性，但却在一定程度上损害了反腐败体制的完整性和严密性，导致在多重权力的交叉管理下依然存在着不少监督盲区。如上所言，对于非党员非行政系统的公职人员来讲，三方监察主体对其不构成犯罪的贪污贿赂和渎职行为就难以进行有效处理。〔1〕

2. 反腐败力量分散

国家监察体制改革之前，无论是中央还是地方层面，同一层级党政及司法系统形成了隶属于不同条线的多个反腐败机构。主要表现在：隶属于党委的反腐败机构即各级纪律检查机关；隶属于行政系统的反腐败机构即各级行政监察机关，再加上“国家预防腐败局”；隶属于司法系统的反腐败机构即检察院的反贪污贿赂机关、反渎职侵权机关和职务犯罪预防机关（部分基层检察机关反贪与反渎机构合署办公，也有的职务犯罪预防机构实行“侦防一体化”的运作模式）。显然，不仅机构不统一、不集中，而且具体运作相对凌乱，在职能与功用发挥上也不尽如人意。〔2〕因此，深化国家监察体制改革，组建党统一领导下的反腐败工作机构即监察委员会，就是将行政监察部门、预防腐败机构和检察机关查处贪污贿赂、失职渎职以及预防职务犯罪等部门的工作力量整合起来，把反腐败资源集中起来，攥指成拳，形成合力，从“三驾马车”变为“一马当先”。以此形成资源整合、统一监察、独立监察、一体监察的全面覆盖国家机关及其公务员的国家监察体系。〔3〕同时，监察委员会与同级纪委合署办公，根据《监察法》的规定对行使公权力的公职人员进行监督、调查职务违法和职务犯罪

〔1〕 参见李建国：“关于《中华人民共和国监察法（草案）》的说明——2018 年 3 月 13 日在第十三届全国人民代表大会第一次会议上”，载《全国人民代表大会常务委员会公报》2018 年第 2 期。

〔2〕 参见李晓明：“法治反腐：反腐败机构的整合与重构”，载《法治研究》2016 年第 6 期。

〔3〕 参见秦前红等：《国家监察制度改革研究》，法律出版社 2018 年版，第 9 页。

行为、开展廉政建设和反腐败工作，这无疑表达了我党反腐的决心和力度，让公职人员明确意识到，执纪执法将会越来越严、监督网亦将越织越密，而手握公权力者必须心存敬畏、慎独慎微，时刻铭记党纪法纪，将戒惧刻于心中，彻底抛弃侥幸心理，切实加强自我约束。此外，监察体制改革还有利于进一步加强党对党风廉政建设和反腐败斗争的统一领导，通过形成工作合力，推进标本兼治，进一步厚植党执政之政治基础。

（四）推进国家治理体系和治理能力现代化

不断提升治国理政水平是我们党全面领导、长期执政的题中之义。为了实现这一目标，必须要不断推进国家治理体系和治理能力现代化。其中，腐败治理体制尤为关键，是确保治理队伍纯洁性与治理工作正常运转的可靠保证。以反腐败为导向，创立具有国家“第四权”性质的独立监察机关、启动政治体制重大改革，是中国特色国家治理体系与治理能力现代化的重要举措，腐败治理是国家治理体系与能力现代化的“底线”，是制度资源投入的汇集区。[1]《监察法》的制定则体现了依规治党与依法治国、党内监督与国家监察的有机统一，此举有助于将制度优势转化为治理效能，推进国家治理体系和治理能力现代化，主要体现在以下几方面：一是从“党政分工”到“党政合体”的反腐败体制架构；二是从“三元流水作业”到“四元立体制约”的刑事司法格局；三是从“四权架构”到“五权分隶”的国家治理结构。

1. 从“党政分工”到“党政合体”的反腐败体制

依据《监察法》规定，各级监察委员会是行使国家监察职能的专责机关，由同级权力机关产生，对其负责并受其监督。同时，党的纪律检查委员会和监察委员会合署办公。由此观之，可得出以下结论：第一，监察委员会与由同级人民代表大会产生的“一府两院”处于同等法律地位。第二，“行使国家监察职能的专责机关”这一定位，表明《监察法》已将监察权从行政权中剥离出来，交由监察委员会专门行使。这是对国家权力的重新配置，监察权直接向产生它的人民代表大会负责。第三，党的纪律检查委员会和监察委员会合署办公，这表明党的纪律检查和国家监察无缝黏合，满足了“全面覆盖”监察制度的内在要求。[2]基于此，在监察体制改革之后，作为行使国家监察职能并由人大产生的监察委员会，其性质应属于国家机关且其行使的权力也为国家公权力的重要

---

〔1〕 魏昌东：“《监察法》与中国特色腐败治理体制更新的理论逻辑”，载《华东政法大学学报》2018 年第 3 期。

〔2〕 参见江国华、彭超：“国家监察立法的六个基本问题”，载《江汉论坛》2017 年第 2 期。

组成部分。

值得注意的是，监察体制改革中监察委员会与党的纪律检查委员会的合署办公，不仅仅是对以往“纪检和监察机关合署办公”惯例的沿袭，还有可能为中国党政关系的进一步良性发展开启新思路。从权力类型来看，“两次合署”所涉及的国家权力类型是非常不同的，改革前只涉及党内的纪律检查权和作为行政权属性存在的监察权，而改革后由于监察权性质的变化，党内的纪律检查权事实上将和独立于行政权、立法权和司法权的监察权协同行使和运用。基于监察委员会的重要地位及其所承担监察职能的重要性，此次合署办公将超越机构编制之组织形式，在纵深层面上将对以往“传统党政分开”之理论和实践进行革新。

两者合署办公的工作机制确立之后，保证了监察委员会与党的纪律检查委员会可以在同一工作平台上形成更加紧密的衔接机制和协调机制，其可能影响如下：其一，加快案件流转，提高反腐工作效率。在监察体制改革之后，国家公职人员中的相当一部分成员既要接受监察部门的监督，又要接受党纪检查部门的监督，两者职能上的交叉重合将不可避免地造成办案资源的极大浪费。而两者的合署办公则有利于信息共享机制的建设，保障相关程序的快速流转，从而实现国家监察和党纪监督的无缝衔接，整体提升反腐效率。其二，推动党纪与国法的紧密衔接，实现依规治党和依法治国的有机统一。“合署办公”意味着职能上既有分工但又密切配合，以此形成国家监察的强效合力，保障监察的全覆盖性。职能具体要求上，既要充分发挥纪委的党内监督作用，又要保证国家监察机关依法独立行使职权。从中央层面而言，中纪委的职能主要是对党组织和党员领导干部进行监督、执纪以及问责；国家监察委员会的职能是对所有公权力主体进行监督，即对所有由国家财政供养的组织、群体进行监督，包括法院、检察院、公立医院、公立学校等。〔1〕

2. 从“三元流水作业”到“四元立体制约”的刑事司法格局

根据我国《刑事诉讼法》的相关规定，公安机关、检察机关和审判机关构成了我国刑事司法的三元流水格局。在普通刑事案件中，公安或者国安机关为侦查机关，检察机关为公诉机关，法院则为审判机关，它们依据宪法的规定在办理刑事案件中分工合作并相互制约，共同勾勒出我国“三足鼎立”的刑事司法格局。在此格局之下，公、检、法三机关又因为其在刑事司法过程中所具有

〔1〕参见江国华、彭超：“国家监察立法的六个基本问题”，载《江汉论坛》2017年第2期。

的“前后相接”之工作关系，事实上形成了“侦查—起诉—审判”的“三元流水作业”模式。但由于检察机关在承担国家公诉职能之外，还对职务犯罪案件享有侦查权，所以事实上在检察机关自侦案件中，这一“三元流水作业”的刑事司法结构就变成了由检察机关和审判机关组成的二元结构。而检察机关在自侦案件中“侦查与起诉一体化”的模式，也引发了社会对其职务犯罪侦查权被滥用之担忧。检察机关以法律监督权拥有者的角色将职务犯罪侦查权收归囊中的做法在学界历来存有争议，有学者甚至认为检察机关行使法律监督权并不能推导出其为当然的职务犯罪侦查机关。[1]这种呼声尽管不高，但却具有很强的先进性与预见性，因为检察机关的侦查起诉一体化模式极易因为内部监督乏力而出现权力被滥用的情形，当下一些检察机关滥用职权对职务犯罪群体进行刑讯逼供即是例证。

在监察体制改革中，检察机关反贪、反渎和职务犯罪预防部门将整体转隶至监察委员会，同时检察机关所行使的职务犯罪侦查和预防权也将交由监察委员会行使。由此，剥离了职务犯罪侦查权与预防权的检察机关亦将复归宪法定位，成为相对纯粹的国家法律监督机关。而吸收了职务犯罪侦查权的监察委员会将代替检察机关，成为我国刑事司法格局中的重要主体之一。这也就意味着，监察委员会、公安或者国安机关、检察机关、审判机关将共同构成我国刑事司法之“四元并立”格局。此格局的形成对我国现有的刑事司法运行过程产生了重大影响，即在普通犯罪案件中，公、检、法相互制约、相互合作；而在职务犯罪案件中，则是监、检、法三机关的主场。相应的，我国宪法所规定的公检法三机关所构成的刑事司法格局也将随着国家监察委员会的设立及其对职务犯罪案件侦查权的行使而予以终结。在新的格局中，由于职务犯罪案件侦查权和起诉权的分离，检察机关原来所面临的自侦权无从监督的问题得到了彻底解决，从根本上理顺了我国刑事司法的权力配置和组织结构，强化了对刑事司法权的横向和纵深监督，即在横向上监察机关、检察机关、审判机关在案件的流转中进行线性监督，在纵向上监察机关监察权的行使是对其他机关和工作人员的纵向监督。双向的监督模式，保障“四元立体制约”之刑事司法格局的稳固性。[2]

3. 从“四权分隶”到“五权分隶”的国家权力结构

国家权力结构问题主要涉及的是同一层级的立法权、行政权和司法权等国

[1] 参见陶敬一：“检察机关职务犯罪侦查权性质辨析”，载《今日湖北旬刊》2013年第1期。

[2] 江国华：“国家监察体制改革的逻辑与取向”，载《学术论坛》2017年第3期。

家权力的配置及其相互间的宪法关系。[1]申言之，权力结构并非仅限于立法权、行政权以及司法权，即如“三权分立”般的权力配置模式，对于凡属于宪法文本中明确规定的各个具有独立属性的国家权力之间的关系都可以称为权力结构。在监察体制改革之前，我国宪法所明定的权力配置模式可谓是立法权“一权独大”之下的立法权、行政权、检察权、审判权四权分隶的模式。[2]这种四权分隶的模式尽管受到一些学者批判，比如检察权究竟属于行政权还是司法权等，这些发难在一定程度上有将检察权笼统归入司法权的倾向，从而实现三权分隶的架构。不过，检察机关行使的检察权相对广泛，既有涉及司法权的批准逮捕权，还有法律明确规定的公诉权，亦有具备行政权属性的侦查权，当然还有所谓的法律监督权，等等。多元的权力构造使得检察权与司法权和行政权并非同类，也为四权分隶的政治治理结构奠定了基础。

随着监察体制改革的推进，监察委员会由同级人大产生并对其负责，享有与“一府两院”同等的法律地位。如上所言，监察权乃是一种有别于立法权、行政权、检察权、审判权的一种新型国家权力，而这五种权力间的相互关系则共同构成我国新型的国家权力结构样态。在这种权力结构中，监察权与行政权、检察权、审判权乃平行权力，彼此间分工合作但又相互制约，申言之，监察机关有权对行政机关、检察机关、审判机关进行监察，而行政机关则可以依法控制监察机关的人员编制与财政拨付。与此同时，检察机关可以对监察机关行使国家监察权进行法律监督，在刑事诉讼中可以决定是否批准逮捕等，而法院则可以通过行使最终审判权对监察机关的行为予以认可或反对。至于监察权与立法权的关系则较为复杂，一方面监察机关有权监督立法机关的工作人员，但其监督须遵循“必要限度原则”；另一方面，监察权需要依法行使并对权力机关负责。

二、《监察法》的宪法依据

《监察法》的立法依据是宪法。宪法是国家的根本大法，具有最高的法律效力，制定法律、行政法规等都必须以宪法为依据。故，国家监察体制改革首先面临的问题便是其是否具有宪法层面的依据。[3]根据相关改革方案，“监察委员会由本级人民代表大会产生，对本级人民代表大会及其常务委员会和上一级

---

〔1〕 江国华：“国家监察体制改革的逻辑与取向”，载《学术论坛》2017 年第 3 期。
〔2〕 江国华：“国家监察体制改革的逻辑与取向”，载《学术论坛》2017 年第 3 期。
〔3〕 韩大元：“论国家监察体制改革中的若干宪法问题”，载《社会科学文摘》2017 年第 8 期。

监察委员会负责，并接受监督”。据此，在性质上，监察委员会将作为独立的国家机构，其于组织机构上独立于“一府两院”，地位上与之并列。作为一种新型的权力样态，其诞生促成了我国“一府一委两院”（“一委”即监察委员会）之国家机构的新格局。监察体制改革作为国家机构组织和制度创新的重大政治改革，无疑会对当前的宪制结构产生重大影响。即对于“国家权力的配置”问题，在传统宪法解释和宪法建造理论无法有效回应改革要求的情况下，唯有适时修改宪法，在宪法中寻找监察委员会的改革依据，方能证成这一改革的合法性和正当性[1]。因此，十三届全国人大一次会议审议通过的《宪法修正案》在“国家机构”一章中专门增写“监察委员会”一节，并在其他部分相应调整充实有关监察委员会的内容，具体规定如下：

(1) 将宪法第一章《总纲》第3条第3款中“国家行政机关、审判机关、检察机关都由人民代表大会产生”修改为“国家行政机关、监察机关、审判机关、检察机关都由人民代表大会产生”。

(2) 将宪法第三章《国家机构》第65条第4款“全国人民代表大会常务委员会的组成人员不得担任国家行政机关、审判机关和检察机关的职务。”修改为“全国人民代表大会常务委员会的组成人员不得担任国家行政机关、监察机关、审判机关和检察机关的职务。”

(3) 将宪法第三章《国家机构》第103条第3款“县级以上的地方各级人民代表大会常务委员会的组成人员不得担任国家行政机关、审判机关和检察机关的职务”修改为“县级以上的地方各级人民代表大会常务委员会的组成人员不得担任国家行政机关、监察机关、审判机关和检察机关的职务”。

(4) 在宪法第三章《国家机构》第62条第6项后增加1项，内容为“选举国家监察委员会主任”；在宪法第63条第3项后增加1项，内容为“国家监察委员会主任”；在宪法第67条第6项中增加“国家监察委员会”；在第10项后增加1项，内容为“根据国家监察委员会主任的提请，任免国家监察委员会副主任、委员”。

(5) 将宪法第三章《国家机构》第101条第2款中“县级以上的地方各级人民代表大会选举并且有权罢免本级人民法院院长和本级人民检察院检察长”修改为“县级以上的地方各级人民代表大会选举并且有权罢免本级监察委员会主任、本级人民法院院长和本级人民检察院检察长”；将宪法第104条中“监督

[1] 江国华：“司法立宪主义与中国司法改革”，载《法制与社会发展》2016年第1期。

本级人民政府、人民法院和人民检察院的工作”修改为“监督本级人民政府、监察委员会、人民法院和人民检察院的工作”。

(6) 删去宪法第三章《国家机构》第89条第8项“领导和管理民政、公安、司法行政和监察等工作”中的“和监察”。删去宪法第107条第1款“县级以上地方各级人民政府依照法律规定的权限，管理本行政区域内的经济、教育、科学、文化、卫生、体育事业、城乡建设事业和财政、民政、公安、民族事务、司法行政、监察、计划生育等行政工作”中的“监察”。

(7) 在宪法第三章《国家机构》中增加第七节“监察委员会”，具体条文如下：

第123条　中华人民共和国各级监察委员会是国家的监察机关。

第124条　中华人民共和国设立国家监察委员会和地方各级监察委员会。

监察委员会由下列人员组成：主任，副主任若干人，委员若干人。

监察委员会主任每届任期同本级人民代表大会每届任期相同。国家监察委员会主任连续任职不得超过两届。

监察委员会的组织和职权由法律规定。

第125条　中华人民共和国国家监察委员会是最高监察机关。

国家监察委员会领导地方各级监察委员会的工作，上级监察委员会领导下级监察委员会的工作。

第126条　国家监察委员会对全国人民代表大会和全国人民代表大会常务委员会负责。地方各级监察委员会对产生它的国家权力机关和上一级监察委员会负责。

第127条　监察委员会依照法律规定独立行使监察权，不受行政机关、社会团体和个人的干涉。

监察机关办理职务违法和职务犯罪案件，应当与审判机关、检察机关、执法部门互相配合，互相制约。

上述修改，反映了党的十八大以来深化国家监察体制改革的成果，贯彻了党的十九大关于健全党和国家监督体系的部署，确立了监察委员会作为国家机构的法律地位，为设立国家和地方各级监察委员会提供了根本法保障，为制定《监察法》提供了宪法依据，为国家监察体制改革提供了合宪性基础。同时，也反映了设立国家监察委员会和地方各级监察委员会后，全国人民代表大会及其常务委员会和地方各级人民代表大会及其常务委员会、国务院和地方各级人民政府职权的新变化以及工作的新要求。

三、《监察法》的总体目标

（一）贯彻中国共产党对国家监察工作的领导

党政军民学，东西南北中，党领导一切。中国共产党领导是中国特色社会主义最本质的特征，是中国特色社会主义制度的最大优势。我国推进各领域改革，都是为了完善和发展中国特色社会主义制度，巩固党的执政基础、提高党的执政能力。党的十八大以来，以习近平同志为核心的党中央坚持以马克思列宁主义、毛泽东思想、邓小平理论、“三个代表”重要思想、科学发展观为指导，坚持解放思想、实事求是、与时俱进、求真务实，坚持辩证唯物主义和历史唯物主义，紧密结合新的时代条件和实践要求，以全新的视野深化对共产党执政规律、社会主义建设规律、人类社会发展规律的认识，进行艰辛理论探索，取得重大理论创新成果，创立了习近平新时代中国特色社会主义思想。

十三届全国人大一次会议通过的《宪法修正案》明确把“中国共产党领导是中国特色社会主义最本质的特征”写入总纲，以国家根本法的形式对党的领导核心地位作进一步确认，这有利于在全体人民中强化党的领导意识，确保党和国家事业始终沿着正确方向前进。深化国家监察体制改革的重要目的之一，即是加强党对反腐败工作的统一领导——既要管干部的培养、提拔、使用，还要对干部进行教育、管理、监督，对其违纪违法作出处理。

虽然十八大以来，反腐败斗争在党的领导下形成了压倒性态势并得以巩固发展，但是原有监察体制机制存在的弊病不利于进一步实现党的集中统一领导：一是反腐败力量分散，二是专责和集中统一度不够。为了破除此两大弊端，《关于新形势下党内政治生活的若干准则》（2016 年）和《中共中央政治局关于加强和维护党中央集中统一领导的若干规定》（2017 年）明确规定了中央纪律检查委员会向党中央报告工作的请示报告制度。《监察法》亦规定纪委与监委的合署办公体制，实质上即是规定了国家监委向党中央报告工作制度。地方各级纪委监委也要向同级党委报告工作。2018 年全国两会上，杨晓渡同志在回答如何加强对监委和纪委的监督时说：“我们要接受党中央的监督。党中央对我们的领导就是对我们的监督，十九大以后第一家向党中央报告工作的就是中央纪委，在去年底向党中央报告了两个月来的工作。”[1]另外，根据“监委与党的纪律检查机关合署办公，监委不设党组、不决定人事等重大问题”的规定，再次论证

---

〔1〕 田国垒：“始终在党的领导和监督下开展工作”，载《中国纪检监察报》2018 年 3 月 19 日。

了各级监委是行使国家监察职能的专责机关，是反腐败工作机构，其本质是实现党和国家自我监督的政治机关，不是行政机关，也不是司法机关。监委的性质和地位决定了其必须始终把讲政治放在第一位，始终在党的领导监督下开展各项工作。

党对纪委监委的领导包含着严格的监督。为了从组织形式和职能定位上实现党对党内监督和国家监察工作的集中统一领导，纪委监委合署办公的制度安排便显得极为重要了——在党中央、同级党委和上级纪检监察机关领导下实行纪委监委合署办公，通过履行纪检、监察两项重要职能，构建起纪律管全党、法律管公职人员相结合的全覆盖监督体系。具体要求上，党委书记定期主持研判问题线索，分析反腐败形势，听取重大案件情况报告，对初核、立案、采取留置措施、作出处置决定等环节审核把关，确保党对监察工作关键环节、重大问题的监督。

在反腐败斗争实践中，党的领导是贯穿始终的全程领导，包括纪法贯通、法法衔接等方方面面。特别是在法法衔接上，监委与司法机关等各部门的密切配合，需要通过党委反腐败协调小组来统一思想和行动，协调公安机关、检察机关、审判机关，做到既协调有序，配合有方、又各负其责、互相制约，确保纪检监察工作的正确政治方向，实现政治效果、纪法效果、社会效果的统一。〔1〕

（二）落实习近平新时代中国特色社会主义思想在国家监察工作中的指导地位

国家监察工作以马克思列宁主义、毛泽东思想、邓小平理论、“三个代表”重要思想、科学发展观、习近平新时代中国特色社会主义思想为指导。党的十九大通过的党章修正案把习近平新时代中国特色社会主义思想确立为我们党的行动指南，实现了党的指导思想的又一次与时俱进。十三届全国人大一次会议通过的《宪法修正案》将《宪法》序言第七自然段中“在马克思列宁主义、毛泽东思想、邓小平理论和‘三个代表’重要思想指引下”修改为“在马克思列宁主义、毛泽东思想、邓小平理论、‘三个代表’重要思想、科学发展观、习近平新时代中国特色社会主义思想指引下”，明确将习近平新时代中国特色社会主义思想载入宪法。这体现了我国宪法发展的一个显著特点，即宪法发展必须紧跟党领导人民建设中国特色社会主义的实践而不断发展、完善。这是实践发展

〔1〕田国垒：“始终在党的领导和监督下开展工作”，载《中国纪检监察报》2018年3月19日。

的必然要求，也是宪法发展的一条基本规律。即只有不断地、及时地通过宪法确认党和人民创造的伟大成就和宝贵经验，体现实践发展和时代发展的新形势、新要求，才能更好发挥宪法的规范、引领、推动和保障作用。

习近平新时代中国特色社会主义思想，是对马克思列宁主义、毛泽东思想、邓小平理论、“三个代表”重要思想、科学发展观的继承和发展，是马克思主义中国化的最新成果，是党和人民实践经验和集体智慧的结晶，是中国特色社会主义理论体系的重要组成部分，是全党全国人民为实现中华民族伟大复兴而奋斗的行动指南，必须长期坚持并不断发展。因此，将习近平新时代中国特色社会主义思想载入宪法是时代所需、民心所向。〔1〕

习近平总书记在一系列重要讲话中，深刻阐释了深化国家监察体制改革的重要意义、根本目的、总体目标和主要任务，形成了科学完备的思想体系——作为习近平新时代中国特色社会主义思想的重要组成部分，既是国家监察体制改革实践经验的重要总结，也是国家监察体制改革的重大理论创新，科学地回答了为什么改、为谁改、怎么改等重大理论和实践问题，为深化国家监察体制改革提供了强大的思想理论武器和行动指南。各级监察委员会组建后，有序有效开展工作首要的就是要全面系统学习领会习近平总书记关于深化国家监察体制改革的重要论述，以习近平新时代中国特色社会主义思想为指导开展工作。

《监察法》第2条高举中国特色社会主义伟大旗帜，全面贯彻党的十九大精神，坚持以马克思列宁主义、毛泽东思想、邓小平理论、“三个代表”重要思想、科学发展观、习近平新时代中国特色社会主义思想为指导，坚持党的领导、人民当家作主、依法治国有机统一。把党的十九大确定的重大理论观点和重大方针政策特别是习近平新时代中国特色社会主义思想载入《监察法》，体现了党和国家事业发展的新成就、新经验和新要求，有助于保持国家监察体制改革的连续性和稳定性，为新时代坚持和发展中国特色社会主义、实现“两个一百年”奋斗目标和中华民族伟大复兴的中国梦提供有力法律保障。

（三）构建集中统一、权威高效的中国特色国家监察体制

党的十八大以来，党中央坚持反腐败无禁区、全覆盖、零容忍，坚定不移“打虎”“拍蝇”“猎狐”，不敢腐的目标初步实现，不能腐的笼子越扎越牢，不想腐的堤坝正在构筑，反腐败斗争压倒性态势已经形成并巩固发展。在深入开展反腐败斗争中，以习近平同志为核心的党中央作出深化国家监察体制改革的

〔1〕 参见王晨：“关于《中华人民共和国宪法修正案（草案）》的说明——2018年3月5日在第十三届全国人民代表大会第一次会议上”，载《全国人民代表大会常务委员会公报》2018年第2期。

重大部署，改革的目标是整合反腐败资源力量，加强党对反腐败工作的集中统一领导，构建集中统一、权威高效的中国特色国家监察体制，实现对所有行使公权力的公职人员监察全覆盖。〔1〕

1. 集中统一

即要整合反腐败资源力量，改变现有的反腐败“三驾马车”（中国共产党纪律检查委员会、政府监察机关、司法机关）并驾格局，实施组织和制度创新，由监察委员会集中统一行使反腐败国家监察职能，具体意涵有三：（1）权力的集中。即整合行政监察、预防腐败和检察机关查处贪污贿赂、失职渎职以及预防职务犯罪等职权，集中由监察委员会专责行使；（2）机构的统一。即成立独立的监察委员会，各级监察委员会由各级人民代表大会产生，在组织机构上独立于“一府两院”，形成“一府一委两院”（“一委”即监察委员会）的国家机构新格局；（3）党中央集中统一领导。监察委员会是党统一领导下的国家反腐败工作机构，故而要坚持党中央的领导，接受党中央的监督。党的纪律检查委员会和监察委员会合署办公，也致力于这一目的。需要注意的是，为确保监察委员会依法独立行使监察权，在工作要求上，监察委员会实行垂直领导，同时接受产生它的人民代表大会的监督，但是，同级党委不得干涉监察委员会工作。〔2〕

2. 权威高效

保障国家监察委员会的权威性，确保其高效地履行国家监察职能的具体意涵有三：(1) 国家监察委员会具有较高的法律地位。国家监察委员会由国家最高权力机关全国人民代表大会产生，地方各级监察委员会由地方各级人民代表大会产生，其在法律地位上与“一府两院”平行，不是政府机关的一个内设部门。(2) 监察委员会集中统一行使监察职权。监察委员会集中统一行使对所有公权力部门及其工作人员进行监察的职权，整合了政府内部的监察机关、预防腐败部门和政府外部的人民检察院的反贪污贿赂部门、反渎职部门以及检察院内部的预防腐败局的职能。(3) 监察委员会实行垂直领导体制。监察委员会在人员选用和监察工作上，都接受上级监察委员会的领导，同时接受产生它的人民代表大会的监督。同级党委不得干涉监察委员会的工作，以此确保监察委员会的独立性和权威性，保障其能够对同级党政机关、司法机关及其公职人员，

---

〔1〕 任进：“中国特色国家监察体制的法治保障”，载《行政管理改革》2018 年第 4 期。

〔2〕 参见李建国：“关于《中华人民共和国监察法（草案）》的说明——2018 年 3 月 13 日在第十三届全国人民代表大会第一次会议上”，载《全国人民代表大会常务委员会公报》2018 年第 2 期。

尤其是对公职人员中"关键少数"领导干部进行监督。[1]

提出构建"集中统一、权威高效的中国特色国家监察体制"的观点，具有重要的现实意义：第一，解决了监察范围过窄问题，填补了监察对象上的空白。第二，解决了纪法衔接不畅问题。改革后，监察能够管住"纪"与"法"，解决了过去一些地方职务违法无人过问，查办职务犯罪案件"先移后处""先法后纪"，甚至出现党员"带着党籍蹲监狱"等问题。第三，解决了反腐败力量分散问题。改革后，监察委员会通过整合行政监察、预防腐败和检察机关查处贪污贿赂、失职渎职及预防职务犯罪等工作力量，同党的纪律检查机关合署办公，实行一套工作机制、两个机关名称，履行纪检、监察两项职能，对党中央或地方党委全面负责，有利于形成监督合力，提高工作效率。第四，解决了手段单一问题。《监察法》规定了 12 种调查措施，依法赋予监察机关职责权限和调查手段，用留置取代"两规"措施，整体提升了以法治思维和法治方式惩治腐败的水平。[2]

【法条链接】

《中华人民共和国监察法》（2018 年）

第一条 为了深化国家监察体制改革，加强对所有行使公权力的公职人员的监督，实现国家监察全面覆盖，深入开展反腐败工作，推进国家治理体系和治理能力现代化，根据宪法，制定本法。

【释义】 本条是关于《监察法》立法目的和立法依据的规定。本条旨在明确制定和实施《监察法》所要实现的价值、所要达到的目标，以及《监察法》的上位法依据。

根据本条规定，《监察法》的立法目的主要涵盖四个方面：一是深化国家监察体制改革；二是加强对所有行使公权力的公职人员的监督，实现国家监察全面覆盖；三是深入开展反腐败工作；四是推进国家治理体系和治理能力现代化。同时，本条明确指出，《监察法》的立法依据是宪法。

第二条 坚持中国共产党对国家监察工作的领导，以马克思列宁主义、毛泽东思想、邓小平理论、"三个代表"重要思想、科学发展观、习近平新时代中

---

〔1〕 参见李建国："关于《中华人民共和国监察法（草案）》的说明——2018 年 3 月 13 日在第十三届全国人民代表大会第一次会议上"，载《全国人民代表大会常务委员会公报》2018 年第 2 期。

〔2〕 中共中央纪律检查委员会、中华人民共和国国家监察委员会法规室编写：《〈中华人民共和国监察法〉释义》，中国方正出版社 2018 年版，第 60 页。

国特色社会主义思想为指导，构建集中统一、权威高效的中国特色国家监察体制。

【释义】本条是关于监察工作坚持党的领导和监察工作指导思想的规定。

本条规定具有特殊的政治意义，旨在旗帜鲜明地宣示党的领导，有利于各级党委更加理直气壮、名正言顺地依法领导监察委员会开展反腐败等工作，扛起全面从严治党和依法治国理政的政治责任。《监察法》是继《宪法》之后，又一部将习近平新时代中国特色社会主义思想作为指导思想写入法律条文的法律。习近平总书记关于监察体制改革的一系列重要思想，是习近平新时代中国特色社会主义思想的重要组成部分，是《监察法》的魂和纲。

第二节　监察委员会的性质与职能

一、监察委员会的性质

（一）监察委员会是“国家机构”

监察委员会作为由各级人民代表大会所选举产生的机关，与行政机关、检察机关和审判机关一样，其机构性质为正式的国家机构，而非与国家机关属性相异的其他机关，也不是国家机关之中的内设机构。党的纪律检查委员会和监察委员会合署办公，并不是对监察委员会作为国家机构性质的否定。事实上，党的机构和国家机构在机构性质、产生方式、职责权限、工作依据、工作内容、工作程序、工作方法等方面都不相同——“党的机构”由党的代表大会产生，依据《中国共产党章程》（2017 年）和党内法规来具体管理党的事务、党组织和党员；“国家机构”由国家权力机关产生，依据宪法和法律具体管理国家事务、管理全体公民。纪检监察合署办公，避免了权力运行中两者间的功能冲突和相互推诿现象，有助于形成权力监督的合力，提升监督绩效；也有助于精简机构，节省人力、物力、财力，提升监督效率；同时，对于实现中国特色权力监督体系的合理化，实现党纪与国法的结合，优化党政关系，都具有重要的理论与实践意义。

（二）监察委员会是“监察机关”

就其职权内容而言，监察委员会将作为行使监察权、而非是行使其他权力的国家机关而存在，其所行使的也是完整的监察权而非是职务犯罪侦查或者廉政监督权。在此前提之下，监察委员会将具体承担“监督、调查和处置”三项监督职责，依法展开对所有公职人员行使公权情况的监督、调查和处置，展开对所有公职人员职务违法和职务犯罪情况的调查和处置。

（三）监察委员会是“专责机关”

根据党中央关于深化国家监察体制改革的部署，监察机关与党的纪律检查机关合署办公——纪委是党内监督的专责机关，将监察委员会定位为行使国家监察职能的“专责机关”与纪委的定位相匹配。监察委员会实质上就是反腐败工作机构，和纪委合署办公，代表党和国家行使监督权，是政治机关，不是行政机关、司法机关。〔1〕党的十八大后，党的纪律检查工作实现了纪严于法、纪在法前的转化，填补了“好同志”和“阶下囚”之间党内监督的空白。而国家监察体制改革，则是以法律为标尺，全面填补国家监督的空白。过去，行政监察的对象主要是行政机关的工作人员，检察院主要是侦办国家工作人员职务犯罪案件，不包括对职务违法行为的追究。改革后，依法行使监察权的监察委员会，是在党直接领导下，代表党和国家对所有行使公权力的公职人员进行监督，既调查职务违法行为，又调查职务犯罪行为，依托纪检、拓展监察、衔接司法。此种模式实是一种新的拓展、新的开创，实现了“一加一大于二、等于三”，监督对象和内容多出了一块，有新内容，是新创举，与司法机关的职权、性质有着根本不同。另外，“专责机关”与“专门机关”相比，不仅强调监察委员会的专业化、专门性，更加突出了监察委员会的责任理念。即行使监察权不仅仅是监察委员会的权力，更重要的是“责任”与“担当”。〔2〕还需注意，就其履责方式来看，监察职责不仅要“专门”，还要“具体、特定”，即对公职人员具体的履责行为展开监督和监察，而不是对“公权力机关”展开“抽象”的监察。

二、监察委员会依法独立行使职权

在这一原则中，“依法”是前提，“独立”是核心。首先，监察委员会作为行使国家监察职能的专责机关，履行职责必须遵循社会主义法治原则的基本要求，必须严格依照法律开展活动，既不能滥用或超越职权、违反法定程序，也不能无担当、不作为，更不允许利用职权徇私枉法，放纵职务违法犯罪行为。其次，监察委员会独立行使监察权，不受“其他”机关、社会团体和个人的干涉。〔3〕行政机关、社会团体和个人不得利用职权、地位，或者采取其他不当手段干扰、影响监察人员依法行使职权。当然，监察委员会的办公机制、职责内

---

〔1〕参见杨建顺：“国家监察体制改革十大课题”，载《中国法律评论》2017年第6期。

〔2〕中共中央纪律检查委员会、中华人民共和国国家监察委员会法规室编写：《〈中华人民共和国监察法〉释义》，中国方正出版社2018年版，第63页。

〔3〕参见马岭：“论监察委员会的宪法条款设计”，载《中国法律评论》2017年第6期。

容以及人员来源等因素决定了其履行职责时离不开人民法院、人民检察院、公安机关、国家安全机关、审计机关以及质检部门、安全监管部门等各个部门的协助、配合，同时也需要上述机关的监督制约。在实际工作中，纪检监察机关不仅同审判机关、检察机关形成了互相配合、互相制约的工作关系，同执法部门亦是如此。而《监察法》据此所作出的明确规定，实是将客观事实，即客观存在的工作关系制度化、法律化，以进一步保障监察委员会依法正确地行使监察权。具体而言，监察机关与其他国家机关的关系为：

（一）监察与被监察的关系

监察委员会作为“行使国家监察职能的专责机关”，将依法监察公职人员行使公权力的情况，并通过综合运用“监督、调查和处置”三项职权，对“公职人员依法履职、秉公用权、廉洁从政从业以及道德操守情况”进行监督检查，对“涉嫌贪污贿赂、滥用职权、玩忽职守、权力寻租、利益输送、徇私舞弊以及浪费国家资财等职务违法和职务犯罪”进行调查。此外，监察机关还可通过“政务处分”“监察建议”“问责”“移送起诉”等处置手段对其他国家机关进行监察。由此，监察机关通过对其他国家机关公职人员履职行为的具体监督，实现了对包括行政机关、检察机关和审判机关在内的具体行为的监察。

（二）互相配合的协作关系

“互相配合”，主要是指监察机关与司法机关、行政机关等国家机关在办理职务违法犯罪案件方面，要按照法律规定，在正确履行各自职责的基础上，互相支持和协作，形成高效的工作联动机制与资源共享机制，以扼制违反法律规定，各行其是，互不通气，甚至互相推诿现象的出现。鉴于监察委员会成立后，我国将构建起集中统一且权威高效的反腐败体制，因此其他国家机关有配合监察机关开展监察工作的法定义务。如《监察法》第34条就明确提出了“审判机关、检察机关、公安机关、审计机关等国家机关在工作中，发现公职人员涉嫌贪污贿赂、失职渎职等职务违法或者职务犯罪问题线索，应当移送监察机关，由监察机关依法调查处置”的规定。此外，“监察权限”一章还明确列举了在线索移交、调查、查询、冻结、搜查、通缉和限制出境等各项工作中的协作规定。但应当特别注意的是，互相配合的协作关系应当首先建立在权力分工的基础上，即对于其他国家机关的法定权力，监察机关既不能侵入也不能越权代替，互相配合应当确保各自的职权能够独立行使。

（三）互相制约的监督关系

“互相制约”，主要是指监察机关与司法机关、执法部门在追究职务违法犯罪过程中，通过程序上的制约，防止和及时纠正错误，以确保案件质量，正确运用法律惩罚违法犯罪，保护无辜和社会秩序。作为职务犯罪侦查的法定主体，监察机关必须要接受司法机关对其工作的监督。不同于公安机关对监察委员会的配合，检察机关和审判机关要更多地承担其对监察工作的监督职责。具体而言，检察机关将通过审查起诉的过程对监察委员会的工作进行监督和制约，如对其移送起诉的案件，除“认为犯罪事实已经查清，证据确实充分，依法应当追究刑事责任的”可以直接起诉外，检察机关还要能够在特定条件下提出“退回补充调查”“自行补充侦查”“不起诉”等其他决定，从而形成对其办案过程和结果的双重监督与制约。而审判机关将以审判过程为中心展开对监察委员会侦办案件的监督。换言之，监察委员会虽然拥有一定的处置权，但其处置权不能代替审判权，其处置结果也并非最终的裁判结果。换言之，被监察人员是否构成犯罪的裁判权只能由审判机关行使。

三、监察委员会的职能

结合《监察法》第 3 条、第 11 条等相关规定，监察委员会具有三项职能：(1) 监督，即对所有行使公权力的公职人员进行监察；(2) 调查，即调查职务违法和职务犯罪；(3) 处置，即开展廉政建设和反腐败工作，维护宪法和法律的尊严。《监察法》对监察委员会职能的规定，与党章关于纪委主要任务的规定相匹配。需要注意的是，监察机关行使的是调查权，不同于侦查权。《监察法》规定的执法主体是与党的纪律检查机关合署办公的国家监察机关；监督调查的对象是行使公权力的公职人员，而不是普通的刑事犯罪嫌疑人；调查的内容是职务违法和职务犯罪，而不是一般刑事犯罪行为。在案件调查过程中，既要严格依法收集证据，也要用党章、党规、党纪，理想、信念、宗旨做被调查人的思想政治工作，靠组织的关怀感化被调查人，让他们真心认错悔过，深挖思想根源，而不仅仅是收集证据，查明犯罪事实。

【法条链接】

《中华人民共和国监察法》（2018 年）

第三条　各级监察委员会是行使国家监察职能的专责机关，依照本法对所有行使公权力的公职人员（以下称公职人员）进行监察，调查职务违法和职务犯罪，开展廉政建设和反腐败工作，维护宪法和法律的尊严。

【释义】本条是关于监察委员会的性质和职能的规定。

本条旨在明确监察委员会在国家机构中的地位和作用。本条主要规定了两大内容：一是监察委员会的性质；二是监察委员会的职能。

第四条 监察委员会依照法律规定独立行使监察权，不受行政机关、社会团体和个人的干涉。

监察机关办理职务违法和职务犯罪案件，应当与审判机关、检察机关、执法部门互相配合，互相制约。

监察机关在工作中需要协助的，有关机关和单位应当根据监察机关的要求依法予以协助。

【释义】本条是关于监察机关独立行使职权以及与其他机关相互配合制约机制的规定。

本条旨在排除行政机关、社会团体和个人对监察机关的非法干扰，同时明确监察机关与司法机关等在办理职务违法犯罪过程中的工作关系。

本条分三款，分别规定了监察委员会依法独立行使职权原则，监察机关与审判机关、检察机关、执法部门在办理职务违法犯罪案件过程中的关系，有关机关和单位对监察机关的协助义务。

第三节 监察工作的原则与方针

一、监察工作的基本原则

（一）严格遵照宪法和法律

宪法是党和人民意志的集中体现，是制定其他一切法律的依据。因此，树立法律权威首当树立宪法权威，而树立宪法权威的重要途径就是确保法律的合宪性。[1]《宪法》第5条明确规定："中华人民共和国实行依法治国，建设社会主义法治国家。国家维护社会主义法制的统一和尊严。一切法律、行政法规和地方性法规都不得同宪法相抵触。一切国家机关和武装力量、各政党和各社会团体、各企业事业组织都必须遵守宪法和法律。一切违反宪法和法律的行为，必须予以追究。任何组织或者个人都不得有超越宪法和法律的特权。""宪法至上原则"为建设中国特色社会主义法治国家奠定了思想与制度基础。同时，基于中国共产党执政党的特殊地位，《中国共产党章程》（2017年）在总纲中也明确指出，"党必须在宪法和法律的范围内活动"。以上规定，是建设中国特色社会主义法治国家必须深刻把握的内涵。因此，制定《监察法》、加强国家监察工

---

〔1〕 参见江国华："司法立宪主义与中国司法改革"，载《法制与社会发展》2016年第1期。

作，就应当充分尊重宪法和法律。在此次国家监察体制改革中，宪法稳定性、连续性和权威性基本得到彰显，如十三届全国人大一次会议对《宪法》作出部分修改，把党和人民在实践中取得的重大理论创新、实践创新、制度创新成果上升为宪法规定，实现了宪法的与时俱进。[1]

这次《宪法》修改的重要内容之一，就是增加有关监察委员会的各项规定，即对国家机构作出了重要调整和完善，并通过相应的法律《监察法》来保证宪法确立之制度得到切实落地——在本次人民代表大会上，先通过宪法修正案，再审议《监察法》，及时将宪法修改所确立的监察制度进一步具体化，是我们党依宪执政、依宪治国的生动实践和鲜明写照。[2]人民代表大会制度是我国的根本政治制度，是坚持党的领导、人民当家作主、依法治国有机统一的根本政治制度安排。人民行使国家权力的机关是全国人民代表大会和地方各级人民代表大会。《监察法》根据宪法修正案将行使国家监察职能的专责机关纳入国家机构体系，明确监察委员会由同级人大产生，对它负责，受它监督，拓宽了人民监督权的路径，提高了社会主义民主政治之制度化、规范化、法治化水平，丰富和发展了人民代表大会制度的内涵，推动了人民代表大会制度与时俱进，对推进国家治理体系和治理能力现代化具有深远意义。

（二）以事实为根据，以法律为准绳

以事实为根据，以法律为准绳，是正确开展监察工作不可分割的两个方面。事实是前提，是基础和根据，法律是标准、尺度，二者相互联系，缺一不可。“以事实为根据”，主要是指公职人员是否违法犯罪，罪轻还是罪重，都要以事实为根据，对事实情况既不夸大，也不缩小，做到客观公正。“以法律为准绳”，是指监察机关开展监察工作，包括案件线索处置、初核、立案、调查、作出处置决定等都要以《监察法》等法律法规为标准。

本条要求监察工作必须以事实为根据，以法律为准绳，这是以法律为准绳的社会主义法制原则和辩证唯物主义认识论在监察工作中的具体体现。它要求监察机关在开展工作，特别是在查处违纪案件中，必须从实际出发，尊重客观事实，以客观存在的真实情况作为判断是非、正确处理问题的基础，而不能先入为主，主观臆断或以其他任何事实或法外的东西作为依据。要做到尊重客观

---

〔1〕 参见王晨：“关于《中华人民共和国宪法修正案（草案）》的说明——2018 年 3 月 5 日在第十三届全国人民代表大会第一次会议上”，载《全国人民代表大会常务委员会公报》2018 年第 2 期。

〔2〕 参见李建国：“关于《中华人民共和国监察法（草案）》的说明——2018 年 3 月 13 日在第十三届全国人民代表大会第一次会议上”，载《全国人民代表大会常务委员会公报》2018 年第 2 期。

事实，一切从实际出发，就必须进行深入细致的调查研究，广泛、充分地了解、收集有关的材料和证据，并且经过认真分析，反复验证，去粗取精，去伪存真，以揭示事物间的内部联系，这样才能作出符合实际的判断，作出正确的处理，从而保证监察工作的质量，防止发生差错，使处理的监察事项经得起现实和历史的检验。

此原则类同于实事求是，重证据、重调查研究的原则。主要有以下几点要求：首先，要求监察人员要树立正确的思想路线。一切从实际出发，实事求是，是马克思主义的思想路线和科学的思想方法、工作方法，也是我们党在长期革命实践中形成的优良传统和作风。监察人员必须遵循这条思想路线，对于客观存在着的事实既不夸张更不允许虚构，警惕克服工作中的主观性、片面性、表面性和官僚主义作风。其次，重证据、重调查研究是实事求是的基础环节，监察机关对检查、调查事项的真实情况的全面了解，只能来源于艰苦细致的证据收集、调查研究活动，此外别无其他途径。在检查和调查中只有全面客观地收集证据材料，加以去伪存真、由表及里地分析研究，才能为正确判断和形成监察决定或监察建议提供真实的、客观的依据。相反，如果违背这个原则，先入为主，以偏概全，形而上学地认识和处理问题，就会作出违背客观实际，甚至错误的监察决定或监察建议，从而给党和国家的事业造成损失。

（三）在适用法律上一律平等，保障当事人的合法权益

“在适用法律上一律平等”是指监察机关对所有监察对象，不论民族、职业、出身、性别、教育程度都应一律平等地适用法律，不允许有任何特权。“保障当事人的合法权益”是指严格遵循相关法律规定，不得违法侵犯公民、法人和其他组织的合法权益。这里的“当事人”，既包括被调查人，也包括涉案人员等其他人员。此项原则体现了宪法关于任何组织或个人都不得有超越宪法和法律的特权和中华人民共和国公民在法律面前一律平等的社会主义法治原则。具体而言，这一原则包括以下几方面的含义：第一，任何监察对象的合法权益都平等地受法律的保护；第二，任何监察对象都必须遵守法律和纪律，不得有超越法律和纪律的特权；第三，一切违反法律和纪律的行为都必须受到追究。根据这一原则，监察机关对一切监察对象的合法权益都要依法保护，一切违反法律和纪律的行为都必须根据事实和情节，按照法律、法规和纪律的规定，在职权范围内作出处理，绝不能因监察对象的地位、身份、职务等的不同而有所区别，应切实做到秉公办事，执纪公平。

（四）权责对等，严格监督

有权必有责，用权受监督，手握权力就得心存敬畏、慎独慎微，就得依法

接受监督。"权责对等，严格监督"原则总结了十八大以来管党治党的做法和经验，体现了行使权力和责任担当相统一的思想。开展权力监督的目的在于保障公权力规范行使，提高国家机关的执法水平，协调政府与民众的关系，实现善治。[1]权力就是责任，有权必有责，有责要担当，不担当要问责，严管就是厚爱，信任不能代替监督。同时，监察机关既要监督乱作为，也要管消极不作为、慢作为，保证公权力正确行使。

为了实现"严格监督"，《监察法》规定了监察机关开展监督的具体形式，如谈话、讯问、留置等监察措施。具体而言，监察委员会依照法律规定履行监督、调查、处置职责，可以采取谈话、讯问、询问、查询、冻结、调取、查封、扣押、搜查、勘验检查、鉴定、留置等措施开展调查。对于取代了"两规"的留置措施，《监察法》规定，被调查人涉嫌贪污贿赂、失职渎职等严重职务违法或者职务犯罪，监察机关已经掌握其部分违法犯罪事实及证据，仍有重要问题需要进一步调查，并有涉及案情重大、复杂，可能逃跑、自杀，可能串供或者伪造、隐匿、毁灭证据，以及可能有其他妨碍调查行为等情形之一的，经监察机关依法审批，可以将其留置在特定场所。同时，《监察法》规范了留置措施的实施程序，以保障程序正义，如规定留置时间不得超过三个月。在特殊情况下，可以延长一次，延长时间不得超过三个月。用留置取代"两规"符合法治精神和法治要求，是运用法治思维反腐的具体举措，同时赋予监察委一系列调查措施，并规定严格的程序，亦有利于解决长期困扰的法治难题，将反腐纳入法治轨道。

同时，对于潜逃海外的涉嫌贪腐的公职人员，《监察法》亦有相关规定，以加强反腐败国际合作，实现追逃、追赃、防逃三管齐下。具体而言，国家监察委员会统筹协调与其他国家、地区、国际组织开展的反腐败国际交流、合作，组织反腐败国际条约实施工作。国家监察委员会加强对反腐败国际追逃追赃和防逃工作的组织协调，督促有关单位做好相关工作：对于重大贪污贿赂、失职渎职等职务犯罪案件，被调查人逃匿到国（境）外，掌握证据比较确凿的，通过开展境外追逃合作，追捕归案；提请赃款赃物所在国查询、冻结、扣押、没收、追缴、返还涉案资产；查询、监控涉嫌职务犯罪的公职人员及其相关人员进出国（境）和跨境资金流动情况，在调查案件过程中设置防逃程序。

尤其值得注意的是，随着国家、省、市、县四级监察委员会的组建工作全

---

〔1〕李红勃："迈向监察委员会：权力监督中国模式的法治化转型"，载《法学评论》2017年第3期。

部完成[1]，党和国家已经形成了巡视、派驻、监察全覆盖的权力监督大格局，监督体系更加健全完善，同时党对反腐败工作的统一领导亦更加坚强有力。此外，注重加强党内监督，亦是我们党自成立起就始终坚持的一贯做法——党的十八大以来，面对世情、国情、党情的深刻变化，以习近平同志为核心的党中央不断采取健全党和国家监督体系的重大举措，深化纪律检查体制改革、推动管党治党制度创新，深化国家监察体制改革、形成中国特色国家监察体制，有效破解了国家治理的“哥德巴赫猜想”——权力如何实现自我监督这一难题。[2]首先，利剑高悬，震慑常在，实现巡视监督全覆盖。开展巡视工作，发现问题是生命线。党中央把巡视作为党内监督的战略性制度安排，确立巡视工作方针，创新组织制度和方式方法，着力发现问题、形成震慑。其次，发挥“探头”和“前哨”作用，建设“常驻不走的巡视组”，实现派驻监督全覆盖。派驻监督全覆盖增强了“派”的权威和“驻”的优势，让监督就在身边，纪律就在眼前。各级纪委加强对派驻纪检组的领导，定期听取工作汇报、约谈纪检组组长；强化对被监督单位领导班子及其成员的监督，提高发现和解决问题能力；统筹选拔派驻干部，对不敢担当、不愿监督的进行组织调整，对失职失责的严肃问责；各省区市实现省级纪委全面派驻，稳步推进市地一级纪委派驻全覆盖。最后，加强对所有行使公权力的公职人员的监督，实现国家监察全覆盖。党和国家着眼于加强党对反腐败工作的集中统一领导，健全党和国家监督体系，实现对所有行使公权力的公职人员监察全覆盖。党的十八大以来，党内监督覆盖了所有党组织和党员，但行政监察对象主要是行政机关及其工作人员，未做到对所有行使公权力的公职人员的全覆盖。

国家监察委员会的组建及其宪法地位的确立，实现了国家机构、党和国家监督体系的重大创制，中国特色国家监察体制已经形成，党和国家反腐败工作开启了新篇章。国家监察委员会的组建和揭牌，标志着新时代党和国家反腐败机构正式建立，监察对象范围扩大到“所有行使公权力的公职人员”，实现监察“全覆盖”，推动了由监督“狭义政府”到监督“广义政府”的转变，有利于对所有行使公权力的公职人员实行有效监督，促进国家公职人员依法履职、秉公

---

〔1〕 瞿芃：“从‘结果通报’到‘过程通报’，从‘纪法分开’到‘纪法贯通’，从发布‘有规律’到‘无规律’——细数‘打虎通报’变化 倾听反腐铿锵足音”，载《中国纪检监察报》2018年4月5日。

〔2〕 参见李韬：“深化国家监察体制改革彰显‘四个自信’”，载《中国纪检监察》2018年第5期。

用权。但同时，国家监察委员会组建完成后，深化监察体制改革才真正进入深水区，因此我们必须牢牢把握深化国家监察体制改革的根本点和基点，坚持党对反腐败工作的集中统一领导，坚持依据党章党规和宪法法律履行职责，坚持以人民为中心的价值取向，坚持运用法治思维和法治方式开展工作，坚持对所有行使公权力的公职人员监察全覆盖，推进纪委监委的全面融合和战略性重塑，实现新时代纪检监察工作整体性提升。同时，必须在党中央统一领导下，全面履行纪检监察两项职责，把制度优势转化为治理效能，真正完成纪委监委合署办公的职能、人员、工作的深度融合，实现“形神融合”的双重形塑。

巡视、派驻、监察三个全覆盖并驾齐驱，形成权力监督新格局，实现党和国家监督无盲区、无死角、无空白，使党和国家监督体系更加完备、科学、有效，从而确保党和人民赋予的权力用来为人民谋利益。坚持精简高效、内涵发展，深入推进党的纪律检查体制改革，全面深化国家监察体制改革，让三个监督“全覆盖”真正发挥实效，确保权力规范有序、顺畅高效运行，就一定能跳出“历史周期律”。

（五）惩戒与教育相结合，宽严相济

“惩戒与教育相结合，宽严相济”原则是惩前毖后、治病救人方针在监察工作中的具体体现。中国共产党成立以来，“惩前毖后，治病救人”既是党加强自身建设的一贯方针，又是党永葆肌体健康的重要法宝。[1]1942 年 2 月，毛泽东同志在《整顿党的作风》的报告中首次提出“惩前毖后、治病救人”；1945 年 6 月，党的七大将这一方针写入党章；1982 年 9 月，党的十二大党章再次重申这一方针，并一直沿用至今。2015 年 10 月修订的《中国共产党纪律处分条例》（2015 年）规定，党的纪律处分工作要坚持“惩前毖后、治病救人”原则，处理违犯党纪的党组织和党员，应当实行惩戒与教育相结合，做到宽严相济。[2]这是我们党从丰富实践经验和深刻历史教训中总结出来的，只有始终秉持这个科学态度和正确方法，才能达到既严明纪律又团结同志的目的。

“惩戒与教育相结合，宽严相济”是监察机关开展工作，尤其是在查处违纪案件中必须遵循的一项基本原则。它是指监察机关在开展监察工作中不仅要严肃查处监察对象的违纪行为，还要立足于教育，着眼于提高干部的思想和政治

---

〔1〕 冯留建：“监督执纪问责，必须坚持惩前毖后、治病救人”，载《光明日报》2018 年 4 月 19 日。

〔2〕 参见《中国共产党纪律处分条例》（2015 年）第 4 条第 5 项。

素质，把惩处与防范、治标与治本有机地结合起来。历史证明，只有坚持这一方针，才能达到既严明法纪、又团结同志的目的。中共党员是国家监察的重点对象，而党的纪律是党的各级组织和全体党员必须遵守的行为准则，党组织必须严格执行和维护党的纪律，共产党员必须自觉接受党的纪律约束。根据党章，执纪必严、违纪必究，是全面加强纪律建设的必然要求。习近平总书记反复强调，“遵守纪律是无条件的，要说到做到，有纪必执，有违必查”，“纪律面前一律平等，党内不允许有不受纪律约束的特殊党员”。故，只有坚持执纪必严、动辄则咎，实现监督“全覆盖”，坚持惩处“无禁区”，坚决做到问责“不留情”，才能使所有公职人员能够守住纪律底线，自觉遵循纪律要求，不敢违法乱纪甚至走向犯罪的道路。〔1〕

“惩戒与教育相结合，宽严相济”原则包括两方面的含义：一是对违纪者，必须严肃处理，该处分的坚决处分。二是要将教育贯穿于惩戒工作的始终，使惩处立足于教育、挽救和防范。抓早抓小、防微杜渐，是党的十八大以来管党治党的重要经验。这些年查处的党员干部严重违纪违法案件，都有一个从量变到质变、从小过到大错的演变过程。如果在刚发现时及时拉一把，就不至于使其在错误的道路上越滑越远。党的十八大以来，我们党坚持纪严于法、纪在法前，实现纪法分开，层层落实主体责任，把严的要求贯穿管党治党各方面和全过程，日常管理监督立足于早、着眼于小，发现苗头及时提醒，触犯纪律立即处理，经常防微杜渐，体现的正是严管就是厚爱、治病为了救人。只有转变执纪方式，抓早抓小、防微杜渐，把管和治更多体现在日常，做到真管真严、敢管敢严、长管长严，才能用纪律管住大多数人，实现管党治党“全面”和“从严”的有机统一。

对于被监察对象而言，惩戒和教育双管齐下，能够提高监察质量，加强被监察对象的党纪国法意识。首先对于被惩处者来说，惩戒是对其违纪行为造成的后果所承担的责任，体现了一级组织对其违纪行为的谴责和否定性评价。对违纪者予以惩处，对违纪行为有着抑制和惩戒的作用。同时，它也是对遵纪守法者的肯定和鼓励。其次，必要的、适当的惩处本身就是一种教育，而且是很有效的教育。通过惩处，教育违纪者认识错误，改正错误，同时通过对典型案件的解剖分析，开展法制、纪律教育，使其他监察对象从中受到教育，提高监察对象遵纪守法、廉洁从政的自觉性，最终使法律、法规、政策得到贯彻执行，

〔1〕 参见周农：“‘执纪必严、动辄则咎’不是一句空话”，载《中国纪检监察》2015年第10期。

使纪律得到严格遵守，使教育具有普遍的意义。

反腐败斗争的政策性、政治性强。惩戒与教育相结合，宽严相济原则体现了党的十八大以来监督执纪“四种形态”的思想和理念，也是从当前反腐败斗争依旧严峻的现实出发而作出的规定。具体而言，监督执纪“四种形态”，是执纪必严、抓早抓小的创新举措。我们党之所以能够解决自身存在的问题，靠的就是强化自我监督、严格执行纪律。2015 年 9 月，前任中共中央政治局常委、中央纪委书记王岐山提出监督执纪“四种形态”，科学回答了“用什么执纪、为什么监督”等重大理论和现实问题，真正体现对党员的严格要求和关心爱护，对于挺纪在前、执纪必严，以纪律建设推进从严治党、依规治党，具有重要战略意义和实践指导价值。〔1〕

新时代改革攻坚任务重，干部更要有新担当、新作为，监察机关要通过持之以恒正风肃纪，使党员干部渐渐习惯在监督下工作和生活。纪委的监督和监委的监督在指导思想、基本原则上是高度一致的，目的都是为了惩前毖后、治病救人，抓早抓小、动辄则咎，防止出现党员干部和公职人员要么是“好同志”、要么是“阶下囚”的悬殊落差情形。监察委员会与纪委合署办公以后，既要负责日常监督，依法履行监督、调查、处置等职责，还应经常开展思想政治工作，进行理想信念宗旨教育，加强法治道德教育，把犯错的干部拉回到正确的轨道上来，防止小病拖成大病、小错酿成大过。同时，监察机关不仅要监督乱作为，还要监督不愿为、不敢为、不能为的现象，依法对履行职责不力、失职失责的领导人员进行问责。《监察法》赋予监察机关的这些职责权限为改革发展打下了良好的制度基础，有利于标本兼治、综合治理，为取得良好的政治效果、纪法效果和社会效果奠定基础。简言之，纪委监督与监察委监督有机贯通，既有助于实现严格执纪问责，又易达到教育挽救干部的目的，维护党内的政治生态，巩固党的执政基础；同时，又有利于把过去抓早抓小、防微杜渐等行之有效的方法融入监察工作中，构建不敢腐、不能腐、不想腐的长效机制。而“惩戒与教育相结合，宽严相济”的原则就是做好以上工作的重要保证，其说明监察委员会不是单纯的办案机构，还同时担负着重要的监督职能。教育与惩处是相辅相成的，教育是基础、是根本目的，惩处是手段，在严肃惩处的同时，配合以主动、积极的教育，才能保障初衷不离，最终达成目标。

---

〔1〕 参见石伟、范丽君：“把握运用监督执纪‘四种形态’”，载《中国党政干部论坛》2016 年第 1 期。

二、监察工作的基本方针

（一）力保“不敢腐”：坚持标本兼治、综合治理，强化监督问责，严厉惩治腐败

监察体制改革要求对所有行使公权力的公职人员监察全覆盖——党章规定，纪委是党内监督专责机关，职责是监督、执纪、问责；《监察法》规定，监察委是行使国家监察职能的专责机关，职责是监督、调查、处置。无论是纪委，还是监察委，首要的职责都是监督。且两者在指导思想、基本原则和目的上亦高度一致，都是为了惩前毖后、治病救人，抓早抓小、防微杜渐。在国家监察实现全覆盖之前，行使公权力但处于监察盲区的人就难免滋生堕落心理，怀着侥幸心理铤而走险，“明知山有虎，偏向虎山行”的“胆量”使很多党政机关的工作人员一错再错。虽然党的十八大以来，坚持反腐败无禁区、全覆盖、零容忍，坚持重遏制、强高压、长震慑，坚定不移“打虎”“拍蝇”“猎狐”，反腐败斗争压倒性态势已经形成并巩固发展。但是体制上的缺陷尤其是监管盲区的存在使得反腐败斗争形势依旧严峻复杂。而《监察法》的通过，是法治反腐在监察领域的集中体现，表明我国反腐工作进入顶层设计的新阶段，实现了对既有反腐经验成果的转化与巩固。〔1〕

（二）力保“不能腐”：深化改革、健全法治，有效制约和监督权力

解决不能腐的问题，不仅仅是国家监察体制改革和《监察法》的任务，其他各项深化改革任务和法律制定、修订工作都或多或少与此相关。《监察法》的规定体现了党的十九大报告提出的“要加强对权力运行的制约和监督，让人民监督权力，让权力在阳光下运行，把权力关进制度的笼子”。合署办公以后，纪检监察机关既执纪又执法，担负着监督执纪问责和监督调查处置的双重职责，有利于同时用好党章党规党纪和宪法法律法规这“两把尺子”，实现既用纪律管全党、治全党，又用法律管住所有行使公权力的公职人员。加之监察机关与司法机关的无缝衔接，贪腐行为在党纪国法双重规制下将无缝可钻，真正构筑起不能腐的堤坝，让权力得到约束。同时，我国之后也将及时通过立法把行之有效的改革举措以法律的形式固化下来，形成监督合力、增强监督实效，确保党和

---

〔1〕参见刘艳红、夏伟：“法治反腐视域下国家监察体制改革的新路径”，载《武汉大学学报（哲学社会科学版）》2018年第1期。

人民赋予的权力真正用来为人民谋利益。[1]

深化国家监察体制改革这一《监察法》确立的目标，将通过体制机制上的完善来强化党和国家自我监督，不断增添依规治党和依法治国的双动力。党章规定，纪委是党内监督专责机关，职责是监督、执纪、问责；十三届全国人大一次会议表决通过的宪法修正案规定"各级监察委员会是国家的监察机关"，《监察法》规定监委的职责是监督、调查、处置。据此，党内监督与国家监察乃一体两面，相互促进。纪委的监督执纪问责与监委的监督调查处置，既有区别又相互联系，都是在党的直接领导下，统一推进全面从严治党、党风廉政建设和反腐败斗争。而两者之双重职责既相互补充又相互衔接，不能分离、不可替代。因此，无论理论还是实践，均须把"两把尺子"真正结合起来贯通运用，唯此才能做到将维护党章党规党纪和维护宪法法律法规相统一。

但同时，理论上的构想必须通过具体实践转化为现实。由于国家监察体制改革后，纪检监察机关既要审查违纪问题，又要调查职务违法和职务犯罪问题，既考虑纪的因素，又考虑法的内容，要依托纪检、拓展监察、衔接司法。因此在具体实践中须做到以下几点：第一，要用好党章党规党纪的"尺子"，强化党内监督，坚持纪严于法、纪在法前，用纪律管住党员干部，保持党的先进性、纯洁性。第二，要依据宪法、《监察法》和相关法律法规，对党内监督达不到的地方，或者对不适用执行党的纪律的公职人员，依法实施监察，真正把公权力关进制度的笼子。总之，要把执纪与执法贯通起来，实现执纪审查与依法调查有序对接，以更加健全完善的体制保证审查调查权高效规范运行。

双重职责、双重责任，对纪检监察机关和纪检监察干部提出了更高的要求。从依纪审查到依法调查，从查办大案到抓早抓小，只有适应新形势新要求，用好"两把尺子"，履行好双重职责，才能达到"一加一大于二"的效果，将制度优势转化成治理效能，推动全面从严治党向纵深方向发展。

（三）力保"不想腐"：加强法治教育和道德教育，弘扬中华优秀传统文化

监督执纪"四种形态"是全面从严治党的重大理论和实践创新，体现了"惩前毖后、治病救人"的一贯方针。"四种形态"的原理、"惩前毖后、治病救人"的方针，将来也适用于《监察法》的实施。要在运用第一种形态上下更大功夫，发现问题及时提醒、纠正，通过谈话函询使"红脸出汗、咬耳扯袖"成为常态；要综合运用第二、第三种形态，防止一般违纪违法行为发展成严重

---

〔1〕 参见中共中央纪律检查委员会、中华人民共和国国家监察委员会法规室编写：《〈中华人民共和国监察法〉学习问答》，中国方正出版社 2018 年版，第 19 页。

违纪违法行为，防止严重违纪违法发展成犯罪行为。要把纪委监督与监察委监督贯通起来，在实现党纪管住“好党员”到“阶下囚”空白地带的同时，管住“好公职人员”到“阶下囚”间的广阔领域，防止党员干部、公职人员的小错误发展成大祸患，防止好人变坏人，确保人民赋予的权力不被滥用，始终用于为人民服务。

党的十九大报告指出，“提高全民族法治素养和道德素质”，“深入挖掘中华优秀传统文化蕴含的思想观念、人文精神、道德规范”。法律是准绳，任何时候都必须遵循；道德是基石，任何时候都不可忽视。习近平总书记强调，把法治中国建设好，必须坚持依法治国和以德治国相结合，使法治和德治在国家治理中相互补充、相互促进、相得益彰，推进国家治理体系和治理能力现代化。法律是成文的道德，道德是内心的法律。法律和道德都有规范社会行为、调节社会关系、维护社会秩序的作用，在国家治理中都有其地位和功能。〔1〕2018年3月10日习近平总书记参加十三届全国人大一次会议重庆代表团审议时明确指出，要既讲法治又讲德治，重视发挥道德教化作用，把法律和道德的力量、法治和德治的功能紧密结合起来，把自律和他律紧密结合起来，引导全社会积极培育和践行社会主义核心价值观，树立良好道德风尚，防止封建腐朽道德文化沉渣泛起。

习近平总书记强调，领导干部要讲政德。政德是整个社会道德建设的风向标。立政德就是要明大德、守公德、严私德。明大德，就是要铸牢理想信念、锤炼坚强党性，在大是大非面前旗帜鲜明，在风浪考验面前无所畏惧，在各种诱惑面前立场坚定。守公德，就是要强化宗旨意识，全心全意为人民服务，恪守立党为公、执政为民理念，自觉践行人民对美好生活的向往就是对我们奋斗目标的承诺，做到心底无私天地宽。严私德，就是要严格约束自己的操守和行为。〔2〕《监察法》明确将加强法治教育和道德教育，弘扬中华优秀传统文化作为监察工作方针，就是落实党中央的决策部署，从中华民族历史文化中汲取智慧，从实际出发实现监察工作理念思路、体制机制、方式方法的与时俱进。〔3〕

反腐败没有休止符，只有构筑起“不想腐”的机制，反腐败斗争才能取得

---

〔1〕“习近平在中共中央政治局第三十七次集体学习时强调　坚持依法治国和以德治国相结合　推进国家治理体系和治理能力现代化”，载《中国纪检监察》2016年第24期。

〔2〕尹传政：“汲取优秀政德文化 加强政治生态建设”，载《光明日报》2018年5月8日。

〔3〕中共中央纪律检查委员会、中华人民共和国国家监察委员会法规室编写：《〈中华人民共和国监察法〉学习问答》，中国方正出版社2018年版，第21页。

最终胜利。各级纪委、监察委首要的职责是监督，但绝不是说惩治腐败要松口气、歇歇脚。换言之，也许只有保持高压态势始终不减，纪律法律才会永久带电。因此，必须果断稳妥运用好第四种形态，坚持无禁区、全覆盖、零容忍，坚持重遏制、强高压、长震慑，坚持受贿行贿一起查，以永远在路上的执着，不断巩固发展反腐败斗争压倒性态势，夺取压倒性胜利。

【法条链接】

《中华人民共和国监察法》（2018 年）

第五条　国家监察工作严格遵照宪法和法律，以事实为根据，以法律为准绳；在适用法律上一律平等，保障当事人的合法权益；权责对等，严格监督；惩戒与教育相结合，宽严相济。

【释义】本条是关于监察工作原则的规定。

第六条　国家监察工作坚持标本兼治、综合治理，强化监督问责，严厉惩治腐败；深化改革、健全法治，有效制约和监督权力；加强法治教育和道德教育，弘扬中华优秀传统文化，构建不敢腐、不能腐、不想腐的长效机制。

【释义】本条是关于监察工作方针的规定。

本条旨在贯彻落实党的十九大精神，将党的十八大以来反腐败工作的重要思想、目标、要求和实践经验总结，以法律的形式固定下来，有利于继续强化不敢腐的震慑，扎牢不能腐的笼子，增强不想腐的自觉。另外，本条在文字表述上不仅政治性、政策性强，而且体现了强烈的时代特色，是法言法语的创新，是中国特色社会主义法治道路的体现。

【案例链接】惩戒与教育相结合

信阳市住房公积金管理中心网络科副科长贪污公积金案

麻某系信阳市住房公积金管理中心网络科副科长，因涉嫌贪污公积金，于 2018 年 3 月被信阳市平桥区纪委监委立案调查并采取留置措施。留置之初，麻某虽然承认了部分作案事实，但对调查工作存在较强的抵触心理，对一些关键性问题采取回避态度，调查工作一时无法顺利推进。“刚开始比较犟，有点‘其奈我何’的思想”，参与麻某案调查的平桥区纪委监委第二纪检监察室冯主任回忆道，麻某坚称自己的主观动机是报复领导不是贪占，而且是他一个人干的，与别人无关；他还认为只要把钱补上，就不算多大事，完全没有认识到自己错误的严重性。

在进一步调查和与其接触过程中，调查人员发现，麻某党性修养不强，身上社会不良习气很重，平时热衷于买彩票和网络赌博，还与一些社会人员称兄道弟。调查组综合研判后认为，该案的作案手法相当复杂，且需要较高的专业技术能力，不大可能单独完成作案，麻某很可能是讲所谓的“哥们儿义气”，企图包庇同伙。

但据麻某所在单位工作人员回忆，麻某刚参加工作时干劲十足，并积极入党，颇受单位领导重视，后来由于家庭原因，本人变得不思进取，才追求刺激、沉迷赌博。

为消除其对立情绪，突破心理防线，调查组决定以成立的临时党支部为依托，从开展理想信念宗旨教育着手，对麻某强化思想政治工作。

“麻某同志，你还记得自己的入党申请书里写的是什么吗？还能背出入党誓词吗？”面对调查人员“同志”的称呼和发问，麻某一时有些错愕。

接下来的时间里，调查组临时党支部带领麻某一起重温入党誓词，并调取其入党材料让其重读入党志愿书，唤醒其对青春奋斗岁月的记忆；又带领麻某学党章，学纪律处分条例，通过对照讲解，促使其从内心深处深刻反思、认识错误。期间，调查人员还多次与其长谈：“你这些年就没有好好学过党章，党规党纪意识和组织观念淡漠，遇到挫折就自暴自弃，行无底线、心无敬畏，丢掉了共产党员的初心”，“党的一贯宗旨就是惩前毖后、治病救人，惩戒不是唯一目的，教育挽救也是我们调查工作的重要目标”。

调查人员还注意到，每次与麻某谈到家人和家庭，其就表现出明显的激动和懊悔。调查组抓住其重视家庭的这一细节，又多次对麻某从情感上进行规劝。“你还这么年轻，年迈的父母和年幼的儿子还需要你去照顾，为了家人，为了自己，为了以后的打算还是好好反省自己的错误，争取从轻处理，以后家人还需要你！”

一次次的谈话，一步步的教育，都在触动着麻某的内心。最终，在铁的证据面前和思想教育的感化下，麻某如实交代了2017年10月到11月期间，其与技术人员赵某合谋，利用职务便利修改系统数据，并设立数个假账户将60万元公积金取出进行挥霍的问题。

麻某在忏悔书中这样写道：“我作为一个共产党员，应有的本色一点点都没有了，离党对自己的要求更是越来越远，迷失了自己。在留置期间，纪委监委领导对我的教育和关怀，让我认识到党对我这个犯了大错的人并没有抛弃，没有放弃……”

纪委监委是政治机关，必须把政治性体现在审查调查工作中。审查调查的目的不仅仅是惩治，还要立足教育挽救，既查清职务违法犯罪事实，进行相应处置，又开展严肃的思想政治工作，进行理想信念宗旨教育，真正达到惩前毖后、治病救人的效果。谈到这一点，调查人员冯某也非常感慨。他说，近年来从事审查调查工作的一个深刻感受，就是思想政治教育用得更多了，而且越来越有效。“现在反腐败斗争取得了压倒性态势，政治生态和社会风气都在变好，在这种大环境下对调查对象做思想政治工作，很能说到他们的心坎里。”

第二章　监察机关及其职责

第一节　监察委员会的产生与领导体制

一、监察委员会的产生与组成

（一）国家监察委员会

依据宪法，国家行政机关、监察机关、审判机关、检察机关都由人民代表大会产生，对它负责，受它监督。作为与“一府两院”地位平行的新型国家机构，在中央层面，国家监察委员会由全国人民代表大会产生。明确监察委员会由人民代表大会产生，对人大负责、受人大监督，是对人民代表大会这一根本政治制度的丰富和完善，体现了人民当家作主的要求，有利于强化人大作为国家权力机关的监督职能，拓宽人民监督权力的途径，更好地体现了党的领导、人民当家作主和依法治国的有机统一。同时，规定国家监察委员会负责全国监察工作，明确了其作为最高监察机关，统一领导地方各级监察机关工作的地位。

国家监察委员会由主任一人、副主任和委员各若干人组成。关于副主任和委员的职数，《监察法》未作具体规定。在产生方式方面，国家监察委员会主任由全国人民代表大会选举产生，副主任、委员由国家监察委员会主任提请全国人民代表大会常务委员会任免，此与最高人民法院、最高人民检察院相关领导人员产生方式相同。

国家监察委员会由全国人大产生，任期与全国人大每届任期相同。任期届满，要重新经过全国人大选举新的国家监察委员会主任。《监察法》没有规定监察委员会副主任、委员每届任期同全国人大每届任期相同，是为了保证国家监察机关职权行使的连续性。在国家监察委员会每届任期内当选的监察委员会主任，其任期以本届人大剩余的任期为限。《监察法》第8条规定的国家监察委员会主任连续任职不得超过两届，与宪法关于最高人民法院院长、最高人民检察院检察长连续任职届数的规定相一致。宪法和法律对最高人民法院副院长、最高人民检察院副检察长和地方各级人民法院院长、副院长、各级人民检察院检察长、副检察长连续任职期限，未作规定。为保持一致，《监察法》也未对监察委员会副主任、委员连续任职期限作出规定。

根据《监察法》第 8 条，国家监察委员会对全国人大及其常委会负责并接受其监督。主要体现在以下三个方面：①国家监察委员会的组成人员由全国人大及其常委会选举、任免。②全国人民代表大会有权罢免国家监察委员会主任。③根据《监察法》第 53 条的规定，国家监察委员会向全国人大常委会作专项工作报告，接受执法检查，接受人大代表和常务委员会组成人员就监察工作中的有关问题提出的询问和质询。

（二）地方各级监察委员会

在中央层面，国家监察委员会由全国人民代表大会产生，相应地，在地方层面，地方各级监察委员会由本级人民代表大会产生。同时，县级以上地方各级监察委员会负责本行政区域内的监察工作，接受国家监察委员会的统一领导，是整个国家监察体系的有机组成部分。

地方各级监察委员会的组成和人员产生方式，与国家监察委员会相同，即地方各级监察委员会由主任、副主任若干人、委员若干人组成，主任由本级人民代表大会选举，副主任、委员由监察委员会主任提请本级人民代表大会常务委员会任免。另外，地方各级监察委员会主任的任期规定与国家监察委员会主任一致，每届任期与本级人大每届任期相同，随本级人大换届而换届。每届地方各级监察委员会主任行使职权至新的监察委员会主任产生为止。但是，不同于国家监察委员会主任的任期限制，《监察法》对地方各级监察委员会组成人员的连选、连任没有限制性规定。

地方各级监察委员会对本级人大及其常委会和上一级监察委员会负责，并接受其监督。地方各级监察委员会对本级人大及其常委会负责，和国家监察委员会对全国人大及其常委会负责的内容相同。监察机关和纪检机关合署办公，《监察法》规定地方各级监察委员会对上一级监察委员会负责，与上下级纪委之间的领导和被领导关系是相匹配的。

二、领导体制

对于《监察法》第 10 条确立的“国家监察委员会领导地方各级监察委员会的工作，上级监察委员会领导下级监察委员会的工作”的领导体制，其借鉴了以往的双重领导体制的实践经验，但是又不同于《人民检察院组织法》（1986

年）和《人民法院组织法》（2006 年）对国家检察机关、国家审判机关内部纵向关系的规定，也不同于《地方组织法》（2015 年）对地方政府内部纵向关系的规定。具体而言：

根据《监察法》第 10 条的规定，可以得出两点结论：其一，国家监察委员会领导地方各级监察委员会的工作。领导的本义是率领并引导，其本身包含着教育、管理和监督。国家监察委员会在全国监察体系中处于最高地位，主管全国的监察工作，率领并引导所属各内设机构及地方各级监察委员会的工作，一切监察机关都必须服从它的领导。在《监察法》中确立这样的监察机关领导关系，能够保证“全国一盘棋”，即保证全国监察机关集中统一领导、统一工作步调、统一依法履职。其二，上级监察委员会领导下级监察委员会的工作。地方各级监察委员会负责本行政区域内的监察工作，除了依法履行自身的监督、调查、处置职责外，还需对本行政区域内下级监察委员会的工作实行监督和业务领导。〔1〕

按照十八届三中全会通过的《中共中央关于全面深化改革若干重大问题的决定》（2013 年）精神，地方监察委员会查办职务违法犯罪案件，以上级监察委员会领导为主，线索处置和案件查办在向同级党委报告的同时，必须向上级纪委监委报告。确立监察机关上下级领导关系，有利于地方各级监察委员会在实际工作中减少或排除各类干扰，依法行使职权。因为监察工作牵涉各方面的利益，地方各级监察委员会在查办案件或办理其他监察事项过程中，可能会遇到来自某些方面的阻力，如地方保护主义的干扰等。因此，规定上级监察委员会领导下级监察委员会的工作，一方面有利于加强对下级监察委员会履职情况的监督，同时上级监察委员会还可通过检查工作、受理复核申请等方式，对其中发现的问题予以纠正，进一步保障下级监察委员会严格依法办事，公正履行职责；另一方面当下级监察委员会遇到阻力时，上级监察委员会还可给予其必要支持，帮助其排除干扰，依法高效履职。

但是，《人民检察院组织法》（1986 年）对国家检察机关内部纵向关系的规定是：“最高人民检察院领导地方各级人民检察院的工作，上级人民检察院领导下级人民检察院的工作。”即二者的关系属于领导关系。《人民法院组织法》（2006 年）对国家审判机关内部纵向关系的规定是：“下级人民法院的审判工作受上级人民法院监督。”二者的关系属于监督关系。《地方组织法》（2015 年）对地方政府内部纵向关系的规定是：“地方各级人民政府对（本级人民代表大会和）

---

〔1〕 中共中央纪律检查委员会、中华人民共和国国家监察委员会法规室编写：《〈中华人民共和国监察法〉释义》，中国方正出版社 2018 年版，第 85 页。

上一级国家行政机关负责并报告工作”，“地方各级人民政府都是国务院统一领导下的国家行政机关，都服从国务院”。此种关系属于比检察机关内部领导关系领导性更强的关系。国家监察机关内部的纵向关系可能更接近上述“政府系统”关于内部纵向关系的规定，而与人民检察院有一定差别，与人民法院的差别则更大。

【法条链接】

一、《中华人民共和国监察法》（2018年）

第七条　中华人民共和国国家监察委员会是最高监察机关。

省、自治区、直辖市、自治州、县、自治县、市、市辖区设立监察委员会。

【释义】本条是关于各级监察委员会的机构设置的规定。

本条旨在明确国家监察委员会的定位和地方各级监察委员会的机构设置。

第八条　国家监察委员会由全国人民代表大会产生，负责全国监察工作。

国家监察委员会由主任、副主任若干人、委员若干人组成，主任由全国人民代表大会选举，副主任、委员由国家监察委员会主任提请全国人民代表大会常务委员会任免。

国家监察委员会主任每届任期同全国人民代表大会每届任期相同，连续任职不得超过两届。

国家监察委员会对全国人民代表大会及其常务委员会负责，并接受其监督。

【释义】本条关于国家监察委员会的产生和组成人员的规定。

本条主要规定了四方面内容：一是国家监察委员会的产生和职责；二是国家监察委员会的组成；三是国家监察委员会主任的任职期限；四是国家监察委员会对全国人大及其常委会负责并接受其监督。

第九条　地方各级监察委员会由本级人民代表大会产生，负责本行政区域内的监察工作。

地方各级监察委员会由主任、副主任若干人、委员若干人组成，主任由本级人民代表大会选举，副主任、委员由监察委员会主任提请本级人民代表大会常务委员会任免。

地方各级监察委员会主任每届任期同本级人民代表大会每届任期相同。

地方各级监察委员会对本级人民代表大会及其常务委员会和上一级监察委员会负责，并接受其监督。

【释义】本条是关于地方各级监察委员会的产生、职责、组成人员以及和权力机关、上级监察委员会关系的规定。

第十条　国家监察委员会领导地方各级监察委员会的工作，上级监察委员会领导下级监察委员会的工作。

【释义】本条是关于监察机关上下级领导关系的规定。

本条旨在明确监察机关系统内上下级之间的领导体制，用法律形式把这种国家监察体制的组织创新固定下来。

二、《中华人民共和国宪法》(2018 年)

第一百二十三条　中华人民共和国各级监察委员会是国家的监察机关。

【释义】本条规定了监察委员会的法律地位，即国家监察机关。

第一百二十四条　中华人民共和国设立国家监察委员会和地方各级监察委员会。

监察委员会由下列人员组成：主任，副主任若干人，委员若干人。

监察委员会主任每届任期同本级人民代表大会每届任期相同。国家监察委员会主任连续任职不得超过两届。

监察委员会的组织和职权由法律规定。

【释义】本条规定了监察委员会的机构设置、人员组成、任期、组织、职权。

第一百二十五条　中华人民共和国国家监察委员会是最高监察机关。

国家监察委员会领导地方各级监察委员会的工作，上级监察委员会领导下级监察委员会的工作。

【释义】本条规定了监察机关的上下级领导关系。

第一百二十六条　国家监察委员会对全国人民代表大会和全国人民代表大会常务委员会负责。地方各级监察委员会对产生它的国家权力机关和上一级监察委员会负责。

【释义】本条规定了监察委员会的负责对象。

第二节　监察人员管理制度

建立监察人员管理制度是构建具有中国特色国家监察体系的重要举措。习近平总书记在主持研究深化国家监察体制改革、制定监察法过程中，多次对监察队伍建设提出明确要求。其关于深化国家监察体制改革系列的重要论述，为构建监察官制度指明了方向，明确了目标，树立了行动指南。鉴于任何权力运行都具有自身的基本规律和具体特点，监察权更加强调其独立性、主动性、一体化，这就必然影响到行使监察权人员的组织管理体系，其也应当有自身的特殊性。[1]因此，必须建立一套独特的监察官管理制度。

一、国家实行监察官制度

“徒善不足以为政，徒法不足以自行。”为确保国家监察权属性，使之运行不偏离法治轨道，不仅需要完备的法律制度体系，也需要高效的法治实施体系，而法治实施的核心和主体在于“人”，在于执行监察法律规定的监察主体。监察官作为国家监察权的行使主体，其职业素养直接关系国家监察权的统一高效运行。因此，为了与监察体制改革相适应，提高监察官的素质，加强对监察官的管理，保障国家监察委员会对行使国家公权力的公职人员实施监察，依法独立行使国家监察权，保障监察官依法履行职责，需要建立监察官制度。据此对监察官进行单独职务序列管理，对监察官的准入标准、职务等级、职业保障、执业责任等内容作出具体规定，这样才能保证监察委员会不辱使命地完成国家赋予的监察重任。[2]

二、监察官的任免制度

监察委员会主任由本级人民代表大会选举和罢免，监察委员会副主任、监察委员会委员和监察官由监察委员会主任提请本级人民代表大会常务委员会任免。这一规定与行政机关、人民法院、人民检察院的任免制度基本相同，即最高领导必须由本级人大选举和任免，其他人员由同级人大常委任免。这是由监察机关与政府、法院、检察院同属于一级国家机关的宪法地位所决定的，体现出组织人员配置制度的一致性。

三、监察官的晋升惩戒制度

监察官等级的晋升是指在初次评定监察官等级后，按规定升至高一等级的制度，一般分为定期晋升和择优选升。监察官等级的确定，以其所任职务、德才表现、业务水平、监察工作实绩和工作年限为依据。对于监察官的晋升制度，可以参照《公务员法》[3]《法官法》[4]和《检察官法》[5]的相关规定，由国家

〔1〕参见张云霄：“国家监察体制改革法治化进程初探”，载《法学杂志》2018年第5期。

〔2〕参见陈光中、邵俊：“我国监察体制改革若干问题思考”，载《中国法学》2017年第4期。

〔3〕参见《中华人民共和国公务员法》(2005年) 第43、44、46条。

〔4〕参见《中华人民共和国法官法》(2017年) 第20、28、37条。

〔5〕参见《中华人民共和国检察官法》(2001年) 第23、31、40条。

另行规定监察官的等级编制、评定和晋升办法，并将其在培训期间的学习成绩和鉴定，作为其任职、晋升的依据之一，并将其与工资保险福利制度相挂钩。监察员晋升职务，应当具备拟任职务所要求的思想政治素质、工作能力、文化程度和任职经历等方面的条件和资格，一般应当逐级晋升。特别优秀的或者工作特殊需要的，可以按照规定破格或者越一级晋升职务。晋升领导职务的，应当按照有关规定实行任职前公示制度和任职试用期制度。

此外，对于违反《监察法》第八章规定的监察人员，应依法采取惩戒措施。具体来说，主要包含违反第 65、66、67 条的行为。对于这类人员，应当按照其行为的不同情形分类处理：有职务违纪行为或职务违法行为的，对其依法实施政务处分；有职务犯罪行为的，将其移交人民法院审理，对其科处刑罚。当然监察人员的惩罚措施与奖励措施直接挂钩，从原则上说，有需要采取惩戒措施的监察人员应取消其一定时间内的奖励、晋升资格。

四、监察官的保障制度

监察官履行职务受法律保护，主要体现在：首先，职业保障。监察官依法履行职责不受行政机关，社会团体或个人的干涉。非因法定事由，非经法定程序，不被免职、降职、辞退或者处分；其次，人身保障。监察官的人身、财产和住所安全受法律保护；再次，工资保障。监察官按规定获得劳动报酬，享受保险福利待遇；最后，其他保障。履行监察官职责应当具有的职权和工作条件。监察官有辞职、申诉、控告等权利。

【法条链接】

《中华人民共和国监察法》（2018 年）

第十四条　国家实行监察官制度，依法确定监察官等级设置、任免、考评和晋升等制度。

【释义】本条是关于监察人员管理制度的规定。

第三节　监察委员会的职责

一、监督职责

监督是监察委员会的首要职责。监察委员会代表党和国家，依照宪法、监察法和有关法律法规，监督所有公职人员行使公权力的行为是否正确，以确保权力不被滥用，保障权力在阳光下运行。党的十八大以来，面对严峻复杂的反腐败斗争形势，以习近平同志为核心的党中央带领全党进行了艰苦的、积极的探索。2016年10月，党的十八届六中全会通过了《中国共产党党内监督条例》，明确规定了党内监督的原则、任务、主要内容和重点对象，针对不同主体明确监督职责，规定具体监督措施等。实然，党内监督和国家监察都是中国特色治理体系的重要组成部分，一体两面，具有高度的内在一致性。其中，国家监察是对公权力最直接、最有效的监督。[1]因此，追求监察的全覆盖和监督的严肃性、实效性，直接关乎党的执政能力和治国理政的科学化水平。《监察法》的制定、出台，就是要强化党内反腐败斗争的统一领导，使党内监督和人民群众监督相结合，形成发现问题、纠正偏差的有效机制。[2]

纪委、监委合署办公，要落实它们的双重职责。党内监督条例明确规定，党的各级纪律检查委员会是党内监督的专责机关，履行监督执纪问责职责，加强对所辖范围内党组织和领导干部遵守党章党规党纪、贯彻执行党的路线方针政策情况的监督检查。党内监督的主要内容是：(1) 遵守党章党规，坚定理想信念，践行党的宗旨，模范遵守宪法法律情况；(2) 维护党中央集中统一领导，牢固树立政治意识、大局意识、核心意识、看齐意识，贯彻落实党的理论和路线方针政策，确保全党令行禁止；(3) 坚持民主集中制，严肃党内政治生活，贯彻党员个人服从党的组织，少数服从多数，下级组织服从上级组织，全党各个组织和全体党员服从党的全国代表大会和中央委员会原则；(4) 落实全面从严治党责任，严明党的纪律特别是政治纪律和政治规矩，推进党风廉政建设和反腐败工作；(5) 落实中央八项规定精神，加强作风建设，密切联系群众，巩固党的执政基础；(6) 坚持党的干部标准，树立正确选人用人导向，执行干部选拔任用工作规定；(7) 廉洁自律、秉公用权；(8) 完成党中央和上级党组织部署的任务。党内监督的方式包括党委（党组）的日常管理监督、巡视监督、组织生活制度、党内谈话制度、干部考察考核制度、述责述廉制度、报告制度、插手干预重大事项记录制度，以及纪委的执纪监督、派驻监督、信访监督、党风廉政意见回复、谈话提醒和约谈函询制度、审查监督、通报曝光制度等。党内监督要求把纪律挺在前面，运用监督执纪“四种形态”，经常开展批评和自我批评、约谈函询，让“红红脸、出出汗”成为常态；党纪轻处分、组织调整成为违纪处理的大多数；党纪重处分、重大职务调整的成为少数；严重违纪涉嫌违

---

〔1〕 钟纪轩：“深化国家监察体制改革 健全党和国家监督体系”，载《求是》2018年第9期。

〔2〕 参见马怀德：“国家监察体制改革的重要意义和主要任务”，载《国家行政学院学报》2016年第6期。

法立案审查的成为极少数。在合署办公体制下，纪委的监督、执纪、问责与监委的监督、调查、处置是对应的，既有区别又相联系，纪检机关的监督和监察机关的监督在指导思想、基本原则上是高度一致的，目的都是为了惩前毖后、治病救人，抓早抓小、防微杜渐。党内监督的内容、方式和要求，也都适用于国家监察的监督。一定要准确把握、高度重视监察委员会的日常监督职责，把纪委监督与监委监督贯通起来。严格监督本身就是反腐败高压态势的组成部分。监察机关履行监督职责的方式包括教育和检查。廉政教育是防止公职人员发生腐败的基础性工作。廉政教育的根本内容是加强理想信念教育，使公职人员牢固树立马克思主义的世界观、人生观、价值观和正确的权力观、地位观、利益观，使讲规矩、守法律成为公职人员的自觉行动，不断增强不想腐的自觉。监督检查的方法包括列席或者召集会议、听取工作汇报、实施检查或者调阅、审查文件和资料等，内容是公职人员依法履职、秉公用权、廉洁从政从业以及道德操守情况。

二、调查职责

调查公职人员涉嫌职务违法和职务犯罪，是监察委员会的一项经常性工作。它是监察委员会开展廉政建设和反腐败工作，维护宪法和法律尊严的一项重要措施。对公职人员涉嫌职务违法和职务犯罪的调查，突出地体现了监察委员会作为国家反腐败工作机构的定位，体现了监察工作的特色，这项工作做好了，能有效震慑腐败行为，减少和遏制腐败行为的发生，维护宪法和法律尊严，保持公权力行使的廉洁性。《监察法》第 11 条列举了公职人员 7 类主要的职务违法和职务犯罪行为，规定了调查的主要内容，具体包括涉嫌贪污贿赂、滥用职权、玩忽职守、权力寻租、利益输送、徇私舞弊以及浪费国家资财等职务违法和职务犯罪行为，基本涵盖了公职人员的“所有”腐败行为类型。这些行为都是党的十八大以来，通过执纪审查、巡视等方式发现的比较突出的职务违法犯罪行为。其中，“贪污贿赂”，主要是指贪污、挪用、私分公共财物以及行贿受贿等破坏公权力行使廉洁性的行为；“滥用职权”，主要是指超越职权，违法决定、处理其无权决定、处理的事项，或者违反规定处理公务，致使公共财产、国家和人民利益遭受损失的行为；“玩忽职守”，主要是指公职人员严重不负责任，不履行或者不认真、不正确履行职责，致使公共财产、国家和人民利益遭受损失的行为；“徇私舞弊”，主要是指为了私利而采用欺骗、包庇等方式从事违法的行为。有的行为与刑法规定的罪名和有关法律法规规定的违法行为不完全一一对应，但实质却是一致的。比如，“权力寻租”，主要是指公职人员利用手中的权力，违反或者规避法律法规，谋取或者维护私利的行为；“利益输送”，主要是指公职人员利用职权或者职务影响，以违反或者规避法律法规的手段，将公共财产等利益不正当授受给有关组织、个人的行为；“浪费国家资财”，主要是指公职人员违反规定，挥霍公款，铺张浪费的行为。[1]

三、处置职责

这项职责主要包括四个方面内容：（1）对违法的公职人员依法作出政务处分决定。监察委员会根据监督、调查结果，对违法的公职人员依照法定程序作出警告、记过、记大过、降级、撤职、开除等政务处分决定。（2）对履行职责不力、失职失责的领导人员进行问责。这里所谓的“问责”，是指监察委员会根据问责的有关规定，对不履行或者不正确履行职责的，按照管理权限对负有管理责任的领导人员作出问责决定，或者向有权作出问责决定的机关提出问责建议。问责的对象是公职人员中的领导人员，主要是指中国共产党机关、人大机关、行政机关、监察机关、审判机关、检察机关、政协机关、民主党派和工商联机关中担任各级领导职务和副调研员以上非领导职务的人员；参照公务员法管理的单位中担任各级领导职务和副调研员以上非领导职务的人员；大型、特大型国有和国有控股企业中层以上领导人员，中型以下国有和国有控股企业领导班子成员，以及上述企业中其他相当于县处级以上层次的人员；事业单位领导班子成员及其他六级以上管理岗位人员。（3）对涉嫌职务犯罪的，将调查结果移送人民检察院依法审查、提起公诉。对被调查人涉嫌职务犯罪，监察机关经调查认为犯罪事实清楚，证据确实、充分的，制作起诉意见书，连同案卷材料、证据一并移送检察机关依法审查、提起公诉。（4）对监察对象所在单位提出监察建议。监察建议是监察委员会依照法定职权，根据监督、调查结果，对监察对象所在单位廉政建设和履行职责存在的问题等提出的。监察建议不同于一般的工作建议，其具有法律效力，因此被提出建议的有关单位无正当理由必须履行监察建议要求其履行的义务，否则，就必须据法担责。

需要注意的是，在监察委员会所拥有的各项职责中，“监督”是从“正面”呈现的法定职责，具有范围宽、原则性强等特征，如将公职人员依法履职、秉公用权、廉洁从政从业以及道德操守情况等都囊括其中。对此，《监察法》采取了概括式的规定模式。不同于监督，“调查”职责采用了具体列举式模式，即将

---

〔1〕 中共中央纪律检查委员会、中华人民共和国国家监察委员会法规室编写：《〈中华人民共和国监察法〉释义》，中国方正出版社 2018 年版，第 91~93 页。

涉嫌贪污贿赂、滥用职权、玩忽职守、权力寻租、利益输送、徇私舞弊以及浪费国家资财等职务违法和职务犯罪规定为调查范围，以增强调查职责的针对性、实效性。根据《监察法》的规定，监察机关对所有行使公权力的公职人员的职务犯罪行为都可以进行调查，但是基于工作的便利性和实效性，也可以考虑部分职务犯罪的调查由有关机关负责。

【法条链接】

《中华人民共和国监察法》（2018年）

第十一条　监察委员会依照本法和有关法律规定履行监督、调查、处置职责：

（一）对公职人员开展廉政教育，对其依法履职、秉公用权、廉洁从政从业以及道德操守情况进行监督检查；

（二）对涉嫌贪污贿赂、滥用职权、玩忽职守、权力寻租、利益输送、徇私舞弊以及浪费国家资财等职务违法和职务犯罪进行调查；

（三）对违法的公职人员依法作出政务处分决定；对履行职责不力、失职失责的领导人员进行问责；对涉嫌职务犯罪的，将调查结果移送人民检察院依法审查、提起公诉；向监察对象所在单位提出监察建议。

【释义】本条是关于监察委员会的具体职责的规定。

本条旨在聚焦反腐败职能，将监察委员会负责履行的监督、调查、处置的责任、任务以法律的形式予以明确，将党中央深化国家监察体制改革方案中关于监察委员会职责的改革部署转化为国家意志，使监察委员会履职尽责于法有据。

【案例链接】监察职能全覆盖

江苏对建档立卡低收入户比对存疑信息调查核实案〔1〕

“春江镇黄海社区的陈某娣家里明明有3套房产，怎么被列进了建档立卡低收入户？”

“新魏花园社区的陈某兴户，其儿媳名下有近30万元市值的股票，怎么也被列入建档立卡户？”2018年2月，一批建档立卡低收入户比对存疑信息，被转到了江苏省常州市新北区纪委监委手中。工作人员发现，这些信息中的许多内容，用常理推断都觉得“不对劲”。调查核实工作迅速展开。新北区纪委监委工作人员通过进村入户走访当事人、调取房产信息等方式，很快摸清了相关情况。

〔1〕来源：中央纪委国家监委网站。

原来，春江镇黄海社区有2位同名同姓的陈某娣，只有1人属于低收入人群，在建档立卡工作中，该社区工作人员鞠某误把非贫困户陈某娣录到了扶贫系统中；新魏花园社区陈某兴户，其儿子儿媳已单独立户，并长期在外地工作、生活，系该社区会计刘某等人在信息采集中不够负责，未认真走访及审核户籍信息……

“经过调查，这些问题是因为个别村（社区）主任、会计等人对建档立卡工作不重视，实地走访、入户调查流于形式，导致个别建档立卡低收入户资料中家庭成员、人均年收入等信息存在错误。”新北区纪委监委党风政风监督室副主任马某介绍道，相关问题共涉及11名村（社区）工作人员，且均非党员。

鉴于未产生实际后果，未对扶贫款项造成损失，新北区监委坚持“惩戒与教育相结合、宽严相济”原则，对相关责任人进行诫勉谈话或批评教育，并将发现的问题及时向业务主管部门反馈，督促其加强日常监管。

“刚受到处理的时候，有的工作人员还觉得委屈，觉得自己出发点都是好的，只是不小心才犯了错误。”一位参与调查的纪检监察干部坦言，个别人还不理解地问：“监委不是查贪官的么？为什么盯住这种‘小事’不放？”

监察委员会绝不是单纯的办案机构。《监察法》规定，监察委员会是行使国家监察职能的专责机关，职责是监督、调查、处置。日常监督，是监察委员会的基本职责、第一职责。

新北区监委干部朱某对此感触颇深。作为一名检察院转隶干部，朱某来到监委工作只有四个月。时间虽然不长，但“监督”二字的分量已然铭刻在他的心里。

“以前我们都觉得自己像‘重案组成员’，每天除了办案就是办案”，朱某介绍说，来到监委后自己被安排到党风政风监督部门，工作之一是要经常梳理一些问题线索。正是在线索梳理中，他发现，基层的很多问题其实都构不成职务犯罪或职务违法。

“这些连职务违法都算不上的‘小问题’，在检察院那会往往不会去查。但这些问题确实给公共利益带来了损害，如果任其发展下去，成了‘大问题’后再处理，不仅公共利益受损更多，对于公职人员个人和家庭也是灾难性的打击。”朱某说。

日常监督不仅是惩前毖后、治病救人，还能推动工作的落实。“就拿那11名工作人员来说，他们以前对精准扶贫没有太清晰的认识，以为还是像前些年那样统计统计填填表。经过这次以后，他们在认识上态度上都转变很大，对于当地脱贫攻坚工作的推动将会起到更加积极的作用。”马某说。

顺时势而动，应职责而变。在深化国家监察体制改革的实践中，各地纪检监察机关紧紧围绕职责，调整内设机构，完善制度机制，强化监督力量，切实提升监督实效。比如，新疆维吾尔自治区纪委监委执纪监督部门建立对口联系单位领导干部问题线索活页夹，将问题线索、历次线索处置情况登记建档，做到“一人一档”，全面掌握底数；江苏省通过《履责记实信息平台运用监督管理考核办法（试行）》（2018年），由省纪委监委对省管各地区各部门各单位党委（党组）履行主体责任情况进行全过程记实和零距离监督；北京市纪委、天津市纪委、河北省纪委联合印发《京津冀纪检监察机关协同推进监督工作机制》（2018年），建立京津冀纪检监察机关协同推进监督5项工作机制；成都市纪委监委将7个纪检监察室设置为执纪监督部门，占监督执纪力量的一半，着力提高监督的专注程度和专业水平……

纪委监委作为党内监督、国家监察的专责机关，不仅仅是调查违纪违法犯罪行为，更要把监督作为首要职责。要做大量日常“拉拉袖子”、提个醒的工作，抓早抓小、防微杜渐，管住党员干部和公职人员从“好同志”到“阶下囚”之间的广阔领域，有效填补监督空白，防止党员干部和公职人员从小错误发展成大错，确保人民赋予的权力不被滥用。

【案例链接】党内监督之作风建设

怀化市国土资源局地产科科长雷某荣、市住建局房建开发管理科科长陈某宇违规收受服务对象香烟问题

2018年3月23日怀化市作风建设监督检查中，监察人员在雷某荣办公室发现“和天下”香烟3条，在陈某宇办公室发现香烟26包。经核实，雷某荣违规收受管理服务对象香烟3条，陈某宇违规收受管理服务对象香烟25包。2018年4月24日，陈某宇受到党内警告处分；2018年4月27日，雷某荣受到党内警告处分。

新晃县晃州镇方家屯卫生院工作人员姚某酒后滋事问题

2018年1月20日0时许，姚某酒后在娱乐场所损坏设施、打伤服务员。新晃县公安局给予姚某行政拘留15日，并处罚款1000元。姚某因违纪于2015年11月至2016年8月3次受到党纪处分。2018年3月23日，姚某受到开除党籍、降低岗位等级处分。

上述5起案例，均属于党的十八大后不收手、不收敛、顶风违纪的问题，暴露出部分党员干部，尤其是个别领导干部高压态势下，仍存在松懈思想、惯性思维、侥幸心理，有的甚至有抵触情绪，也反映出享乐奢靡之风禁而不绝，隐形变异问题凸显，“四风”问题回潮反弹的隐患不容忽视。全市各级党组织和广大党员干部一定要深刻汲取教训，引以为戒。

第四节　监察机关派驻或派出机构

派驻、派出机构来源于行政机关，意为我国行政机关为更好地实现其对国家事务和社会事务的管理而设立的一种行政组织。[1]鉴于其在实践中承担着重要的职责，基于监察工作的现实需要，也应当设置派驻、派出机构，以保证监察委员会能够经常、及时、准确地了解分散在不同机关、组织和单位的情况，在履职时达到更加高效、便捷的目的。监察体制改革将行政监察、纪检监督和检察反腐三个方面的监督力量进行整合，借鉴了三种监察制度设计中被实践证明的有益成分。且在改革后，监察机关与本级党的纪律检查委员会合署办公，代表党和国家行使监督权和监察权，履行纪检、监察两项职责，合理设置派驻或派出监察机构、监察专员，将有助于建立我国反腐败的长效机制。同时，各级监察委员会与本级党的纪律检查委员会合署办公，监察委员会派驻或者派出的监察机构、监察专员，与本级纪委派驻或者派出到该单位以及行政区域、国有企业的纪检组，也应当合署办公。

一、监察机构、专员派驻或派出范围

《监察法》第12条明确规定，监察机构、专员的派驻、派出范围包括：本级中国共产党机关、国家机关、法律法规授权或者委托管理公共事务的组织和单位以及所管辖的行政区域、国有企业等。根据《中国共产党工作机关条例（试行）》（2017年）第2条规定，中国共产党机关指党实施政治、思想和组织领导的政治机关，是落实党中央和地方各级党委决策部署，实施党的领导、加强党的建设、推进党的事业的执行机关，主要包括办公厅（室）、职能部门、办事机构和派出机关。国家机关主要是指行使国家权力、管理国家事务的机关，包括国家权力机关、国家行政机关、审判机关、检察机关等。行政区域主要是指街道、乡镇以及不设置人民代表大会的地区、盟等区域。向这些单位派驻或

---

〔1〕 参见袁明圣：“派出机构的若干问题”，载《行政法学研究》2001年第3期。

派出监察机构、监察人员，能够方便监察机关对于监察对象的及时、灵活监督。《监察法》第12条所规定的监察对象基本能够涵盖在上述派驻或派出范围之内，而通过具体列举式的模式呈现将该范围明确化、具体化，有利于推动国家监察向基层延伸，实现监察权对公职人员的全面化、有针对性的覆盖。

二、监察机构、监察专员的派驻或派出形式

派驻或者派出的组织形式，具体包括监察机构或者监察专员。设置派驻、派出监察机构还是监察专员，应遵循实际需要，根据监察对象数量多少、监察任务量的多少、监察工作开展难易程度而定。一般来说，监察对象数量少、任务量小、监察工作较为容易的案件，可采取派出监察机构、监察专员的形式。反之，如若需要面对较为庞杂与繁重的监察工作，则应采取派驻监察机构的形式。例如，地区、盟等地方的监察机构，可以采取派出监察机构的形式；对于街道、乡镇，可以采取派出监察专员的形式；而中国共产党机关、国家机关等的监察机构，可以采取派驻监察机构的形式。按需进行派驻、派出的原则，能够最大程度保障监察机构与人员的运作处于高效状态，同时，可节省监察资源，又可防止监察资源分配不均情况的出现。

三、派驻、派出监察机构、监察专员领导体制

监察机构、监察专员对派驻或者派出它的监察机关负责，不受“驻地”部门领导，可独立开展工作。《监察法》第12条规定的监察机构、监察专员对派驻或者派出它的监察委员会负责，意味着派出、派驻的监察机构、监察专员相对于“驻地”部门而言，在人事、编制、经费、物资等方面具有独立性，即将监察机关从行政机关剥离，实现由“同体监督”转向“异体监督”。因此，派出的监察机构、监察专员不受驻地部门的领导及制约，仅对其派出机关负责，以保障其最大限度地独立行使监察权，经常、及时、准确地了解分散在不同机关、组织和单位等的监察情况，如派驻、派出的机构及专员应当及时了解驻地机关的实际情况和具体问题，定期向派出机关汇报工作，以确保监察机关时刻、准确地掌握派驻、派出机构及专员驻地的情况，整体提升监察的效率与质量。

四、派驻、派出监察机构、监察专员的权限

派驻或派出的监察机构、监察专员职能的履行，以《监察法》第11条规定的“监督、调查、处置”三项职责为基准，以法律授权范围为依据，通过充分

发挥“派驻”“派出”的优势，在派驻与派出地切实履行监委会职责。而《监察法》第 13 条的目的在于通过法条明确派驻或者派出监察机构、监察专员的义务和责任，对于失职的人员追求相应的责任，使驻地单位和区域的党风廉政建设和反腐败工作得到切实加强，为全面从严治党提供有力支撑。派驻或者派出的监察机构、监察专员具有两个方面的责任：一是根据授权进行监督，提出监察建议；二是根据授权依法进行调查、处置。

派驻或者派出的监察机构、监察专员的设置、具体职责和可以行使的权限，包括监督对象有哪些人员、具体履行什么样的监督职责等，由相关法律作出明确规定，并根据授权开展相关工作。实践中，监察对象数量庞大，监察机关大量的实际工作都需要通过派出机构完成，所以派出机构的数量也相应较大。换言之，监察机关的工作成效在很大程度上取决于派出机构的成效。从监察对象而言，派驻、派出的监察机构、监察专员行使监察权力的对象为《监察法》第 15 条规定的人员，具体而言包括：中国共产党机关、国家机关、法律法规授权或者委托管理公共事务的组织和单位以及行政区域、国有企业内的所有公职人员，其中重点监察对象为领导人员。比如，国家监察委员会派驻的监察机构，其监督的重点对象是驻地机关和部门领导班子、中管干部和司局级干部。监督的内容主要包括，公职人员依法履职、秉公用权、廉洁从政从业以及道德操守情况等。伴随着《监察法》施行后，国家监察体制改革不断深化，派驻或者派出的监察机构、监察专员以后到底监督重点是什么，还需要根据实践的发展不断总结提炼、规范完善。[1]

派驻或派出的监察机构、监察专员在调查、处置职能的履行方面，仍然应当根据《监察法》对于监察委员会职权的规定进行划定。从十八大以来的实践情况看，派驻或者派出的监察机构、监察专员可以根据授权，对有关公职人员涉嫌贪污贿赂、滥用职权、玩忽职守、权力寻租、利益输送、徇私舞弊以及浪费国家资财等职务违法进行调查。并根据调查结果，对违法的公职人员依照法定程序作出警告、记过、记大过、降级、撤职、开除等政务处分决定。但应当注意，调查对象的范围，派驻或派出的监察机构、监察专员调查、处置对象不包括派驻或者派出它的监察委员会直接负责调查、处置的公职人员。比如，国家监察委员会派驻的监察机构，可以依法调查、处置驻地机关、部门的司局级及以下干部，但是对于驻地机关、部门的中管干部，则要由国家监察委员会来

---

〔1〕 中共中央纪律检查委员会、中华人民共和国国家监察委员会法规室编写：《〈中华人民共和国监察法〉释义》，中国方正出版社 2018 年版，第 100~101 页。

进行调查、处置。随着《监察法》施行后，国家监察体制改革不断深化，派驻或者派出的监察机构、监察专员到底还享有哪些调查、处置权，也需要根据实践的发展持续不断地进行总结提炼、规范完善。相关法律对于派出机构的授权，首先应当以自身权力为限，其次根据派驻、派出对象实际情况的不同，对该派出机构、专员的授权范围进行不同程度的划分。可类比《中华人民共和国行政监察法实施条例》（2004 年）第 7 条对行政监察机关派出的监察机构或者监察人员履行职责内容的规定与《行政监察法》（2010 年）第 8 条对行政监察机关职责的规定，除前几条内容基本类似之外，《中华人民共和国行政监察法实施条例》第 1 条最后 1 款规定“办理派出它的监察机关交办的其他事项”，即是对行政监察机关根据实际情况进行灵活授权的规定。此外，鉴于纪委与监委合署办公，中国共产党党内关于派驻、派出机构的相关规定也应当在监察委员会相应的制度构建过程中予以参考，可参见《中国共产党工作机关条例（试行）》（2017 年）、《中国共产党党内监督条例》（2016 年）、《中共中央纪律检查委员会关于中央纪委派驻纪检组和各部门党组纪检组（纪委）若干问题的规定（试行）》（2014 年）等多部文件中的相关规定，结合纪律检查委员会与监察机关监察工作的实践，在未来的立法过程中对派驻、派出监察机构、监察专员的职责权限不断予以完善。

【法条链接】

一、《中华人民共和国监察法》（2018 年）

第十二条　各级监察委员会可以向本级中国共产党机关、国家机关、法律法规授权或者委托管理公共事务的组织和单位以及所管辖的行政区域、国有企业等派驻或者派出监察机构、监察专员。

监察机构、监察专员对派驻或者派出它的监察委员会负责。

第十三条　派驻或者派出的监察机构、监察专员根据授权，按照管理权限依法对公职人员进行监督，提出监察建议，依法对公职人员进行调查、处置。

【释义】第十二条、十三条是关于监察机关派驻或派出机构的规定。第十二条为监察委员会派驻或者派出监察机构、监察专员的设置和领导关系的规定，第十三条则是对监察机关派驻或者派出的监察机构、监察专员的职责和权限的规定。

二、《中国共产党工作机关条例（试行）》（2017 年）

第二条　党的工作机关是党实施政治、思想和组织领导的政治机关，是落实党中央和地方各级党委决策部署，实施党的领导、加强党的建设、推进党的事业的执行机关，主要包括办公厅（室）、职能部门、办事机构和派出机关。

【释义】本条是对党的工作机关性质和形式的规定。

第五条 党的工作机关的设立，应当适应加强党的领导和党的建设的需要，遵循精简、统一、效能原则，实行总量控制和限额管理。

根据工作需要，党的工作机关可以与职责相近的国家机关等合并设立或者合署办公。合并设立或者合署办公仍由党委主管。

严格控制议事协调机构常设办事机构的设立。议事协调机构负责的事项，可以交由现有工作机关牵头协调或者建立协调配合机制解决的，不另设常设办事机构。

【释义】本条是对党的工作机关设立和工作原则的规定。

三、《中国共产党党内监督条例》（2016年）

第二十八条 纪委派驻纪检组对派出机关负责，加强对被监督单位领导班子及其成员、其他领导干部的监督，发现问题应当及时向派出机关和被监督单位党组织报告，认真负责调查处置，对需要问责的提出建议。

派出机关应当加强对派驻纪检组工作的领导，定期约谈被监督单位党组织主要负责人、派驻纪检组组长，督促其落实管党治党责任。

派驻纪检组应当带着实际情况和具体问题，定期向派出机关汇报工作，至少每半年会同被监督单位党组织专题研究1次党风廉政建设和反腐败工作。对能发现的问题没有发现是失职，发现问题不报告、不处置是渎职，都必须严肃问责。

【释义】本条是对纪委派驻纪检组的规定。

四、中共中央纪律检查委员会《关于中央纪委派驻纪检组和各部门党组纪检组（纪委）若干问题的规定（试行）》（2014年）

（一）领导体制和工作关系

1. 中央纪委派驻纪检组、各部门党组纪检组（纪委）受中央纪委和所在部门党组（党委）的双重领导。

2. 派驻纪检组和党组纪检组指导所在部门及所属系统党的纪律检查机关的工作。对所属系统实行高度集中统一领导的国家工作部门的派驻纪检组、党组纪检组和部门纪委，领导所在部门及所属系统党的纪律检查机关的工作。

中央纪委派驻金融系统纪检组受中央纪委委托，会同各专业银行党组、中国人民保险公司党组，对各专业银行和中国人民保险公司的党组纪检组实行双重领导。

3. 派驻纪检组组长和党组纪检组（纪委）组长（书记）应参加所在部门的党组（党委），尚不是党组（党委）成员的，列席所在部门的党组（党委）会议。

（二）任务和职责范围

1. 检查所在部门及所属系统的党组织和党员领导干部执行党的路线、方针、政策和决议的情况。对所在部门党组（党委）及其成员和其他党员领导干部实行党章规定范围内的监督。

2. 检查所在部门党员领导干部违犯党纪的案件以及所属系统重要的违纪案件。派驻纪检组和党组纪检组根据有关规定，对所检查的案件提出处理意见；部门纪委按照党的隶属关系和干部管理权限，对所检查的案件中的党员作出处分或撤销处分的决定。

3. 协助所在部门党组（党委）管好党风，加强廉政建设，纠正行业不正之风。配合有关部门对党员特别是党员领导干部进行党风党纪教育。

4. 指导（领导）所在部门及所属系统党的纪律检查工作。

5. 受理所在部门及所属系统党员的控告和申诉。

6. 完成中央纪委和所在部门党组（党委）交办的其他事项。

（三）机构、职务设置和干部管理

1. 派驻纪检组和党组纪检组设组长（中央国家机关各部委为副部长级，国务院直属局为正司局长级）1人，副组长（中央国家机关各部委为正司局长级，国务院直属局为副司局长级）1至2人。

部门党的纪律检查委员会，一般由5至7人组成，设书记（部纪委为副部长级，国务院直属局纪委为正司局长级）1人，副书记（部纪委为正司局长级，国务院直属局纪委为副司局长级）1至2人。

派驻纪检组和党组纪检组（纪委）根据工作需要，可设正副局级、正副处级检查员。

2. 派驻纪检组和党组纪检组（纪委）可根据工作需要和本部门的具体情况，设立必要的办事机构，办事机构统称室。室主任配备条件参照中央纪委、中央组织部1988年颁发的《关于党的各级纪委内部机构和干部职务设置的若干规定》精神执行。

3. 派驻纪检组组长、副组长、局级检查员和副司局级室主任，由中央纪委商所在部门党组提出人选，组长由中央纪委报中央任免；副组长、局级检查员和副司局级室主任由中央纪委任免。其他工作人员委托所在部门任免。

党组纪检组（纪委）组长（书记）由所在部门党组（党委）或由中央纪委商所在部门党组（党委）提出人选，经中央纪委考察同意后，由所在部门党组（党委）报中央任免；副组长（副书记）由所在部门党组（党委）征得中央纪委同意后任免；局级检查员、部门纪委委员和副司局级室主任由各部门党组（党委）任免后报中央纪委备案。

各专业银行和中国人民保险公司党组纪检组副组长，由所在部门党组征得中央纪委驻金融系统纪检组同意后任免。

（四）工作制度

1. 认真贯彻执行中央纪委和所在部门党组（党委）的指示、决议和规定。根据中央纪委和所在部门党组（党委）的部署，结合本部门党风党纪的实际情况，制定年度工作计划。年度工作计划和工作总结向中央纪委和党组（党委）报告。

2. 及时完成中央纪委和所在部门党组（党委）交办的各项工作任务。工作进度情况及主要问题，每半年向中央纪委和党组（党委）书面报告一次。

3. 所在部门及所属系统党风党纪方面的倾向性或重大问题，要随时向党组（党委）请示、报告，同时抄报中央纪委。特殊情况和问题可随时向中央纪委请示、报告。

4. 派驻纪检组、党组纪检组（纪委）同中央纪委的日常工作联系，一般通过中央纪委有关纪律检查室。重要问题可直接向中央纪委常委请示、报告。

第三章　监察范围和管辖

党的十八大以来，党内监督得到了有效加强，强化了全面从严治党政治责任，监督对象覆盖了所有党员，这也为促使国家监察覆盖所有行使公权力的公职人员，作了示范、打了基础。《监察法》的出台更是反腐败事业发展的里程碑，在党治国理政的历史上，第一次实现了对公权力的全面监督。[1]监察法的贯彻实施体现了全面深化改革、全面依法治国、全面从严治党的有机统一。监察对象范围和管辖问题是监察制度运行过程中的基本问题，需要在法律制定过程中进行详细论证。在法律草案审议过程中，围绕监察范围与管辖问题也有一定争议，但《监察法》最终确定的监察对象和管辖制度，总体上符合我国的政治体制和文化特征，体现了制度的针对性和操作性。相关规定也符合中央关于深化国家监察体制改革决策部署的精神，必将厚植党的执政基础，有利于腐败问题的最终解决。

第一节　监察对象与范围

监察对象的范围界定是一个十分重要而审慎的问题。[2]因为这决定了监察工作如何开始和向前推进，体现出监察权与其他国家权力之间的相互关系，更是与监察对象的权利保障密切相关。国家监察体制改革之前，党内监督已经实现全覆盖。但在原有的行政监察体制下，却无法对所有行使公权力的人员实现全覆盖，也缺乏一套统一的监督体系。依照行政监察法的规定，行政监察对象主要是行政机关及其工作人员，但对于行政机关之外行使公权力的人员却无法

〔1〕 参见黄韶鹏："监察全覆盖是怎样体现的——六大类人员全部纳入监察对象"，载《中国纪检监察》2017年第23期。

〔2〕 姚文胜："国家监察体制改革有关问题的思考"，载《环球法律评论》2017年第2期。

予以监督。此时，监察权是行政监督权的一部分，侧重对行政机关及其公职人员违法失职行为，遵守党纪政纪的监督。[1]监察体制改革之后，监察权不再属于行政监督权，而是与行政权相互平行的一种国家权力。为了满足新时代反腐工作需要，必须扩展监察范围。

从《监察法》的相关规定来看，显然“全面覆盖”至少应当包含三个维度：

首先，从权力种类来看，全面覆盖全部公权力，即覆盖立法权、行政权、司法权、监察权等全部国家公权力；其次，就权力运行过程而言，全面覆盖权力运行的全过程，更加注重事前、事中监督，而不是仅仅进行事后监督，形成“既监察于已然，又监察于未然”的全过程监督机制；最后，从人的角度来考察，全面覆盖所有行使公权力的公职人员，既包括国家公务员法所规定的公务员，还包括法律授权或者受委托行使公共事务职权的人员、国企管理人员、公办教科文卫体事业单位管理人员、群众组织自治组织中的管理人员。[2]监察法将依法履行公职的人员统一纳入监察范围，由监察机关按照管理权限进行监察，这一规定体现了我们党和国家对腐败问题零容忍的政治立场。以监察对象实际行使公权力为判断标准，而非仅按职位划分监察范围，是这次监察对象扩展的核心思路。值得注意的是，这里虽然不提对公权力组织的监督，但实际上通过对公职人员的监督，也达到了对公权力组织监督的效果。[3]因此，《监察法》通过组织人员监督实现了对公权力监督的全覆盖。

一、公务员和参公管理人员

《监察法》于第 15 条第 1 项将公务员和参公管理人员纳入了监察范围之中，这是监察对象中的关键和重点。根据人社部发布的《2016 年度人力资源和社会保障事业发展统计公报》显示，截至 2016 年底，全国共有公务员 719 万人。面对这一庞大的群体，如何确定其范围与分类标准则成为最为重要的问题。《监察法》对公务员及参公管理人员的分类主要以《公务员法》的分类为标准。但后者在制定过程中，立法人员关于分类管理的想法并不清晰。[4]纵观世界各国，公

---

〔1〕 参见朱福惠：“国家监察体制之宪法史观察——兼论监察委员会制度的时代特征”，载《武汉大学学报（社会科学版）》2017 年第 2 期。

〔2〕 参见江国华、彭超：“国家监察立法的六个基本问题”，载《江汉论坛》2017 年第 2 期。

〔3〕 马怀德：“国家监察体制改革的重要意义和主要任务”，载《国家行政学院学报》2016 年第 6 期。

〔4〕 参见侯建良：《公务员制度发展纪实》，中国人事出版社年 2007 年版，第 193 页。

务员的范围是公务员法立法过程中争论最多，也最激烈的问题之一。我国在立法层面对公务员的范围界定也发生过几次变化。[1]也正因为如此，一方面，世界各国迄今没有形成统一的、公认的公务员定义，各国对公务员内涵的揭示，普遍采用的是范围描述法；另一方面，世界各国对公务员范围的界定亦存在很大差异。[2]而当前我国则采用了最为广义的公务员概念。根据《公务员法》的规定，公务员是指依法履行公职、纳入国家行政编制、由国家财政负担工资福利的工作人员。主要包括以下几类：

（1）中国共产党机关公务员。包括：①中央和地方各级党委、纪律检查委员会的领导人员；②中央和地方各级党委工作部门、办事机构和派出机构的工作人员；③中央和地方各级纪律检查委员会机关和派出机构的工作人员；④街道、乡、镇党委机关的工作人员。有学者认为党务机关工作人员不宜作为公务员："政党和社会团体不是由人大产生、向人大负责、接受人大监督的机关，也不是法律、法规授权的组织，其工作人员不能直接行使国家公职。"[3]但由于我国长期以来实施党政一体的制度模式，各级党委实际履行了大量的公共治理职能，党务机关工作人员的公务员身份已经逐渐被接受，且出于监察全覆盖的考虑，应当将其作为国家机关工作人员并予以监督。

（2）人民代表大会及其常务委员会机关公务员。包括：①县级以上各级人民代表大会常务委员会领导人员，乡、镇人民代表大会主席、副主席；②县级以上各级人民代表大会常务委员会工作机构和办事机构的工作人员；③各级人民代表大会专门委员会办事机构的工作人员。"《公务员法》关于公务员管理原则、条件、义务和权利、职务与级别等的一系列规定，对人大机关干部有很强的针对性和实用性。"[4]在实践中，有部分基层人民代表大会常务委员的工资、编制关系不在人大机关，其人大机关工作属于兼职性质，这些人员在性质上不宜完全纳入公务员体系。但在其履行人大职权时，会参照《公务员法》进行管理，因此这部分人员也属于适当的监察对象。人大代表有时具有多重身份，但无论具有何种身份，在其担任代表共间，对与代表职务相关的行为，应视为行使公权力的行为。监察机关可对其履职行为进行监察。但监察机关的监察对象应是

---

〔1〕 参见侯建良："我国公务员范围的几次变化"，载《中共党史资料》2009年第3期。

〔2〕 参见倪洪涛："论我国公务员范围的拓展"，载《河北法学》2007年第1期。

〔3〕 姜明安："重视制度设计，保障《公务员法》立法目的的实现"，《华东政法大学学报》2005年第1期。

〔4〕 许安标："人大机关干部是公务员队伍的有机组成部分"，载《中国人大》2005年第24期。

人员而非机构，这是由监察委员会与人民代表大会二者的宪法地位决定的。

（3）人民政府公务员。包括：①各级人民政府的领导人员；②县级以上各级人民政府工作部门和派出机构的工作人员；③乡、镇人民政府机关的工作人员。行政系统拥有最为庞大的公务员队伍。各级政府公务员是公权力的行使者，原本就属于行政监察的对象，现在自然也属于国家监察委员会的监察对象。

（4）监察委员会公务员。包括：①各级监察委员会的组成人员；②各级监察委员会内设机构和派出监察机构的工作人员，派出的监察专员等。各级监察委员会是监察体制改革后新成立的国家监察机关，其工作人员是行使国家监察职能的人，依法属于公务员序列。因此，将监察机关工作人员纳入监察对象范围是“监察全覆盖”的必然要求，仍属于一种体制内部监督制约机制，即国家和政府自己发现问题、缺点、错误，自我解决问题、纠正缺点、错误的一种自我查弊和纠错机制。[1]从层级制的角度来看，其既包含上一级监察机关对下一级监察机关的领导和监督，也包含各级监察机关对其所属的职能部门的监督。

（5）人民法院、人民检察院公务员。包括：①最高人民法院和地方各级人民法院的法官、审判辅助人员；②最高人民法院和地方各级人民法院的司法行政人员等。③最高人民检察院和地方各级人民检察院的检察官、检察辅助人员；④最高人民检察院和地方各级人民检察院的司法行政人员等。司法公正是社会良性发展的必要保障，司法的腐败是对“水源”的污染，所以全面预防和惩治司法腐败是监察委员会的重要职责之一。但监察机关对法官、检察官的监察应恪守司法独立的基本原则，仅能对法官、检察官个人的行为失范进行监察，不得介入司法权运行的“核心领域”。因为监察机关与司法机关是一种监察与被监察的关系、互相配合的协作关系和互相制约的监督关系。[2]监察工作是对行使公权力的人员的监督而非直接对工作的监督，更不能直接介入正常的司法工作。

（6）中国人民政治协商会议各级委员会机关公务员。包括：①中国人民政治协商会议各级委员会的领导；②中国人民政治协商会议各级委员会工作机构的工作人员。尽管人民政协并非典型的国家公权力机关，但在我国的政治架构之下，人民政协机关工作人员实际上具体行使着一部分国家公权力，因此也属

[1] 参见侯志山：“国家监察：中国特色监督的创举”，载《中国党政干部论坛》2018年第4期。

[2] 参见江国华、何盼盼：“中国特色监察法治体系论纲”，载《新疆师范大学学报（哲学社会科学版）》2018年第5期。

于监察对象。[1]

（7）民主党派机关和工商业联合会机关公务员。包括中国国民党革命委员会中央和地方各级委员会的公务员、中国民主同盟中央和地方各级委员会的公务员、中国民主建国会中央和地方各级委员会的公务员、中国民主促进会中央和地方各级委员会的公务员、中国农工民主党中央和地方各级委员会的公务员、中国致公党中央和地方各级委员会的公务员、九三学社中央和地方各级委员会的公务员、台湾民主自治同盟中央和地方各级委员会的公务员，以及中华全国工商业联合会和地方各级工商联等单位的公务员。《公务员法》把中国共产党及民主党派机关工作人员均规定为公务员，赋予其平等的法律地位，一再表明法律一直关注构建共产党与各民主党派之间的民主、平等关系。[2]在实践中，民主党派工作人员由国家财政负担，并且承担了一部分公共职能，也可能出现腐败问题。在监察体制改革以前，纪检监察的范围过小，民主党派机关成为监督盲区。在“国家监察”的大背景下，将各民主党派机关工作人员纳入监察对象范围，符合“监察全覆盖”的本质要求。

二、法律、法规授权或者受国家机关依法委托管理公共事务的组织中从事公务的人员

《监察法》于第15条第2项将法律、法规授权或者受国家机关依法委托管理公共事务的组织中从事公务的人员纳入了监察范围之中。法律、法规授权或者受国家机关依法委托管理公共事务的组织中从事公务的人员，主要是指除参公管理以外的其他管理公共事务的事业单位中的工作人员。其中，“事业单位”指由政府利用国有资产设立的，从事教育、科技、文化、卫生等活动的社会服务组织，它是提供公共产品和公共服务的主要载体，是我国特有的社会组织形式。[3]政府虽然是传统的公共产品与服务的提供者，但随着社会治理的兴起与公共行政的转型，政府将大量公共事务转交给其他组织负责，事业单位则成为政府部分公共职能的承担者。在我国，事业单位主要附属于政府机关，因此政府能够通过行政手段对其进行直接管控。

在我国，事业单位人数多、分布广。由于历史和国情等原因，在一些地方

---

〔1〕 参见蔡乐渭：“国家监察机关的监察对象”，载《环球法律评论》2017年第2期。

〔2〕 参见董正奇：“公务员法视阈下构建和谐党际、党政、党群关系的思考”，载《理论研究》2007年第2期。

〔3〕 罗重谱：“中国事业单位分类改革轨迹及走向判断”，载《改革》2012年第4期。

和领域，法律、法规授权或者受国家机关依法委托管理公共事务的事业单位工作人员，其数量甚至大于公务员的数量。据统计，近年来，我国政府机关人员和事业单位人员分别占政府公务人员总规模的28%和72%。[1]我国的事业单位基本上由国家财政统一拨给各项事业经费，这是中国传统事业管理体制的一个基本特征。随着事业单位体制改革的深化和发展，事业单位的经费来源日趋呈现多元化的态势，但来自国家的财政拨款在事业单位的经费中仍然占主导地位。除却经费来源问题，事业单位所从事的事业多是政府职能所派生出来的具体事务。因此，综合事业单位的上述特征，为实现国家监察全覆盖，有必要将其工作人员纳入监察对象范围，由监察机关对其监督、调查、处置。

三、国有企业管理人员

《监察法》第15条第3项将国有企业管理人员纳入了监察范围之中。根据有关规定和实践需要，作为监察对象的国有企业管理人员，主要是国有独资企业、国有控股企业（含国有独资金融企业和国有控股金融企业）及其分支机构的领导班子成员，包括设董事会的企业中，由国有股权代表出任的董事长、副董事长、董事，总经理、副总经理，党委书记、副书记、纪委书记，工会主席等；未设董事会的企业的总经理（总裁）、副总经理（副总裁），党委书记、副书记、纪委书记，工会主席等。此外，对国有资产负有经营管理责任的国有企业中层和基层管理人员，包括部门经理、部门副经理、总监、副总监、车间负责人等；在管理、监督国有财产等重要岗位上工作的人员，包括会计、出纳人员等；国有企业所属事业单位领导人员，国有资本参股企业和金融机构中对国有资产负有经营管理责任的人员，也应当理解为国有企业管理人员的范畴，涉嫌职务违法和职务犯罪的，监察机关可以依法调查。

国有企业是国民经济的命脉，其作为一种生产经营组织形式，同时具有商业类和公益类的特点，其商业性体现为追求国有资产的保值和增值，其公益性体现为，国有企业的设立通常是为了实现国家调节经济的目标，起着调和国民经济各个方面发展的作用。因此，国有企业也同样承担了一定的公共服务职能和行政属性。国企腐败在给国家造成巨大经济损失的同时，还破坏国企的廉洁性，损害国企的声誉，威胁企业的经营、管理、改革、发展，严重破坏正常的市场经济秩序，侵蚀和动摇国民经济的坚强柱石，甚至与党政权力相互缠绕、

〔1〕参见李帆、樊轶侠：“中国政府公务人员规模与结构研究：基于国际比较视角”，载《中国人民大学学报》2017年第6期。

互相交织，破坏政治生态与经济生态。〔1〕因此，在国有企业反腐问题上，自党的十六大以来，实践领域的管理者就开始逐渐抛弃了“润滑剂”或者“效率金钱”的观点，对国有企业腐败问题日益重视。〔2〕此外，国有企业管理人员的身份也具有特殊性，“国企的所有制结构决定了国企领导有别于其他企业领导，他既应该是一个企业的决策者和管理者，也同样应该是国有资产的经营者和监管者”。〔3〕综上，虽然国有企业的监察工作要在企业经营中心任务的前提下进行，要平衡经营与反腐两项工作的资源分配，但其作为国家公权力的行使者，无疑应被纳入国家监察的对象范围中。

四、公办的教育、科研、文化、医疗卫生、体育等单位中从事管理的人员

《监察法》第 15 条第 4 项规定将公办教科文卫体单位管理人员纳入监察范围之中。作为监察对象的公办的教育、科研、文化、医疗卫生、体育等单位中从事管理的人员，主要是该单位及其分支机构的领导班子成员，以及该单位及其分支机构中的国家工作人员，比如，公办学校的校长、副校长，科研院所的院长、所长，公立医院的院长、副院长等。公办教育、科研文化、医疗卫生、体育等单位及其分支机构中层和基层管理人员，包括管理岗六级以上职员，从事与职权相联系的管理事务的其他职员；在管理、监督国有财产等重要岗位上工作的人员，包括会计、出纳人员，采购基建部门人员涉嫌职务违法和职务犯罪，监察机关可以依法调查。此外，临时从事与职权相联系的管理事务，包括依法组建的评标委员会、竞争性谈判采购中谈判小组、询价采购中询价小组的组成人员，在招标、政府采购等事项的评标或者采购活动中，利用职权实施的职务违法和职务犯罪行为，监察机关也可以依法调查。

教育、科研、文化、医疗卫生和体育事业具有一定的公共事业属性，且这些单位分配和利用了部分国家资源。但上述单位中从事管理的人员在概念界定上相对模糊。如大学的学位委员会委员，其授予学位行为作为国家教育行政权的实施方式，能否成为监察对象？承担国家科研任务、使用国家科研经费的非管理人员能否成为监察对象？公立科研机构或公立医院的名誉院长是否属于监

〔1〕 参见本书编目组：《国有企业反腐警示录》，中国方正出版社 2017 年版，第 1 页。

〔2〕 参见胡于凝、刘金程：“国有企业反腐败与纪检监察研究综述”，载《天津行政学院学报》2013 年第 6 期。

〔3〕 黄晓彤、曾慧华：“当下我国国有企业经营者去行政化改革的路径建构——规范行政者行为还是解除公务员身份”，载《理论探讨》2015 年第 2 期。

察对象？公立医院中院长、副院长之外的非业务部门负责人是否属于从事管理的人员？等等。这一系列问题都还有待进一步厘清。公办的教育、科研、文化、医疗卫生、体育等单位中从事管理的人员的界定也须随着实践发展而不断完善。但必须注意的是，监察对象范围的拓展应有所限度，防止因立法及法律解释的开放性导致监察权泛化。

五、基层群众性自治组织中从事管理的人员

《监察法》第15条第5项规定将基层群众性自治组织中从事管理的人员纳入监察范围之中。作为监察对象的基层群众性自治组织中从事管理的人员，包括村民委员会、居民委员会的主任、副主任和委员，以及其他受委托从事管理的人员。根据有关法律和立法解释，这里的“从事管理”，主要是指：①救灾、抢险、防汛、优抚、扶贫、移民、救济款物的管理；②社会捐助公益事业款物的管理；③国有土地的经营和管理；④土地征用补偿费用的管理；⑤代征、代缴税款；⑥有关计划生育、户籍、征兵工作；⑦协助人民政府等国家机关在基层群众性自治组织中从事的其他管理工作。

基层群众性自治组织是根据我国宪法及有关法律规定而成立、存在并发挥职能作用的社会组织。其虽然不是一级政府，不具备行使行政职权的资格与能力，但其具备的基层性、群众性及自治性特征却能在群众工作中发挥出不可替代的作用，并通过对基层政府工作的支持与配合，而使攸关群众的诸多问题得到有效解决。[1]基层自治组织的管理人员是政府与基层群众之间的重要纽带，其在协助政府进行基层事务管理的行为属于行使公权力的重要方式之一。基层自治组织管理人员是公权力行使的末端环节，其一旦出现腐败问题会严重动摇社会治理的根基。所以，有必要将其纳入国家监察的对象范围。

六、其他依法履行公职的人员

《监察法》第15条第6项还将其他依法履行公职的人员纳入了监察范围之中。这一规定属于“兜底条款”，其目的是为了防止出现列举不全、挂一漏万的情况，国家监察的对象是全体公职人员，判断一个人是不是公职人员，关键看他是不是行使公权力、履行公务，而不是看他是否有公职。

监察立法出台后，关于监察对象范围的讨论一直在持续。由于立法及其司

---

〔1〕 参见卫学莉：“基层群众性自治组织职能定位与优化”，载《人民论坛》2015年第26期。

法解释对该问题持开放性态度，部分学者对监察权泛化问题有所担忧。有学者认为，按照对监察法的整全解释，从理论逻辑而言，每个中国公民甚至外国人都可能成为监察对象。[1]对监察对象范围的精确厘定是监察法解释的重要任务之一，在立法和法律解释层面不能无限制地把不应该属于监察对象的人员也纳入监察范围，即监察全覆盖须有必要限度。[2]必须从党中央作出深化国家监察体制改革决策的初心出发，聚焦行使公权力这个根本，科学、正确地对监察对象范围加以理解。对于"其他依法履行公职的人员"不能无限制地扩大解释，判断一个"履行公职的人员"是否属于监察对象的标准，主要是其是否行使公权力，所涉嫌的职务违法或者职务犯罪是否损害了公权力的廉洁性。监察法关于监察对象范围的规定符合中国特色政治体制和文化特征，也有利于深入推进党风廉政建设和反腐败斗争。监察法把党中央关于对公权力监督全覆盖的要求具体化，便于各级监察机关明确其监督、调查、处置对象的具体范围，深化标本兼治，体现制度的针对性、可操作性。

【法条链接】

一、《中华人民共和国监察法》（2018年）

第十五条　监察机关对下列公职人员和有关人员进行监察：

（一）中国共产党的机关、人民代表大会及其常务委员会机关、人民政府、监察委员会、人民法院、人民检察院、中国人民政治协商会议各级委员会机关、民主党派机关和工商业联合会机关的公务员，以及参照《中华人民共和国公务员法》管理的人员；

（二）法律、法规授权或者受国家机关依法委托管理公共事务的组织中从事公务的人员；

（三）国有企业管理人员；

（四）公办的教育、科研、文化、医疗卫生、体育等单位中从事管理的人员；

（五）基层群众性自治组织中从事管理的人员；

（六）其他依法履行公职的人员。

【释义】该条是关于监察委员会的调查对象与范围的规定。

---

〔1〕参见秦前红："监察法理解和适用的若干难点问题"，载《人民法治·法律实施》2018年第3期。

〔2〕参见秦前红等：《国家监察制度改革研究》，法律出版社2018年版，第140页。

二、《中华人民共和国公务员法》（2017 年）

第二条　本法所称公务员，是指依法履行公职、纳入国家行政编制、由国家财政负担工资福利的工作人员。

【释义】本条规定了公务员的定义，主要强调了其三大主要特征，即依法履行公职、纳入国家行政编制、由国家财政负担工资福利。(1) 公务员是依法履行公职的工作人员，即从事公务活动的人员，它区别于为私人企业或组织工作、提供服务的人员，是依法为国家和社会实施公务活动。(2) 公务员是纳入国家行政编制的工作人员。关于“行政编制”，中央编办给出的解释是：行政编制工作人员的工资和日常办公费，由行政经费开支，执行国家职能及政治体系管理职能的国家权力机关、国家行政机关、国家审判机关、国家检察机关、党派机关、政协机关、人民团体所使用的人员编制，列为国家行政编制。行政编制是人员编制中最基本、最重要的类别之一。(3) 公务员是由国家财政负担工资福利的工作人员，即由国家财政负担工资福利和保险。同时具备以上三个条件的人员就是我国的国家公务员。

公务员一定是从事公务的人，但从事公务的人不一定都是公务员。比如在我国，同一单位既有行政编制也有事业编制，事业编制的人员虽然从事的也是公务，但却不是公务员。又如由国家财政负担的人员并不都是公务员，比如在科研单位和学校的工资中就有由国家财政负担的开支，但他们不属于公务员。[1]

三、《事业单位人事管理条例》（2014 年）

第二条　事业单位人事管理，坚持党管干部、党管人才原则，全面准确贯彻民主、公开、竞争、择优方针。

国家对事业单位工作人员实行分级分类管理。

【释义】本条规定了事业单位人事管理的原则、方针，并要求实施分类管理。

四、《事业单位工作人员处分暂行规定》（2012 年）

第二条　事业单位工作人员违法违纪，应当承担纪律责任的，依照本规定给予处分。

对法律、法规授权的具有公共事务管理职能的事业单位中经批准参照《中

---

〔1〕 参见应松年：《公务员法》，法律出版社 2010 年版，第 4 页。

华人民共和国公务员法》管理的工作人员给予处分，参照《行政机关公务员处分条例》的有关规定办理。

对行政机关任命的事业单位工作人员，法律、法规授权的具有公共事务管理职能的事业单位中不参照《中华人民共和国公务员法》管理的工作人员，国家行政机关依法委托从事公共事务管理活动的事业单位工作人员给予处分，适用本规定；但监察机关对上述人员违法违纪行为进行调查处理的程序和作出处分决定的权限，以及作为监察对象的事业单位工作人员对处分决定不服向监察机关提出申诉的，依照《中华人民共和国行政监察法》及其实施条例办理。

【释义】本条规定了事业单位工作人员的纪律处分责任，并按照分类管理的原则对其参照相关法律进行处分。其中对于法律、法规授权的事业单位中参照公务员管理的人员应按照《行政机关公务员处分条例》的有关规定办理，这是由其管理模式所决定的。同样的，对行政机关任命的事业单位工作人员和法律、法规授权的事业单位中不参照公务员管理的人员则属于本条的规制范围。需要注意的是，随着《监察法》的出台，《行政监察法》业已废止，但对处分决定不服的，仍可按照《监察法》的相关条文进行申诉。

【案例链接】涉及不同监察对象的案例

一、有关司法工作人员被监察的案例

（一）法院

山西省临猗县法院副院长郝某吉案

郝某吉，男，曾任临猗县法院执行局局长。2014 年至 2018 年，任临猗县法院副院长。其间 2017 年，根据相关裁判文书显示，临猗县法院审理的一起合同纠纷案，由郝某吉担任审判长。

2018 年 4 月 25 日，山西临猗警方发布了《临猗县公安局关于检举揭发以郝某吉为首的涉嫌犯罪团伙案件的通告》，通告显示，根据群众举报，经过缜密侦查，警方 4 月 24 日破获了以郝某吉为首的涉嫌犯罪团伙案件。

警方在通告中称，为进一步查明该犯罪团伙的相关犯罪事实，希望社会各界和广大人民群众积极检举揭发，提供违法犯罪线索和证据。同时，正告涉嫌该犯罪团伙的成员认清形势，必须自通告发布之日起 15 日内主动到公安机关投案自首，争取从宽处理。对逾期不投案自首或继续进行违法犯罪活动的，将依法从严惩处，绝不姑息。

武汉市中级人民法院党组书记、院长、审判委员会委员王某案

王某，男，1962 年 4 月生，汉族，江苏姜堰人，1985 年 11 月加入中国共产党，1987 年 7 月参加工作，博士研究生学历，一级高级法官。1992 年 12 月至 2002 年 4 月，先后任湖北省高级人民法院刑三庭副庭长、刑二庭副庭长、研究室主任、刑一庭庭长（1999 年 7 月任湖北省高级人民法院审判委员会委员）；2002 年 4 月至 2004 年 2 月，任汉江中级人民法院党组书记、院长；2011 年 1 月至 2011 年 2 月，任武汉市中级人民法院副院长、代理院长。

2011 年 2 月至今，任武汉市中级人民法院党组书记、院长、审判委员会委员。武汉市第十四届人大代表，中共武汉市第十三届市委委员。兼任湖北省法学会副会长，武汉大学、中南财经政法大学教授。1997 年被湖北省委、省政府授予“有突出贡献的中青年专家”称号，享受政府津贴。

2018 年 5 月，据湖北省纪委监委消息：武汉市中级人民法院党组书记、院长、审判委员会委员王某涉嫌严重违纪和职务违法，接受纪律审查和监察调查，并被采取留置措施。

江西省莲花县人民法院原党组书记、院长李某萍案

李某萍，男，汉族，1962 年 11 月出生，江西上栗人，大学学历，1983 年 8 月参加工作，1991 年 9 月加入中国共产党。1983 年 8 月至 2007 年 1 月，历任萍乡市中级人民法院法医技术室主任、司法技术处处长、民事审判第一庭庭长、立案庭庭长、副县级审判员等职务；2007 年 1 月至 2016 年 7 月，任莲花县人民法院党组书记、院长。

2018 年 5 月 2 日，江西省纪委监察委网站通报，江西省莲花县人民法院原党组书记、院长李某萍涉嫌严重违纪违法，目前正在接受纪律审查和监察调查。

大连市西岗区人民法院院长张某鹏案

张某鹏，男，汉族，1964 年 11 月出生，辽宁普兰店人，1987 年 8 月参加工作，1993 年 6 月加入中国共产党，北京大学法律系经济法学专业毕业，法学硕士学位。

2007 年 10 月至 2007 年 11 月提名为辽宁省瓦房店市人民法院院长候选人。2007 年 11 月至 2007 年 12 月任辽宁省瓦房店市人民法院副院长、代理院长。2007 年 12 月至 2011 年 12 月任辽宁省瓦房店市人民法院院长。2011 年 12 月至今任大连市西岗区人民法院院长。

2018 年 5 月 5 日，大连纪委监委通报，大连市西岗区人民法院院长张某鹏

涉嫌严重违纪违法，目前正接受纪律审查和监察调查。

四川省高级人民法院审判监督一庭原副庭长夏某案

2018年5月22日，四川省纪委驻省高级人民法院纪检组对省高级人民法院审判监督一庭原副庭长夏某严重违纪问题进行了纪律审查，四川省监委对其严重违法问题进行了监察调查。经查，夏某违反中央八项规定精神，违规收受礼金；违反组织纪律，不报告购买投资型保险情况；利用职务上的便利为他人谋取利益并索取、收受财物，涉嫌受贿犯罪。

夏某身为党员领导干部，理想信念丧失，严重违反党纪国法，且在党的十八大后仍不收敛、不收手，其行为性质恶劣、情节严重。依据《中国共产党纪律处分条例》（2015年）等有关规定，经省纪委常委会会议、省监委委务会议研究，决定给予夏某开除党籍、开除公职处分；收缴其违纪违法所得；将其涉嫌职务犯罪的调查结果移送人民检察院依法处理。

（二）检察院

周口市人民检察院检察长高某友案

高某友，男，1965年10月出生，汉族，河南虞城人。1986年3月加入中国共产党，1983年8月参加工作。历任河南省人民检察院商丘地区分院书记员、助检员、副科级助检员、办公室副主任、办公室主任；商丘市人民检察院政治部主任；1998年2月任民权县人民检察院党组书记、检察长；2002年8月任商丘市人民检察院正处级检察员；2002年9月任河南省人民检察院反贪局副局长、正处级检察员；2009年7月任省检察院反贪局正处级干部、正处级检察员；2011年3月任省检察院反贪局副局长；2015年2月任周口市人民检察院检察长候选人；2015年4月至今任周口市人民检察院检察长。

2018年5月5日，周口市人民检察院检察长高某友（副厅级）涉嫌严重违纪违法，目前正接受纪律审查和监察调查。

上海市人民检察院原党组书记、检察长陈某案

陈某，男，汉族，1952年11月生，上海市人，研究生学历，管理工程专业，管理工程硕士，1971年7月参加工作，1974年12月加入中国共产党。1979年9月后为上海市中级人民法院刑一庭书记员、助理审判员、办公室副主任、主任、副院长；1995年4月后任上海市高级人民法院副院长、党组成员；1998年3月后任上海市高级人民法院党组成员、上海市第一中级人民法院院长、党

组书记；2002 年 3 月后任上海市委政法委副书记、上海市高级人民法院党组成员；上海市第一中级人民法院院长、党组书记；2002 年 5 月后任上海市委政法委副书记、上海市高级人民法院党组成员；2002 年 7 月后任上海市委政法委副书记；2003 年 8 月后任上海市委政法委副书记兼市政治文明建设委员会办公室副主任；2003 年 12 月后任上海市委副秘书长兼市政治文明建设委员会办公室副主任、主任；2008 年 2 月后任上海市人民检察院检察长；2009 年 6 月后任上海市人民检察院检察长、党组书记。

2017 年 5 月，经中共中央批准，中共中央纪委对上海市人民检察院原党组书记、检察长陈某严重违纪问题进行了立案审查。

经查，陈某严重违反政治纪律和政治规矩，作为党组织主要负责人，履行全面从严治党主体责任不力，违规干预和插手司法活动，大搞以案谋私，严重损害司法公信力，对抗组织审查，长期搞迷信活动；违反中央八项规定精神，违规出入私人会所，接受他人安排的旅游和打高尔夫球活动；违反组织纪律，在组织函询时不如实说明问题；违反廉洁纪律，收受礼品、礼金，利用职务上的便利为他人谋取利益，亲属收受财物，违规从事营利活动；违反生活纪律。利用职务上的便利或影响为他人谋取利益并收受巨额财物，涉嫌受贿犯罪。

陈某身为党的高级领导干部，理想信念丧失，纪律底线失守，严重违反党的纪律，并涉嫌违法犯罪，严重损害司法公信力和社会公平正义，性质恶劣、影响极坏，系党的十八大后仍不收敛、不收手的典型。依据《中国共产党纪律处分条例》等有关规定，2017 年 5 月 25 日，经中央纪委常委会会议研究并报中共中央批准，决定给予陈某开除党籍处分，取消其退休待遇；收缴其违纪所得；将其涉嫌犯罪问题、线索及所涉款物移送司法机关依法处理。

惠州市人民检察院党组书记、检察长张某忠案

张某忠，男，汉族，1963 年 10 月出生，广东兴宁人，在职研究生学历，1985 年 6 月加入中国共产党。1982 年 5 月至 1999 年 7 月，历任河源市人民检察院法警、助理检察员、副科级检察员、副科长、科长；1999 年 7 月至 2004 年 6 月任河源市人民检察院副检察长；2004 年 6 月至 2011 年 11 月任河源市人民检察院副检察长、反贪局局长；2011 年 11 月至 2016 年 9 月，任揭阳市人民检察院党组书记、检察长；2016 年 9 月至今，任惠州市人民检察院党组书记、检察长。

2018 年 4 月 23 日，惠州市人民检察院党组书记、检察长张某忠涉嫌严重违纪违法，目前正接受纪律审查和监察调查。

晋中市榆次区检察院检察长干某左案

干某左，男，汉族，1960 年 3 月出生，陕西延川人，大学学历。1978 年 7 月参加工作，1989 年 12 月加入中国共产党。1978 年 7 月至 1978 年 12 月，左权县下丰垢村插队；1978 年 12 月至 1981 年 9 月，解放军 51112 部队战士；1981 年 9 月至 1982 年 5 月，待安排；1982 年 5 月至 1987 年 7 月，左权县检察院法警（1985 年 8 月至 1987 年 7 月，地委党校学员）；1987 年 7 月至 1988 年 11 月，左权县检察院科员；1988 年 11 月至 1992 年 8 月，左权县检察院检察科科长（1987 年 7 月至 1992 年 6 月，山西大学法律专业学习）；1992 年 8 月至 1996 年 1 月，左权县粟域乡政法书记；1996 年 1 月至 1998 年 5 月，左权县川口乡党委书记；1998 年 5 月至 1998 年 7 月，灵石县检察院副检察长、代检察长；1998 年 7 月至 2003 年 8 月，灵石县检察院检察长；2003 年 8 月至 2011 年 5 月，介休市检察院检察长；2011 年 5 月至 2011 年 6 月，晋中市榆次区检察院副检察长、代检察长；2011 年 6 月至今，晋中市榆次区检察院检察长。

2018 年 5 月 10 日，据晋中市纪委监委消息：晋中市榆次区检察院检察长干某左涉嫌严重违纪违法，目前正接受晋中市纪委监委纪律审查和监察调查。

新疆维吾尔自治区人民检察院原党组成员、副检察长史某林案

2018 年 5 月，经自治区党委批准，自治区纪委对自治区人民检察院原党组成员、副检察长史某林严重违纪问题进行了立案审查。

经查，史某林严重违反政治纪律，对抗组织审查，转移、隐匿赃款赃物；违反组织纪律，不按规定如实报告个人有关事项，利用职务上的便利在干部选拔任用方面为他人谋取利益，违规收受他人财物；严重违反工作纪律，违反规定干预和插手建设工程项目承发包、公共财政资金分配、批办行政许可事项；严重违反生活纪律，与他人发生不正当性关系；严重违反国家法律法规规定，利用职务上的便利在企业经营等方面为他人谋取利益，违规索取、收受他人巨额财物；另查获史某林持有巨额财物，不能说明款项来源合法。其中，利用职务上的便利为他人谋取利益并收受财物、巨额财产来源不明等问题涉嫌犯罪。

史某林身为党员领导干部，理想信念丧失，严重违反党的纪律，且在党的十八大后仍不收敛、不收手，性质恶劣、情节特别严重。依据《中国共产党纪律处分条例》（2015 年）等相关规定，经自治区纪委常委会议研究并报自治区党委常委会议审议，决定给予史某林开除党籍、公职处分；收缴其违纪所得；将其涉嫌违法犯罪问题及线索移送司法机关依法处理。

（三）政法委

甘肃省庆阳市委原常委、政法委书记秦某案

秦某，男，汉族，1960年4月生，陕西合阳人，1978年12月参加工作，1986年7月加入中国共产党，中央党校函授学院政法学院毕业，党校大学学历。1978年12月至1981年8月担任中国人民解放军84542部队战士；1981年8月至1988年11月于庆阳县（今庆阳市，下同）人民检察院工作；1988年11月至1992年12月任庆阳县人民检察院办公室副主任［其间：1988年9月至1990年8月在甘肃省电大庆阳分校法律（检察）专业学习］；1992年12月至1995年6月任庆阳县人民检察院办公室主任；1995年6月至1999年4月任庆阳县人民检察院副检察长（其间：1996年8月至1998年12月在中央党校函授学院政法专业学习）；1999年4月至2002年11月任庆阳行署石化基地办公室副主任；2002年11月至2005年4月任庆阳行署石化基地办公室主任；2005年4月至2006年12月任庆阳市政府副秘书长、石化基地办公室主任；2006年12月至2009年2月任镇原县委副书记、县长；2009年2月至2010年1月任镇原县委书记；2010年1月至2011年11月任定西市人民检察院检察长；2011年11月至2016年11月任庆阳市副市长；2016年11月至2016年12月任庆阳市委常委、政法委书记、副市长；2016年12月至2017年4月任庆阳市委常委、政法委书记；2017年4月任庆阳市副地级干部。2018年5月10日，甘肃省纪委监委消息：甘肃省庆阳市委原常委、政法委书记秦某涉嫌严重违纪违法，目前正接受甘肃省纪委监委纪律审查和监察调查。

二、其他编外人员监察案例

广州白云区太和镇城管人员贪腐案——广州留置第一案

广州监委刚刚审结的“留置第一案”告诉我们，这样的基层执法“蝇贪”也逃不出监委的监察大网。

2018年1月7日，刚成立不久的广州市白云区监委信访室收到了关于举报太和镇城管人员贪腐问题的信访件。信里反映了太和镇城管辅助执法队组长杨某蓝的一些问题线索，包括在查控石湖村某栋无牌无证的违法建筑时收取10万元贿赂等。

违建在广州市一些地方是个突出问题，超高超宽的违法建筑对周边群众住宅的采光、通风、环境等都造成影响，群众对此反映强烈。而一些执法人员放纵违建，从中谋取利益，让基层群众对政府公信力产生怀疑。

凡是群众反映强烈的问题都要严肃认真对待。杨某蓝的身份有些“特殊”，他作为太和镇城管辅助执法人员，既不是公务员，也非中共党员。监委成立后，像他这样的“蝇贪”也被纳入了监委的监察范围。白云区监委立即就杨某蓝的问题线索展开初核，很快初步掌握杨某蓝部分违法事实：杨某蓝作为一线执法人员，执法不公，跟他疏通关系的可以违法乱建，严重扰乱基层社会建房的正常秩序，群众怨声载道。

“我们要向社会清晰传递一个信号——过去不是监察对象的公职人员和有关人员，监察体制改革后也已纳入监察范围，从而把监察体制改革的政治效果和震慑作用充分展示出来。”白云区监委的工作人员介绍道。

2018年2月3日，白云区监委经研究并报广州市监委批准，对杨某蓝采取留置措施。调查发现，杨某蓝利用负责巡查、管控违章建筑的职务便利，为违建人逃避城管执法提供帮助，收受违建人送给好处费人民币共计57.4万元，其涉嫌严重违法并触犯受贿罪的事实清楚、证据确实充分，已具备移送司法机关的法定条件。2月9日，白云区监委将杨某蓝案移送白云区检察院审查起诉。3月22日，白云区人民法院判处杨某蓝有期徒刑两年六个月。

这是广州市区两级监委成立后首例采取留置措施办结的案件。白云区法院在审理杨案时，区纪委组织180多名各单位分管城管执法的领导和执法队辅助队员旁听庭审。这场现场警示教育课给所有执法人员敲响警钟——“协管”“非党员”这些身份都不是躲避监督的挡箭牌，只要行使公权力，就会受到监察机关的监督。

广州市的这一起留置案件，是监察体制改革后对所有行使公权力的公职人员监察全覆盖的一个典型案例。全国各地监委成立以来，从办理的留置案件看，一个“亮点”就是留置对象不少是原来党内监督和行政监察覆盖不到的人群，其中既有国家机关、国有企事业单位中的非中共党员干部或职工，也有公办的科教文卫体单位中从事管理的人员，还有农村社区等基层群众性自治组织中从事集体事务管理的人员。

浙江“编外人员”被监察留置第一案：不分编内外

“我原以为自己既不是党员，也不是正式工作人员，只是一个‘临时’的协管员，私下截留点钱花……今天这样的结果，我很后悔。”龙游县社阳乡国土站24岁的协管员翁某羽在接受监察调查时，对自己的无知和错误懊悔不已。

经查，翁某羽利用职务上的便利，未经审批程序，私自截留农户超面积罚款或对分管片区农户超面积建房行为进行处罚，共收取农户交纳现金102 122元，并予以侵吞供个人消费。

2017 年 11 月 2 日，龙游县人民法院以贪污罪判处翁某羽有期徒刑一年三个月，缓刑一年六个月，并处罚金 10 万元。

“该案件是一起‘特殊’的贪污案件，是在国家监察体制改革试点中，全省第一起对编外人员使用监察留置措施案件。”龙游县纪委监委主要负责人说，“留置不分编内外，这充分体现了反腐败工作在党统一领导下，全面实现了对公职人员监察全覆盖。”

查处不是目的。龙游县纪委监委以该案件为契机，组织国土资源局、水利局、社阳乡政府的 70 余名干部到庭审现场参加旁听，充分利用身边案例这本“活教材”，开展警示教育活动。同时帮助案发单位剖析原因，查找监管漏洞，建章立制。并对该案 4 名党员干部启动“一案双查”，严格追究监管者责任。

“以前，我们对编外人员属监察范围认识不足，现在不一样了，只要履行‘公权力’的都是公职人员，就都必须依法执法，再也不能有因为自己是‘临时工’就任意妄为。”庭审旁听结束后，当事人曾经的同事说。

山西省阳泉市盂县县直部门直属单位会计挪用公款案

高某某是山西省阳泉市盂县国土资源局下属单位盂县地产开发公司（盂县地产中心）的会计，为了满足疯狂购买彩票的开支，他在 2017 年 4 月至 5 月期间，先后挪用大量公款。其间，正逢山西省盂县监察委员会组建，对全县所有行使公权力的公职人员全面摸底建档。高某某认识到自己虽不是共产党员，但是公职人员，属于新组建挂牌的县监察委员会的监察对象。为争取宽大处理，高某某经过反复思想斗争，于 2017 年 5 月 24 日到盂县监察委员会投案自首。经盂县监察委员会调查，高某某利用担任盂县地产开发公司（盂县地产中心）会计的职务便利，私自开具现金支票，2 个月内从盂县地产开发公司单位账户分 6 次提取现金近 74 万元，存入其个人银行账户，用于购买网络彩票。高某某作为国家工作人员，违反国家法律法规规定，利用职务便利挪用公款从事营利性活动。根据相关规定，经盂县监察委员会委员会议研究，决定给予高某某开除公职处分，并将其涉嫌犯罪问题移送盂县人民检察院审查起诉。

高某某投案自首的主要原因，就是慑于党中央惩治腐败的高压态势。在监察体制改革前，高某某并非纪检监察机关的监督对象。盂县监委成立以来，围绕实施对所有行使公权力的公职人员监察全覆盖，对全县 1500 余个单位、近 4 万名监察对象的基本情况逐一进行摸底建档，特别是对全县所有从事会计、出纳等工作的特岗人员进行了专项统计，并全部填写了个人事项报告表。面对监察全覆盖，高某某承受着极大的精神压力，最终主动来到县监委投案自首。他在《反思材料》中写道："监察委员会成立后，对所有行使公权力的公职人员大摸底，我作为特岗人员（会计）也填写了《个人事项报告表》，终于明白自己也是监察对象中的一员，结合如今反腐败高压态势，结合自身的具体情况，我最终选择了到县监委投案自首。"

深化国家监察体制改革，扩大监察范围，对所有公职人员涉嫌贪污贿赂、滥用职权、玩忽职守、权力寻租、利益输送、徇私舞弊以及浪费国家资财等职务犯罪行为进行调查，真正把所有权力关进制度笼子，必将推动全面从严治党向纵深发展，夺取反腐败斗争压倒性胜利。

第二节　监察机关的管辖规则

监察管辖权是指对某个监察对象或者某些特定监察事项确定由哪一级或者哪一个监察机关有权进行管辖的法律制度。监察机关各司其职、各尽其责的前提是责任清晰。在司法活动中，管辖制度不仅是法院对案件数量变化保持相应灵活性的关键，也是司法廉洁的重要环节。[1]这一理论在监察管辖制度中也同样适用：对监察机关的管辖范围作明确规定，既可以有效避免争执或推诿，又有利于有关单位和个人按照监察机关的管辖范围提供问题线索，充分发挥人民群众反腐败的积极性。同时，对提级管辖和管辖争议解决方式做出规定，可以增强监察工作的机动性、实效性，做到原则性与灵活性相结合。《监察法》第16、17条对监察机关监察事项的管辖针对不同情况作出了相应的规定。明确了管辖的基本原则、各级监察机关管辖范围和级别管辖的变通、指定管辖、管辖争议的解决等重要问题。

一、一般管辖原则

监察委员会实行的是级别管辖与地域管辖相结合的原则，各级监察委员会按照干部管理权限对本辖区内的监察对象依法进行监察。《监察法》中"按照管理权限"指的是按照干部管理权限，即监察对象的组织人事管理权限。监察对象的组织人事关系由哪一级组织人事部门管理，其所涉及的监察事项则由相对

〔1〕 参见［荷］菲力普·兰布克、马克·法布瑞主编：《法院案件管辖与案件分配：奥英意荷挪葡加七国的比较》，范明志等译，法律出版社2007年版，译序。

应的监察委管辖。比如，国家监察委员会管辖中管干部所涉监察事项，省级监委管辖本省省管干部所涉监察事项等。对于组织人事关系不属于本级组织人事部门管理的被监察对象，则不具有管辖权。“管理权限”确定级别管辖的层级，这与原行政监察制度的分级管辖原则相类似。[1]

“本辖区”是指本级监察委所在的省（自治区）、盟市、旗县区的行政管辖区域，各级监察委只能管辖本行政辖区范围内的被监察对象及其所涉及的监察事项。“本辖区”确定地域管辖的范围。监察机关的属地管辖原则来源于各级党的纪律检查委员会对党员干部的属地管辖权。根据党管干部的原则，党的纪律委员会对党员干部的管辖主要是属人管辖而非属地管辖，即各级党委管理其所属及下属的干部，但对其上级党委或同级其他党委所属而驻在其行政区域范围之内的干部并没有管理权限。故《监察法》规定的监察管辖权仍是以级别管辖为主、属地管辖为辅的管辖模式。

简而言之，各级监察委原则上只对本行政区域内，本级组织人事部门管理的监察对象及其所涉及的监察事项具有管辖权。如省级监察委原则上只管辖本省区内省管干部所涉监察事项。该条款不仅明确了监察机关的级别管辖即“按照管理权限”和地域管辖即“本辖区”，而且明确了级别管辖优先原则，即先按干部管理权限确定级别管辖，然后再按辖区确定地域管辖。另外，对于《监察法》第15条第5项规定的“基层群众性自治组织中从事管理的人员”，其所涉监察事项由其所在的县级监察委员会管辖，县级监察委员会向其所在街道、乡镇派出监察机构、监察专员的，派出的监察机构、监察专员可以直接管辖。

二、提级管辖

《监察法》第16条第2款是对提级管辖的规定，这是对前款级别管辖规定的变通处置方法。报请提级管辖，是指监察机关因法定事由可以报请上级监察机关管辖原本属于自己管辖的监察事项。提级管辖在司法活动中相对多见。如在行政诉讼中，为了有效减少行政权力对行政审判的干预，可以通过提级管辖实现用高位的司法权制衡低位行政权的目的。[2]自2000年以后，行政诉讼提及管辖的改革试验就已呈现积极状态。[3]在刑事诉讼中，对危害生产安全的重大

---

〔1〕参见钱晓萍主编：《行政监察法概论》，中国政法大学出版社2016年版，第60页。

〔2〕参见付洪林、窦家应：“行政诉讼提级管辖改革的探索与实践——以广东法院提级管辖改革为样本”，载《法律适用》2014年第5期。

〔3〕参见叶赞平：《行政诉讼管辖制度改革研究》，法律出版社2014年版，第63页。

敏感案件也可以提级管辖。

监察法中规定的提级管辖主要是出于对监察工作的高机动性的考虑。监察机关正常情况下应当按照一般管辖的分工，尽全力管好自己管辖范围内的监察事项。但是，当监察机关考虑到所在地方的实际情况，以及本机关的地位、能力，认为所管辖的监察事项实属重大、复杂，而尽自己力量不能或者不适宜管辖的，可以报请上级监察机关管辖。从实践来看适用提级管辖主要包括以下几种情况：（1）监察机关认为有重大影响、由上级监察机关办理更为适宜的监察事项；（2）监察机关不便办理的重大、复杂监察事项，以及自己办理可能会影响公正处理的监察事项；（3）因其他原因需要由上级监察机关管辖的重大、复杂监察事项。

上级监察机关可以直接办理下一级监察机关管辖范围内的监察事项。在特定情形下，监察机关难以对相关监察对象进行监察，此时，可以由上级监察机关办理相关的监察事项。根据这一原则，国家监察委员会可以办理省、自治区、直辖市监察机关管辖范围内的监察事项，省、自治区、直辖市监察机关可以办理地级市、地区、自治州、盟监察机关管辖范围内的监察事项，地级市、地区、自治州、盟监察机关可以办理市辖区、县级市、县、自治县、旗、自治旗监察机关管辖范围内的监察事项。在实行分级管辖制度的基础上，上级监察机关可以办理下一级监察机关管辖范围内的监察事项，是上级监察机关对下级监察机关实行领导在监察事项管辖方面的具体体现，是对分级管辖制度的必要补充，便于处理一些难度较大的监察事项。如上级监察机关认为在其所辖地区有重大影响的监察事项；上级监察认为下级监察机关不便办理的重要复杂的监察事项，以及下级监察机关办理可能会影响公正处理的监察事项；领导机关指定由上级监察机关直接办理的监察事项。

上级监察机关在必要时也可以办理所辖各级监察机关管辖范围内的监察事项。一般情况下，上级监察机关只能办理下级监察机关管辖范围内的监察事项，而不能办理再下一级监察机关管辖范围内的监察事项。例如，国家监察委员会一般不办理地级市、地区、自治州、盟监察机关管辖范围内的监察事项，省、自治区、直辖市监察机关一般不办理市辖区、县级市、县、自治县、旗、自治旗监察机关管辖范围内的监察事项。但在特定情形下，上级监察机关在必要时也可以办理所辖各级监察机关管辖范围内的监察事项。所谓有必要，主要是某级监察机关及其上一级监察机关由于受到各种主客观因素的影响，而不适宜或者无法办理其管辖范围内的监察事项，此时可以由其再上一级，甚至由国家监察委员会直接办理。

关于提级管辖的规定是对级别管辖制度的补充。这样规定的主要原因是：首先，这是我国监察体制决定的。我国监察机关实行双重领导体制，即对本级党委负责并报告工作，监察业务受上级监察机关领导。而上级监察机关在首先办理好自己管辖范围内的监察事项的同时，也可以办理下级监察机关管辖范围的监察事项，它是监察业务领导的重要内容，也是在级别管辖制度的基础上对管辖问题所作的必要补充规定，使监察机关对管辖的划分更加科学、更加符合实际。其次，有利于上级监察机关加强对下级监察机关履行职责情况的监督和工作指导，尤其是在遇到由下级监察机关直接办理的可能影响公正处理的监察事项时，上级监察机关直接予以办理，可以保证国家的法律、法规、政策和政纪的统一、正确地实施。最后，有利于下级监察机关工作遇到特殊困难和阻力时，可以得到上级监察机关及时、有力的支持、帮助和指导，提高效率和质量。但这并不是说，属于下级监察机关立案管辖范围内的政纪案件统统由上级监察机关代为查办。

三、管辖权争议之解决

职能管辖的冲突问题在大部分国家存在。[1]《监察法》第16条第3款规定了管辖权争议导致的级别管辖例外。发生管辖争议，即对同一监察事项，有两个或者两个以上的监察机关都认为自己具有或者不具有管辖权而发生的争议。两个或两个以上监察机关发生管辖争议之后，应报请其共同上级监察机关，由该上级监察机关确定由哪一个监察机关管辖。共同的上级监察机关是同发生管辖争议的两个或者两个以上监察机关均有领导与被领导关系的上一级监察机关。这一规定的基础是行政隶属关系。如同一省的两个地级市监察机关的共同上一级监察机关就是该省人民政府的监察机关；不同省、自治区、直辖市监察机关的共同上一级监察机关是国家监察委员会。其具体情形有以下两种：第一，监察对象因职务调整、工作调动而产生管理权限、工作地区变化，导致不同的监察委对其所涉及的监察事项均有管辖权；第二，在共同职务违法、职务犯罪案件中，相关涉案人员或所涉及的违法犯罪事实因归属不同的监察机关管辖，而

---

〔1〕部分国家的司法活动中，一审法院可以管辖所有案件，故不存在管辖权冲突问题。除此之外，只要存在管辖制度，就可能存在管辖冲突的情况。参见［荷］菲力普·兰布克、马克·法布瑞主编：《法院案件管辖与案件分配：奥英意荷挪葡加七国的比较》，范明志等译，法律出版社2007年版，第21页。

产生管辖争议。

对管辖权争议的处理须注意以下几点：（1）监察机关之间对管辖范围有争议，既包括发生争议的行政机关都想管辖的情况，也包括有关的机关都不想管辖的情况，即称之为都想作为的或都不想作为的两种情况。（2）“共同的上级监察机关”是共同的上一级监察机关。即指同发生管辖争议的两个或两个以上监察机关均有领导与被领导关系的上一级监察机关。因此，必须注意这里的“上一级”机关和上级机关是有所不同的，“上一级”机关要求仅高一个层级。当然，依据法律规定共同的上一级监察机关对于具体的有管辖权争议的机关来说，可能不是仅仅高一个层级的问题。如一省的两个市行政监察机关就管辖发生争议时，其共同的上一级监察机关是该省监察委员会；不同省的两个市行政监察机关发生管辖争议的，其共同的上一级行政监察机关是国家监察委员会。（3）两个或两个以上监察机关对同一监察事项的管辖权发生争议时，报请他们共同的上一级监察机关指定管辖。上一级监察机关指定管辖行为的作出，必须遵循合法与适当的原则。（4）指定管辖行为在法律上具有确定无疑的效力，即一经指定，负有管辖之责的监察机关即被确定，被指定的监察机关无权改变这一指定或将管辖权移交其他监察机关。

四、指定管辖

“指定管辖”，是指由上级监察机关的指定而确定监察事项管辖机关的制度。指定管辖，调整了法律确定的办案主体，是一种因案件特殊性而采取个案调整的方式，人为影响案件管辖秩序的做法。指定管辖包括两种情况，管辖不明案件的指定管辖；管辖权明确，但因某种原因不适于原管辖单位管辖而由上级单位指定移送其他单位管辖，即改变管辖。[1]在司法活动中，存在着广义指定管辖和狭义指定管辖。狭义指定管辖是指对个案的指定管辖，而广义的指定管辖一般是指类案的指定管辖。[2]由于监察体制改革正处于初级阶段，对管辖制度的探索程度相对有限，随着监察制度逐渐成熟，管辖制度可能会向着更加精细化的方向发展。

《监察法》第17条第1款规定了上级监察机关主动改变管辖制度。上级监察委员会主动改变管辖一般系出于某种原因，导致上级监察委员会认为该案不再适于由该下级监察委员会管辖。如某基层监察委员会发生腐败窝案，可由上

〔1〕参见龙宗智：“刑事诉讼指定管辖制度之完善”，载《法学研究》2012年第4期。
〔2〕参见郭晓光：《民事诉讼管辖实证研究》，中国政法大学出版社2016年版，第162页。

级监察委员会改变管辖；再如某地党委发生腐败窝案，由同级监察委员会管辖办案阻力较大，可由上级监察委员会指定其他监察委员会管辖。根据本款规定，指定管辖可以跨多个层级，即可以指定任意下级监察委管辖相关监察事项。如省级监察委将自己管辖的监察事项既可以指定市级监察委管辖，也可以指定旗县级监察委管辖；省级监察委也有权将市级监察委管辖的监察事项指定旗县级监察委管辖，也有权将旗县级监察委管辖的监察事项指定市级监察委管辖。

五、报请管辖

报请管辖，是指本应由下级监察机关管辖的监察事项，因为事项重大、复杂，查办困难或具有需要回避的情形不便于办理，而请求移送上级监察机关管辖。

【法条链接】

一、《中华人民共和国监察法》（2018年）

第十六条 各级监察机关按照管理权限管辖本辖区内本法第十五条规定的人员所涉监察事项。

上级监察机关可以办理下一级监察机关管辖范围内的监察事项，必要时也可以办理所辖各级监察机关管辖范围内的监察事项。

监察机关之间对监察事项的管辖有争议的，由其共同的上级监察机关确定。

第十七条 上级监察机关可以将其所管辖的监察事项指定下级监察机关管辖，也可以将下级监察机关有管辖权的监察事项指定给其他监察机关管辖。

监察机关认为所管辖的监察事项重大、复杂，需要由上级监察机关管辖的，可以报请上级监察机关管辖。

【释义】这两条是关于指定管辖和报请提级管辖原则的规定。

二、《中华人民共和国行政诉讼法》（2017年）

第二十一条 两个以上人民法院都有管辖权的案件，原告可以选择其中一个人民法院提起诉讼。原告向两个以上有管辖权的人民法院提起诉讼的，由最先立案的人民法院管辖。

【释义】在理解本条时要把握以下几点：(1) 两个以上人民法院都有管辖权的诉讼，先立案的人民法院不得将案件移送给另一个有管辖权的人民法院。(2) 人民法院在立案前发现其他有管辖权的人民法院已先立案的，不得重复立案；立案后发现其他有管辖权的人民法院已先立案的，裁定将案件移送给先立案的人民法院。(3) 当事人没有选择的法院，不能取得案件的管辖权。尽管依照法律规定某一法院对案件具有管辖权，但由于当事人没有选择，法院不能依职权主动要求管辖。〔1〕

第二十二条　人民法院发现受理的案件不属于本院管辖的，应当移送有管辖权的人民法院，受移送的人民法院应当受理。受移送的人民法院认为受移送的案件按照规定不属于本院管辖的，应当报请上级人民法院指定管辖，不得再自行移送。

【释义】本条是对移送管辖的规定。

移送管辖的实质是对案件进行移送，而不是对案件管辖权进行移送。移送管辖主要发生在同级法院之间，对于上下级法院之间主要适用管辖权转移的规定。人民法院移送案件应当具备以下三个条件：(1) 移送案件的人民法院已经立案受理了行政案件，即诉讼程序已经开始但案件并未审结，仍在一审程序中。(2) 移送案件的人民法院认为自己对案件没有管辖权。(3) 接受移送案件的人民法院依法享有管辖权。对于符合以上三个条件的案件，必须实行案件移送。受理的人民法院有移送案件的义务，不能不移送。

实践中，有两种情况需要注意：一是按照管辖权恒定的原则，案件受理后，被告所在地发生变化的，受诉人民法院的管辖权不受当事人所在地变更的影响，受诉人民法院不得以此为由将案件移送到当事人变更后的住所地人民法院管辖。二是有管辖权的人民法院受理案件后，行政区域发生变更的，受理案件时有管辖权的人民法院不得以行政区域变更为由，将案件移送给变更后有管辖权的人民法院。〔2〕

第二十三条　有管辖权的人民法院由于特殊原因不能行使管辖权的，由上级人民法院指定管辖。

人民法院对管辖权发生争议，由争议双方协商解决。协商不成的，报它们的共同上级人民法院指定管辖。

【释义】本条是对指定管辖的规定。指定管辖，是指上级人民法院以裁定方式，指定下级人民法院对某案件行使管辖权。指定管辖的实质，是法律赋予上级人民法院在特殊情况下变更和确定案件管辖法院的权力，以适应审判实践的

〔1〕 舒丹、徐冉：《实用版法规专辑——行政法》，法律出版社 2017 年版，第 171 页。

〔2〕 李志明编著：《〈中华人民共和国行政诉讼法〉配套解读与实例》，法律出版社 2015 年版，第 31 页。

需要，保证案件及时正确地裁判。指定管辖主要适用于以下几种情况：(1) 受移送的人民法院认为自己对移送来的案件没有管辖权而报请上级人民法院指定管辖；(2) 有管辖权的人民法院由于“特殊原因”不能行使管辖权，例如因自然灾害、意外事故等不可抗力，或因与本案有利害关系导致其不能公正、即时审结案件；(3) 人民法院之间对管辖权发生争议且协商不成。

管辖权争议，是指两个或两个以上人民法院之间就案件的管辖权互相争夺或推诿的情况，可以分为积极争议与消极争议两种：前者是指两个或两个以上人民法院均认为自己对某一案件有管辖权，争夺这一案件的管辖权的情况；后者是指两个或两个以上人民法院均认为自己对某一案件无管辖权，均不愿受理该案件的情况。

不论哪种管辖权争议，均应当先由争议法院协商解决，协商不成时再报请其共同的上一级人民法院指定管辖。报请上级人民法院指定管辖时，应当逐级报请。[1]

第二十四条　上级人民法院有权审理下级人民法院管辖的第一审行政案件。下级人民法院对其管辖的第一审行政案件，认为需要由上级人民法院审理或者指定管辖的，可以报请上级人民法院决定。

【释义】由于管辖问题较为复杂，仅有法定管辖和指定管辖尚不足以适应复杂多变的情况，管辖权转移的规定赋予了上下级法院灵活处理的权力，目的是为了法院更好地行使审判权。管辖权转移有两种情况：一种是将管辖权上移，包括上提下和下交上，上级法院有权将下级法院管辖的第一审行政案件提上来自己审理，下级法院对其管辖的第一审行政案件认为审理确有困难，需要由上级法院审理的，可以报请上级法院决定；另一种是管辖权下放，上级法院管辖的第一审行政案件交给下级法院来审理。管辖权转移只限于第一审案件。[2]

三、《中华人民共和国刑事诉讼法》(2012年)

第二十六条　上级人民法院可以指定下级人民法院审判管辖不明的案件，也可以指定下级人民法院将案件移送其他人民法院审判。

【释义】指定管辖，是指上级人民法院依职权指定下级人民法院对行政案件行使管辖权。

---

〔1〕 中国法制出版社编：《〈中华人民共和国行政诉讼法〉配套解读与案例注释》，中国法制出版社2013年版，第45页。

〔2〕 舒丹、徐冉：《实用版法规专辑——行政法》，法律出版社2017年版，第172~173页。

本条规定的指定管辖有两种适用情形：

一是有管辖权的法院由于特殊原因不能行使管辖权的，报请上级法院指定管辖。法律上的原因，是指由于某些法定事实使有管辖权的人民法院在法律上不能审理或继续审理，如当事人申请回避，该人民法院不宜进行审理等。事实上的原因，是指有管辖权的人民法院因不可抗力或者其他障碍不能或者难以行使管辖权，例如，自然灾害、战争、意外事故等。

二是两个以上法院对管辖权发生争议时，协商不成的，报请共同的上级法院指定管辖。主要适用于人民法院之间管辖权争议的指定。管辖权发生争议，主要指管辖区域不明的案件、有共同管辖的案件、多地管辖并存的案件，或者对管辖的规定产生了不同理解。〔1〕

【案例链接】指定管辖案例

宿州：首次采取指定管辖方式实施留置案件

据安徽纪检监察网2018年4月12日报道：近期，宿州市纪委监委对宿州市公安局交警支队高速大队原会计祁某芳有关问题进行了核查，发现其涉嫌严重违纪违法。日前，依据《监察法》等有关规定，宿州市纪委监委采取指定管辖方式，指定泗县纪委监委对祁某芳进行立案审查调查，并对其采取留置措施。该案是宿州市首例采取指定管辖方式实施的留置案件。

为严格依法办理该案，宿州市纪委监委相关纪检监察室对审批程序、保密安全、取证方向、调查重点等进行具体指导，市纪委监委领导现场办公，及时协调推进工作。泗县纪委监委在办理该起留置案件过程中，高效履职尽责，严格履行工作程序，确保案件办理依法、严谨、无差错。市、县两级纪委监委密切协同配合，严格依法履职，合力推动案件办理工作。

安徽省监委指定管辖案件十五起

“皖能集团下属安徽环保发电公司党委书记、总经理方某因涉嫌职务犯罪，被安徽省监委指定由蚌埠市监委立案监察调查。”近日，安徽省纪委监委通报一则指定管辖案例。

“指定管辖的原因多样，如办案力量、资源有限，办案过程中有不当干预等

〔1〕 夏红、毛淑玲、单丽雪：《〈中华人民共和国刑事诉讼法〉注释本》，法律出版社2016年版，第17页。

多种因素。指定所辖的其他监委办理相关案件，可以提高办案效率和办案的公正性。”安徽省纪委监委有关负责人介绍，指定管辖是《监察法》中明确的一项制度。《监察法》第17条规定，上级监察机关可以将其所管辖的监察事项指定下级监察机关管辖，也可以将下级监察机关有管辖权的监察事项指定给其他监察机关管辖。据了解，安徽省各级监委组建后，立即启动工作，保持惩治腐败高压态势，截至2018年3月底，全省本级指定管辖案件15起。

“我省三级监委组建成立后，省本级监督执纪部门机构数、编制数分别占比81.8%、78.6%，市一级总体占比78.4%、77.9%，县一级总体占比79.6%、81.4%。”安徽省纪委监委有关负责人介绍，该省纪委监委聚焦主责主业，将工作力量向业务部门倾斜。

同时，在健全内控机制上，安徽省市两级纪委监委实行执纪监督室、审查调查室分设，严格执行回避制度，一案一指定，一事一授权，确保权力受到有效约束。围绕推进纪检监察工作规范高效、促进治理体系和治理能力现代化。

第四章　监察权限

第一节　监察权限概述

一、监察职责与监察权限

监察职责，即监察机关为行使监察职能所具有的职权和责任。监察权限，即监察机关为履行职能所能行使的权力和限度。监察职责是监察权限的前提和基础，而监察权限则是监察职责的具体和保障。

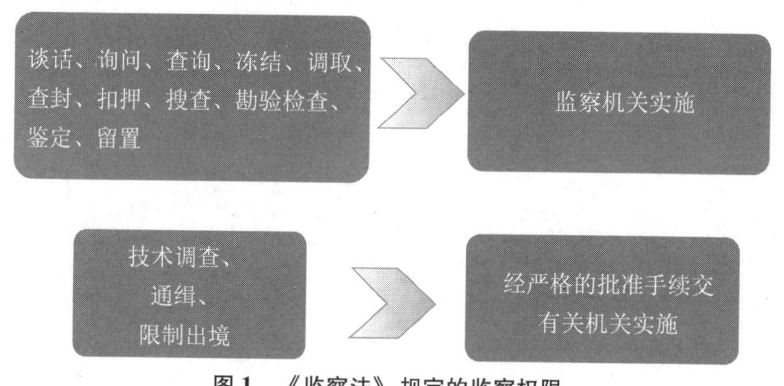

图1　《监察法》规定的监察权限

从功能而言，监察权限是根据监察职责的实际需要，针对不同情况相应设置的。监察机关作为行使国家监察职能的专责机关，监察法赋予其三大职权：监督权、调查权、处置权。其中，监督是首要职权，其主要是指对公职人员开展廉政教育，对其依法履职、秉公用权、廉洁从政从业以及道德操守情况进行监督检查。监察机关行使监督职权的目的是为了惩前毖后、防微杜渐，防止一般违纪违法行为发展成严重违纪违法行为，严重违纪违法行为发展成犯罪行为。其次，调查是核心，其主要是指对涉嫌贪污贿赂、滥用职权、玩忽职守、权力寻租、利益输送、徇私舞弊以及浪费国家资财等职务违法和职务犯罪进行调查核实。调查是为了获取真相，目的是判断公职人员是否依法履职提供基础。[1]最后，处置是保障，即通过处分和制裁违法犯罪行为以保障监察机关的有效履职与威慑作用。为保证监察机关有效履职，监察法赋予监察委员会必要的监察权限和调查手段（如图 1）：一是规定监察机关在调查职务违法和职务犯罪时，可以采取谈话、讯问、询问、查询、冻结、搜查、调取、查封、扣押、勘验检查、鉴定等措施。二是对被调查人可以有条件地采取留置措施。三是监察机关需要采取技术调查、通缉、限制出境措施的，经过严格的批准手续，按照规定交有关机关执行。

从实践基础来看，监察法所赋予监察机关的监察权限主要来源有四：一是将行政监察法中所规定的查询、复制、冻结、扣留、封存等措施进行调整和完善，成为《监察法》中所规定的查询、冻结、调取、查封、扣押、勘验监察、鉴定等；二是将反腐实践中所运用的谈话、询问等技巧，进行规范，纳入法定权限；[2]三是将纪委反腐所使用的“双规”进行法治化改造，形成符合法治反腐内在要求的留置措施；四是将涉及公安机关职权范围的技术调查、通缉、限制出境等措施，经审批后，交由公安机关执行，严守权力边界。就此而言，监察法赋予监察机关的监察权限都是实践中正在使用、比较成熟的做法，没有超出以往反腐所使用的权限，甚至更为规范。

二、行使监察权限收集证据的一般原则性规定

《监察法》第 18 条是关于监察机关行使监察权限收集证据的一般原则。其主要目的是从原则上确保监察机关依法行使监督、调查、处置职权，明确有关单位和个人有如实提供证据的义务，具体内容包括：

（一）收集、调取证据的权力与义务

所谓证据，是指可以用于证明案件事实的材料[3]，其是判断一个人是否违法乱纪，违法乱纪程度轻重的重要依据。证据是法律程序的灵魂，离开证据的证明作用，任何设计精巧的法律程序都将变得毫无意义。[4]作为法律程序整体

---

〔1〕 郑贤君：“试论监察委员会之调查权”，载《中国法律评论》2017 年第 4 期。

〔2〕 李庚：“为什么要赋予监察机关相应的监察权限——确保惩治腐败的有效性和威慑力”，载《中国纪检监察》2018 年第 6 期。

〔3〕 “证据”是一个中性词语，不带有真假善恶之价值倾向。参见何家弘：《从应然到实然——证据法学探究》，中国法制出版社 2008 年版，第 134 页。

〔4〕 徐继敏：《行政证据学基本问题研究》，四川大学出版社 2010 年版，第 23 页。

所必不可少的一部分，监察程序与司法程序一样，都在证据的作用下发挥其功能。因此，赋予监察机关收集、调取证据的权力，对于确保其履行对职务违法和职务犯罪行为的调查职责具有重要意义。

首先，参照《刑事诉讼法》（2012 年）第 48 条之规定，《监察法》所涉证据具体包括以下几种：①物证，即与违纪、违法、犯罪相关联，能够证明案件事实和被监察对象情况的实物或者痕迹，如赃款赃物等。②书证，即能够以其内容证明案件事实的文字、图案等资料，如受贿行为中监察对象与行贿人之间来往的书信等。③证人证言，即了解案件事实的人就其了解的案件事实所做的陈述。④被害人陈述，即直接受违纪、违法、犯罪行为侵害的人，就案件事实所作的陈述。⑤违纪、违法、犯罪行为人的陈述和辩解，即监察对象承认自己违纪、违法、犯罪行为的叙述或者否认自己实施违纪、违法、犯罪行为的辩解。⑥鉴定意见，即专门人员对案件中的专门性问题进行鉴定后提出的书面意见。⑦勘验、检查、辨认、调查实验等笔录、勘验、检查笔录是指监察机关工作人员对与违纪、违法、犯罪有关的场所、物品、人身等进行现场勘验、检查所做的记录。辨认笔录是指监察机关工作人员让受害人、监察对象或者证人，对与违纪违法犯罪有关的物品、文件、场所或者违纪违法犯罪行为人进行辨认所作的记录。调查实验笔录是指调查人员在必要的时候按照某一时间发生时的环境、条件，进行实验性重演的调查活动形成的笔录。⑧视听资料、电子证据。视听资料是指载有与案件相关内容的录像、录音材料等。电子证据是指以电子形式存在的，可以用于证明案件事实的材料，如电子邮件、网上聊天记录、电子签名、访问记录等。

其次，监察机关有权依法向有关单位和个人了解情况，收集、调取证据。这是依法查明职务违法和职务犯罪事实，深入开展反腐败工作的需要，因此赋予监察机关及其工作人员的职权。除法律另有规定以外，任何单位和个人都不得行使这一职权，而且监察机关及其工作人员除可以向有关单位和个人收集、调取证据以外，还可以向其了解情况，也就是说即使有关单位和个人掌握的资料并不能证明案件事实，但只要与案件事实有关或者于监察机关行使调查职权有益，监察机关就可以依法要求其予以提供。关于监察机关及其工作人员在监督、调查过程中了解情况、收集证据、调取证据的具体程序和规范，《监察法》于监察权限和监察程序的有关章节中作了规定。

最后，有关单位和个人应当如实提供所了解的情况和证据。这就要求有关单位和个人在监察机关依法向其了解情况，收集、调取证据时，有义务向监察机关客观地、真实地说明其了解的情况与提供证据，包括提供真实的物证、书证、视听资料、电子数据、证言等。如实提供所了解的情况和证据，就是要实事求是，不能隐瞒案件真相，不能拒绝提供证据，也不能伪造证据等。

（二）保守秘密的义务

《监察法》第18条第2款是关于对涉及国家秘密、商业秘密、个人隐私的证据应当保密的规定。该款主要是对监察机关及其工作人员提出的要求。保密义务的核心问题是关于国家秘密、商业秘密、个人隐私的界定问题。如果这三个概念的内涵和外延不能得到明确界定，该义务也将受到实质性的抑制。[1]

“国家秘密”是指关系国家安全和利益，依照法定程序确定，在一定时间内只限一定范围的人员知悉的事项。[2]监察机关及其工作人员在行使监督、调查职权时，不得让不该知悉国家秘密的人知悉，如不在私人通信中涉及秘密；不在公共场所和家属、子女、亲友面前谈论秘密；不在不利于保密的地方存放秘密文件、资料；不在普通电话、明码电报、普通邮局传达秘密事项；不携带秘密材料游览、参观、探亲、访友和出入公共场所等。

“商业秘密”是指不为公众所知悉、能为权利人带来经济利益，具有实用性并经权利人采取保密措施的技术信息和经营信息。[3]商业秘密作为企业重要的无形资产，是企业形成和保持竞争优势的重要财产，对企业的生存和发展起着至关重要的作用，除因法定事项并经法定程序，监察机关及其工作人员对其行使监督、调查职权时知悉的商业秘密，应当予以保密。

“隐私”是一个非常模棱两可并且感情色彩非常强烈的词。[4]任何试图为隐私找到一个统一的定义或理解的尝试都是徒劳无功的。[5]所以，即便诸多学者将隐私作为一项人格权，但却很少有人对其进行界定。一般而言，“个人隐私”是指公民个人生活中不愿为他人（一定范围以外的人）公开或知悉的个人信息。[6]监察机关及其办案人员在行使监督、调查职权时，应当对其所知悉的国家秘密、商业秘密和个人隐私予以保密，防止对国家安全以及社会公共利益

---

〔1〕 王锡锌：“政府信息公开语境中的‘国家秘密’探讨”，载《政治与法律》2009年第3期。

〔2〕《中华人民共和国保守国家秘密法》（2010年）第2条。

〔3〕《中华人民共和国反不正当竞争法》（2017年）第9条。

〔4〕［美］理查德·A. 波斯纳：《争议/司法的经济学》，苏力译，中国政法大学出版社2002年版，第239页。

〔5〕 张天上：“隐私权的经济分析”，载《法制与社会发展》2006年第1期。

〔6〕 沈成骄：“《政府信息公开条例》第二十三条中‘个人隐私’的理解与适用”，载《湖北行政学院学报》2013年第2期。

造成损害，同时也避免侵犯公民、法人或者其他组织的合法权益。

（三）不得伪造、隐匿、毁灭证据

证据是认定违法、违纪事实的依据，其对于监察机关及其办案人员查明案件事实，依法正确行使监督、调查、处置职权具有十分重要的意义，不得予以伪造、隐匿、毁灭。

“伪造证据”是指行为人故意制造虚假的证据材料，具体包括模仿真实证据而制造假证据，或者凭空捏造虚假的证据，以及对真实证据加以变更改造，使其失却或减弱证明作用的情形。伪造证据可能会使监察机关及其工作人员对于案件事实的认识产生偏差，从而对应当受到追究的人不予制裁，不应当受到追究的人予以追究。

“隐匿、毁灭证据”是指人为地将证据藏匿、妨害证据出现、使证据价值减少、消失的一切行为。其既包括使证据在形态上完全消失的行为，如将证据烧毁、撕坏、浸泡、丢弃等，也包括虽保留证据的形态，但是使其完全丧失或者部分丧失证明力的行为，如藏匿、污染、涂划证据等。隐匿、毁灭证据同样会使应当被追究责任的行为人逃避监督、调查和处置，或者造成冤假错案，使无辜的人的人身、财产等受到侵害。因此，任何单位和个人都不得伪造、隐匿或者毁灭证据，对于确保监察机关依法公正履行职责具有重要意义，其中“任何单位和个人”既包括违法乱纪的行为人，也包括行使监督、调查、处置职权的监察机关及其工作人员，除此之外其他公民、法人和社会组织也包含在内。

【法条链接】

一、《中华人民共和国国家监察法》（2018年）

第十八条　监察机关行使监督、调查职权，有权依法向有关单位和个人了解情况，收集、调取证据。有关单位和个人应当如实提供。

监察机关及其工作人员对监督、调查过程中知悉的国家秘密、商业秘密、个人隐私，应当保密。

任何单位和个人不得伪造、隐匿或者毁灭证据。

【释义】该条是关于监察机关行使监察权限收集证据的一般原则。

二、《中华人民共和国保守国家秘密法》（2010年）

第九条　下列涉及国家安全和利益的事项，泄露后可能损害国家在政治、经济、国防、外交等领域的安全和利益的，应当确定为国家秘密：

（一）国家事务重大决策中的秘密事项；

（二）国防建设和武装力量活动中的秘密事项；

（三）外交和外事活动中的秘密事项以及对外承担保密义务的秘密事项；

（四）国民经济和社会发展中的秘密事项；

（五）科学技术中的秘密事项；

（六）维护国家安全活动和追查刑事犯罪中的秘密事项；

（七）经国家保密行政管理部门确定的其他秘密事项。政党的秘密事项中符合前款规定的，属于国家秘密。

【释义】本条具体规定了国家秘密的具体事项，其均符合涉及国家安全和利益的特征，包括政治、经济、国防、外交等各个领域。

【案例链接】监察机关收集证据的调查权

江苏顾某挪用公款案——把调查权关进笼子（江苏留置第一案）

2017 年 12 月，江苏省无锡市纪委派驻第六纪检监察组在日常监督检查中，发现了无锡市交通运输局财务处出纳会计顾某挪用公款的问题线索。这个涉案金额达到数百万元的案子，日后成为江苏省的留置“第一案”。该案最大的一个特点，就是调查全程受到严格监督，无锡市纪委监委用“集体会商+领导签批”“部门制约+负责到人”等方式，堵住各种风险点，让调查权在制度的笼子里充分施展威力。

收到顾某的问题线索后，无锡市纪委监委决定采用初核的方式处置。初核中，核查组严格按照审批程序，采用了查询、调取、询问、谈话四种核查手段，发现 2015 年 5 月 7 日至 2017 年 10 月 15 日期间，顾某通过单位公务卡零余额账户、库存现金等，先后 30 余次从单位账户挪用公款 700 余万元。核查组经过内部集体通案，撰写形成初核报告，提出拟立案调查的处置意见，并按照完善后的“立案前会商机制”，由市纪委监委分管领导召集案管、审理、承办部门对是否符合立案条件进行审议，形成一致意见后提交市纪委监委集体研究决定，并由市纪委监委主要领导签批。

进入调查阶段，也就进入了“深水区”，很多风险点展露在眼前——非法取证、跑风漏气、权钱交易、权益保障、留置安全问题……既要充分利用调查权把案子办漂亮，还要把权力的漏洞防范住。调查一开始，专案组所有办案人员签订《保密协议》，每天在专案组组长统一指挥安排下开展工作，专案组所有成员未经批准不得接触被调查人、涉案人员及其特定关系人，遇有打听案情、过问案情的，必须及时报告备案。整个调查过程，专案组全要素使用了十二项调查措施——谈话7次，讯问11次，询问15次，查询31次，冻结银行账户3个，调取账册和档案资料30余本，查封电脑1台，扣押银行卡、借条等相关物证，搜查办公场所和住所，对手机进行勘验检查，对20余本账册凭证进行了司法会计鉴定，留置1人，还协调公安机关使用了通缉、技术调查、限制出境等3种措施。

每一项调查措施都有严格的审批程序和执行办法。以查询措施为例，调查人员到银行、证券等单位查询相关信息，要按照“一查一报批”的要求，将具体调查人和调查内容报案件监督管理室，经分管领导同意后开具查询单，并登记备案；查询时必须由两名监委工作人员出示工作证和查询单才能进行。

大量审批手续都要报纪委监委领导签批，是否会影响办案效率？工作人员回答：“我们采取繁简分流方法，按调查措施性质分类设置不同层次审批手续。既确保了审批程序严格规范，又提高了效率。”

留置期间，无锡市纪委监委采取了一系列保障被调查人权益的制度和做法。比如，调查人员必须根据《被谈话（讯问）人权利义务告知书》及时告知留置对象权利义务；十分注重人性化管理，除夕夜调查人员陪顾某一起吃年夜饭、看央视春晚，并让顾某与父母通话。为了防范留置安全风险，坚持留置看护、监督、保障队伍专业化。邀请检察机关介入案情，对证据收集、法律适用以及是否符合逮捕条件等进行审查。

在整个办案过程中，案件监督管理部门、案件审理部门既积极协作配合，又是监督制约的“安全带”。案件监督管理室的监督贯穿办案全过程——立案调查前参与会商，立案后办理相关调查手续，现场监督，解除留置前了解依纪依法办案情况等。调查终结后，则由案件审理室对证据与事实认定进行审核把关。除了部门之间严丝合缝的监督，还有两个制度让办案人员感觉到“很有压力”。一个是“办案质量主办人负责制”，本案明确有关纪检监察室负责人为主办人、派驻纪检监察机构负责人为协办人，对办案质量负责。另一个是“错案责任倒查问责制”，如果调查过程中出现立案依据不充分或失实、发生刑讯逼供、案件处置重大失误等情形，严肃追究相关人员的责任。

2018年4月3日，无锡市滨湖区人民法院对顾某挪用公款案当庭宣判，标志着江苏“留置第一案”顺利办结。第一仗打完，调查人员有说不完的感慨，首先就是对“有权必有责、用权受监督”有了更深的体会——调查权在每一个环节都有严格监督，手中的权力并没有“更自由”。在这样的监督制约下，调查人员有法可依、有规可依、全程留痕，调查工作合法、规范、有序，确保了案件质量，收集的证据全部被法院采纳，没有发生一起非法证据排除的情况，同时也保障了被调查人及相关涉案人员的合法权益。

第二节　谈　话

《监察法》第19条是对监察机关行使谈话措施的规定，这一规定将反腐实践中普遍使用的“约谈”“谈话”等措施进行了规范化、法治化，体现了国家法治反腐的决心。其具体内容包括以下几点：

一、谈话措施的构成要素

谈话措施在案件的整个调查过程中都是必不可少的，但谈话并非简单的对话，它是一门学问，关系到整个案件调查的走向与成败。因此，掌握谈话的构成，以达到谈话的良好效果和目的，在监察工作中具有重要意义。[1]

（1）为何“谈”——谈话的目的。谈话措施，最早出现在1994年《中国共产党纪律检查机关案件检查工作条例》第25条，其规定“调查开始时，在一般情况下，调查组应会同被调查人所在单位党组织与被调查人谈话，宣布立案决定和应遵守的纪律，要求其正确对待组织调查，调查中应认真听取被调查人的陈述和意见，做好思想教育工作。”根据该条规定可知，谈话的主要目的是为了端正被调查人的态度，对其进行思想教育，使其配合纪委的调查工作。[2]将这一措施写入《监察法》，其主要目的是使监察工作与党内监督执纪“四种形态”中的第一种形态相匹配，使谈话成为一种法律手段。

（2）与谁“谈”——谈话的对象。谈话的对象当然是监察对象，即《监察法》第15条所规定的公职人员及其他相关人员。谈话的要件是其可能发生职务违法，这主要是指监察对象有相关问题线索反映，或者有职务违法方面的苗头性、倾向性问题等。监察机关要履行好监督、调查、处置职责，必须从小处抓起、从日常抓起，对有可能发生职务违法的监察对象，一定要尽早依法进行谈话或者要求其说明情况，避免其步入职务违法犯罪的深渊。这既是监察机关的职责所在，是对监察对象的爱护，是监察工作惩戒与教育相结合原则的体现。

（3）“谈”什么——谈话的内容。监察机关进行谈话时，应制作谈话笔录。检查人员要紧紧围绕违法违纪的“四个构成要件”取证，重点纪录谈话对象违纪违法问题发生的背景、违纪违法问题发生的全过程（何时、何地、何人、何

〔1〕参见董树文：“纪检监察谈话过程中的难点及对策”，载《北京石油管理干部学院学报》2010年第4期。

〔2〕刘玫：“论监察委员会的调查措施”，载《学习与探索》2018年第1期。

事、何因、何果等）、谈话对象交代的其他违法违纪事实等内容。

（4）怎么“谈”——谈话的方式。监察机关按照监督权限进行谈话或者要求说明情况，要按程序报批。谈话由监察机关相关负责人或者承办部门主要负责人进行的，可以由被谈话人所在机关、组织、企业等单位党委（党组）或者纪委（纪检组）主要负责人陪同。本条中“委托有关机关、人员”，是指委托被谈话人所在机关、组织、企业等单位党委（党组）主要负责人。谈话工作应当在谈话结束后的规定时间内，由承办部门写出情况报告和处置意见后报批，根据不同情况作出相应处置：①反映不实，或者没有证据证明可能发生职务违法行为的，予以了结澄清；②有证据证明可能发生职务违法行为但情节较轻的，按照管理权限，由监察机关直接或者委托有关机关、人员进行批评教育、责令检查，或者予以诫勉；③反映问题比较具体，但被反映人予以否认，或者其说明存在明显问题的，应当再次谈话或者进行初步核实。

二、谈话措施的特点

监察机关行使本条的权限有以下特点：①监察机关只有在调查可能发生职务违法的监察对象时，才能行使本条规定的权限。所谓可能发生职务违法的监察对象，是指有可靠线索和证据表明其职务行为存在违反国家法律规定的情形，但尚未得到最后证实和处理的监察对象。②本条规定的权限具有一定的强制作用，直接或者委托有关机关、人员进行谈话或者要求说明情况，并非一般的调查行为，而是带有命令性的、对监察对象具有一定约束力的措施，通常情况下如果监察对象有拒绝或拖延谈话、说明情况，或者不按要求提供有关材料的，提供虚假情况，掩盖事实真相的，串供或者伪造、隐匿、毁灭证据等行为，其所在单位、主管部门、上级机关或者监察机关可以责令其改正，构成犯罪的，应当依法追究其刑事责任。因此，监察机关一旦行使了本条规定的权限，就会立即产生预期的、直接的效果。③监察机关行使本条规定的权限对涉嫌职务违法的监察对象产生的影响极为明显。因此监察机关在行使本条规定的权限时，应当严格遵照法律规定的条件和程序进行。

此外，监察机关在行使本条规定的权限时，应当注意以下四点：①其适用时间为监察机关正在办理职务违法案件时。②监察机关必须在其管理权限内予以委托，不得越权委托。③监察机关的委托事项是与监察对象进行谈话或者要求说明情况。谈话是以往各级纪委常用的工作方式，具体包括教育提醒谈话、诫勉谈话、任前廉政谈话、信访谈话、谈话函询以及组织调查谈话等六种。其中教育提醒谈话是指监察机关对被监察对象思想上的不良倾向、工作生活中的违纪违法苗头、党性党风党纪政纪等方面的轻微问题进行谈话。信访谈话是指要求被监察对象对群众举报反映的问题当面向监察机关谈清楚，监察机关根据情况进行适当教育。诫勉谈话是指在谈话中将听取谈话对象对有关问题的解释和说明，并通过谈话进行告诫、劝勉，向其郑重指出存在的问题，促使其在规定的期限内改正错误。谈话函询是指监察机关在接到对公职人员或有关人员的职务违法行为的举报或是反映，应当及时与该人员进行谈话，核实有关情况。组织调查谈话是指要求被监察对象在规定的时间、规定的地点配合监察机关调查，谈清楚相关问题，经过调查、立案等程序，认为确有职务违法、犯罪行为，可以依法追究相应责任。④监察机关委托有关机关、人员进行谈话或者要求说明情况，应当出具相应的委托书，说明职务违法案件的简要情况、委托的事项以及委托的内容、方式、措施等。参照1992年颁布的《监察机关在调查处理政纪案件中相互协作配合的规定》，监察机关委托有关机关、人员调查时首先必须出具委托书，委托书应注明委托事项的内容、涉及单位、人员、目的和要求及委托单位的负责人、承办人等。委托书须以机要信函、电传等方式送达。其次，受委托机关、人员应当在受到委托书次日起一个月内将委托调查事项办理完毕，并将办理结果回复委托监察机关；因故确实不能办理或者延期办理的，应向委托监察机关说明理由。

【法条链接】

《中华人民共和国监察法》（2018年）

第十九条　对可能发生职务违法的监察对象，监察机关按照管理权限，可以直接或者委托有关机关、人员进行谈话或者要求说明情况。

【释义】该条是关于监察机关运用谈话措施对可能发生职务违法的监察对象进行处理的规定。

第三节　询问、讯问

《监察法》第20条规定：“在调查过程中，对涉嫌职务违法的被调查人，监察机关可以要求其就涉嫌违法行为作出陈述，必要时向被调查人出具书面通知。对涉嫌贪污贿赂、失职渎职等职务犯罪的被调查人，监察机关可以进行讯问，要求其如实供述涉嫌犯罪的情况。”第21条规定：“在调查过程中，监察机关可以询问证人等人员。”这两条是关于国家监察机关在调查过程中行使讯问、询问措施的规定。

一、调查过程

《监察法》第20、21条所称调查过程，是指监察机关依法对国家公职人员和有关人员违反相关法律法规、党纪政纪以及道德操守规范等行为，经过立案程序，查清事实、收集证据，证实其违法违纪，提出追究其相应责任或移交检察机关依法提起公诉的一项监察活动。监察机关行使的调查权不同于刑事侦查权，也不能与司法机关的强制措施相等同。因为监察机关是国家权力机关设立的专责反腐败工作机构，反腐败针对的职务犯罪不同于一般的刑事犯罪，因此监察机关对于职务犯罪的调查手段也不同于一般刑事犯罪的侦查权。除此之外，监察机关作为反腐败工作机构，不仅仅对职务犯罪予以调查，其还可以对职务违法行为、违纪行为以及道德操守行为予以调查〔1〕，其所管辖的范围远大于一般刑事犯罪，因此其所适用的调查措施也就不同于一般刑事侦查措施。

二、对被调查人陈述的收集

《监察法》第20条所称陈述，是指被调查人就职务违法案件的事实经过、涉嫌违法行为以及本人对错误的认识态度等，向监察机关案件调查人员所作的口头或书面的交代或说明。该条规定："对涉嫌职务违法的被调查人，监察机关可以要求其就涉嫌违法行为作出陈述"，要求被调查人作出陈述主要是出于两方面的考虑：一是其陈述可以为监察机关调查该职务违法案件提供线索，发现新的违法问题和人员，避免片面地收集证据。二是尽量避免事实虚假性，虽然法律法规规定，没有本人检查，或者本人拒绝检查、拒绝供述或者沉默，只要有足够的证据也可认定其错误，对其进行追责，但是从整个反腐败案件的办案流程来看，没有违法者本人的陈述，调查人员很难明确案件事实，甚至在某些情况下仅根据物证、书证等证据来判断案情，可能会把查案引入歧途，这对于查清案情是十分不利的，因此必须要重视对被调查人陈述的收集。〔2〕

---

〔1〕 汪海燕："监察制度与《刑事诉讼法》的衔接"，载《政法论坛》2017年第6期。

〔2〕 重视对被调查人陈述的收集，并非意味着"非口供就不算破案"。从我国刑事侦查实践来看，很长一段时间内，侦查人员将嫌疑人的陈述看得尤其重要，获得嫌疑人的陈述几乎成为侦查讯问的唯一目的，为了获取嫌疑人的陈述，甚至可以不择手段，造成嫌疑人人身伤亡的恶性事件偶有发生。当然，新《刑事诉讼法》的修改对这方面进行了完善，尤其是非法证据排除规则的建立更是极大地避免了此类事件的再次发生。因此，监察机关在收集被调查人陈述时，应当严守法律边界，不得"刑讯逼供"。吴宏耀："侦查讯问制度研究"，载《中国刑事法杂志》2001年第5期。

为了便于监察机关收集被调查人陈述，本条还规定了“监察机关在必要时可以向被调查人出具书面通知”。本条所称书面通知，是指由监察机关对涉嫌职务违法的被调查人所出具的要求其在指定的时间、地点就调查事项涉及的问题作出陈述的通知。这种书面通知一般是带有强制性的，因此只能由监察机关依法行使，任何企业、事业单位内部设立的监察机构在履行职责的过程中都无权采取这项措施。与此同时，监察机关在行使此项权限时，也应注意一定事项，具体包括：①监察机关只能在调查职务违法案件时采取这项措施，即被出具书面通知的人员必须是监察机关的监察对象；此外，该人员必须有职务违法的嫌疑，对于了解案件情况的知情人、证人或者非监察对象，均不得向其出具要求作出陈述的书面通知。②监察机关只能在“必要时”采取这项措施。“必要”通常是指有职务违法嫌疑的监察对象拒绝或者有意拖延接受监察机关的调查，或者出现其他有可能影响监察机关查办案件的情况。

三、对被调查人供述的收集

《监察法》第20条所称供述，是指被调查人就其涉嫌职务犯罪案件的情况所作的陈述，包括承认有罪的供认和检举同案其他人犯罪的陈述。本条所指陈述与供述存在以下几点区别：①陈述的主体是涉嫌职务违法的被调查人，而供述的主体是涉嫌贪污贿赂、失职渎职等职务犯罪的被调查人。②被调查人的陈述主要产生于监察机关对被调查人所采取的谈话、询问等调查措施，而供述则主要产生于监察机关对被调查人的讯问。谈话、询问、讯问等虽然都是监察机关对腐败案件的调查措施，但是其还是存在着程度上的差别，谈话、询问等调查措施相较于讯问措施强制力较低，一般仅适用于涉嫌职务违法的被调查人，而对于涉嫌职务犯罪的被调查人，则要适用讯问的调查措施。③陈述的客体主要是被调查人涉嫌职务违法的行为，而供述的客体主要是被调查人涉嫌犯罪的情况。

四、询问证人

询问证人是各个程序中收集证据的重要手段，对其理解可从以下几个方面进行：

首先，询问是指调查人员依照法定程序，以言词方式向有关人员和证人调查了解情况的一种行为。询问与讯问最本质的区别就在于，讯问针对的对象是立案后涉嫌职务犯罪的被调查人，而询问所针对的对象可能是涉嫌职务违法的被调查人、证人和有关人员等。

其次，证人是指知道案件事实情况并有义务向监察机关及其工作人员提供证言的人。在我国除因生理上、精神上有缺陷或者年幼而不能辨别是非、不能正确表达意志的人以外，凡是知道案件情况的人，都有作证的义务。[1]证人证言是认定行为人违法违纪的一种重要证据，其对于查清案件事实具有重要作用，因此监察机关在调查过程中，可以询问证人。除此之外，监察机关可以询问除证人以外的其他人员，即与案件存在利害关系或者了解案件情况的人员。在职务违法、职务犯罪以及违纪案件中，一般较少会出现书面证据，案件调查多依靠言词证据，因此对于案件相关人员的询问则显得至关重要，如贪污贿赂案件中，由于贿赂行为涉及双方，贿赂事实的认定必须要有双方的言词证据作为支撑，因而监察机关对相关人员依法运用询问措施则显得至关重要。

最后，虽然监察机关出于侦破案件的需要可以对证人等人员采取询问措施，但是其必须遵循法定程序，具体包括：①询问证人等人员应当依法、全面、客观，严格依照规定收集能够证实被调查人有违纪、违法、犯罪行为或无违纪、违法、犯罪行为，以及违纪、违法、犯罪情节轻重的各种证据，严禁以威胁、引诱、欺骗以及其他非法手段，片面和主观地收集证据。②询问证人等人员应当由两名以上办案人员进行，询问时应当向被调查机关和人员出示证件。③监察机关在询问时，应当问明证人等人员的身份、与被调查人之间的关系，并告知其应当如实提供证据，以及有意作伪证或者隐匿证据应负的法律责任。④询问证人等人员应当个别进行，必要时经其同意可以录音、录像。调查人员应当制作调查笔录，也可以由证人等人员书写证言，没有书写能力的证人等人员可以由他人代为书写，经核对无误后，由其签名或者盖章。如果证人等人员要求对原证作部分或者全部更改时，可允许在注明更改原因的情况下另行说明，但不退还原证。⑤询问证人等人员可以在证人或者有关人员所在单位、住处或者其提出的地点进行，必要时也可以通知证人等人员到监察机关提供证言。⑥询问证人等人员时应当向被询问人送达询问通知书，告知其权利义务。⑦参照2017年监察体制改革试点浙江省中发布的《监察业务运行工作规程》之规定，询问证人等人员不得超过当日24时。⑧参照浙江省监察体制改革试点工作，询问证人等人员还应当执行内部审批程序，如询问同级党委管理的干部，必须层报监委主任批准，询问普通涉案人员，必须层报分管副主任审批。

---

〔1〕陈瑞华："论证人证言规则"，载《苏州大学学报》2012年第2期。

【法条链接】

《中华人民共和国监察法》（2018年）

第二十条　在调查过程中，对涉嫌职务违法的被调查人，监察机关可以要求其就涉嫌违法行为作出陈述，必要时向被调查人出具书面通知。

对涉嫌贪污贿赂、失职渎职等职务犯罪的被调查人，监察机关可以进行讯问，要求其如实供述涉嫌犯罪的情况。

第二十一条　在调查过程中，监察机关可以询问证人等人员。

【释义】该条是关于监察机关在调查过程中行使询问、询问措施的规定。

第四节　留　置

习近平总书记在中共十九大报告中提到“制定国家监察法，依法赋予监察委员会职责权限和调查手段，用留置取代‘两规’措施。”可见，取代“两规”措施后的留置将成为事关国家反腐败成效的重要调查措施，因其关涉人身自由而备受学界关注，[1]在这十二项监察措施中，其他十一项措施都是从现有的行政调查、刑事侦查和党纪检查中转化而来，唯有留置措施不在先行法律体系和党的纪律规范之中。[2]所以，“监察体制改革是否具有正当性，能否坚持和发展监察法治，在很大程度上取决于留置措施的合法性和正当性”。[3]

需要注意的是，《监察法》中的留置措施包含两种，即决定立案时的留置与调查过程中的留置。立案决定时的留置是指在作出立案调查决定时同时决定采取留置措施（当然应当按照相应程序办理审批或备案手续），调查过程中的留置是指在案件调查工作开展过程中根据案件需要采取留置措施。[4]但是，无论是哪种留置措施，监察机关在适用过程中，都应当严格依照法律规定的条件、程序进行。

---

〔1〕梁三利：“留置取代‘两规’措施的法治化路径”，载《天津行政学院学报》2018年第1期。

〔2〕张翔、赖伟能：“基本权利作为国家权力配置的消极规范——以监察制度改革试点中的留置措施为例”，载《法律科学（西北政法大学学报）》2017年第6期。

〔3〕陈越峰：“监察措施的合法性研究”，载《环球法律评论》2017年第2期。

〔4〕参见王飞跃：“监察留置适用中的程序问题”，载《法学杂志》2018年第5期。

一、留置措施的条件

（一）事实条件：有违法犯罪事实

在赋予监察机关调查职责的基础上，《监察法》第 22 条规定了留置措施的事实条件，即“监察机关已经掌握其部分违法犯罪事实及证据”。对此，应作如下解读：第一，留置的事实发生条件是有证据证明发生了违法、犯罪事实，且该事实涉嫌贪污贿赂、失职渎职，属于监察机关依法进行监察的行为；第二，留置的事实情节条件是有证据证明该项违法犯罪事实是被调查人所为，且要证明该被调查人所涉嫌的情节已经达到严重违法或犯罪的程度，因此留置的适用对象，必须是涉嫌严重职务违法〔1〕或者职务犯罪的被调查人和涉案人员〔2〕；第三，留置的事实证据条件是证明被调查人实施违法、犯罪行为的证据已查证属实。依据 2001 年最高人民检察院、公安部颁布的《关于依法适用逮捕措施有关问题的规定》第 1 条第 2 款规定：“有证据证明有犯罪事实，并不要求查清全部犯罪事实。其中‘犯罪事实’既可以是单一犯罪行为的事实，也可以是数个犯罪行为中任何一个犯罪行为的事实。”因此在腐败案件中，一个被调查人通常可能会涉及数个违法犯罪行为，只要有证据证明其中一个违法行为的构成要件符合“贪污贿赂、失职渎职等严重职务违法或者职务犯罪”即可。

此外，第 22 条规定的“仍有重要问题需要进一步调查”也是采取留置措施的事实条件，这意味着监察机关在调查过程中基于已掌握的证据可以推断，被调查人还可能存在其他严重的违法、犯罪事实，但现有证据不足以证明该事实的存在，仍须进一步调查。在此情形之下，只要满足本条规定，经监察机关依法审批后方可采取留置措施。

（二）程序条件：经监察机关依法审批

监察机关采取留置措施，是监察机关在案件调查过程中采取的较为严厉的强制性调查取证措施，因此《监察法》第 22 条将留置措施的程序条件规定为“经监察机关依法审批”。而关于审批主体的内容具体规定在第 43 条，其中对不同层级的监察机关采取留置措施的审批主体作了区分。首先，需要本级监察机关领导人员根据被调查对象与案件实际情况集体讨论并请示研究其是否符合留置的必要条件；其次，设区的市以下监察机关，须经上一级监察机关批准方可

---

〔1〕 宋英辉：“职务犯罪侦查中强制措施的立法完善”，载《中国法学》2007 年第 5 期。

〔2〕 张咏涛：“留置措施的基本内涵与规范运行”，载《新疆师范大学学报（哲学社会科学版）》2018 年第 1 期。

采用，即市级监察机关需要上报省级监察机关，县级监察机关需要上报市级监察机关批准；最后，省一级监察机关仅须报国家监察委员会备案而无须进行批准。

采取留置措施，需要依据《监察法》第15条确定其留置对象，以实现监察范围的"全覆盖"。监察机关对这类案件采取留置措施，对于保证国家机关、管理公共事务的机关等相关单位的正常运行，保护公民、法人和其他社会组织的合法权益，维护社会稳定有重大影响。

（三）情节条件：有留置之必要

《监察法》22条中列举的四项情形可解读为"有留置之必要"，也即满足本条所列情形时，对被调查人采取留置措施，有利于案件调查工作的开展与进行。

1. 涉及案情重大、复杂

涉及案情重大、复杂是一个较为模糊的概念。具体到监察工作中，一般是指涉嫌重大贪污贿赂、失职渎职等职务犯罪的案件情形。但是，何谓案情重大、复杂，何谓涉嫌重大贪污贿赂、失职渎职等职务犯罪？其标准应当由谁来界定又将如何界定？[1]如果不能解决这一标准问题，便很容易成为留置措施适用的"口袋条款"，造成留置措施的滥用。因此，监察法制建设应当在监察体制改革过程中结合监察机关履职的特殊性，将"涉及案情重大、复杂"予以细化。此外，还应当注意留置措施与《刑事诉讼法》第156条中侦查终结措施之间的差异性，不宜将其完全引用。仅其中第4款"犯罪涉及面广，取证复杂困难的重大复杂案件"应当在此处援引，被认为属重大、复杂案件的情形之一。同时，该条第3款"重大的犯罪集团案件"可被参照援引，即参与人数较多的案件视情形可被认为属于重大、复杂案件。此外，考虑到监察机关调查对象的特殊性，几乎所有案件均涉及财产或其他利益，应当将涉及金额极高的案件视为重大、复杂案件。

2. 可能逃跑、自杀

"可能逃跑"这一条件应属较易确定的，譬如被调查对象实施了购买机票、车票、办理护照等行为。尽管我国与一些境外国家签订了条约，但仍与许多国家在引渡问题上无法达成协议或遇到一些难题，在被调查人具有逃跑倾向时及时将其留置，能够保证调查活动的顺利进行，节约办案成本，同时使确实违法、犯罪的被调查对象得到应有的惩罚。与"可能逃跑"相比，"可能自杀"这一

---

〔1〕 江国华、何盼盼："中国特色监察法治体系论纲"，载《新疆师范大学学报（哲学社会科学版）》2018年第5期。

条件不易界定，但职务违法与职务犯罪案件通常不是单独发生，其涉及人数往往较多，被调查人自杀可能对案件调查带来较多的不利因素，涉案人员的死亡可能导致相关案件重要线索的断裂，在调查过程中应当密切注意被调查人员的动向，必要时可引入心理方面的评估，尽量确保被调查人在出现自杀倾向时能够及时被留置。

3. 可能串供或者伪造、销毁、转移、隐匿证据

这些行为均属于被调查人妨碍取证的情形。职务违法与职务犯罪案件的被调查人通常具有一定的社会地位与影响力，且职务违法与职务犯罪案件具有较强的隐蔽性，案件取证难度极高，相关犯罪证据容易灭失。而对违法与犯罪行为熟知的人大多是同案犯、行贿人或被调查人的亲友，出于惧怕打击报复或维护亲友的心理，这些人与被调查人实施串供、销毁、转移、隐匿证据行为的可能性极高，导致案件的调查陷入僵局。因此，在调查工作开始后，监察机关应当尽力防止被调查对象接触同案犯、证人以及相关证据，发现被调查人有此类倾向时，及时将其留置，方能保证案件调查工作的顺利进行。

4. 可能有其他妨碍调查行为

此项属于兜底性质的条件，给予监察机关在采取留置措施时一定的自由裁量空间，监察机关可根据案件调查情况灵活决定是否采取留置措施。这一点可参照2001年最高人民检察院、公安部颁布的《关于依法适用逮捕措施有关问题的规定》中关于“有逮捕必要”的规定。首先，除非是监察机关为了进一步获取证据而允许被调查人在监察机关监视之下继续实施违法、犯罪行为之外，有继续实施职务违法、犯罪行为可能的，被调查人应当被留置；其次，对同案犯、证人实施威胁恐吓、打击报复的被调查人，应当被采取留置措施以防止其他犯罪行为的发生。此外，“其他妨碍调查行为”仍需监察机关在进一步调查工作的实践中予以明确。

二、留置措施的延长程序

在延长时间上，一般的留置时间不得超过三个月，但是，由于当前腐败案件的复杂多变，针对疑难复杂腐败犯罪案件的调查侦破，还应允许延长调查期限一次[1]，但最多延长3个月。即使在特殊情况下，留置措施的最长时间不得超越6个月的期限。在北京市监察体制改革试点工作过程中，首次对涉嫌利用

---

〔1〕 陈光中、张小玲：“中国刑事强制措施制度的改革与完善”，载《政法论坛》2003年第5期。

职务便利，将公款转入个人股票账户用于股票交易的李某采取了留置措施，前后历经28天。[1]所谓特殊情况，指的是在留置过程中发生妨碍留置调查工作的不可抗力或是所调查案件发生新的特殊情况等情形，具体包含：被调查对象身体健康与精神状况出现意外情况、被调查对象转移留置地点、发现涉案相关的足以对案件造成实质性影响的新证据、被调查对象与调查方案出现重大变更等。在延长的程序上，省级以下监察机关采取留置措施的，延长留置时间应当报上一级监察机关批准；但《监察法》目前尚未规定省级监察机关在延长留置措施时，是否需要上报国家监察委员会批准或备案。

三、公安机关的协助义务

监察机关在调查、处理涉嫌职务违法犯罪案件过程中，对被调查对象采取留置措施时，遇到有超出监察机关职权范围的紧急、特殊情况时，确需公安机关予以协助的事后，可以根据工作需要提请公安机关予以协助。那么，公安机关在其工作中扮演角色是刑事诉讼活动中相互配合，还是非诉讼活动的警务协助？如果是警察协助监察委员会办理违纪违法案件，对其使用“警种”的性质尚需探讨。[2]例如，监察机关为了查清事实和取得证据，需要对案件直接有关的或者同案的国家公安工作人员进行询问时；需要向公安机关在押的人犯或者收容审查人员调查取证时；认为与查办的案件直接有关的人员处境可能对国家安全造成危害或者给国家利益造成损失，需要不批准出境或者阻止其出境时；需要解决与证据有关的技术鉴定问题时；遇有拒绝、阻碍监察人员执行职务或者围攻、殴打、威胁监察人员和检举人、证人以及冲击监察机关等情况时。监察机关提请公安机关协助的事项，必须符合法律、法规的规定，按照有关程序办理。公安机关在接到监察机关提请的要求后，应当依法予以协助、支持和配合。明确规定公安机关在接到监察机关的提请协助要求后，应当予以配合，这是因为采取留置措施，是建立在监察机关掌握部分证据、遇到阻碍且案件所涉及的职务违法犯罪行为较为严重的基础上的，因此公安机关应当配合监察机关的工作需要，促进案情调查进度的发展，提升留置措施的准确性与合理性。

《监察法》第43条第3款规定的“监察机关采取留置措施，可以根据工作

---

〔1〕 王少伟：“以首善标准完成监察体制改革试点任务——北京开展国家监察体制改革试点工作纪实（上）”，载《中国纪检监察报》2017年6月1日。

〔2〕 郭华：“监察委员会与司法机关的衔接协调机制探索——兼论刑事诉讼法的修改”，载《贵州民族大学学报（哲学社会科学版）》2017年第2期。

需要提请公安机关配合。公安机关应当依法予以协助”，这是建立在监察机关对职务违法犯罪案件独立展开调查工作的基础上的。公安机关仅提供协助，而非直接进行侦查。根据2012年修订的《刑事诉讼法》第18条规定：刑事案件的侦查由公安机关进行，法律另有规定的除外。监察机关依法独立对职务违法犯罪开展调查，是对监察权的整合与收束，确立了监察机关的主体地位，避免产生多主体同时调查的情形。

四、留置措施的通知程序

基于留置措施有涉及范围广、留置时间长等特点，审查批准机关作出留置决定后，除非存在有妨碍调查的情况，留置申请机关应及时告知被留置人所在的单位或家属，保障其知情权。[1]参照我国相关的法律规定和试点地区的实践，通知的期限应以24小时之内为宜[2]，同时，监察机关可以要求其配合调查、提供证据。但监察对象在被监察机关采取留置措施后，如采取故意妨碍调查的行为或者出现有碍调查的客观原因，扭曲事实真相，致使案件证据有破坏、灭失等风险，可以延期通知其单位或家属，直到妨碍调查的情形消失为止。这里的妨碍调查行为具体包含：隐瞒事实真相、出具伪证或者隐匿、转移、篡改、毁灭证据的；故意拖延或者拒绝提供与监察事项有关的文件、资料、财务账目及其他有关材料和其他必要情况的；在调查期间变卖、转移涉嫌财务的；拒绝就监察机关所提问题作出解释和说明的；拒不执行监察决定或者无正当理由拒不采纳监察建议等。

《监察法》第44条第1款规定：“对被调查人采取留置措施后，应当在二十四小时以内，通知被留置人员所在单位和家属，但有可能毁灭、伪造证据，干扰证人作证或者串供等有碍调查情形的除外。”这是对传统“两规”措施的一种调整，“两规”措施是1994年颁布的《中国共产党纪律检查机关案件检查工作条例》第四章第28条第3款“要求有关人员在规定的时间、地点就案件所涉及的问题作出说明”的简称。传统的“两规”措施并未规定采取措施后要通知被调查对象的家属与单位，仅规定了将立案决定通知被调查人所在单位党组织。《监察法》突出强调了在24小时内通知被调查人家属与单位，是监察机关采取留置措施前的一种常规化程序，以严重有碍调查情形出现为例外。这从立法的

---

〔1〕 张咏涛：“留置措施的基本内涵与规范运行”，载《新疆师范大学学报（哲学社会科学版）》2018年第1期。

〔2〕 参见《中华人民共和国刑事诉讼法》强制措施的相关规定。

角度充分体现出对调查对象权利的尊重，也便于监察委更为全面地掌握案件证据，尽快推进案件的调查工作。

五、留置人员的保障措施

留置人员的保障涉及对其基本权利与自由的保护，必须予以详细规定，其主要措施有：首先，监察机关在留置中应当保障被留置人员的饮食、休息和安全，并提供医疗服务，即《监察法》第44条第2款规定。本款中所指的医疗服务，不仅包含对监察对象必要的健康体检措施，也包含对监察对象罹患疾病的治疗措施。留置措施是调查过程中较为严厉的一种强制措施，是对被调查人员依法予以人身限制，将其隔离于社会环境之外，讯问调查相关内容，推进调查进度的一种手段。留置持续时间一般较长，而且从期限和批准程序来看，试点中的留置措施比逮捕对人身自由的限制还要严厉〔1〕，对被留置对象的身体与精神必定会带来一定的负担。因此，必须保障留置对象的基本身体健康，降低因留置措施对其造成的人身风险；其次，监察机关应安排合理的讯问时间与时长，并保证被讯问人必要的饮食与休息时间，不得采取疲劳战术，不得一次讯问时间过长或多次连续讯问，以确保被讯问人处于正常的身体与精神状态；再次，讯问笔录应由被讯问人阅看后签名。因为询问笔录是言词证据的重要载体，对询问笔录的制作作出具体规定，有利于规范监察人员的讯问工作，保证笔录的客观和真实，从而有利于查明案件真实情况，获得可靠的证据，保证监察工作的顺利进行。询问笔录的内容，必须要经过被讯问人本人的核对与认可，以防止歪曲其真实意图或者强加于人的主观臆断，甚至捏造事实等情况发生。如果犯罪嫌疑人因身体残疾、疾病或文化水平不足等原因无阅读能力，监察人员应当向他宣读，并对询问笔录和宣读过程进行录音录像，留存备查。

六、留置的折抵刑期程序

对留置措施折抵管制、拘役和有期徒刑作出规定，主要是考虑，留置作为保障调查工作顺利进行而采取的剥夺或者限制监察对象人身自由的措施，本身不属于刑罚处罚，反而与逮捕虽处于案件侦查的不同阶段，但在性质和内容上

---

〔1〕 尽管留置措施的最长期限180天稍短于逮捕的最长期限7个月，但是逮捕的最长期限是“2+1+2+2”的模式，中间需要经历三次不同条件的批准才能获得7个月的期间，程序设置比较严格。而留置措施的最长期限是“90+90”的模式，第一次批准的期限就长达90天，中间仅需一次批准即可延长到最长期限。（参见艾明：“刑事诉讼法中的侦查概括条款”，载《法学研究》2017年第4期。）

二者却具有极高的相似性。[1]主要体现在二者都是对人身自由的剥夺，属于羁押性的措施。[2]近期的有关判决认定，留置一日折抵刑期一日[3]，这与逮捕、拘留等羁押性强制措施一致。因此，在判处刑罚之前对有职务犯罪嫌疑的监察对象人身自由的先期剥夺或者限制，应当在其承担的刑罚中予以折抵。

被留置人员涉嫌犯罪移送司法机关后，被依法判处管制、拘役和有期徒刑的，留置一日折抵管制二日，折抵拘役、有期徒刑一日。这主要是考虑到留置措施限制和剥夺有职务犯罪嫌疑的监察对象人身自由的方式、程度与管制、拘役、有期徒刑不同，在强制措施执行中的处遇也不同，从与刑罚的比较来看，留置与拘役、有期徒刑的强度相似，但明显高于管制，因此应当规定不同的折抵标准。

另外，虽然《监察法》没有明确规定，在实践中应根据有关法律规定折抵的计算方法。根据刑法规定的计算方法，留置的期限折抵刑期，从判决执行之日起计算，即判决开始执行的当日起计算，当日包括在刑期之内；判决执行以前留置的期限，一日折抵管制刑期一日，或者二日折抵拘役、有期徒刑一日。这里所说的“判决执行之日”，是指罪犯被送交监狱或者其他执行机关执行刑罚之日，而不是指判决生效的日期。对于虽已作出有罪判决，但犯罪分子尚未交付监狱或者其他执行机关执行的，还不能算判决执行之日，不能开始计算刑期。

【法条链接】

一、《中华人民共和国监察法》（2018年）

第二十二条　被调查人涉嫌贪污贿赂、失职渎职等严重职务违法或者职务犯罪，监察机关已经掌握其部分违法犯罪事实及证据，仍有重要问题需要进一步调查，并有下列情形之一的，经监察机关依法审批，可以将其留置在特定场所：

（一）涉及案情重大、复杂的；

（二）可能逃跑、自杀的；

（三）可能串供或者伪造、隐匿、毁灭证据的；

（四）可能有其他妨碍调查行为的。

---

〔1〕张翔、赖伟能：“基本权利作为国家权力配置的消极规范——以监察制度改革试点中的留置措施为例”，载《法律科学（西北政法大学学报）》2017年第6期。

〔2〕陈瑞华：“审前羁押的法律控制——比较法角度的分析”，载《政法论坛》2001年第4期。

〔3〕参见山西省夏县人民法院（2017）晋0828刑初第45号刑事判决书。

对涉嫌行贿犯罪或者共同职务犯罪的涉案人员，监察机关可以依照前款规定采取留置措施。

留置场所的设置、管理和监督依照国家有关规定执行。

【释义】本条规定采取留置措施的条件。

第四十三条　监察机关采取留置措施，应当由监察机关领导人员集体研究决定。设区的市级以下监察机关采取留置措施，应当报上一级监察机关批准。省级监察机关采取留置措施，应当报国家监察委员会备案。

留置时间不得超过三个月。在特殊情况下，可以延长一次，延长时间不得超过三个月。省级以下监察机关采取留置措施的，延长留置时间应当报上一级监察机关批准。监察机关发现采取留置措施不当的，应当及时解除。

监察机关采取留置措施，可以根据工作需要提请公安机关配合。公安机关应当依法予以协助。

【释义】本条是对监察机关采取留置措施的程序规定，其目的在于确立留置措施的启动条件、执行时间与协助要求，促进留置措施启动符合调查人员的集体决策和上级监察机关的意志，使留置时间规范化，并且以公安机关的辅助力量加强留置的效力与执行力。

第四十四条　对被调查人采取留置措施后，应当在二十四小时以内，通知被留置人员所在单位和家属，但有可能毁灭、伪造证据，干扰证人作证或者串供等有碍调查情形的除外。

监察机关应当保障被留置人员的饮食、休息和安全，提供医疗服务。讯问被留置人员应当合理安排讯问时间和时长，讯问笔录由被讯问人阅看后签名。

被留置人员涉嫌犯罪移送司法机关后，被依法判处管制、拘役和有期徒刑的，留置一日折抵管制二日，折抵拘役、有期徒刑一日。

【释义】本款是对留置措施中对被留置人员的权利保障程序，旨在确保被留置人员基本人权，明确留置措施与依法被判处管制、拘役和有期徒刑之间的折抵关系，从而使留置措施符合中国特色社会主义法治文明的要求。

二、《纪律检查机关案件检查工作条例》（1994年）

第二十八条　凡是知道案件情况的组织和个人都有提供证据的义务。调查组有权按照规定程序，采取以下措施调查取证，有关组织和个人必须如实提供证据，不得拒绝和阻挠。

1. 查阅、复制与案件有关的文件、资料、账册、单据、会议记录、工作笔记等书面材料；

2. 要求有关组织提供与案件有关的文件、资料等书面材料以及其他必要的情况；

3. 要求有关人员在规定的时间、地点就案件所涉及的问题作出说明；

4. 必要时可以对与案件有关的人员和事项，进行录音、拍照、摄像；

5. 对案件所涉及的专门性问题，提请有关的专门机构或人员作出鉴定结论；

6. 经县级以上（含县级）纪检机关负责人批准，暂予扣留、封存可以证明违纪行为的文件、资料、账册、单据、物品和非法所得；

7. 经县级以上（含县级）纪检机关负责人批准，可以对被调查对象在银行或其他金融机构的存款进行查核，并可以通知银行或其他金融机构暂停支付；

8. 收集其他能够证明案件真实情况的一切证据。

【释义】本条是对纪检机关调查取证的具体情形，其规定具有强制性，有关组织和个人必须如实提供证据，不得拒绝和阻挠。

三、《中华人民共和国刑法》（2015 年）

第四十七条　有期徒刑的刑期，从判决执行之日起计算；判决执行以前先行羁押的，羁押一日折抵刑期一日。

【释义】本条是对于有期徒刑刑期起算点与羁押和有期徒刑折抵计算方法的规定。

四、《中华人民共和国刑事诉讼法》（2012 年）

第七十四条　指定居所监视居住的期限应当折抵刑期。被判处管制的，监视居住一日折抵刑期一日；被判处拘役、有期徒刑的，监视居住二日折抵刑期一日。

【释义】本条是对于监视居住期限折抵的规定。

本条可以从以下几个方面理解。一是对指定居所监视居住的期限折抵刑期作了明确规定。我国《刑法》对拘留、逮捕的期限折抵管制、拘役、有期徒刑的刑期作了规定，主要是考虑，拘留、逮捕作为保障诉讼顺利进行而采取的剥夺或者限制人身自由的措施，本身不属于刑罚处罚，因此，在判处刑罚之前对罪犯人身自由的先期剥夺或者限制，应当在其承担的刑罚中予以折抵。这次修改刑事诉讼法，考虑到指定居所监视居住虽然不属于羁押措施，但对公民人身自由的限制和剥夺的程度比一般的监视居住和取保候审更强，为了更好地保护当事人的合法权益，这次修改规定了这一内容。二是明确了折抵的标准。根据本条的规定，指定居所监视居住一日折抵管制一日，指定居所监视居住二日折抵拘役、有期徒刑一日。这样规定，主要是考虑到本条指定居所监视居住限制和剥夺犯罪嫌疑人、被告人人身自由的方式、程度与拘留、逮捕等羁押措施不同，在强制措施执行中的处遇也不同。从与刑罚的比较来看，指定居所监视居住与管制的强度相似，但明显低于狗役、有期徒刑，因此对指定居所监视居住的，在折抵标准上应当低于羁押措施，规定不同的折抵标准。[1]

第七十八条　逮捕犯罪嫌疑人、被告人，必须经过人民检察院批准或者人民法院决定，由公安机关执行。

【释义】本条是对于逮捕权限划分的规定。

依据本条精神，有权决定或批准建捕的国家机关是人民法院和人民检察院。公安机关在侦查过程中认为需要对犯罪嫌疑人、被告人进行逮捕的，必须由县级以上公安机关负责人签署《提请批准逮捕书》，连同案卷材料和证据一并移送同级人民检察院审查，经批准后，才能由公安机关执行。各级人民检察院对自侦案件认为有必要逮捕犯罪嫌疑人被告人时，应当直接作出《决定逮捕通知书》；人民法院在审判过程中，对没有被逮捕的被告人，认为需要逮捕的，可作出逮捕的决定，并由本院院长批准。

公安机关是有权执行逮捕的国家机关。无论是人民检察院批准的逮捕，还是人民检察院、人民法院各自决定的建捕，都必须交由公安机关执行。另外。根据国家法律的授权，国家安全机关也有权执行逮捕。

需要注意的是，为保证人大代表正常行使人民赋予的各项职权，对各级人大代表需要逮捕时，人民法院人民检察院无权直接决定，必须报请同级人大或常委会获准许可；另外，在涉外案件的批捕程序中，还要报上级人民检察院备案并抄报外事部门或外交部等相关部门。除了人民法院、人民检察院、公安机关国家安全机关外，其他任何国家机关、团体、个人都无权批准决定和执行逮捕。对于违法实施拘禁行为构成犯罪的，应依法追究其刑事责任。[2]

第七十九条　对有证据证明有犯罪事实，可能判处徒刑以上刑罚的犯罪嫌疑人、被告人，采取取保候审尚不足以防止发生下列社会危险性的，应当予以逮捕：

（一）可能实施新的犯罪的；

---

〔1〕全国人大常委会法制工作委员会刑法室编：《〈中华人民共和国刑事诉讼法〉释义及实用指南》，中国民主法制出版社 2012 年版，第 179~180 页。

〔2〕夏红、毛淑玲、单丽雪编著：《〈中华人民共和国刑事诉讼法〉配套解读与实例：含司法解释》，法律出版社 2014 年版，第 114 页。

（二）有危害国家安全、公共安全或者社会秩序的现实危险的；

（三）可能毁灭、伪造证据，干扰证人作证或者串供的；

（四）可能对被害人、举报人、控告人实施打击报复的；

（五）企图自杀或者逃跑的。

对有证据证明有犯罪事实，可能判处十年有期徒刑以上刑罚的，或者有证据证明有犯罪事实，可能判处徒刑以上刑罚，曾经故意犯罪或者身份不明的，应当予以逮捕。

被取保候审、监视居住的犯罪嫌疑人、被告人违反取保候审、监视居住规定，情节严重的，可以予以逮捕。

【释义】本条是对于逮捕条件的规定。逮捕是公安机关、人民检察院对犯罪嫌疑人、被告人实行羁押，暂时剥夺其人身自由的一种最为严厉的强制措施。针对司法实践中因原条文适用逮捕的法定标准太过抽象，对逮捕条件理解不一致，致使逮捕条件缺少可操作性，不利于司法机关准确掌握适用尺度的问题。2012年《刑事诉讼法》修改时，将原条文关于逮捕条件中“发生社会危险性，而有逮捕必要”的规定具体细化为：可能实施新的犯罪；有危害国家安全、公共安全或者社会秩序的现实危险；可能毁灭、伪造证据，干扰证人作证或者串供；可能对被害人、举报人、控告人实施打击报复；企图自杀或者逃跑。同时还明确规定，对有证据证明有犯罪事实，可能判处十年有期徒刑以上刑罚的，或者可能判处徒刑以上刑罚，曾经故意犯罪或者身份不明的犯罪嫌疑人、被告人，应当予以逮捕。

本条第3款是关于逮捕与其他强制措施衔接的规定。刑事诉讼中的强制措施有五种，作为这个体系中最严厉的强制措施，逮捕可以在适用其他强制措施不足以防范对刑事诉讼活动造成的影响的情况下适用。据此，当被取保候审、监视居住的犯罪嫌疑人、被告人严重违反相关规定时，决定机关可以对其予以逮捕。2014年全国人大常委会作出解释，强调对于被取保候审、监视居住的可能判处徒刑以下刑罚的，违反规定严重影响诉讼活动正常进行的，也可以予以逮捕。[1]

第一百一十七条　对不需要逮捕、拘留的犯罪嫌疑人，可以传唤到犯罪嫌疑人所在市、县内的指定地点或者到他的住处进行讯问，但是应当出示人民检察院或者公安机关的证明文件。对在现场发现的犯罪嫌疑人，经出示工作证件，

〔1〕夏红、毛淑玲、单丽雪：《〈中华人民共和国刑事诉讼法〉注释本》，法律出版社2016年版，第56页。

可以口头传唤，但应当在讯问笔录中注明。

传唤、拘传持续的时间不得超过十二小时；案情特别重大、复杂，需要采取拘留、逮捕措施的，传唤、拘传持续的时间不得超过二十四小时。

不得以连续传唤、拘传的形式变相拘禁犯罪嫌疑人。传唤、拘传犯罪嫌疑人，应当保证犯罪嫌疑人的饮食和必要的休息时间。

【释义】本条是对讯问时间、地点的规定传唤是司法机关通知犯罪嫌疑人、被告人于指定的时间、地点到案的一种措施。传唤必须使用“传票”，传票应先期送达被传唤人。受传唤人应按传唤要求准时到案。无正当理由拒绝到案的，要承担法律责任。对经依法传唤而拒绝到案的犯罪嫌疑人，侦查机关可以依法采取拘传措施，强制犯罪嫌疑人到案。需要拘留或者逮捕犯罪嫌疑人的，也可以在拘传后变更强制措施。

根据本条第1款的规定，传唤的适用对象为不需要拘留或者逮捕的犯罪嫌疑人。传唤的主要目的在于要求其到指定地点接受讯问。使用传唤方式讯问犯罪嫌疑人，讯问的地点可以是犯罪嫌疑人所在市县内的指定地点或者到他的住处。讯问时，侦查人员需要向被讯问人（即被传唤人）表明身份，出示人民检察院或者公安机关的证明文件。

侦查机关的传唤除了书面形式，还可以采用口头形式。口头传唤时，讯问人必须出示工作证件，表明身份，并且讯问也要符合其他讯问程序的相关规则。采用口头方式传唤的应当在讯问笔录中注明。本条第2款规定了传唤和拘传的时限。一般情况下，从犯罪嫌疑人到案时开始计算，传唤或者拘传的时间最长为12小时。需要注意的是，本条款中特别延长了特殊情况下传唤和拘传的时限。特殊情况主要是指案情特别重大、复杂，需要采取拘留或者逮捕强制措施的，传唤和拘传的持续时间最长可以延长至24小时。

传唤和拘传都是为了进行讯问，因此只要是犯罪嫌疑人到案接受了讯问，传唤或者拘传的目的就达到了。连续传唤或者拘传不仅有悖于传唤和拘传的初衷，也侵犯了被传唤或拘传人的合法权益。所以根据本条第3款的规定，任何形式的变相拘禁都应当禁止。侦查机关有义务保障在此期间被传唤或者拘传人的基本权益。根据人的正常生理和心理需要，饮食和休息都是必须的，在国际上，疲劳战术也被认为是一种刑讯。为此，本条款特别增加了关于保证犯罪嫌疑人饮食和必要的休息时间的规定。[1]

---

〔1〕 夏红、毛淑玲、单丽雪编著：《〈中华人民共和国刑事诉讼法〉配套解读与实例：含司法解释》，法律出版社2014年版，第169~170页。

第一百五十六条 下列案件在本法第一百五十四条规定的期限届满不能侦查终结的，经省、自治区、直辖市人民检察院批准或者决定，可以延长二个月：

（一）交通十分不便的边远地区的重大复杂案件；

（二）重大的犯罪集团案件；

（三）流窜作案的重大复杂案件；

（四）犯罪涉及面广，取证困难的重大复杂案件。

【释义】 本条是对重大复杂案件侦查羁押期限延长的规定。《刑事诉讼法》第154条规定，一般情况下，对犯罪嫌疑人逮捕后的侦查羁押期限不得超过两个月。但是案情复杂、期限届满不能终结的案件，可以经上一级人民检察院批准延长一个月，此乃第一次延长侦查羁押期限。但是实践中，有些刑事案件错综复杂，当遇有交通十分不便的边远地区的重大复杂案件；重大的犯罪集团案件；流窜作案的重大复杂案件犯罪，犯罪涉及面广，取证困难的重大复杂的案件时，侦查机关可以再次申请延长逮捕后的侦查羁押期限。

“交通十分不便的边远地区的重大复杂案件”主要是针对我国新疆、西藏、青海等省区。由于这些地区交通不发达，办理案件十分不便，边远地区发生重大复杂案件时，可使用该规定。根据该项申请延长，需要同时满足“交通十分不便的边远地区”和“案件重大复杂”的两个条件。

“重大的犯罪集团案件”主要是针对一些严重危害公共安全、民愤极大而又不易侦破的集团作案的案件。

“流窜作案的重大复杂案件”是指犯罪嫌疑人流动性大，作案地点不固定的重大复杂案件。犯罪涉及面广，“取证困难的重大复杂案件”是指犯罪涉及多个省区，取证人员众多，取证地区范围大，甚至要到境外取证的案件。

案件中的多种因素叠加在一起，不仅给侦查人员调查取证、查明案情带来了困难，同时也往往耗费较大的时间成本。因此对于具有上述情形之一的案件，逮捕后的侦查羁押期限需要适当延长。

对于第二次延长侦查羁押期限有审批权的是省、自治区、直辖市人民检察院，再次延长的期限最长为两个月。[1]

---

〔1〕 法律出版社法规中心编：《〈中华人民共和国刑事诉讼法〉配套解读》，法律出版社2012年版，第275~276页。

五、最高人民检察院、公安部《关于依法适用逮捕措施有关问题的规定》(2001年)

一、公安机关提请批准逮捕、人民检察院审查批准逮捕都应当严格依照法律规定的条件和程序进行。

(一)刑事诉讼法第六十条规定的“有证据证明有犯罪事实”是指同时具备以下三种情形:1. 有证据证明发生了犯罪事实;2. 有证据证明该犯罪事实是犯罪嫌疑人实施的;3. 证明犯罪嫌疑人实施犯罪行为的证据已有查证属实的。

“有证据证明有犯罪事实”,并不要求查清全部犯罪事实。其中“犯罪事实”既可以是单一犯罪行为的事实,也可以是数个犯罪行为中任何一个犯罪行为的事实。

(二)具有下列情形之一的,即为刑事诉讼法第六十条规定的“有逮捕必要”:1. 可能继续实施犯罪行为,危害社会的;2. 可能毁灭、伪造证据、干扰证人作证或者串供的;3. 可能自杀或逃跑的;4. 可能实施打击报复行为的;5. 可能有碍其他案件侦查的;6. 其他可能发生社会危险性的情形。

对有组织犯罪、黑社会性质组织犯罪、暴力犯罪和多发性犯罪等严重危害社会治安和社会秩序以及可能有碍侦查的犯罪嫌疑人,一般应予逮捕。

(三)对实施多个犯罪行为或者共同犯罪案件的犯罪嫌疑人,符合本条第(一)项、第(二)项的规定,具有下列情形之一的,应当予以逮捕:1. 有证据证明有数罪中的一罪的;2. 有证据证明有多次犯罪中的一次犯罪的;3. 共同犯罪中,已有证据证明有犯罪行为的。

(四)根据刑事诉讼法第五十六条第二款的规定,对下列违反取保候审规定的犯罪嫌疑人,应当予以逮捕:1. 企图自杀、逃跑、逃避侦查、审查起诉的;2. 实施毁灭、伪造证据或者串供、干扰证人作证行为,足以影响侦查、审查起诉工作正常进行的;3. 未经批准,擅自离开所居住的市、县,造成严重后果,或者两次未经批准,擅自离开所居住的市、县的;4. 经传讯不到案,造成严重后果,或者经两次传讯不到案的。

对在取保候审期间故意实施新的犯罪行为的犯罪嫌疑人,应当予以逮捕。

(五)根据刑事诉讼法第五十七条第二款的规定,被监视居住的犯罪嫌疑人具有下列情形之一的,属于“情节严重”,应当予以逮捕:1. 故意实施新的犯罪行为的;2. 企图自杀、逃跑、逃避侦查、审查起诉的;3. 实施毁灭、伪造证据或者串供、干扰证人作证行为,足以影响侦查、审查起诉工作正常进行的;4. 未经批准,擅自离开住处或者指定的居所,造成严重后果,或者两次未经批准，擅自离开住处或者指定的居所的；5. 未经批准，擅自会见他人，造成严重后果，或者两次未经批准，擅自会见他人的；6. 经传讯不到案，造成严重后果，或者经两次传讯不到案的。

【释义】本条是对批准逮捕的条件、程序的规定。

【案例链接】有关对涉嫌行贿犯罪或者共同职务犯罪的涉案人员采取留置措施的案例

河南留置第一案——留置行贿人，推动受贿行贿一起查

2018年1月11日，经河南省平顶山市委主要领导审批，并报河南省纪委监委批准，平顶山市纪委监委对新华区人民法院原党组书记、院长杨某实施留置措施。该案是河南省留置第一案。与以往的受贿案件不同，杨某有着数十年的法院工作经历，任法院院长十年有余。在此案中，"围猎"他的大多是"知法懂法"之人，他们想尽办法订立攻守同盟，对抗调查。

其中，较为典型的是王某、侯某两名行贿人。他们虽然随叫随到，但一直不愿交代实情，一直坚持说"真没有这回事"，每天和调查组耗时间。加之此二人在当地影响力较大，这也使得其他行贿人纷纷效仿，不愿如实交代问题，为案件查办工作增加了困难。

在这种情况下，平顶山市纪委监委果断采取措施，决定对行贿人王某、侯某实施留置。2018年1月17日，平顶山市郏县纪委监委依法对王某采取留置措施，2018年1月31日，平顶山市湛河区纪委监委依法对侯某采取留置措施。

面对调查组宣布的留置决定书，王某和侯某感到十分惊讶。但留置伊始，他们依旧不愿承认，坚称和杨某没有任何经济往来。王某甚至故作镇定地把事先串供的话抛出来："车是我的车，过户到王某某（杨某侄子）名下是因为我官司太多怕执行，所以放到他名下。"侯某则态度强硬地表示："你们可以在平顶山的商业圈打听打听我，我是个正经生意人。我不可能给杨某送一分钱，我认识的领导多了，杨某算老几？我凭啥给他送钱？"留置措施下，攻守同盟似乎依旧坚不可摧。

随着调查的深入，事情渐渐出现转机，留置行贿人的威力很快显现。杨某得知行贿人被留置后，首先交代了犯罪事实：王某、侯某分别向自己行贿汽车一台，让自己利用职务上的便利，干预、插手司法活动，向有关部门打招呼，为其谋利，影响案件判决。为规避调查，车辆过户在自己侄子的名下，并提前串通好了应付调查的一套说辞。当王某得知杨某已经交代，心理防线崩塌，很

快便如实交代了自己的行贿事实，这对杨某案件的快速突破、证据固定起到了重要作用。

对行贿人采取留置措施，有利于更加方便地收集、固定物证、书证、证人证言等证据，以形成稳定的证据链。“侯某在被留置前，调查人员到其企业调取证据，在其授意下，下属员工总是以‘材料找不到’‘当初的经办人员已经离职’等原因搪塞。侯某被留置后，面对调查人员开具的调取证据清单，公司员工也开始积极配合调查。”负责杨某案的平顶山市纪委监委第一审查调查室主任张某涛说道：“为了减少留置可能带来的影响，保证生意正常运转，不影响涉及的项目、工作进度，侯某自己也很快摆正态度，主动交代了行贿事实。”

杭州市江干区周某甫利用职务便利收受贿赂案
——杭州首例对行贿人采取监察措施案

根据《监察法》第 22 条第 2 款规定，对涉嫌行贿犯罪或者共同职务犯罪的涉案人员，监察机关可以依照前款规定采取留置措施。作为监察体制改革先行先试地区，江干区纪委监委在监察法出台之前就对此进行了实践探索。杭州市某电子技术有限公司股东沈某达因对江干区九堡街道牛田社区原党委书记周某甫实施行贿，并在区纪委监委调查周某甫违纪违法问题时，不配合调查，态度恶劣，拒不交代问题并销毁案件证据，被区监委采取留置措施。这是杭州市首例对行贿人采取留置措施的案件。

据介绍，江干区监委成立前不久，该区纪委信访室就陆续收到群众举报，反映周某甫在担任牛田社区党委书记期间，利用协助人民政府从事土地征迁管理等职务便利，在征地折迁、工程开发建设领域收受贿赂的问题。2017 年 2 月，江干区监委成立后，第三纪检监察室立即成立初核组，对这一问题线索进行初核。根据初核情况，7 月 27 日，区监委以涉嫌受贿犯罪对周某甫进行执纪审查和监察调查。次日，报上级监委批准，对周某甫采取留置措施。

被留置的前几天，周某甫心存侥幸，对自己严重违纪违法问题三缄其口，只承认自己曾收过几张几百元面额的超市购物卡，对于持有杭州某电子技术有限公司 10%股份的情况，一再强调“是自己实际出资”。但调查组按程序调取该公司工商登记材料时，却发现没有周某甫持有该公司股份的记录。这究竟是怎么回事？其中是否存在巨大的利益交换？这些疑问始终萦绕在调查人员的脑海中。为了解开这些谜团，调查人员马不停蹄。“白天，我们兵分多路开展一系列外围调查；晚上，全体成员进行‘头脑风暴’，对白天调查情况进行分析研判。”李某告诉记者，经过几天的调查，发现杭州某电子技术有限公司多名股东曾向周某甫及其家庭成员汇入大额资金，特别是该公司的股东、监事沈某达，不仅与周某甫通讯频繁，而且这几年先后给周某甫及其家庭成员转账40余万元。

经反复研究讨论，大家一致认为，这10%的股份极有可能是周某甫所收受的干股，以领取分红之名行受贿之实。“但要证明这些钱到底属于什么性质，是经济往来还是贿赂款项，双方的证言证词非常重要。”李某说。

为了查清案件事实，调查组迅速对该公司股东沈某达、翁某某、陈某某采取措施，分三组同时进行询问。三人的口供出奇地一致：“周某甫通过出资持有公司10%股份。”

而针对该公司在牛田村（当时尚未撤村建居）工业园里的2000多平方米厂房建筑，因土地征用于2010年被拆除，获得590多万元征迁补偿款的事，三人坚称，“涉案建筑建于2000年，属于‘历史遗留问题’，所以征迁补偿标准比较高，是符合国家规定的”。当时的征迁补偿协议、评估公司对被拆迁项目的评估报告等都能作为证明。

一切看上去似乎“无懈可击”。然而，一个细节引起了调查人员的注意，三人陈述中的“厂房”建造时间与公司设立时间有矛盾：根据工商登记材料，该公司于2001年登记设立，但厂房建造时间却是2000年。“证据之间的矛盾往往是案件的突破口。”一位办案人员告诉记者，多年的办案经验让大家坚信，这三人很可能事先串过供。真相到底如何，需要可靠的证据加以证明。于是，调查人员按程序调取了涉案地块卫星遥感地图。卫星图显示：2000年至2005年，涉案地块是一片农田，没有任何建筑物；直到2006年底，地块上才出现建筑物，而且是违章搭建的简易钢棚。这与他们的证词相冲突。“后来我们调查得知，在周某甫被留置后的第二天，沈某达三人就专门开了会，约定向周某甫行贿的事‘打死都不能说’，沈某达还提议烧毁了公司记录向周某甫分红的‘小账’。”李某说。

由于行贿方案提出及实施均由沈某达一人操作，且其妨碍调查行为特别严重，为了避免其继续串供或毁灭证据，经上级监委批准，江干区监委对其采取了留置措施，该公司另外两人受到了相应的党纪处分。

最终，沈某达承认了周某甫收受由其代持的杭州某电子技术有限公司10%干股，并经其给周某甫分红的事实，三人订立的“攻守同盟”被成功瓦解。面对大量不可辩驳的事实和证据，周某甫也如实向调查组交代了其收受杭州某电子技术有限公司10%干股并获得分红款120万元的事实。2017年11月28日，周某甫因犯受贿罪被判处有期徒刑6年，并处罚金30万元。2017年12月8日，沈某达因单位行贿罪被判处有期徒刑1年，并处罚金20万元；该公司犯单位行贿罪，被单处罚金100万元。

山西留置第一案

郭某，山西煤炭进出口集团有限公司原党委书记、董事长。山煤集团是全省唯一一家拥有煤炭进出口经营权的企业。这样一家专业的贸易企业，由于郭某等相关人员严重失职渎职，造成了40多亿元的巨额国有资金损失，致使企业生产经营举步维艰。在2014年案件发生后，有关执纪执法机关对其进行了立案调查。但该案复杂程度非常高。该案件既有违纪问题，又有违法犯罪问题；既涉及失职渎职问题，也涉及经济受贿问题。在监察体制改革试点前，违纪违法问题多头办理，单是违法犯罪问题就由于涉及不同的罪名由不同的机关、部门查处。因此，虽然有关机关均立案调查，但仍造成郭某案件在案发后近三年的时间里，迟迟没有结案。根据党中央确定的、人大通过的《关于在北京市、山西省、浙江省开展国家监察体制改革试点方案》，2017年2月26日山西省纪委监委机关对线索进行初核。同年3月21日，对郭某采取留置措施。该案也由此成为山西省监委成立后采取留置措施的第一案。

对郭某立案并采取留置措施后，审查组确定了渎贪并查的工作思路。在省纪委监委的坚强领导下，审查组一方面继续对郭某的失职渎职问题进行深入审查，另一方面对郭某的经济问题进行调查。在深挖细查郭某涉嫌职务犯罪问题的同时，审查组坚持把纪律挺在前面，对郭某有关违纪问题一并进行审查，查清了郭某违反组织纪律、廉洁纪律等问题。虽然时间紧任务重，审查组严格执行《山西省纪委监委机关执纪监督监察工作试行办法》，初核工作和立案审查工作均严格依照事先报批的方案实施，严把程序关、事实关、证据关、法律适用关，确保了办案质量。

2017年6月9日，经省纪委监委会议研究并报经省委批准，决定给予郭某开除党籍、开除公职处分，并将其涉嫌职务犯罪问题移送检察机关审查起诉。同年7月15日，长治市中级人民法院以受贿罪、国有公司人员失职罪一审判处郭某有期徒刑13年。

北京监察委“留置措施”第一案

北京是最先开始监察体制改革试点地区之一。根据北京市通州区人民检察院的指控，2016年1月和12月，被告人李某利用担任北京市通州区某镇财政所出纳的职务便利，先后5次将某镇人民政府北京农商银行账户（账号×××）内的人民币761万元转入个人账户用于股票交易活动。2016年12月26日、29日，被告人李某将挪用的钱款全部归还至原账户；2017年1月，被告人李某主动向单位领导交代了上述事实。2017年4月7日，李某因涉嫌犯挪用公款罪被北京市通州区监察委员会留置，同年4月19日，北京市通州区监察委员会给予李某开除处分，同年5月5日经北京市通州区人民检察院决定逮捕李某，通州区检察院于2017年5月16日向法院提起公诉。该案是北京市开展监察体制改革试点工作以来，首例采取留置措施后移送审查起诉的案件。2017年6月12日，北京市通州区人民法院对该案公开宣判，判决李某犯挪用公款罪，判处有期徒刑3年，缓刑5年。

安徽首例留置案件

2018年3月12日上午，安徽省霍邱县法院公开开庭审理霍邱县监察委员会移送的霍邱县户胡镇原主任科员薛某来涉嫌贪污、受贿罪案，并当庭宣判，判决其犯贪污罪、受贿罪，执行有期徒刑4年3个月，罚金人民币38万元。薛某来当庭认罪，表示不上诉。这是安徽省监察机关移送司法机关，首例宣判的留置案件。

薛某来在霍邱县乌龙镇、户胡镇担任领导干部期间，利用职务上的便利，索取并非法收受21人财物共计64万余元，并且利用职务上的便利，虚报、骗取国有资产8万余元。1月9日，经霍邱县委批准，县纪委、县监委对薛某来严重违纪违法问题进行了纪律审查、监察调查，并采取留置措施。随后，在两个多月的时间里，经党纪处分，移送检察机关，检察机关公诉等程序，最终，法院对薛某来作出上述判决。

据霍邱县纪委书记、监委主任安某介绍，在案件办理过程中，霍邱县纪委、监委统筹调配办案力量，成立专案组，科学分工。采取执纪审查和监察调查同时启动、同步进行；在审查调查被留置对象违纪违法问题时，严把事实关、程序关和法律适用关。专案组全体成员在工作中共商共议，对违纪问题严格按照纪律处分条例和监督执纪工作规则等进行审查，对违法问题严格按照《刑法》和《刑事诉讼法》等进行调查。对于审查调查中吃不准、拿不定的问题，及时向上级纪委、监委请示汇报，确保案件严谨、精细、无差错。

黑龙江留置第一案

2017年12月12日，哈尔滨市南岗区监察委员会挂牌成立，成为黑龙江省首个成立的监察委员会。12月14日，南岗区监委受权对马某彬采取留置措施，对其涉嫌严重违纪违法问题进行审查调查。这是该省推进监察体制改革试点工作以来，首例采取留置措施的案件。南岗区监委统筹调配办案力量，科学分工，严格把握外查、谈话、陪护、监控以及使用监委各种文书等环节，有效运用谈话、询问、讯问、调取、扣押、鉴定、留置等多种调查措施固定证据，仅用5天时间就将案情全部查清，并于2017年12月18日移送南岗区检察院审查起诉。

经查，马某彬在担任松北区对青山中心卫生院院长期间，自行确定标准发放奖励性绩效工资，以虚列支出的手段，给职工多发绩效奖励工资人民币49.35万元，其中自己独得39.47万元；马某彬还与会计刘彬（另案处理）共谋，以虚增临时聘用人员工资的方式骗取单位公款共计人民币3.50万元。

经南岗区检察院审查，该案案情清楚，证据确凿、事实清晰、手续完备、程序合法，达到起诉标准。12月27日，南岗区检察院以涉嫌私分国有资产罪、贪污罪对犯罪嫌疑人马某彬依法提起公诉。此前，马某彬已被依纪依规开除党籍和公职。

2018年1月15日，南岗区法院公开开庭审理。1月18日，黑龙江省哈尔滨市南岗区法院开庭对全省留置第一案进行公开宣判。哈尔滨市松北区对青山中心卫生院原院长马某彬犯私分国有资产罪，判处有期徒刑3年，并处罚金人民币10万元；犯贪污罪，判处有期徒刑6个月，并处罚金人民币10万元；数罪并罚，决定判处有期徒刑3年2个月，并处罚金人民币20万元；赃款人民币52.85万元由扣押机关哈尔滨市南岗区监察委员会上缴国库。从实施留置到依法宣判，该案仅用了36天。

贵州首例采取留置措施案

2018年1月19日，红花岗区监察委员会挂牌成立，5天后便实施对唐某采取留置。同年1月24日，经贵州省遵义市监察委员会批准，红花岗区监察委员会对区住房和城乡建设局党委书记、局长唐某采取留置措施，对其涉嫌严重违纪违法问题进行审查调查。唐某自2016年5月至今任红花岗区住房和城乡建设局党委书记、局长。按规定，红花岗区监察委员会向唐某宣布了留置决定，并通知其所在单位和家属。此案为贵州省深化监察体制改革试点工作以来，首例采取留置措施的案件。

遂宁市大英县公安局局长陈某平留置案——四川留置第一案

陈某平，男，汉族，1975年7月生，四川遂宁人，大学文化。1999年8月参加工作，2003年10月加入中国共产党。1999年8月至2006年12月，在遂宁市公安局刑警支队工作；2006年12月至2008年10月，任遂宁市公安局禁毒支队副支队长；2008年10月至2009年12月，历任遂宁市公安局巡警支队三大队副大队长，二大队副大队长；2009年12月至2016年5月，历任遂宁市公安局刑侦支队一大队大队长，副支队长、一大队大队长，副支队长，政委；2016年5月至2016年6月，任大英县委委员；2016年6月至今，任大英县政府副县长，县公安局党委书记、局长。

2018年1月，遂宁市监察委员会决定对大英县政府副县长，县公安局党委书记、局长陈某平采取留置措施，成为该省首例实施留置措施的案件。

近期，遂宁市纪委接到群众举报，反映陈某平违反党的纪律及国家法律法规等问题。经初步核实，发现陈某平涉嫌严重违纪违法。2018年1月4日上午9点，遂宁市举行了市监察委员会成立大会并挂牌。会后，市监察委员会即召开会议，经集体研究决定并报上级批准，依法对陈某平采取了留置措施。在采取留置的24小时内，市纪委、市监委分别将党纪、政务《立案决定书》和《留置决定书》送达陈某平工作单位，并通知其家属。

新疆喀什地委原委员、莎车县委原书记王某智

王某智，男，汉族，1964年6月出生，甘肃天水人，1983年7月参加工作，中国共产党党员，新疆大学法学院科学社会主义与国际共运专业研究生。曾任喀什地委委员、莎车县委书记。

2018年3月，经新疆维吾尔自治区党委批准，自治区纪委监委对喀什地委原委员、莎车县委原书记王某智严重违纪问题立案审查。同月，据新疆维吾尔自治区纪委监委消息：经新疆维吾尔自治区党委批准，自治区纪委监委对喀什地委原委员、莎车县委原书记王某智严重违纪问题立案审查，依法双开。

经查，王某智严重违反政治纪律和政治规矩，严重违背党中央治疆方略，履行全面从严治党主体责任不力，作风漂浮，搞团团伙伙；违反中央八项规定精神，违规修建楼堂馆所，公款吃喝，收受礼品、礼金；违反组织纪律，不如实报告个人有关事项，在干部选拔任用中大搞权钱交易；违反廉洁纪律、工作纪律、生活纪律，利用职务上的便利非法侵占公共财物涉嫌贪污犯罪；利用职务上的便利为他人谋取利益并收受巨额财物涉嫌受贿犯罪；为谋取职务晋升上的不正当利益送给他人巨额财物涉嫌行贿犯罪；滥用职权，造成国家和人民利益遭受重大损失涉嫌滥用职权犯罪。

王某智身为党员领导干部，丧失理想信念，集政治蜕变、经济贪婪、擅权妄为、道德败坏于一身，是党的十八大后仍不收敛、不收手的典型“两面人”，

性质十分恶劣、情节极为严重。依据《中国共产党纪律处分条例》（2015 年）等有关规定，经自治区纪委常委会会议研究并报自治区党委批准，决定给予王某智开除党籍、开除公职处分，终止其自治区第九次党代会代表资格，收缴其违纪所得。自治区监察委员会依法决定将其涉嫌犯罪问题移送检察机关提起公诉。

2018 年 5 月 31 日，据报道，新疆维吾尔自治区喀什原地委委员、莎车县原县委书记王某智涉嫌贪污、受贿、行贿、滥用职权、挪用特定款物一案，近日在乌鲁木齐市中级人民法院一审公开开庭审理。这是自治区检察院受理自治区监察委员会移送的首例案件，经自治区检察院指定由乌鲁木齐市检察院审查起诉。同时，这也是自治区纪委监委首例留置案件。

菏泽职业学院原党委委员、副院长周某举受贿案
——山东省留置第一案

2018 年 4 月 20 日上午，由菏泽市牡丹区检察院提起公诉的菏泽职业学院原党委委员、副院长周某举受贿一案公开审理，菏泽市牡丹区人民检察院公诉科员额检察官吴某若等三名检察官出庭支持公诉。

据菏泽市牡丹区检察院起诉指控，2012 年中秋节前至 2017 年 10 月，被告人周某举利用担任菏泽职业学院筹建办工程部主任、工程一部主任、党委委员、副院长职务上的便利，为多家单位或个人在承揽工程、拨付工程款等方面谋取利益，本人直接或通过其妻先后多次收受上述单位或个人给予的财物共计折合人民币 100 余万元。

检察机关认为，被告人周某举身为国家工作人员，利用职务上的便利，为他人谋取利益，非法收受他人财物，数额巨大，应当以受贿罪追究其刑事责任。

周某举出生于 1963 年 10 月，1984 年 7 月参加工作，1986 年 9 月加入中国共产党。因为工作能力强，多次得到组织的提拔重用，从菏泽地区物资局的一名科员，一步步成长为一名党的县级领导干部。本应更好地为党和人民工作的周某举却没能经得住金钱的诱惑，随着年龄增长、职务升高，他将手中的权力变为收受贿赂的工具。

据办案人介绍，2012 年中秋节前至 2017 年 10 月，被告人周某举利用担任菏泽职业学院筹建办工程部主任、工程一部主任、党委委员、副院长职务上的便利为自己谋取利益，共认定事实 21 起，折合人民币 100 余万元。其中，最多的一笔 30 余万元，而最少的一笔为前后 3 次收受的，共计 0.5 万元的购物卡。

到案后，周某举如实供述全部罪行，并在提审中主动交代了办案机关未掌

握的犯罪事实，从始至终未作出任何辩解。

在留置阶段，周某举主动要求退赃。除去在其办公室、家中扣留的40余万元非法赃物外，周某举又补缴50余万元。最终，本案受贿犯罪的赃款、赃物全部追缴。

庭审结束后法庭宣布休庭，择期宣判。

据悉，该案是菏泽市监察委员会采取留置措施的第一案，也是山东省留置第一案，菏泽市监察委员会和菏泽市检察院均派人参加庭审。

昌江区司法局办公室主任兼报账员皮某贪污案——江西留置第一案

2018年5月21日，江西省景德镇市昌江区法院公开开庭审理了被告人皮某贪污罪一案。此案系江西全省首例适用留置的案件。昌江区检察院检察长、区法院院长分别担任该案的公诉人、审判长。

经审理查明，被告人皮某在担任昌江区司法局办公室主任兼报账员期间，自2017年5月至2018年2月，先后通过伪造该局局长、法人代表的签名，私自加盖单位公章、法人章的形式，通过区司法局现有经费使用名目和编造经费开支名目等方式，利用财务报销费用的漏洞先后分32笔从单位账户中套取公款总计1 730 945.3元据为己有。

据介绍，因涉嫌贪污且存在逃跑可能，皮某成为江西省首个被监察机关采取留置措施的公职人员。这起案件由景德镇市监委组织实施，于3月3日批准立案、3月5日开始采取留置措施、3月21日解除留置措施。从立案到解除留置，这起全省使用留置措施的职务犯罪“第一案”仅用了19天。

17日，合议庭对该案进行了当庭宣判，被告人皮某犯贪污罪，判处有期徒刑6年，并处罚金人民币20万元。违法所得款人民币1 730 945.3元予以追缴。皮某当庭表示认罪服判。

据了解，皮某2009年开始在昌江区司法局工作。2017年4月，皮某担任该局办公室主任兼报账员。早在2016年年底，皮某接触到了网络赌博。皮某回忆说，经常一天输一两千元，他甚至将父亲赠送的汽车拿去抵押了5万元，没几天也输掉了。想到单位行政印章和法人印章都由自己保管，皮某打起了公款的“歪主意”。

2017年5月，皮某将一笔10.8万元的公款套取出来。此后近一年间，他先后通过伪造局长签名、私自加盖单位公章法人章的形式，利用财务报销费用的漏洞套取大量公款。他开始拿着公款跟家人到处旅游，不断挥霍。同时继续沉迷网络赌博，输掉了80多万元。

第五节　查询和冻结

在监察改革试点过程中，行政监察部门、腐败预防部门以及职务犯罪预防部门等相应转隶至监察委员会，监察委员会即拥有“行纪检一体化”之调查权，取代分散的纪委调查权、行政调查权以及职务犯罪刑事侦查权。[1]享有这种调查权，监察委员会才可以依法采取扣留、调取、查询等措施，行使打击职务违法犯罪的职能。[2]因此，《监察法》第23条明确规定监察机关有权查询、冻结涉案单位或个人的存款、汇款、债券、股票、基金份额等财产。这一规定不仅有助于监察机关查明职务违法或犯罪，保护国家、集体、公民的利益，同时有利于防止证据转移、赃款转移。此外，由于这种调查措施直接影响到当事人的权益，因此有必要通过立法加以规范。2012年修改之前的《刑事诉讼法》规定人民检察院、公安机关为了侦查犯罪的需要，可以查询、冻结犯罪嫌疑人的存款、汇款。但是，随着资本市场的改革开放和稳定发展，越来越多的人通过购买股票、债券、基金等方式参与到资本市场的运作，个人的财产有相当一部分是以股票、债券、基金的形式存在。为了满足社会的发展及司法实践的需要，2012年修改的《刑事诉讼法》将可以查询、冻结犯罪嫌疑人的财产范围由存款、汇款扩大为存款、汇款、债券、股票、基金份额等财产。《监察法》第23条的规定与修改后的《刑事诉讼法》（2012年）相呼应。

《监察法》第23条共分2款。第1款是关于监察机关在调查涉嫌贪污贿赂、失职渎职等严重职务违法或者职务犯罪的过程中，查询、冻结涉案单位和个人存款、汇款、债券、股票、基金份额等财产的规定。查询，指查询电讯、银行、证券、邮政等掌握违法违纪嫌疑人某种电讯联系、银行存款、证券交易、邮政联系等信息的部门，以获取相应信息。这也是监察机关调查取证的一种重要手段。[3]冻结，指冻结银行存款、邮政汇款、证券交易等，以防止违法违纪嫌疑人转移涉案资金、款项。这是监察机关在办案过程中采取的一种强制措施。[4]根据本款规定，查询、冻结涉案单位和个人的财产必须是为了“工作的需要”，也就是“调查涉嫌贪污贿赂、失职渎职等严重职务违法或者职务犯罪”的需要，具体是指：首先，所要查询、冻结的存款、汇款、债券、股票、基金份额等财

[1] 刘艳红：“监察委员会调查权运作的双重困境及其法治路径”，载《法学论坛》2017年第6期。

[2] 戴涛：“监察体制改革背景下调查权与侦查权研究”，载《国家行政学院学报》2018年第1期。

[3] 姜明安：“国家监察法立法的若干问题探讨”，载《法学杂志》2017年第3期。

[4] 姜明安：“国家监察法立法的若干问题探讨”，载《法学杂志》2017年第3期。

产必须与被调查的涉嫌贪污贿赂、失职渎职等严重职务违法或者职务犯罪案件相关，即属于被调查人或者与案件有牵连的单位和个人的财产。其次，通过查询、冻结存款、汇款、债券、股票、基金份额等财产，可以帮助监察机关查明案情，查清被调查人涉嫌违法或犯罪的事实，并防止赃款转移，挽回和减少损失。再次，通过查询、冻结存款、汇款、债券、股票、基金份额等财产，发现新的线索，扩大调查范围。

由于查询、冻结措施涉及公民个人隐私以及企事业单位的正常运营，为防止滥用查询、冻结权力，《监察法》第 23 条第 1 款明确规定，只有监察机关依照规定才能行使查询、冻结权。“依照规定”中的“规定”主要是指有关法律法规、司法解释及司法机关与有关部门的联合通知。由于现阶段并未出台监察机关行使财产查询、冻结权的程序性规定，因此在实践中可以参照公安机关以及检察机关的相关规定。具体来说，监察机关行使查询、冻结财产权应当经过以下程序：首先，向金融机构等单位查询涉案单位和个人的存款、汇款、债券、股票、基金份额等财产，应当经县级以上监察机关负责人批准，制作协助查询财产通知书，通知金融机构等单位执行。其次，需要冻结犯罪嫌疑人在金融机构等单位的存款、汇款、债券、股票、基金份额等财产的，应当经县级以上监察机关负责人批准，制作协助冻结财产通知书，通知金融机构等单位执行。再次，扣押、冻结债券、股票、基金份额等财产，应当书面告知当事人或者其法定代理人、委托代理人有权申请出售。对于被扣押、冻结的债券、股票、基金份额等财产，在扣押、冻结期间权利人申请出售，经审查认为不损害国家利益、不影响调查正常进行的，以及扣押、冻结的汇票、本票、支票的有效期即将届满的，经监察机关负责人批准，可以在案件办结前依法出售或者变现，所得价款由监察机关指定专门的银行账户保管，并及时告知当事人或者其近亲属。

查询、冻结存款、汇款、债券、股票、基金份额等财产是监察机关调查职务违法或犯罪的重要措施，因此，本款还规定，有关单位和个人应当配合。这是法律对有关单位和个人设定的义务，当监察机关依照规定采取查询、冻结措施时，有关单位和个人应当予以配合。这里的“配合”主要是指应当为查询、冻结工作提供方便，提供协助，履行查询、冻结手续，不得以保密为由进行阻碍。

第 2 款是关于冻结解冻的规定。监察机关经过调查，发现被冻结的财产确实与案件无关的，应当在 3 日以内通知金融机构等单位解除冻结，并通知被冻结存款、汇款、债券、股票、基金份额等财产的所有人。

【法条链接】

一、《中华人民共和国监察法》(2018年)

第二十三条 监察机关调查涉嫌贪污贿赂、失职渎职等严重职务违法或者职务犯罪，根据工作需要，可以依照规定查询、冻结涉案单位和个人的存款、汇款、债券、股票、基金份额等财产。有关单位和个人应当配合。

冻结的财产经查明与案件无关的，应当在三日内解除冻结，予以退还。

【释义】该条是关于监察机关的查询和冻结财产权的规定

二、《中华人民共和国刑事诉讼法》(2012年)

第一百四十二条 人民检察院、公安机关根据侦查犯罪的需要，可以依照规定查询、冻结犯罪嫌疑人的存款、汇款、债券、股票、基金份额等财产。有关单位和个人应当配合。

犯罪嫌疑人的存款、汇款、债券、股票、基金份额等财产已被冻结的，不得重复冻结。

【释义】本条是对于查询、冻结财产的规定。查询、冻结是侦查机关查明犯罪嫌疑人财产的一种手段。查询和冻结是侦查机关职权中的一部分，是一种侦查措施。但是仅仅侦查机关单方面的努力是难以完成任务的，侦查机关需要有关单位和个人的配合。因此，本条特别新增加了有关单位和个人对侦查机关在询和冻结侦查行为的配合义务。有关单位包括银行、其他金融机构有关机关等。若犯罪嫌疑人的存款、汇歉、债券、股票、基金份额等财产已被冻结的，不得重复冻结。

第一百四十三条 对查封、扣押的财物、文件、邮件、电报或者冻结的存款、汇款、债券、股票、基金份额等财产，经查明确实与案件无关的，应当在三日以内解除查封、扣押、冻结，予以退还。

【释义】本条是对查封、扣押、冻结解除的规定。

三、《人民检察院刑事诉讼规则(试行)》(2012年)

第二百四十一条 人民检察院根据侦查犯罪的需要，可以依照规定查询、冻结犯罪嫌疑人的存款、汇款、债券、股票、基金份额等财产，并可以要求有关单位和个人配合。

【释义】本条是关于人民检察院采用查询、冻结措施时要求有关单位和人员配合的规定。

第二百四十二条　查询、冻结犯罪嫌疑人的存款、汇款、债券、股票、基金份额等财产，应当经检察长批准，制作查询、冻结财产通知书，通知银行或者其他金融机构、邮电部门执行。

【释义】本条是对于查询、冻结程序的规定。

第二百四十三条　犯罪嫌疑人的存款、汇款、债券、股票、基金份额等财产已冻结的，人民检察院不得重复冻结，但是应当要求有关银行或者其他金融机构、邮电部门在解除冻结或者作出处理前通知人民检察院。

【释义】本条是对于居民检察院重复冻结的禁止性规定。

第二百四十四条　扣押、冻结债券、股票、基金份额等财产，应当书面告知当事人或者其法定代理人、委托代理人有权申请出售。

对于被扣押、冻结的债券、股票、基金份额等财产，在扣押、冻结期间权利人申请出售，经审查认为不损害国家利益、被害人利益，不影响诉讼正常进行 的，以及扣押、冻结的汇票、本票、支票的有效期即将届满的，经检察长批准，可以在案件办结前依法出售或者变现，所得价款由检察机关指定专门的银行账户保管，并及时告知当事人或者其近亲属。

【释义】本条是关于扣押、冻结债券、股票、基金份额等财产的程序规定。

第二百四十五条　对于冻结的存款、汇款、债券、股票、基金份额等财产，经查明确实与案件无关的，应当在三日以内解除冻结，并通知被冻结存款、汇款、债券、股票、基金份额等财产的所有人。

【释义】本条是关于扣押、冻结债券、股票、基金份额等财产的解除规定。

第二百四十六条　查询、冻结与案件有关的单位的存款、汇款、债券、股票、基金份额等财产的办法适用本规则第二百四十一条至第二百四十五条的规定。

【释义】本条是对于查询、冻结与案件有关的单位财产的适用法条规定。

四、《公安机关办理刑事案件程序规定》（2012 年）

第二百三十一条　公安机关根据侦查犯罪的需要，可以依照规定查询、冻结犯罪嫌疑人的存款、汇款、债券、股票、基金份额等财产，并可以要求有关单位和个人配合。

【释义】本条是关于公安机关查询、冻结犯罪嫌疑人财产的规定。

第二百三十二条　向金融机构等单位查询犯罪嫌疑人的存款、汇款、债券、股票、基金份额等财产，应当经县级以上公安机关负责人批准，制作协助查询财产通知书，通知金融机构等单位执行。

【释义】本条是对于金融机构等单位查询犯罪嫌疑人财产的程序规定。

第二百三十三条 需要冻结犯罪嫌疑人在金融机构等单位的存款、汇款、债券、股票、基金份额等财产的，应当经县级以上公安机关负责人批准，制作协助冻结财产通知书，通知金融机构等单位执行。

【释义】本条是对于冻结犯罪嫌疑人财产的程序规定。

第二百三十四条 不需要继续冻结犯罪嫌疑人存款、汇款、债券、股票、基金份额等财产时，应当经县级以上公安机关负责人批准，制作协助解除冻结财产通知书，通知金融机构等单位执行。

【释义】本条是对于解除冻结犯罪嫌疑人财产的程序规定。

第二百三十五条 犯罪嫌疑人的存款、汇款、债券、股票、基金份额等财产已被冻结的，不得重复冻结，但可以轮候冻结。

【释义】本条是对于重复冻结与轮候冻结的规定。

第二百三十六条 冻结存款、汇款等财产的期限为六个月。冻结债券、股票、基金份额等证券的期限为二年。有特殊原因需要延长期限的，公安机关应当在冻结期限届满前办理继续冻结手续。每次续冻存款、汇款等财产的期限最长不得超过六个月；每次续冻债券、股票、基金份额等证券的期限最长不得超过二年。继续冻结的，应当按照本规定第二百三十三条的规定重新办理冻结手续。逾期不办理继续冻结手续的，视为自动解除冻结。

【释义】本条是对于冻结财产的期限规定。

第二百三十七条 对冻结的债券、股票、基金份额等财产，应当告知当事人或者其法定代理人、委托代理人有权申请出售。

权利人书面申请出售被冻结的债券、股票、基金份额等财产，不损害国家利益、被害人、其他权利人利益，不影响诉讼正常进行的，以及冻结的汇票、本票、支票的有效期即将届满的，经县级以上公安机关负责人批准，可以依法出售或者变现，所得价款应当继续冻结在其对应的银行账户中；没有对应的银行账户的，所得价款由公安机关在银行指定专门账户保管，并及时告知当事人或者其近亲属。

【释义】本条是关于冻结财产的告知、处理规定。

第二百三十八条 对冻结的存款、汇款、债券、股票、基金份额等财产，经查明确实与案件无关的，应当在三日以内通知金融机构等单位解除冻结，并通知被冻结存款、汇款、债券、股票、基金份额等财产的所有人。

【释义】本条是对于冻结财产的解除冻结规定。

第六节 搜 查

搜查，是指搜查违法违纪嫌疑人的工作场所、住宅、人身等，是监察机关调查取证的一种较严厉的手段，运用这一手段需要特别慎重。[1]搜查，对于监察机关及时收集证据、查获被调查人，揭露、证实违法犯罪，保证调查顺利进行，具有十分重要的意义。同时，搜查是一种强制性的调查措施，也可能对被调查人及其他人员的人身、财产及隐私权造成侵害。正常情况下，调查措施的严厉程度应当低于侦查措施，如调查中的检查措施与侦查中的搜查措施相比，检查只是一般意义上的查看，而搜查则是指为了收集犯罪证据，查获犯罪嫌疑人，而对人的身体、物品、住处及其他处所开展的搜索和检查，由此可见搜查措施的严肃和严厉程度。[2]然而依据我国《宪法》第 37 条和第 39 条的规定："禁止非法拘禁和以其他方法非法剥夺或限制公民的人身自由，禁止非法搜查公民的身体。""公民的住宅不受侵犯，禁止非法搜查或者非法侵入公民的住宅。"因此，搜查必须严格依照法律规定的程序进行。

一、搜查的主体和对象

由于搜查可能会对被搜查人的人身、财产和隐私权造成侵害，因此搜查只能由法律规定的主体进行，其他任何单位或个人都无权进行搜查。根据《监察法》第 24 条第 1 款规定，搜查只能由监察机关进行，其他任何机关、单位和个人都无权对公民人身和住宅进行搜查。搜查的对象主要包括以下三个方面：一是被调查人的身体、物品和住处；二是"可能隐藏被调查人或者犯罪证据的人的身体、物品、住处"，即可能窝藏被调查人或者窝藏罪证的人身、物品和住处；三是"其他有关的地方"，是指其他可能与涉嫌职务犯罪的被调查人相关的地方。总之，这些地方必须与所调查的案件相关。监察机关可以对人身进行搜查，也可以对被搜查人的住处、物品和其他有关场所进行搜查。搜查的目的是发现和收集有关犯罪的证据，查获隐藏的被调查人。因此，不能为了其他目的而滥用搜查措施。

---

〔1〕 姜明安："国家监察法立法的若干问题探讨"，载《法学杂志》2017 年第 3 期。

〔2〕 戴涛："监察体制改革背景下调查权与侦查权研究"，载《国家行政学院学报》2018 年第 1 期。

二、搜查的程序和要求

搜查是一种具有强制性的侦查措施，涉及当事人的合法权益和切身利益。因此，必须在程序上加以严格限制，在执行中依法进行。持证搜查可以有效证明搜查行为的合法性，防止非法搜查，保证公民的人身、财产权利和住宅不受侵犯。监察机关工作人员搜查时，必须向被搜查人出示搜查证，否则，被搜查人有权拒绝搜查。进行搜查必须向被搜查单位或个人出示搜查证，这是搜查的一般原则。搜查证应当写明被搜查人的姓名、性别、职业、住址、搜查的处所和搜查的目的、搜查机关、执行人员以及搜查日期等内容。监察机关的搜查证，要由县级以上监察机关负责人签发。

监察机关工作人员搜查的时候，应当有被搜查人或者他的家属等见证人在场。搜查的时候有见证人在场，有利于证实搜查情况，增强搜查所取得的证据的真实性、可靠性和合法性，也有利于侦查人员严格依法进行搜查，防止侵犯当事人合法权利，同时也可以防止一些被搜查人诬告搜查人员违法搜查，从而保证侦查活动的顺利进行。

根据《监察法》第 24 条第 2 款的规定："搜查妇女的身体时，应当由女工作人员进行。"对妇女身体的搜查，涉及公民的人格尊严、隐私等最基本的权利，通过法律明确规定由女工作人员进行，是对妇女的特殊保护，防止在搜查时出现人身侮辱等违法行为，以确保被搜查妇女的人格尊严和人身安全不受侵犯。同时，这也是对侦查活动顺利进行的保障和对执行搜查任务的工作人员的职业保护，可以防止被搜查人诬告陷害侦查人员，保证搜查的顺利进行。

《监察法》第 24 条虽然并未规定监察机关工作人员应当将搜查的情况写成笔录，但根据其他法律法规中有关搜查的规定，搜查人员应当制作搜查笔录。搜查是监察机关在调查中查获被调查人犯罪证据的重要手段，如何证明搜查的活动是否合法，如何证明搜查所获取的证据材料与被调查人的关联，并将上述活动及内容通过规范的形式固定下来，是关系搜查获取证据是否可作为证据使用以及证明力的重要问题。因此，侦查人员必须将搜查的情况，按照搜查顺序如实地记录下来，制成笔录，写明搜查的时间、地点、过程，发现的证据，提取和扣押证据的名称、数量、特征及其他有关犯罪线索等，以便存查和分析案情。搜查笔录应当经搜查人员和被搜查人或其家属等见证人签名或盖章，如果被搜查人或其家属在逃或者拒绝签名、盖章，应当在笔录上注明。

三、公安机关的协助义务

由于人力、物力等客观条件的限制，如监察机关到本辖区以外的地方进行搜查，监察机关可能需要其他机关的帮助或配合才能进行，因此，监察机关进行搜查时，因工作需要，可以提请公安机关配合搜查。公安机关在接到监察机关的请求后，应当依法予以协助，不得无故拖延或者拒绝。这是《宪法》对监察机关与公安机关相互配合、相互制约关系的具体表现。但应当特别注意的是，互相配合的协作关系应当首先建立在对权力分工的基础上，即对于其他国家机关的法定权力，监察机关既不能侵入也不能越权代替，只有在此前提下，才能谈具体工作上的配合与协作问题，否则权力一旦混同，就无分工协作的可能和必要。

【法条链接】

一、《中华人民共和国监察法》（2018 年）

第二十四条　监察机关可以对涉嫌职务犯罪的被调查人以及可能隐藏被调查人或者犯罪证据的人的身体、物品、住处和其他有关地方进行搜查。在搜查时，应当出示搜查证，并有被搜查人或者其家属等见证人在场。

搜查女性的身体，应当由女工作人员进行。

监察机关进行搜查时，可以根据工作需要提请公安机关配合。公安机关应当依法予以协助。

【释义】本条是有关监察机关搜查对象和进行搜查的程序性规定。

二、《中华人民共和国刑事诉讼法》（2012 年）

第一百三十四条　为了收集犯罪证据、查获犯罪人，侦查人员可以对犯罪嫌疑人以及可能隐藏罪犯或者犯罪证据的人的身体、物品、住处和其他有关的地方进行搜查。

【释义】本条是对搜查对象的规定。根据本条规定，搜查的目的是为了收集犯罪证据、查获犯罪人。侦查人员只有出于获取罪证，查获犯罪人的目的，才能对犯罪嫌疑人及可能隐藏罪犯、罪证的地方进行搜查。同时，搜查必须由侦查人员进行，其他任何单位和个人都无权进行搜查。搜查的范围主要包括三个方面：一是犯罪嫌疑人的身体、物品和住处。二是“可能隐藏罪犯或者犯罪证据的人的身体、物品、住处”，即可能窝藏罪犯或者窝藏罪证的人身、物品和住处。三是“其他有关的地方”，是指其他罪犯可能藏身或者隐匿犯罪证据的地方。总之，这些地方必须与所侦查的案件有关。

侦查人员执行搜查任务时，必须严格依法进行，不得滥用搜查权，确保公民的合法权利不受侵犯。对侦查人员搜查行为的合法性，人民检察院可以行使监督权，如发现有违法搜查行为的，应当及时进行纠正。[1]

第一百三十五条 任何单位和个人，有义务按照人民检察院和公安机关的要求，交出可以证明犯罪嫌疑人有罪或者无罪的物证、书证、视听资料等证据。

【释义】本条是对于交出持有证据义务的规定。

根据本条规定，任何单位和个人，在人民检察院或者公安机关要求其交出能够证明犯罪嫌疑人有罪或者无罪、罪轻或者罪重的物证、书证、视听资料、电子证据等证据时，有义务予以配合，不得拒不交出。

人民检察院、公安机关侦查犯罪、收集调取证据，是代表国家在行使刑事领查权，行使刑事侦查权的目的也是为了有效地惩治犯罪，保护国家利益、集体利益和社会利益，保护公民、法人或者其他组织的合法权益。因此，有关单位和个人，对侦查机关代表国家查办犯罪的活动有责任予以服从，对维护国家秩序、体护自身权益的行为更有义务予以配合。[2]

第一百三十六条 进行搜查，必须向被搜查人出示搜查证。

在执行逮捕、拘留的时候，遇有紧急情况，不另用搜查证也可以进行搜查。

【释义】本条是对于使用搜查证的规定。

第一百三十七条 在搜查的时候，应当有被搜查人或者他的家属，邻居或者其他见证人在场。

搜查妇女的身体，应当由女工作人员进行。

【释义】本条是关于搜查见证以及搜查妇女身体的规定。

本条第1款是关于搜查中见证的规定。搜查是对特定地点或者人身的搜索和检查，为了确保搜查程序和结果的客观性，需要有见证人在场。这既是一种必要的监督方式，同时也是增加搜查公信力必不可少的环节。搜查中的见证人要么是被搜查人信任的人，要么是与案件无牵连的中立第三方。为此，本条第1款规定，被搜查人或者他的家属，邻居或者其他人可以作为见证人，在侦查机关搜查的时候在场。

---

〔1〕 中国法制出版社编：《刑事诉讼法新解读》，中国法制出版社2017年版，第157~158页。

〔2〕 陈国庆主编：《中华人民共和国刑事诉讼法最新释义》，中国人民公安大学出版社2012年版，第166页。

本条第2款是关于女性身体搜查的特别规定。鉴于性别的原因，对女性身体的搜查采用同性别原则，即应当由女性工作人员进行。这是对妇女的特殊保护，防止在搜查时出现人身侮辱等违法行为，以确保被搜查妇女的人格尊严和人身安全不受侵犯。[1]

第一百三十八条　搜查的情况应当写成笔录，由侦查人员和被搜查人或者他的家属，邻居或者其他见证人签名或者盖章。如果被搜查人或者他的家属在逃或者拒绝签名、盖章，应当在笔录上注明。

【释义】本条是对搜查笔录的规定。

三、《人民检察院刑事诉讼规则（试行）》（2012年）

第二百一十九条　人民检察院有权要求有关单位和个人，交出能够证明犯罪嫌疑人有罪或者无罪以及犯罪情节轻重的证据。

【释义】本条是对人民检察院要求提供证据的规定。

第二百二十条　为了收集犯罪证据，查获犯罪人，经检察长批准，检察人员可以对犯罪嫌疑人以及可能隐藏罪犯或者犯罪证据的人的身体、物品、住处、工作地点和其他有关的地方进行搜查。

【释义】本条是对于搜查的批准程序规定。

第二百二十一条　进行搜查，应当向被搜查人或者他的家属出示搜查证。

搜查证由检察长签发。

【释义】本条是对签发、出示搜查证的规定。

第二百二十二条　人民检察院在搜查前，应当了解被搜查对象的基本情况、搜查现场及周围环境，确定搜查的范围和重点，明确搜查人员的分工和责任。

【释义】本条是对搜查准备程序的规定。

第二百二十三条　搜查应当在检察人员的主持下进行，可以有司法警察参加。必要的时候，可以指派检察技术人员参加或者邀请当地公安机关、有关单位协助进行。

执行搜查的检察人员不得少于二人。

【释义】本条是对搜查在场人员的规定。

第二百二十四条　在执行逮捕、拘留的时候，遇有下列紧急情况之一，不

---

〔1〕法律出版社法规中心编：《〈中华人民共和国刑事诉讼法〉配套解读》，法律出版社2012年版，第239~240页。

另用搜查证也可以进行搜查：

（一）可能随身携带凶器的；

（二）可能隐藏爆炸、剧毒等危险物品的；

（三）可能隐匿、毁弃、转移犯罪证据的；

（四）可能隐匿其他犯罪嫌疑人的；

（五）其他紧急情况。

搜查结束后，搜查人员应当在二十四小时内向检察长报告，及时补办有关手续。

【释义】本条是对出示搜查证的例外规定。

第二百二十五条　搜查时，应当有被搜查人或者他的家属、邻居或者其他见证人在场，并且对被搜查人或者其家属说明阻碍搜查、妨碍公务应负的法律责任。

搜查妇女的身体，应当由女工作人员进行。

【释义】本条是对被搜查人权利保障的规定。

第二百二十六条　搜查时，如果遇到阻碍，可以强制进行搜查。对以暴力、威胁方法阻碍搜查的，应当予以制止，或者由司法警察将其带离现场；阻碍搜查构成犯罪的，应当依法追究刑事责任。

【释义】本条是对阻碍搜查的强制和责任规定。

第二百二十七条　搜查应当全面、细致、及时，并且指派专人严密注视搜查现场的动向。

【释义】本条是对搜查监督程序的规定。

第二百二十八条　进行搜查的人员，应当遵守纪律，服从指挥，文明执法，不得无故损坏搜查现场的物品，不得擅自扩大搜查对象和范围。对于查获的重要书证、物证、视听资料、电子数据及其放置、存储地点应当拍照，并且用文字说明有关情况，必要的时候可以录像。

【释义】本条是对搜查人员工作程序的规定。

第二百二十九条　搜查情况应当制作笔录，由检察人员和被搜查人或者其家属、邻居或者其他见证人签名或者盖章。被搜查人在逃，其家属拒不到场，或者拒绝签名、盖章的，应当记明笔录。

【释义】本条是对搜查笔录的规定。

第二百三十条　人民检察院到本辖区以外进行搜查，检察人员应当携带搜查证、工作证以及载有主要案情、搜查目的、要求等内容的公函，与当地人民检察院联系，当地人民检察院应当协助搜查。

【释义】本条是对辖区外搜查程序的规定。

四、《公安机关办理刑事案件程序规定》（2012年）

第二百一十七条　为了收集犯罪证据、查获犯罪人，经县级以上公安机关负责人批准，侦查人员可以对犯罪嫌疑人以及可能隐藏罪犯或者犯罪证据的人的身体、物品、住处和其他有关的地方进行搜查。

【释义】本条是对公安机关搜查权力的规定。

第二百一十八条　进行搜查，必须向被搜查人出示搜查证，执行搜查的侦查人员不得少于二人。

【释义】本条是对搜查出示搜查证和侦查人员数量的规定。

第二百一十九条　执行拘留、逮捕的时候，遇有下列紧急情况之一的，不用搜查证也可以进行搜查：

（一）可能随身携带凶器的；

（二）可能隐藏爆炸、剧毒等危险物品的；

（三）可能隐匿、毁弃、转移犯罪证据的；

（四）可能隐匿其他犯罪嫌疑人的；

（五）其他突然发生的紧急情况。

【释义】本条是对不使用搜查证例外情形的规定。

第二百二十条　进行搜查时，应当有被搜查人或者他的家属、邻居或者其他见证人在场。

公安机关可以要求有关单位和个人交出可以证明犯罪嫌疑人有罪或者无罪的物证、书证、视听资料等证据。遇到阻碍搜查的，侦查人员可以强制搜查。

搜查妇女的身体，应当由女工作人员进行。

【释义】本条是对搜查对象权利保障的规定。

第二百二十一条　搜查的情况应当制作笔录，由侦查人员和被搜查人或者他的家属，邻居或者其他见证人签名。

如果被搜查人拒绝签名，或者被搜查人在逃，他的家属拒绝签名或者不在场的，侦查人员应当在笔录中注明。

【释义】本条是对搜查笔录的规定。

第七节　调取、查封、扣押

调取是监察机关对涉案的财产进行查实，以待后续监察行为作出后再行处理的强制措施；查封是指监察机关对涉案的财产进行封存，以待后续监察行为作出后再行处理的强制措施，一般是对不动产查封；扣押是指监察机关强制留置涉案的财物，限制其继续对其财产权能的占有和处分，以待后续处理的强制措施，一般是对可转移和可移动的动产予以扣押。[1]由此可知，调查、查封、扣押是监察机关进行调查活动中，对涉案款物、信息采取的强制性措施，其在保全证据、保障监察机关调查活动顺利进行、确保刑罚执行、预防新的违法犯罪等方面，都发挥着重要的作用。然而，行使这一权力必然会“侵害”到相对方的权利。因此，监察机关在实施调查、查封与扣押等调查措施过程中，应当严格依照法律规定的程序进行。

一、明确调查、查封、扣押的对象

调查、查封、扣押的对象是用以证明被调查人涉嫌违法犯罪的财物、文件和电子数据等信息。调查、查封、扣押限于财物、文件和电子数据等信息，不得调查、查封、扣押与违法行为无关的场所、设施或者财物；不得调查、查封、扣押公民个人及其所扶养家属的生活必需品。[2]这是因为调查、查封、扣押的目的是为了获取监察案件的调查线索与证据，或对涉嫌职务违法犯罪的财务与信息进行合理处置，留存备查。因此，监察人员在采取调查、查封、扣押措施时，必须严格按照与案件相关的规定，不得随意扩大其范围，不得对于案件无关的材料进行调查、查封、扣押，更不得对公民的合法财物与信息采取调查、查封、扣押。

二、调查、查封、扣押的具体程序

监察机关在调查过程中需要调查、查封、扣押财物、文件以及电子数据等信息的，应当经县级以上监察机关负责人批准，制作相应的调查、查封、扣押决定书。执行调查、查封、扣押的调查人员不得少于两人，并出示相应的调查、查封、扣押决定书。监察机关调查、查封、扣押财物应当经过以下四个步骤：

---

〔1〕 蒋山花、舒小亮：“论行政扣押行为的执法困境与化解思路”，载《法治论坛》2010年第3期。

〔2〕 李宝：“‘查封、扣押’的行政法律适用”，载《武汉公安干部学院学报》2015年第2期。

一是查点，调查人员应当会同在场持有人、保管人和见证人对调查、查封、扣押的财物、文件和电子数据等信息查点清楚；二是开列清单，在查点的基础上，调查人员应当收集原物原件，会同持有人或者保管人、见证人，当面逐一拍照、登记、编号、开列清单，开列的清单应一式两份，在清单上写明调查、查封、扣押财物、文件和电子数据等信息的名称、规格、特征、质量、数量、文件的编号，以及财物、文件和电子数据等信息发现的地点，调查、查封、扣押的时间等；三是签名、盖章，清单应由调查人员、持有人和在场见证人签名或者盖章；四是留存，调查、查封、扣押清单一式两份，一份由监察机关附卷备查，另一份交给持有人或者保管人。当场开列的清单，不得涂改，凡是必须更正的，须有调查人员、持有人、保管人和见证人共同签名或盖章，或重新开列清单。

规定调查、查封、扣押的具体程序，一方面有利于调查人员依法执行调查、查封和扣押的权力，有利于证明作为证据使用的财物、文件以及电子数据等信息来源的合法性，以体现证据的证明力。另一方面也可以防止被调查、查封、扣押财物、文件以及电子数据等信息遗失或者个别人员将查封、扣押财物私自截留或挪作他用。

三、调查、查封、扣押的财物、文件的保管

对于查封、扣押的财物、文件，监察机关应当妥善保管或封存。监察机关应当设立专用账户、专门场所，确定专门人员妥善保管。对查封、扣押的财物、文件应当做好登记，对容易损坏的财物，应当采取拍照、录像、绘图等方法加以固定和保全，待结案后送交有关主管部门或者按照有关规定处理。监察机关在交接和调取相关财物和文件时，应当严格依照相应的手续进行。监察机关工作人员应当定期查验被查封、扣押的财物和文件，一一对账核实，防止财物和文件被损毁或挪作他用。对于价值不明的物品，监察机关应当交由专业的鉴定部门进行鉴定，明确其价值，并将该物品专门封存保管。“封存”主要是指被查封、扣押的财物属于大型物品或数量较多，在拍照并登记后就地封存或易地封存。封存应当盖有监察机关印章的封条，以备查核。任何单位和个人都不得以任何借口使用、调换被查封、扣押的财物、文件，也不得将其损毁或者自行处理，要保证被查封、扣押的财物、文件完好无损。

四、查封、扣押财物和文件的解除

侦查人员对查封、扣押的财物、文件，应当及时认真进行审查。经审查后，

凡是与案件无关的，应当在查明情况后3日以内解除查封、扣押，予以退回。[1]“与案件无关”主要是指：被调查人没有违法行为；查封、扣押的场所、设施或者财物与违法行为无关；监察机关对违法犯罪行为已经作出处理决定，不再需要查封、扣押；查封、扣押期限已经届满；其他不再需要采取调查、查封、扣押措施的情形等。监察机关应当及时作出解除查封、扣押决定，保障公民的合法权利，减少公民的损失。解除查封、扣押应当立即退还财物[2]；已将鲜活物品或者其他不易保管的财物拍卖或者变卖的，应当退还拍卖或者变卖所得款项。变卖价格明显低于市场价格，给当事人造成损失的，应当给予补偿。[3]

【法条链接】

一、《中华人民共和国监察法》（2018年）

第二十五条　监察机关在调查过程中，可以调取、查封、扣押用以证明被调查人涉嫌违法犯罪的财物、文件和电子数据等信息。采取调取、查封、扣押措施，应当收集原物原件，会同持有人或者保管人、见证人，当面逐一拍照、登记、编号，开列清单，由在场人员当场核对、签名，并将清单副本交财物、文件的持有人或者保管人。

对调取、查封、扣押的财物、文件，监察机关应当设立专用账户、专门场所，确定专门人员妥善保管，严格履行交接、调取手续，定期对账核实，不得毁损或者用于其他目的。对价值不明物品应当及时鉴定，专门封存保管。

查封、扣押的财物、文件经查明与案件无关的，应当在查明后三日内解除查封、扣押，予以退还。

【释义】本条是有关监察机关进行调取、查封、扣押的程序性规定。

二、《中华人民共和国刑事诉讼法》（2012年）

第一百三十九条　在侦查活动中发现的可用以证明犯罪嫌疑人有罪或者无罪的各种财物、文件，应当查封、扣押；与案件无关的财物、文件，不得查封、扣押。

对查封、扣押的财物、文件，要妥善保管或者封存，不得使用、调换或者

---

〔1〕邱景辉：“罚金刑执行与监督若干问题研究”，载《人民检察》2004年第2期。

〔2〕梁芙蓉、郭斐飞：“侦查措施违法时的权利救济及检察监督——兼评《刑事诉讼法》第一百一十五条”，载《河南社会科学》2013年第1期。

〔3〕王锴：“我国国家公法责任体系的构建”，载《清华法学》2015年第3期。

损毁。

【释义】本条是关于查封、扣押财物、文件的一般性规定。

查封、扣押财物和文件是刑事诉讼的侦查措施。其并不必然附属于勘验和搜查行为，因而本条在表述的时候，将该种侦查行为的使用时间进一步扩展为“在侦查活动中”。查封、扣押财物和文件是侦查机关依法强制封存、扣留与案件有关的财物、文件的侦查行为。只要是在侦查活动中发现的，对于案件有证明作用的财物和文件，都属于该种侦查行为的适用对象。因此，本条款在表述查封扣押对象时将原来的“物品和文件”改为“财物和文件”，即在原来的基础上将财产纳入该种侦查行为的适用范围中来。

侦查机关查封扣押财物和文件的基本原则是“与案件有关”，并不局限于有罪证据，能够证明犯罪嫌疑人无罪、罪轻、从轻、减轻或者免除处罚的财物和文件也属于“与案件有关”的范围。对于不能立即查明是否与案件有关的可疑的文件资料和其他物品也可以扣押，但是应当及时审查。经查明确实与案件无关的，应当及时退还。另外，对于在侦查活动中发现的违禁品，不管是否与案件有关，侦查机关均有权查封扣押。

查封、扣押财物和文件作为一种侦查行为，其必然是以国家强制力为后盾的，因此当遇到财物和文件持有人拒绝交出时，侦查机关有权强制查封和扣押。侦查机关查封、扣押的财物和文件是重要的案件证据材料，往往需要随案移送或者备查。对于属于其他合法持有人的财物和文件，还涉及返还等问题。由于查封、扣押的财物和文件从法理的角度上而言属于特定物，而非种类物，因此一旦灭失或者损毁将无法弥补。

另外，侦查机关查封、扣押措施对于特定财物和文件而言只是一种暂时性的保全和固定方式，因此使用、调换或者毁损都将是对法定物权的侵害。妥善保管或者封存，严禁使用调换或者毁损查封、扣押的财物和文件是侦查机关的法定义务。[1]

第一百四十条　对查封、扣押的财物、文件，应当会同在场见证人和被查封、扣押财物、文件持有人查点清楚，当场开列清单一式二份，由侦查人员、见证人和持有人签名或者盖章，一份交给持有人，另一份附卷备查。

【释义】本条规定了查封、扣押财物的四个步骤。一是查点，侦查人员应当

---

〔1〕夏红、毛淑玲、单丽雪编著：《〈中华人民共和国刑事诉讼法〉配套解读与实例：含司法解释》，法律出版社 2014 年版，第 206~207 页。

会同在场见证人和被查封、扣押财物、文件的持有人对查封、扣押的财物、文件查点清楚；二是开列清单，在查点的基础上，应当当场开列清单一式两份，在清单上写明查封、扣押财物、文件的名称、规格、特征、质量、数量，文件的编号，以及财物、文件发现的地点，查封、扣押的时间等；三是签名、盖章，清单应由侦查人员、持有人和在场见证人签名或者盖章；四是留存，查封、扣押清单一份交给持有人或者其家属，另一份由侦查机关附卷备查。当场开列的清单，不得涂改，凡是必须更正的，须有侦查人员、持有人和见证人共同签名或盖章，或者重新开列清单。[1]

第一百四十一条　侦查人员认为需要扣押犯罪嫌疑人的邮件、电报的时候，经公安机关或者人民检察院批准，即可通知邮电机关将有关的邮件、电报检交扣押。

不需要继续扣押的时候，应即通知邮电机关。

【释义】本条是对扣押邮件电报的规定。

第一百四十三条　对查封、扣押的财物、文件、邮件、电报或者冻结的存款、汇款、债券、股票、基金份额等财产，经查明确实与案件无关的，应当在三日以内解除查封、扣押、冻结，予以退还。

【释义】本条是对查封、扣押冻结解除的规定。

三、《人民检察院刑事诉讼规则（试行）》（2012年）

第二百三十一条　检察人员可以凭人民检察院的证明文件，向有关单位和个人调取能够证明犯罪嫌疑人有罪或者无罪以及犯罪情节轻重的证据材料，并且可以根据需要拍照、录像、复印和复制。

【释义】本条是对检察人员调取证据权力的规定。

第二百三十二条　人民检察院办理案件，需要向本辖区以外的有关单位和个人调取物证、书证等证据材料的，办案人员应当携带工作证、人民检察院的证明文件和有关法律文书，与当地人民检察院联系，当地人民检察院应当予以协助。

必要时，可以向证据所在地的人民检察院发函调取证据。调取证据的函件应当注明取证对象的具体内容和确切地址。协助的人民检察院应当在收到函件后一个月内将调查结果送达请求的人民检察院。

---

〔1〕全国人民代表大会常务委员会法制工作委员会刑法室编著：《〈中华人民共和国刑事诉讼法〉解读：最新版》，中国法制出版社2012年版，第316页。

【释义】本条是对辖区外调取证据的规定。

第二百三十三条　调取物证应当调取原物。原物不便搬运、保存，或者依法应当返还被害人，或者因保密工作需要不能调取原物的，可以将原物封存，并拍照、录像。对原物拍照或者录像应当足以反映原物的外形、内容。

调取书证、视听资料应当调取原件。取得原件确有困难或者因保密需要不能调取原件的，可以调取副本或者复制件。

调取书证、视听资料的副本、复制件和物证的照片、录像的，应当书面记明不能调取原件、原物的原因，制作过程和原件、原物存放地点，并由制作人员和原书证、视听资料、物证持有人签名或者盖章。

【释义】本条是对调取证据程序的规定。

第二百三十四条　在侦查活动中发现的可以证明犯罪嫌疑人有罪、无罪或者犯罪情节轻重的各种财物和文件，应当查封或者扣押；与案件无关的，不得查封或者扣押。

不能立即查明是否与案件有关的可疑的财物和文件，也可以查封或者扣押，但应当及时审查。经查明确实与案件无关的，应当在三日以内解除查封或者予以退还。

持有人拒绝交出应当查封、扣押的财物和文件的，可以强制查封、扣押。

对于犯罪嫌疑人、被告人到案时随身携带的物品需要扣押的，可以依照前款规定办理。对于与案件无关的个人用品，应当逐件登记，并随案移交或者退还其家属。

【释义】本条是对调取证据时查封、扣押的规定。

第二百三十五条　人民检察院查封、扣押财物和文件，应当经检察长批准，由两名以上检察人员执行。

需要查封、扣押的财物和文件不在本辖区的，办理案件的人民检察院应当依照有关法律及有关规定，持相关法律文书及简要案情等说明材料，商请被查封、扣押财物和文件所在地的人民检察院协助执行。

被请求协助的人民检察院有异议的，可以与办理案件的人民检察院进行协商，必要时，报请共同的上级人民检察院决定。

【释义】本条是对查封、扣押的程序及辖区外查封、扣押程序的规定。

第二百三十六条　对于查封、扣押的财物和文件，检察人员应当会同在场见证人和被查封、扣押物品持有人查点清楚，当场开列查封、扣押清单一式四份，注明查封、扣押物品的名称、型号、规格、数量、质量、颜色、新旧程度、包装等主要特征，由检察人员、见证人和持有人签名或者盖章，一份交给文件、资料和其他物品持有人，一份交被查封、扣押文件、资料和其他物品保管人，一份附卷，一份保存。持有人拒绝签名、盖章或者不在场的，应当在清单上记明。

查封、扣押外币、金银珠宝、文物、名贵字画以及其他不易辨别真伪的贵重物品，应当在拍照或者录像后当场密封，由检察人员、见证人和被扣押物品持有人在密封材料上签名或者盖章，根据办案需要及时委托具有资质的部门出具鉴定报告。启封时应当有见证人或者持有人在场并且签名或者盖章。

查封、扣押存折、信用卡、有价证券等支付凭证和具有一定特征能够证明案情的现金，应当注明特征、编号、种类、面值、张数、金额等，由检察人员、见证人和被扣押物品持有人在密封材料上签名或者盖章。启封时应当有见证人或者持有人在场并签名或者盖章。

查封、扣押易损毁、灭失、变质以及其他不宜长期保存的物品，应当用笔录、绘图、拍照、录像等方法加以保全后进行封存，或者经检察长批准后委托有关部门变卖、拍卖。变卖、拍卖的价款暂予保存，待诉讼终结后一并处理。

【释义】本条是对各类财务、文件进行查封、扣押的规定。

第二百三十七条　对于应当查封的不动产和置于该不动产上不宜移动的设施、家具和其他相关财物，以及涉案的车辆、船舶、航空器和大型机械、设备等财物，必要时可以扣押其权利证书，经拍照或者录像后原地封存，并开具查封清单一式四份，注明相关财物的详细地址和相关特征，同时注明已经拍照或者录像及其权利证书已被扣押，由检察人员、见证人和持有人签名或者盖章。持有人拒绝签名、盖章或者不在场的，应当在清单上注明。

人民检察院查封不动产和置于该不动产上不宜移动的设施、家具和其他相关财物，以及涉案的车辆、船舶、航空器和大型机械、设备等财物，应当在保证侦查活动正常进行的同时，尽量不影响有关当事人的正常生活和生产经营活动。必要时，可以将被查封的财物交持有人或者其近亲属保管，并书面告知保管人对被查封的财物应当妥善保管，不得转移、变卖、毁损、出租、抵押、赠予等。

人民检察院应当将查封决定书副本送达不动产、生产设备或者车辆、船舶、航空器等财物的登记、管理部门，告知其在查封期间禁止办理抵押、转让、出售等权属关系变更、转移登记手续。

【释义】本条是对查封、扣押不动产的规定。

第二百三十八条　扣押犯罪嫌疑人的邮件、电报或者电子邮件，应当经检察长批准，通知邮电部门或者网络服务单位将有关的邮件、电报或者电子邮件检交扣押。

不需要继续扣押的时候，应当立即通知邮电部门或者网络服务单位。

对于可以作为证据使用的录音、录像带、电子数据存储介质，应当记明案由、对象、内容，录取、复制的时间、地点、规格、类别、应用长度、文件格式及长度等，妥为保管，并制作清单，随案移送。

【释义】本条是对扣押邮件、电报或者电子邮件的程序规定。

第二百三十九条　查封单位的涉密电子设备、文件等物品，应当在拍照或者录像后当场密封，由检察人员、见证人、单位有关负责人签名或者盖章。启封时应当有见证人、单位有关负责人在场并签名或者盖章。

对于有关人员拒绝按照前款有关规定签名或者盖章的，人民检察院应当在相关文书上注明。

对犯罪嫌疑人使用违法所得与合法收入共同购置的不可分割的财产，可以先行查封、扣押、冻结。对无法分割退还的财产，应当在结案后予以拍卖、变卖，对不属于违法所得的部分予以退还。

【释义】本条是对查封涉密电子设备、文件和使用违法所得与合法收入共同购置的不可分割的财产的规定。

第二百四十条　对于查封、扣押在人民检察院的物品、文件、邮件、电报，应当妥善保管，不得使用、调换、损毁或者自行处理。经查明确实与案件无关的，应当在三日以内作出解除或者退还决定，并通知有关单位、当事人办理相关手续。

【释义】本条是对查封、扣押解除的规定。

四、《公安机关办理刑事案件程序规定》（2012年）

第二百二十二条　在侦查活动中发现的可用以证明犯罪嫌疑人有罪或者无罪的各种财物、文件，应当查封、扣押；但与案件无关的财物、文件，不得查封、扣押。

持有人拒绝交出应当查封、扣押的财物、文件的，公安机关可以强制查封、扣押。

【释义】本条是对查封、扣押对象和拒绝查封、扣押的强制规定。

第二百二十三条　在侦查过程中需要扣押财物、文件的，应当经办案部门负责人批准，制作扣押决定书；在现场勘查或者搜查中需要扣押财物、文件的，由现场指挥人员决定；但扣押财物、文件价值较高或者可能严重影响正常生产经营的，应当经县级以上公安机关负责人批准，制作扣押决定书。

在侦查过程中需要查封土地、房屋等不动产，或者船舶、航空器以及其他不宜移动的大型机器、设备等特定动产的，应当经县级以上公安机关负责人批准并制作查封决定书。

【释义】本条是对扣押决定书的规定。

第二百二十四条　执行查封、扣押的侦查人员不得少于二人，并出示本规定第二百二十三条规定的有关法律文书。

查封、扣押的情况应当制作笔录，由侦查人员、持有人和见证人签名。对于无法确定持有人或者持有人拒绝签名的，侦查人员应当在笔录中注明。

【释义】本条是对查封、扣押程序的规定。

第二百二十五条　对查封、扣押的财物和文件，应当会同在场见证人和被查封、扣押财物、文件的持有人查点清楚，当场开列查封、扣押清单一式三份，写明财物或者文件的名称、编号、数量、特征及其来源等，由侦查人员、持有人和见证人签名，一份交给持有人，一份交给公安机关保管人员，一份附卷备查。

对于无法确定持有人的财物、文件或者持有人拒绝签名的，侦查人员应当在清单中注明。

依法扣押文物、金银、珠宝、名贵字画等贵重财物的，应当拍照或者录像，并及时鉴定、估价。

【释义】本条是对查封、扣押程序的规定。

第二百二十六条　对作为犯罪证据但不便提取的财物、文件，经登记、拍照或者录像、估价后，可以交财物、文件持有人保管或者封存，并且开具登记保存清单一式两份，由侦查人员、持有人和见证人签名，一份交给财物、文件持有人，另一份连同照片或者录像资料附卷备查。财物、文件持有人应当妥善保管，不得转移、变卖、毁损。

【释义】本条是对不便提取的财物、文件处理的规定。

第二百二十七条　扣押犯罪嫌疑人的邮件、电子邮件、电报，应当经县级以上公安机关负责人批准，制作扣押邮件、电报通知书，通知邮电部门或者网络服务单位检交扣押。

不需要继续扣押的时候，应当经县级以上公安机关负责人批准，制作解除扣押邮件、电报通知书，立即通知邮电部门或者网络服务单位。

【释义】本条是对扣押邮件、电子邮件、电报的规定。

第二百二十八条　对查封、扣押的财物、文件、邮件、电子邮件、电报，经查明确实与案件无关的，应当在三日以内解除查封、扣押，退还原主或者原邮电部门、网络服务单位；原主不明确的，应当采取公告方式告知原主认领。在通知原主或者公告后六个月以内，无人认领的，按照无主财物处理，登记后上缴国库。

【释义】本条是对查封、扣押的解除程序规定。

第二百二十九条　对被害人的合法财产及其孳息权属明确无争议，并且涉嫌犯罪事实已经查证属实的，应当在登记、拍照或者录像、估价后及时返还，并在案卷中注明返还的理由，将原物照片、清单和被害人的领取手续存卷备查。

查找不到被害人，或者通知被害人后，无人领取的，应当将有关财产及其孳息随案移送。

【释义】本条是对被害人的合法财产及其孳息的规定。

第二百三十条　对查封、扣押的财物及其孳息、文件，公安机关应当妥善保管，以供核查。任何单位和个人不得使用、调换、损毁或者自行处理。

对容易腐烂变质及其他不易保管的财物，可以根据具体情况，经县级以上公安机关负责人批准，在拍照或者录像后委托有关部门变卖、拍卖，变卖、拍卖的价款暂予保存，待诉讼终结后一并处理。

对违禁品，应当依照国家有关规定处理；对于需要作为证据使用的，应当在诉讼终结后处理。

【释义】本条是对查封、扣押的财物及其孳息、文件保管的规定。

第八节　勘验检查

勘验检查是监察机关常用的一种调查手段，主要用于对与案件事实可能有关联的血迹、指纹、足迹、字迹、毛发、体液、人体组织等痕迹和物品的鉴别、提取和检查。[1]这项调查活动对于及时发现和固定证据具有重要意义。作为一种调查措施，勘验检查必须严格遵守法律关于其使用主体、范围等程序性的规定，以保护公民的合法权益不受侵犯。

〔1〕孔令勇：“刑事人身物证同一认定鉴定意见审查判断规则研究”，载《中国司法鉴定》2015年第2期。

一、勘验检查的主体

勘验检查主体包括监察机关的调查人员和监察机关指派、聘请的具有专门知识、资格的人员两类。第一类调查人员是监察机关的工作人员，即切实履行监督、调查和处置职责的工作人员，其作出的勘验检查行为是基于监察机关的职务授权。调查人员在整个监督、调查和处置过程中必须坚持模范遵守国家宪法和法律，保持清正廉洁、秉公执法的职业素养，忠于职守，保守国家秘密。第二类是监察机关指派、聘请的具有专门知识、资格的人员。在某些情况下，采用一般的侦查措施可能难以得出正确结论，必须借用一定科学方法和专门知识才能查明案件情况。因此，允许具有专门知识的人参与到勘验、检查活动中来，有助于查明案情，保证勘验检查结果的可靠性和科学性。此类人员本身并不具备国家公职人员身份，参与勘验检查必须基于监察机关的指派和聘请，并在调查人员的主持下进行勘验检查。

二、勘验检查的具体措施

《监察法》只是笼统地规定了监察机关可以进行勘验检查，但并没有明确勘验检查的具体措施。根据 2012 年修订的《刑事诉讼法》以及相关法律法规的规定，勘验检查的具体措施包括：现场勘验、尸体检验、物证和书证检验、人身检查等。

“现场勘验”是指监察人员或者监察机关指派、聘请的具有专门知识、资格的人员在监察人员的主持下对案发场所、地点和其他可能留存有违法、犯罪痕迹与物品的场所进行的专门性调查。参照《刑事诉讼法》第 127 条的规定看，为了保证现场勘验、检查的顺利进行，防止现场的破坏和证据的灭失，必须及时保护现场。故规定任何单位和个人都有保护违反、犯罪现场的义务。〔1〕

“尸体检验”即尸检，是指监察人员或者监察机关指派、聘请的具有专门知识、资格的人员在监察人员的主持下，对已经死亡的有机体进行解剖查验以确定真正死亡原因的一种手段或活动。其是法医学检验中的重要过程和程序，目的是确定有机体死亡原因，分析其死亡性质，为判断案件性质、监察调查程序乃至审判程序提供科学依据和证据支持。主要包括一般的尸体外表检查、尸体解剖检查、特殊情况下的尸体检验、机械性窒息死的尸体检验、急死的尸体检

〔1〕《中华人民共和国刑事诉讼法》（2012 年）第 127 条。

验、无名尸体检验、取样、化验等。尸体检验必须及时进行。对于死因不明的尸体的检验，从理论上，监察机关有权决定进行解剖，但是同时需要死者家属到场。[1]

“物证、书证检验”是指监察人员或者监察机关指派、聘请的具有专门知识、资格的人员在监察人员的主持下，对监察调查过程中获得的物品、痕迹和书证进行检查、验证。

“人身检查”是指为了确定被害人或被调查人的某些特征、伤害情况或者生理状态，由监察人员或者监察机关指派、聘请的具有专门知识、资格的人员在监察人员的主持下对其人身进行检查的一种活动，目的是查清人体被伤害的特征。“人身检查”与“尸体检验”不同，其针对的是活人的身体，主要包括职务违法或职务犯罪的被调查人或犯罪嫌疑人，以及受害人或被害人。此外，“人身搜查”和“人身检查”也是有区别的：第一，目的不同。监察机关或者其指派、聘请的具有专门知识、资格的人进行人身检查是为了确定被调查人或者犯罪嫌疑人的某些生理特征或状态。[2]而人身搜查是为了收集可能被隐匿的、涉及被调查人或者犯罪嫌疑人的证据。第二，主体不同。人身检查可由监察机关或者受其指派、聘请的具有专门知识、资格的人进行，而搜查只能由监察人员进行。第三，是否需要令状不同。《监察法》第 24 条第 1 款规定：“在搜查时，应当出具搜查证件。”而对于人身检查是否需要令状并没有作出规定。

值得注意的是，截至目前，在监察调查过程中对妇女身体进行的检查的具体操作细则并没有出台。在对妇女身体检查的特殊规定方面，参照和借鉴 2012 年修订的《刑事诉讼法》第 130 条第 3 项的规定：“检查妇女的身体，应当由女工作人员或者医师进行。”理论上，对妇女身体的检查应当由女性工作人员或者医师来进行，这一规定体现了国家对于妇女的特殊保护。[3]这有利于保护被害妇女、女性被调查人、女性犯罪嫌疑人和其他女性的人身权利和人格尊严不受侵犯，也能够防止在监察检查过程中发生不必要的误解，保证监察检查活动有序、合法地进行。

---

[1] 王泓杰：“对交通肇事案中的死者进行‘全面尸检’的必要性及措施”，载《犯罪研究》2014 年第 4 期。

[2] 杨开湘、余蓝：“人身检查概念之检讨”，载《时代法学》2010 年第 1 期。

[3] 高崇慧、刘博：“男女平等与保护妇女合法权益探析”，载《云南大学学报》2006 年第 1 期。

三、勘验检查笔录

关于勘验检查笔录问题，《监察法》第26条规定："勘验检查的情况应当制作笔录，由参加勘验检查的人员和见证人签名或者盖章。"此规定有以下要义：其一，勘验检查应当制作笔录[1]，即勘验检查人员应当将其有关勘验检查的情况写成笔录。"勘验检查情况"包括勘验、检查的主体、时间、地点、对象、程序、经过、结果、使用的科学方法和工具、计算程式等。现场勘验笔录应当记录以下主要信息：现场地点、方位、周围环境、保护情况；勘验、检查的起止时间，现场组织指挥人员，天气、光线条件；与犯罪有关的痕迹和物品的名称、部位、数量、性状、分布等情况；尸体的位置、衣着、姿势、损伤、血迹分布、形状和数量；提取痕迹、物证，扣押物品的情况；制图、照相、录像、录音的数量和时间。尸体检验笔录由进行检验的法医或医师制作，反映尸体检查、提取检材情况和结果，对于无名尸体，还应记载其相貌特征，生理、病理特征，携带物品等特征，以便日后确认其身份。人体检查笔录应当写明检查过程和结果。勘验检查笔录应当坚持实事求是，应当针对上述项目作出详细而无模糊的记录以待备案查询。其二，勘验检查笔录必须由参加勘验检查的人员和见证人签名或者盖章。其中"勘验检查的人员"包括了监察机关的工作人员和受监察机关指派、聘请的具有专门知识、资格的人员，并且勘验检查人员和见证人都需要在笔录上签字或盖章。如此规定，既是为了使勘验检查笔录具有证明力，又是为了监督和规范勘验检查行为，防止伪造、串造、涂改勘验检查结果，以确保正确、合法、合规地处理案件。其三，签名和盖章具有同等的法律效力，即签名和盖章取其一即可。但在监察实务中，一般会采取签名加盖章的方式以确保其严肃性和准确性。

【法条链接】

一、《中华人民共和国监察法》（2018年）

第二十六条　监察机关在调查过程中，可以直接或者指派、聘请具有专门知识、资格的人员在调查人员主持下进行勘验检查。勘验检查情况应当制作笔录，由参加勘验检查的人员和见证人签名或者盖章。

【释义】本条是关于勘验检查和制作勘验检查笔录的规定。

---

〔1〕陈刚："刑事勘验、检查笔录的科学定义及分类"，载《中国人民公安大学学报》2016年第1期。

二、《中华人民共和国刑事诉讼法》（2012年）

第一百二十六条　侦查人员对于与犯罪有关的场所、物品、人身、尸体应当进行勘验或者检查。在必要的时候，可以指派或者聘请具有专门知识的人，在侦查人员的主持下进行勘验、检查。

【释义】本条是对勘验检查主体和对象的规定。勘验、检查是侦查机关的专门调查活动之一。勘验、检查适用的对象为与犯罪有关的场所、物品、人身和尸体。勘验的对象为无生命客体，如场所、物品、尸体等；检查的对象为有生命客体，如人身。有些勘验、检查工作，侦查人员即可进行，但是有些勘验检查活动，比较复杂，或者需要更强的专业知识，因此，在必要的时候，侦查机关可以指派或者聘请有专门知识的人进行勘验或者检查。但是，为了确保勘验检查工作的有序性，以及能够适应整体侦查工作的需要，勘验、检查工作仍需要在侦查人员的主持和组织之下进行。

第一百二十七条　任何单位和个人，都有义务保护犯罪现场，并且立即通知公安机关派员勘验。

【释义】本条是对现场保护的规定。

第一百二十八条　侦查人员执行勘验、检查，必须持有人民检察院或者公安机关的证明文件。

【释义】本条是对持证勘验、检查的规定。

第一百二十九条　对于死因不明的尸体，公安机关有权决定解剖，并且通知死者家属到场。

【释义】本条是对尸体解剖的规定。尸体解剖是实体检验的一种方式。公安机关对于死因不明的尸体有决定解剖的权力，该权力的行使并不以取得死者家属同意为前提，即不管死者家属是否同意，只要公安机关认为有必要都可以决定进行尸体解剖。但是公安机关也有义务将尸体解剖的决定告知死者家属，并且在解剖时通知死者家属到场。死者家属无正当理由拒不到场或者拒绝签名、盖章的，不影响解剖，但是应当在笔录中注明。对于重大、疑难、复杂的案件，可能引起争议的案件，为确保取得良好的社会效果，公安机关在进行尸体解剖、开棺检验、死因鉴定时，应当进行全程录音录像，商请检察机关派员到场，并邀请与案件无关的第三方或者死者家属聘请的律师到场见证。

第一百三十条　为了确定被害人、犯罪嫌疑人的某些特征、伤害情况或者生理状态，可以对人身进行检查，可以提取指纹信息，采集血液、尿液等生物样本。

犯罪嫌疑人如果拒绝检查，侦查人员认为必要的时候，可以强制检查。

检查妇女的身体，应当由女工作人员或者医师进行。

【释义】本条是对于人身检查的规定。本条第2款特别规定了强制检查。强制检查是人身检查的一种特例，是侦查机关的一项权力。强制检查的对象仅为犯罪嫌疑人，但并非对所有的犯罪嫌疑人都需要强制检查。适用强制检查需要同时满足以下两个条件：第一，犯罪嫌疑人拒绝侦查人员进行人身检查；第二，侦查人员认为对犯罪嫌疑人的人身检查有必要。

第一百三十一条　勘验、检查的情况应当写成笔录，由参加勘验、检查的人和见证人签名或者盖章。

【释义】本条是对勘验、检查笔录的规定。

第一百三十二条　人民检察院审查案件的时候，对公安机关的勘验、检查，认为需要复验、复查时，可以要求公安机关复验、复查，并且可以派检察人员参加。

【释义】本条是对复检、复查的规定。

第一百三十三条　为了查明案情，在必要的时候，经公安机关负责人批准，可以进行侦查实验。

侦查实验的情况应当写成笔录，由参加实验的人签名或者盖章。

侦查实验，禁止一切足以造成危险、侮辱人格或者有伤风化的行为。

【释义】本条是对侦查实验的规定，共分3款。

第1款是关于进行侦查实验的条件及审批程序的规定。根据本款规定，在侦查中，为了查明案情，在必要的时候，经公安机关负责人批准，可以进行侦查实验。进行侦查实验应当做到以下几点：①实验的条件应当与事件发生时的条件尽量相同，尽可能在事件发生的原地，使用原来的工具、物品等进行，注意查明重点事项。②注意采用科学合理的方法进行，必要时，在侦查人员主持下，可以邀请具有专门知识的人参与实验。③应当履行法律手续，进行侦查实验必须经公安机关负责人批准。本条中的“必要的时候”是指与案件有关的重要情节，非经侦查实验难以证明，或者对案件是否发生及如何发生难以确定的时候。

第2款是关于侦查实验笔录的规定。侦查实验应当制作笔录，记明侦查实验的条件、经过和结果，并由参加实验人员签名或者盖章。这样才能够作为证据使用。

第3款是关于侦查实验禁止事项的规定。进行侦查实验，禁止一切足以造成危险、侮辱人格或者有伤风化的行为。侦查实验的目的是为了查明案情，同时在实验过程中仍须注意保护当事人及其他公民的合法权益，防止因侦查实验造成损失和伤害。进行侦查实验采取的手段、方法必须合理规范，不得违背客观规律，违反操作规程，给实验人员和其他相关人员的生命、财产造成危险。同时，禁止任何带有人身侮辱性，损害当事人及其他人的人格尊严，或者有伤当地善良民俗的行为。[1]

三、《人民检察院刑事诉讼规则（试行）》（2012年）

第二百零九条　检察人员对于与犯罪有关的场所、物品、人身、尸体应当进行勘验或者检查。在必要的时候，可以指派检察技术人员或者聘请其他具有专门知识的人，在检察人员的主持下进行勘验、检查。

【释义】本条是对检察人员进行勘验、检查权力的规定。

第二百一十条　进行勘验、检查，应当持有检察长签发的勘查证。

勘查现场，应当拍摄现场照片，勘查的情况应当写明笔录并制作现场图，由参加勘查的人和见证人签名。对重大案件的现场，应当录像。

【释义】本条是对勘验、检查程序的规定。

第二百一十一条　勘验时，人民检察院应当邀请二名与案件无关的见证人在场。

【释义】本条是对勘验程序的规定。

第二百一十二条　人民检察院解剖死因不明的尸体，应当通知死者家属到场，并让其在解剖通知书上签名或者盖章。

死者家属无正当理由拒不到场或者拒绝签名、盖章的，不影响解剖的进行，但是应当在解剖通知书上记明。对于身份不明的尸体，无法通知死者家属的，应当记明笔录。

【释义】本条是对尸体检查的规定。

第二百一十三条　为了确定被害人、犯罪嫌疑人的某些特征、伤害情况或者生理状态，人民检察院可以对人身进行检查，可以提取指纹信息，采集血液、尿液等生物样本。

必要时，可以指派、聘请法医或者医师进行人身检查。采集血液等生物样

---

〔1〕 全国人大常委会法制工作委员会刑法室编著：《〈中华人民共和国刑事诉讼法〉释义及实用指南》，中国民主法制出版社2012年版，第284~285页。

本应当由医师进行。

犯罪嫌疑人如果拒绝检查，检察人员认为必要的时候，可以强制检查。

检查妇女的身体，应当由女工作人员或者医师进行。

【释义】本条是对人身检查的规定。

第二百一十四条 人身检查不得采用损害被检查人生命、健康或贬低其名誉或人格的方法。

在人身检查过程中知悉的被检查人的个人隐私，检察人员应当保密。

【释义】本条是对人身检查限制的规定。

第二百一十五条 勘验、检查的情况应当制作笔录，由参加勘验、检查的人员和见证人签名或者盖章。

【释义】本条是对勘验、检查笔录的规定。

第二百一十六条 为了查明案情，在必要的时候，经检察长批准，可以进行侦查实验。

侦查实验，禁止一切足以造成危险、侮辱人格或者有伤风化的行为。

【释义】本条是对侦查实验的规定。

第二百一十七条 侦查实验，在必要的时候可以聘请有关专业人员参加，也可以要求犯罪嫌疑人、被害人、证人参加。

【释义】本条是对侦查实验参加人员的规定。

第二百一十八条 侦查实验，应当制作笔录，记明侦查实验的条件、经过和结果，由参加侦查实验的人员签名。必要时可以对侦查实验录音、录像。

【释义】本条是对侦查实验记录的规定。

四、《公安机关办理刑事案件程序规定》（2012年）

第二百零八条 侦查人员对于与犯罪有关的场所、物品、人身、尸体应当进行勘验或者检查，及时提取、采集与案件有关的痕迹、物证、生物样本等。在必要的时候，可以指派或者聘请具有专门知识的人，在侦查人员的主持下进行勘验、检查。

【释义】本条是对公安机关侦查人员进行勘验、检查权力的规定。

第二百零九条 发案地派出所、巡警等部门应当妥善保护犯罪现场和证据，控制犯罪嫌疑人，并立即报告公安机关主管部门。

执行勘查的侦查人员接到通知后，应当立即赶赴现场；勘查现场，应当持有刑事犯罪现场勘查证。

【释义】本条是对勘查现场的规定。

第二百一十条　公安机关对案件现场进行勘查不得少于二人。勘查现场时，应当邀请与案件无关的公民作为见证人。

【释义】本条是对勘查现场程序的规定。

第二百一十一条　勘查现场，应当拍摄现场照片、绘制现场图，制作笔录，由参加勘查的人和见证人签名。对重大案件的现场，应当录像。

【释义】本条是对勘查现场程序的规定。

第二百一十二条　为了确定被害人、犯罪嫌疑人的某些特征、伤害情况或者生理状态，可以对人身进行检查，提取指纹信息，采集血液、尿液等生物样本。被害人死亡的，应当通过被害人近亲属辨认、提取生物样本鉴定等方式确定被害人身份。

犯罪嫌疑人如果拒绝检查、提取、采集的，侦查人员认为必要的时候，经办案部门负责人批准，可以强制检查、提取、采集。

检查妇女的身体，应当由女工作人员或者医师进行。

检查的情况应当制作笔录，由参加检查的侦查人员、检查人员、被检查人员和见证人签名。被检查人员拒绝签名的，侦查人员应当在笔录中注明。

【释义】本条是对人身检查的规定。

第二百一十三条　为了确定死因，经县级以上公安机关负责人批准，可以解剖尸体，并且通知死者家属到场，让其在解剖尸体通知书上签名。

死者家属无正当理由拒不到场或者拒绝签名的，侦查人员应当在解剖尸体通知书上注明。对身份不明的尸体，无法通知死者家属的，应当在笔录中注明。

【释义】本条是对解剖尸体的规定。

第二百一十四条　对已查明死因，没有继续保存必要的尸体，应当通知家属领回处理，对于无法通知或者通知后家属拒绝领回的，经县级以上公安机关负责人批准，可以及时处理。

【释义】本条是对领回尸体的规定。

第二百一十五条　公安机关进行勘验、检查后，人民检察院要求复验、复查的，公安机关应当进行复验、复查，并可以通知人民检察院派员参加。

【释义】本条是对复验、复查的规定。

第二百一十六条　为了查明案情，在必要的时候，经县级以上公安机关负责人批准，可以进行侦查实验。

对侦查实验的经过和结果，应当制作侦查实验笔录，由参加实验的人签名。必要时，应当对侦查实验过程进行录音或者录像。

进行侦查实验，禁止一切足以造成危险、侮辱人格或者有伤风化的行为。

【释义】本条是对侦查实验的规定。

第九节 鉴 定

鉴定是指监察机关在调查过程中，为了查明案件中的某些专门性问题而指派、聘请有专门知识的人运用专业知识和专业技术，依照法定程序进行科学分析、鉴别的一种活动。《监察法》第27条规定："监察机关在调查过程中，对于案件中的专门性问题，可以指派、聘请有专门知识的人进行鉴定。鉴定人进行鉴定后，应当写出鉴定意见，并且签名。"该条可从以下几个方面进行理解：

第一，鉴定目的。鉴定是为了查明和解决案件中的专门性问题。根据法律规定，鉴定通常包括以下种类：法医类鉴定、精神病鉴定、刑事技术鉴定、会计鉴定、技术鉴定、价格鉴定、文物鉴定、珍稀动植物及其制品鉴定、违禁品和危险品鉴定和电子数据鉴定等。其中，法医类鉴定、物证类鉴定和声像资料鉴定等是最为常见的鉴定。在监察实务中，某些案件常常会遇到上述一些专门性问题，为了准确把握案情，进而合法合规地处置案件，就必须运用专门知识、技术和经验，对案件的某些事实作出合乎科学与法律的判断。

第二，鉴定主体。也称作鉴定人，是具有专门知识且经过监察机关指派或者聘请的就专门性人体进行鉴别的人。其中"专门知识"尤指某一专门性研究领域的理论和经验等。比如，法医学领域、生物指纹研究领域、枪体弹道研究领域等。根据2018年2月11日通过并于4月3日施行的《最高人民检察院关于指派、聘请有专门知识的人参与办案若干问题的规定（试行）》第2条规定，"有专门知识的人"是指运用专门知识参与人民检察院的办案活动，协助解决专门性问题或者提出意见的人，但不包括以鉴定人身份参与办案的人；"专门知识"是指特定领域内的人员理解和掌握的、具有专业技术性的认识和经验等。这里需要注意的是，司法鉴定与监察鉴定不同，二者既有区别也有联系。其相同点是，二者具有相同或者相近的鉴定种类、鉴定方法、鉴定程序等；而区别在于鉴定人的指派、聘请机关是不同的，鉴定人作出的鉴定意见的法律效力具有差异。[1]关于监察鉴定人的主体资格问题，《监察法》及相关监察立法没有

〔1〕 陈敏、刘鑫："我国司法鉴定标准体系研究"，载《昆明理工大学学报》2013年第3期。

明确界定。对此可以参照和比对司法鉴定人资格加以掌握和理解。2005年2月28日第十届全国人民代表大会常务委员会第十四次会议通过了《全国人民代表大会常务委员会关于司法鉴定管理问题的决定》，其第4条规定，（司法）鉴定人需要具备下列条件之一："（一）具有与所申请从事的司法鉴定业务相关的高级专业技术职称；（二）具有与所申请从事的司法鉴定业务相关的专业执业资格或者高等院校相关专业本科以上学历，从事相关工作五年以上；〔1〕（三）具有与所申请从事的司法鉴定业务相关工作十年以上经历，具有较强的专业技能。因故意犯罪或者职务过失犯罪受过刑事处罚的，受过开除公职处分的，以及被撤销鉴定人登记的人员，不得从事司法鉴定业务。"

第三，鉴定意见。鉴定意见，是指鉴定人遵照法定程序，运用科学技术、科学方法和专业知识对案件中出现的专门性问题进行鉴别、判断之后所出具的一种书面意见。《监察法》第27条规定："鉴定人进行鉴定后，应当写出鉴定意见，并且签名。"〔2〕对此可以从以下方面加以把握：其一，鉴定人应当写出鉴定意见。2012年3月14日第十一届全国人民代表大会第五次会议通过的《关于修改〈中华人民共和国刑事诉讼法〉的决定》对《刑事诉讼法》第145条作出了修改：将"鉴定结论"修改为"鉴定意见"。鉴定意见不同于鉴定结论，作为整个鉴定活动的结果，鉴定意见对于查清案件事实和合法合规处置案件至关重要。其二，鉴定意见应当以书面形式作出。〔3〕根据《监察法》第33条第1款规定，在后续的案件处置过程中，鉴定意见可以转化为刑事诉讼证据材料。其三，鉴定人应当在鉴定意见上签名。鉴定人签名是证明鉴定人具有鉴定资格的一种反映，也是为了保证鉴定意见的合法性和证明力，更是为了能够确认鉴定人相应的责任，使得鉴定人能够客观公正、不偏不倚、不先入为主带有歧视地进行鉴定。〔4〕没有鉴定人签名的鉴定意见不具证明力，在后续的案件处置中不能作为证据使用。其四，鉴定人只能是公民个人，而不能是单位。在有多名鉴定人的情况下，应当分别签名。对有多名鉴定人的，如果意见一致应当写出共同的鉴定意见；如果意见不一致，可以分别提出不同的鉴定意见，且分别签名。〔5〕

---

〔1〕《司法鉴定人登记管理办法》第12条规定。

〔2〕卢乐云："司法鉴定的证据能力及其审查——以'两高三部'、'两个证据规定'为视域"，载《中国刑事法杂志》2011年第2期。

〔3〕张斌："论我国刑事鉴定意见的科学性保证"，载《南京大学法律评论》2015年秋季卷。

〔4〕赵剑海："试论司法鉴定人签名备案制度的构建"，载《中国司法鉴定》2014年第2期。

〔5〕《法国刑事诉讼法典》第166条规定："如果被指定鉴定的是多人，而彼此意见不同，或者他们对制作共同结论有保留，可以各人分别表示意见，或者作出附理由的保留。"

在监察实务中，尤其需要注意的是，具有专门知识的人只能就案件中的专门性事实问题作出鉴定，意即其不能就法律适用问题作出所谓“鉴定”；检查人员也不能对鉴定人进行科学技术上的干预和误导，更不能使用暴力、胁迫或者其他违法方法强迫、暗示鉴定人或其所属机构作出某种不真实的、可能影响案件处置的鉴定意见；鉴定人在法定情形下应当根据规定实行回避。

第四，鉴定程序。鉴定程序，是指经过监察机关指派、聘请的具有专门知识的人对案件中的专门性问题进行鉴定时所必须依据的步骤、时限、方法和顺序。对于鉴定意见的告知与异议、补充鉴定和重新鉴定等程序问题有待《监察法》及其后序立法的界定和细化。

【法条链接】

一、《中华人民共和国监察法》（2018 年）

第二十七条　监察机关在调查过程中，对于案件中的专门性问题，可以指派、聘请有专门知识的人进行鉴定。鉴定人进行鉴定后，应当写出鉴定意见，并且签名。

【释义】该条是关于鉴定目的、鉴定主体和鉴定意见的规定。

二、《中华人民共和国刑事诉讼法》（2012 年）

第一百四十四条　为了查明案情，需要解决案件中某些专门性问题的时候，应当指派、聘请有专门知识的人进行鉴定。

【释义】本条是对鉴定的一般规定。刑事诉讼中，鉴定主要用于解决跟案件有关的专门性问题，以便帮助侦查人员对某些证据材料进行更加科学和客观的认识。

鉴定需要由专业人员进行。根据《全国人民代表大会常务委员会关于司法鉴定管理问题的决定》第 4 条规定具备下列条件之一的人员，可以申请登记：“（一）具有与所申请从事的司法鉴定业务相关的高级专业技术职称；（二）具有与所申请从事的司法鉴定业务相关的专业执业资格或者高等院校相关专业本科以上学历，从事相关工作五年以上；（三）具有与所申请从事的司法鉴定业务相关工作十年以上经历具有较强的专业技能。因故意犯罪或者职务过失犯罪受过刑事处罚的，受过开除公职处分的，以及被撤销鉴定人登记的人员，不得从事司法鉴定业务。”

侦查程序中的专门性问题需要鉴定的主要有：法医类鉴定，包括法医病理鉴定、法医临床鉴定、法医精神病鉴定、法医物证鉴定和法医毒物鉴定；物证类鉴定，包括文书鉴定痕迹鉴定、痕迹鉴定和微量鉴定；声像资料鉴定，包括对承音带、录像带、磁盘、光盘、图片等载体上记录的声音、图像信息的真实性完整性及其所反映的情况过程进行的鉴定和对记录的声音、图像中的语言、人体物体作出种类或者同一认定等。鉴定人由侦查机关指派或者聘请。在公安机关，刑事技术鉴定由县级以上公安机关刑事技术部门或者其他专职人员负责进行。需要聘请有专门知识鉴定人进行鉴定时，应当经县级以上公安机关负责人批准后，制作《聘请书》。侦查机关应当为鉴定人进行鉴定提供必要的条件，及时向鉴定人送交有关检材和对比样本等原始材料，介绍与鉴定有关的情况，并且明确提出要求鉴定解决的问题，但是不得暗示或强迫鉴定人作出某种鉴定意见。[1]

第一百四十五条　鉴定人进行鉴定后，应当写出鉴定意见，并且签名。

鉴定人故意作虚假鉴定的，应当承担法律责任。

【释义】本条是对鉴定的程序及要求规定。

第一百四十六条　侦查机关应当将用作证据的鉴定意见告知犯罪嫌疑人、被害人。如果犯罪嫌疑人、被害人提出申请，可以补充鉴定或者重新鉴定。

【释义】本条是对鉴定意见的告知及异议规定。

三、最高人民检察院《关于指派、聘请有专门知识的人参与办案若干问题的规定（试行）》（2018年）

第二条　本规定所称“有专门知识的人”，是指运用专门知识参与人民检察院的办案活动，协助解决专门性问题或者提出意见的人，但不包括以鉴定人身份参与办案的人。

本规定所称“专门知识”，是指特定领域内的人员理解和掌握的、具有专业技术性的认识和经验等。

【释义】本条是对“有专门知识的人”和“专门知识”含义的规定。

第十节　技术调查措施

技术调查措施是指是指监察机关在查获特定的职务犯罪中，依据国家赋予

〔1〕夏红、毛淑玲、单丽雪编著：《〈中华人民共和国刑事诉讼法〉配套解读与实例：含司法解释》，法律出版社2014年版，第216页。

的特殊侦查权力，运用各种专门的技术侦查手段和秘密侦查力量收集证据、查明案情的专门、特殊的侦查手段。[1]包括但不限于电子、电话监听监控、电子侦听、秘密拍照录像、秘密跟踪调查、秘密搜查、秘密获取某些物品、邮件检查等专门性技术手段。

《监察法》第 28 条第 1 款规定了采用技术调查措施的条件，即监察机关在调查重大贪污贿赂等职务犯罪的过程中，根据查获犯罪的需要，经过严格的审批手续，才可以采取技术调查措施。具体而言，包括以下几点：

一、适用范围条件

技术调查措施的采用必须遵循“重罪大案原则”。根据 2012 年修订的《刑事诉讼法》第 148 条规定，必须是重大的贪污、贿赂犯罪案件，利用职权实施的严重侵犯公民人身权利的重大犯罪案件才可以采取技术侦查措施。[2]因此，监察机关采取技术调查措施也应当将这一原则作为其适用范围的标准，运用其制定适用该措施的具体条件如下：

首先，“贪污贿赂等职务犯罪”主要包括以下几类：①2015 年修订的《中华人民共和国刑法》第八章规定的贪污贿赂罪，包括贪污罪、挪用公款罪、受贿罪、单位受贿罪、受贿罪、利用影响力受贿罪、行贿罪、利用影响力行贿罪、介绍贿赂罪、单位行贿罪、巨额财产来源不明罪、隐瞒境外存款罪、私分国有资产罪和私分罚没财物罪。②2015 年修订的《中华人民共和国刑法》第九章规定的“渎职罪”，主要包括滥用职权罪、玩忽职守罪、徇私枉法罪等等。③利用职权侵害公民人身权利、民主权利的犯罪。

其次，此类职务犯罪必须涉嫌重大犯罪。此处的“重大”是指职务犯罪行为具有巨大的社会危害性，严重危及社会安全、危及大众民生，一般也指代数额巨大、造成的社会影响恶劣。在监察实践中，对于具体哪些职务犯罪属于“重大”，尚需要后续的监察立法跟进，作出进一步的规范，在实际执行中也不能随意扩大使用。

最后，理解《监察法》第 28 条，需要注重把握“等”字的含义。一般来讲，法律规范中的“等”字的含义有“等内等”和“等外等”两种，具体到本

---

〔1〕 孙启亮、金颖晔：“论技术侦查措施在我国职务犯罪侦查中的适用”，载《华东政法大学学报》2011 年第 1 期。

〔2〕 李建国、张建兵：“新刑诉法背景下职务犯罪技术侦查措施的运用和思考”，载《河北法学》2012 年第 12 期。

款中，此处的“等”字应该理解为“等外等”，意即采取技术调查措施的犯罪应当是重大职务犯罪，而条款中“贪污贿赂”仅仅是一种列举式明示。此外，从法律解释的角度看，“等”字也暗含了同类解释的规则，意即，只有在性质上、危害性上同“重大贪污贿赂”相同或者相近的职务犯罪，才能采取技术调查措施。一般性的职务犯罪，不能随意采用。

二、批准程序条件

技术调查措施是一把“双刃剑”，一方面，这些手段确实是调查、侦查犯罪的强有力的措施和方法；另一方面，这些手段极容易侵害公民的基本权利，是侦查需要的“现实必要性”和侵害人权的“现实危险性”之间的两难选择〔1〕，如若被滥用，其危害甚巨，所以采取技术调查措施必须经过严格的批准手续。至少应包含以下要求：一是批准采用技术调查措施的程序要严格。有关部门后续依法制定采取技术调查措施的批准程序时，必须确实体现“严格”的要求。即对于不同种类的技术调查措施在何种情形下、何种范围内、经过什么样的程序、经过哪些人批准才能采用应该有严格和明确的规定，使得监察机关及其工作人员在监察调查实务中有所遵循，杜绝滥用，控权为民。二是批准采取技术调查措施要严格。技术调查措施的采用必须履行严格的批准手续，有权批准的工作人员在批准与否问题上要严格控制，要认真审核，严格把关。首先要审查是否属于《监察法》第28条第1款规定的可以采取技术调查措施的案件范围；其次，更为重要的是，要审查技术侦查措施之采用是否是调查案件所必需，对哪些可以采取技术侦查措施，又可以通过其他的调查途径解决问题的，应当采取其他的调查途径解决，以严格控制技术调查措施的滥用、乱用。

三、限制条件

所谓的限制条件是指，在技术调查开始前，必须已经对被侦查对象已经有合理的怀疑，也即应当有相当的证据怀疑被侦查对象已经实施了犯罪，技术侦查的条件已经成熟，并在申请审批时提供“合理的依据”。〔2〕对技术调查措施的采用必须遵循必要性条件。〔3〕只有在无法使用常规侦查手段或常规侦查手段

---

〔1〕 兰跃军：“比较法视野中的技术侦查措施”，载《中国刑事法杂志》2013年第1期。

〔2〕 秦卫东、任海新：“检察机关配置技术侦查权研究”，载《中国刑事法杂志》2009年第6期。

〔3〕 王彬：“比较法视野下的技术侦查制度研究及其启示”，载《武汉大学学报（哲学社会科学报）》2010年第5期。

无法达到侦查效果时，才能考虑动用技术侦查，也即最后手段原则[1]；采用技术调查措施还应当遵循比例原则，也即在行使国家权力保护公共利益与保护公民个人利益之间保持适度的平衡，监察人员必须根据案件情况及技术对公民权利的侵犯强度，按照比例原则选择适用。[2]因此，当使用常规调查手段能够达到查获、控制犯罪的目的，便不能采用技术调查措施。

《监察法》第28条第2款规定了采取技术调查措施的种类和适用对象，意即采取监察技术调查措施的种类和适用对象，必须根据需要在批准决定中予以明确。据此，在监察实务中，批准决定应当明确采取哪一种或者哪几种具体的调查手段，而绝不能够仅仅笼统含糊地批准可以采取技术调查措施，绝不能够不加区分地将所有的技术调查措施累加一起采用。此外还要明确采取技术调查措施的适用对象，"适用对象"指代人，应当根据需要具体明确对案件中的哪一人或者哪些人采取，而不能笼统地批准对哪个案件可以采取技术调查措施，也不能笼统地、不假思索地对全部涉案人员采取技术调查措施，更不能对与案件无关无涉的人员采取技术调查措施。

监察技术调查措施的有效期限是3个月，从批准决定签发之日其开始计算。但在监察实务中可能会出现时限较短而不能完成任务的情况，所以对于那些复杂、疑难案件，如果期限届满仍然有必要继续采取技术调查措施的，在履行相关的批准手续之后，可以延长采取技术调查措施的有效期限，但是每一次延长不能超过3个月。对此规定可以从以下方面把握：第一，并非所有的复杂、疑难案件都要延长有效期。第二，延长采取技术调查措施的条件包括案件性质条件、必要性条件、程序条件和限度条件。具体而言：①案件性质条件：即必须是复杂、疑难案件，不得随意扩张器适用范围。②必要性条件：即经上一次有效期限届满仍有必要继续采取的，在满足其他条件的情况下才能延长。③程序条件：每一次延长采取技术调查措施的有效期限都必须要经过批准手续，不可忽略。④每一次延长采取技术调查措施的有效期都不能超过3个月。第三，对于不需要继续采取技术调查措施的，无论是在原定的3个月有效期限内，还是在延长的有效期限内，执行机关都应当及时解除。这样规定有利于加强对犯罪嫌疑人权益的保护，也是"国家尊重和保障人权"这一宪法规范在监察调查程

---

〔1〕 王彬："比较法视野下的技术侦查制度研究及其启示"，载《武汉大学学报（哲学社会科学报）》2010年第5期。

〔2〕 任学强、蒋云国："技术侦查在职务犯罪中限制适用的再思考"，载《中国刑事法杂志》2009年第1期。

序中的涵摄和表现。

关于技术调查措施的执行，《监察法》第28条第1款规定："按照规定交有关机关执行。"本款虽然没有具体规定监察技术调查措施的具体执行机关，但是应当符合以下几点。第一，有权具体执行监察机关报经批准的技术调查措施决定的机关必须依照有关"规定"来确定，对于"规定"的性质和法律层级，《监察法》并没有作出明确规定，这有待后续监察立法的细化与完善。第二，理论上，参酌2012年修订的《刑事诉讼法》及相关刑事诉讼立法规定看，监察技术调查措施的具体执行机构应当是公安机关。如前所述，技术调查措施具有专业性，其具体实施更具有一定程度的危险性，而对于非经训练的监察机关工作人员而言，其显然不具备具体执行的能力。第三，对于技术调查措施，"制定权—申请权—批准权—执行权—监督权"相互分离的格局更加符合现代法治对于权力监督与控制的要求，也是对保障公民权利的要求。第四，公安机关具体执行监察技术调查措施能够更好减少监察机关压力，也是监察机关与其他司法机关相互配合、相互制约原则的体现。

关于采取技术调查措施所收集材料的使用。理论上，技术调查措施是对公民基本权利的克减，对于技术调查措施的不当扩张适用或者滥用都会造成对私权的侵害。世界各国对技术调查措施或技术侦查措施的态度不同，但大都认为：第一，监察调查人员负有保密义务。即对监察调查人员在调查活动中知悉的国家秘密、商业秘密和个人隐私应当采取保密措施，程序的启动和实施的过程也需要严格保密。[1]非经案件处置之需要不得使用，更不得不正当使用。第二，对于那些在监察调查活动中收集获得的与案件无关的材料，应当予以销毁，不得保存。第三，严格限制技术证据的使用，例如规定未经说话者同意的非法监听不得作为证据使用。[2]2012年修订的《刑事诉讼法》第150条对于技术侦查措施的限制作出了类似规定，比较好地平衡了采取技术侦查措施和保障人权的关系。

【法条链接】

一、《中华人民共和国监察法》(2018年)

第二十八条　监察机关调查涉嫌重大贪污贿赂等职务犯罪，根据需要，经

---

〔1〕詹建红："理论共识与规则细化：技术侦查措施的司法适用"，载《法商研究》2013年第3期。

〔2〕闫利国、徐光华："技术侦查在刑事诉讼中的运用——以监听为视角"，载《华中科技大学学报(社会科学版)》2010年第2期。

过严格的批准手续，可以采取技术调查措施，按照规定交有关机关执行。

批准决定应当明确采取技术调查措施的种类和适用对象，自签发之日起三个月以内有效；对于复杂、疑难案件，期限届满仍有必要继续采取技术调查措施的，经过批准，有效期可以延长，每次不得超过三个月。对于不需要继续采取技术调查措施的，应当及时解除。

【释义】该条是关于技术调查措施的条件、适用期限、执行的规定。

二、《中华人民共和国刑事诉讼法》（2012 年）

第一百四十八条　公安机关在立案后，对于危害国家安全犯罪、恐怖活动犯罪、黑社会性质的组织犯罪、重大毒品犯罪或者其他严重危害社会的犯罪案件，根据侦查犯罪的需要，经过严格的批准手续，可以采取技术侦查措施。

人民检察院在立案后，对于重大的贪污、贿赂犯罪案件以及利用职权实施的严重侵犯公民人身权利的重大犯罪案件，根据侦查犯罪的需要，经过严格的批准手续，可以采取技术侦查措施，按照规定交有关机关执行。

追捕被通缉或者批准、决定逮捕的在逃的犯罪嫌疑人、被告人，经过批准，可以采取追捕所必需的技术侦查措施。

【释义】本条是关于采取技术侦查措施的案件范围、程序及执行主体的规定，共分三款。

第 1 款是关于公安机关采取技术侦查措施的案件范围及程序的规定。本款规定包括以下五个内容：(1) 公安机关在刑事诉讼中采取技术侦查措施必须是在立案以后。(2) 公安机关可以采取技术侦查措施的案件范围是危害国家安全犯罪、恐怖活动犯罪、黑社会性质的组织犯罪、重大毒品犯罪或者其他严重危害社会的犯罪案件。(3) 公安机关对上述案件是否采取技术侦查措施要“根据侦查犯罪的需要”。采取技术侦查措施一定是在使用常规的侦查手段无法达到侦查目的时所采取的手段。(4) 要经过严格的批准手续。(5) 本款规定的技术侦查措施的执行机关是公安机关。

第 2 款是关于检察机关可以采取技术侦查措施的案件范围及程序的规定。本款规定的“贪污、贿赂犯罪案件”只是限于贪污罪、受贿罪、行贿罪，并且是“重大的贪污、贿赂犯罪案件”。这里规定的“利用职权实施的严重侵犯公民人身权利的重大犯罪案件”是指本法第 18 条规定的国家机关工作人员利用职权实施的非法拘禁、刑讯逼供、报复陷害、非法搜查的侵犯公民人身权利的严重犯罪。对本款规定的案件采取技术措施，要按照规定交有关机关执行，检察机关不能自己执行。

第3款是关于追捕在逃的犯罪嫌疑人、被告人采取技术侦查措施的程序的规定。根据追捕在逃的犯罪嫌疑人、被告人的需要，本款没有对犯罪种类作出限定，由于追捕在逃犯主要是确定在逃人位置，以便抓捕。与在侦查取证中采取技术侦查措施的情况不同，因此只规定了要经过批准。技术侦查措施的执行主体也是公安机关。[1]

第一百四十九条　批准决定应当根据侦查犯罪的需要，确定采取技术侦查措施的种类和适用对象。批准决定自签发之日起三个月以内有效。对于不需要继续采取技术侦查措施的，应当及时解除；对于复杂、疑难案件，期限届满仍有必要继续采取技术侦查措施的，经过批准，有效期可以延长，每次不得超过三个月。

【释义】本条是对技术侦查措施和期限的规定。

第一百五十条　采取技术侦查措施，必须严格按照批准的措施种类、适用对象和期限执行。

侦查人员对采取技术侦查措施过程中知悉的国家秘密、商业秘密和个人隐私，应当保密；对采取技术侦查措施获取的与案件无关的材料，必须及时销毁。

采取技术侦查措施获取的材料，只能用于对犯罪的侦查、起诉和审判，不得用于其他用途。

公安机关依法采取技术侦查措施，有关单位和个人应当配合，并对有关情况予以保密。

【释义】本条是对严格执行和保密义务的规定。本条第1款是关于严格执行技术侦查措施的规定。通常而言，技术侦查措施以实施对象为标准可以分为三类：(1) 以犯罪嫌疑人的通讯工具为对象的技术侦查措施，如电话侦听、网络侦控等；(2) 以人为实施对象的技术侦查措施，如秘密跟踪、密拍密录等；(3) 以物为实施对象的，如秘密搜查、秘密检查等。由于技术侦查措施的特殊性，因此需要严格遵循重罪、必要、特定和书面许可的原则。严格按照审批的种类、对象和期限执行，禁止任意泛化适用和扩展适用。

本条第2款是关于侦查人员保密义务的规定。在适用技术侦查措施的过程中，侦查人员会不可避免地了解一些不宜公开的秘密，他们对于因此而知晓的国家秘密、商业秘密和个人隐私均应当严格保密，禁止泄露。对于因采用技术

---

〔1〕中国法制出版社编：《刑事诉讼法新解读》，中国法制出版社2017年版，第168~169页。

侦查措施而取得的与案件无关的信息和资料，为了防止泄密及侵犯隐私权，侦查人员也应当及时进行销毁处理。

本条第3款是关于采用技术侦查手段获取材料使用范围的规定。技术侦查措施是刑事侦查程序中的专门调查方法，运用该种侦查方法是为了查明案件情况的需要。因此，对于采用该种方式而获取的相关资料，只能用于刑事追诉，即对犯罪的侦查、起诉和审判，而严禁用于其他诸如行政管理、民事纠纷调处解决、商业事务等用途。

本条第4款是关于有关单位和个人的配合及保密义务的规定。虽然技术侦查措施是侦查中的专门调查方法，但是这些方法的运用往往需要有相关的专门行业、领域和个人进行配合才能实施，如电话运营商、网络服务商等。相关单位和个人负有配合义务。同时，他们对于在于侦查机关配合过程中知悉的一些情况，也要负责保密，否则将影响技术侦查措施采用的效果，进而影响证据的取得和犯罪的追诉。

第一百五十一条　为了查明案情，在必要的时候，经公安机关负责人决定，可以由有关人员隐匿其身份实施侦查。但是，不得诱使他人犯罪，不得采用可能危害公共安全或者发生重大人身危险的方法。

对涉及给付毒品等违禁品或者财物的犯罪活动，公安机关根据侦查犯罪的需要，可以依照规定实施控制下交付。

【释义】本条是对秘密侦查、控制下交付的规定。

第一百五十二条　依照本节规定采取侦查措施收集的材料在刑事诉讼中可以作为证据使用。如果使用该证据可能危及有关人员的人身安全，或者可能产生其他严重后果的，应当采取不暴露有关人员身份、技术方法等保护措施，必要的时候，可以由审判人员在庭外对证据进行核实。

【释义】本条是对证据转化的规定。技术侦查措施是法定的侦查手段，因此依法采用技术侦查措施收集的材料能够在刑事诉讼中作为证据使用。但是由于技术侦查措施本身具有隐秘性的特征，采用该种手段所获得的证据一般是通过其他公开途径不易获得或者不能获得的材料。也正是因此，这样的资料如果公开使用可能多有不便，甚至可能会危及相关人员的人身安全或者产生其他严重后果。如果存在这样的危险性，在使用相关证据材料时应当注意采取相应的保护措施，不暴露有关人员的身份，获取证据的技术方法等。必要的时候，可以不在法庭上审查核实证据，而是由审判人员在庭外对证据进行核实。

第十一节　通　缉

通缉是指监察机关对于依法应当留置的在逃被调查人作出决定，并由有管辖权公安机关发布通缉令，从而缉拿在逃被调查人归案的一种紧急侦查措施。[1]这是一种监察机关发布通缉决定，由公安机关执行的，动员本地区、毗邻地区和其他地区监察机关、公安机关和广大公民协助追捕在逃被调查人的手段。它体现了监察机关与其他国家机关、与广大公民的通力合作，对于及时防止被调查人逃脱甚至违法犯案，及早抓获被调查人，保证监察调查工作的顺利进行具有重要意义。具体涵括了以下内容：

一、通缉的对象

根据《监察法》第29条的规定，各级监察机关在各自所在行政区域内具有通缉决定权，相应的公安机关具有通缉令的发布权和通缉执行权。通缉对象必须是依法应当留置而在逃的被调查人或已经被留置而脱逃的被调查人[2]，即应满足三个条件：（1）通缉的人必须是被调查人。没有被调查或没有启动调查程序的，不得适用通缉措施。（2）被调查人符合留置条件。关于留置的条件，《监察法》第22条规定："被调查人涉嫌贪污贿赂、失职渎职等严重职务违法或者职务犯罪，监察机关已经掌握其部分违法犯罪事实及证据，仍有重要问题需要进一步调查，并有下列情形之一的，经监察机关依法审批，可以将其留置在特定场所：①涉及案情重大、复杂的；②可能逃跑、自杀的；③可能串供或者伪造、隐匿、毁灭证据的；④可能有其他妨碍调查行为的。对涉嫌行贿犯罪或者共同职务犯罪的涉案人员，监察机关可以依照前款规定采取留置措施。"（3）被调查人在逃。"在逃"是指被调查人因逃避调查、逃避法律责任和政务处分而脱离监察机关的控制和管理，处于下落不明状态。

二、监察机关的通缉决定权

根据《监察法》第7条第2款规定："省、自治区、直辖市、自治州、县、自治县、市、市辖区设立监察委员会。"我国各级监察机关按行政区划设立，各级监察机关在所属行政区域内具有通缉决定权，其他任何国家机关、任何组织

[1] 刘明光："关于通缉的几个问题"，载《公安研究》2002年第4期。

[2] 王秋杰："困境与完善：论我国通缉制度"，载《法学杂志》2012年第11期。

或者单位、个人不具有监察通缉决定权。关于各级监察机关决定通缉的范围，由于监察调查权具有专属性特点，对此可从以下方面理解：一是，与监察机关相比，其他任何国家机关、任何组织或者单位、个人不具有监察通缉决定权。二是，我国各级监察机关按行政区划设立，各级监察机关在所辖属行政区域内具有通缉决定权，当通缉范围超出各级监察机关所属管辖的时候，应当报请有决定权的上级监察机关发布。"有权决定的上级监察机关"是指根据各级监察机关的内部职权归属和管辖划分，有权决定、调整下级监察机关管辖事宜的上级监察机关。

三、公安机关的通缉令发布权和通缉执行权

在程序上，由监察机关作出通缉决定之后，监察机关本身不能发布通缉令，而应该由公安机关发布。而通缉令发布之后，面临着由谁执行，如何执行的问题。根据规定，公安机关具有通缉令的发布权和通缉执行权。因为通缉令的发布权从本质上来说也是一种对于监察机关通缉决定的执行权，而根据决定权与执行权相互分离的立法旨趣，由公安机关发布通缉令并执行，不仅符合法理，也符合监察机关与国家司法机关相互配合、相互制约的原则。各级公安机关应当积极组织力量、作出充分部署，积极开展动员和稽查工作，其他任何国家机关、组织或者单位、公民个人应当积极协助公安机关查获被调查人。若发现被调查人（被通缉人）的，应当及时将相关的信息和情况告知监察机关或公安机关，或者直接将被通缉人扭送到监察机关、公安机关或者其他国家机关、单位，这是法律赋予公民的一项义务。同时，在通缉过程中，各机关应理清路径，把通缉、预警信息的采集核实作为工作的主攻方向，同时应多方着手，会同有关部门分力合作，力避误缉、误捕等侵害公民的事件出现。[1]

四、通缉令

对符合上述条件的在逃的被调查人，由公安机关发布通缉令，采取有效措施进行追捕归案。"通缉令"是指公安机关依据监察机关通缉决定制作并依法发布的，缉捕在逃得被调查人的书面命令，也可以把通缉令理解为带有行政命令性质的"求助"。[2]其一般含有以下内容：被通缉人（被调查人）的姓名、性

---

〔1〕 王彦学："论网上通缉误认"，载《中国人民公安大学学报（社会科学版）》2010年第6期。

〔2〕 揭萍："论刑事悬赏"，载《政法学刊》2004年第1期。

别、公民身份证编号、年龄、籍贯（住所地）及衣着、语音、体貌等特征，并且附照片和加盖有发布机关的公章。当被调查人被缉拿归案之后，公安机关应当撤销通缉令。当发布通缉令之后公安机关或监察机关又发现新情况的，可以由公安机关补发通报。通缉令可以广播、电视、报刊、计算机网络等新媒体形式发布。

【法条链接】

一、《中华人民共和国监察法》（2018 年）

第二十九条　依法应当留置的被调查人如果在逃，监察机关可以决定在本行政区域内通缉，由公安机关发布通缉令，追捕归案。通缉范围超出本行政区域的，应当报请有权决定的上级监察机关决定。

【释义】本条是关于通缉的规定。

二、《中华人民共和国刑事诉讼法》（2012 年）

第一百五十三条　应当逮捕的犯罪嫌疑人如果在逃，公安机关可以发布通缉令，采取有效措施，追捕归案。

各级公安机关在自己管辖的地区以内，可以直接发布通缉令；超出自己管辖的地区，应当报请有权决定的上级机关发布。

【释义】本条是关于通缉的规定。通缉适用于应当逮捕的犯罪嫌疑人在逃的，以及越狱逃跑的犯罪嫌疑人、被告人或者罪犯。有权发布通缉令的机关为县级以上的公安机关，其他任何机关、团体、单位、组织和个人都无权发布。人民检察院在办理自侦案件过程中，需要追捕在逃的犯罪嫌疑人时，经检察长批准，有权作出通缉决定，但仍需交由公安机关发布通缉令。有权发布通缉令的机关只能在自己管辖的区域范围内直接发布通缉令，一旦超出自己管辖的地区，则应当报请有权决定的上级机关发布。

【案例链接】有关通缉的案件

西南林业大学校长蒋某岗受贿潜逃被通缉案

蒋某岗，1964 年 9 月生，云南玉溪元江县人。历任云南财贸学院团委副书记、书记，云南财贸学院教学服务中心经理、总务处处长、后勤产业集团总经理，云南财贸学院副院长，云南财经大学副校长等职。2008 年 10 月，任云南省政府副秘书长。2011 年 2 月任云南省农村信用社联合社党委书记。2016 年 2 月，任西南林业大学党委副书记、校长。

2018 年 4 月 25 至 27 日，省委巡视组分别进驻云南大学、昆明理工大学、云南师范大学、昆明医科大学、云南农业大学、云南财经大学、西南林业大学、云南艺术学院、云南警官学院、云南开放大学 10 所高校开展巡视。

其中，进驻西南林业大学的是云南省委第八巡视组，巡视时间是 2018 年 4 月 27 日至 6 月 26 日。也就是说，西南林业大学校长蒋某岗是在巡视组进驻巡视期间逃跑的。而就在四天前，这位逃跑的校长还在安静地集中学习。据媒体报道，5 月 7 日，西南林业大学党委理论学习中心组召开 2018 年第八次集中学习会。校党委书记吴某，校党委副书记、校长蒋某岗，校党委副书记刘某山，副校长刘某华、胥某、杜某本、校纪委书记杨某梁，副校长程某放参加学习并作交流发言。

2018 年 5 月 11 日，云南省公安厅发布 A 级通缉令，西南林业大学党委副书记、校长蒋某岗潜逃被通缉。对蒋某岗的通缉是根据《云南省公安机关配合监察委员会查办案件工作办法（试行）》和《云南省监察委员会决定通缉通知书》进行的。由监察委员会决定通缉，公安机关发布通缉令的，这是全国第一份。

2018 年 5 月 30 日，据中央纪委国家监委网站消息称，在中央追逃办协调指导下，云南省追逃办经多方努力，将潜逃人员蒋某岗抓获。

第十二节 限制出境

限制出境措施是指各级监察机关出于防止被调查人逃匿到境外的目的，经过一定的批准程序而对被调查人及相关人员采取的，禁止其离开国土（国境）的制度。出境权和出境自由被许多国际公约列为公民的基本权利之一，联合国大会分别于 1948 年 12 月 10 日和 1966 年 12 月 9 日通过了《世界人权宣言》和《公民权利与政治权利国际公约》，明确规定：“人人有权离开任何国家，包括其本国在内，并有权返回他的国家。”现在出境权和出境自由已然成了国际公认的公民基本权利之一。但是，任何权利和自由都是有边界的，没有绝对的权利和自由，只有相对的权利和自由，权利和义务是相互统一的，出境权和出境自由也不例外。

“限制出境，是世界上多数国家为保护国家安全、预防和打击犯罪、维护社会管理秩序，通过立法建立的对本国公民或居住在本国的外国人的出境权予以限制的一项制度。”[1]监察程序中的限制出境是一种排除性的强制措施，具有保障性和辅助性。[2]在我国的限制出境制度立法体系中，有作为行政处罚的限制出境措施、作为行政强制措施的限制出境、作为刑事诉讼强制措施的限制出境和民事诉讼强制措施的限制出境之分。我国法律法规规范中多使用“不予签发护照”“不批准出境”“阻止其出境”“不予签发出入境证件”等术语和词汇来表述限制出境措施。我国的限制出境措施体系是为了更好地履行国际义务，也为了维护国家安全和保障社会秩序，其在防止人才流失和打击腐败等方面发挥了重要的作用。作为监察检查措施的限制出境措施，具体涵括了以下内容：

一、限制出境措施的实施条件

自由出入境是公民的权利，公民应有居住、迁徙的自由。[3]而限制出境作为对公民出境权的限制，监察检查措施的限制出境是对公民基本权利的克减和负担。在该制度下，个人的自由权和司法程序的完整性、生效裁判的执行力这两种价值是相互冲突的，因此我们要慎重地选择更需要保护的价值，并通过程序的规范来保障[4]，限制出境须严格满足以下条件：

第一，限制出境措施的决定主体。根据《监察法》第 30 条规定，能够决定对被调查人及相关人员采取限制出境措施的监察机关为省级以上监察机关。“以上”包含本数，故而具有限制出境措施决定权的主体共有两个：省级监察机关和国家监察机关。

第二，限制出境措施的对象。限制出境的对象是被调查人及相关人员。根据《监察法》第 39 条规定：“经过初步核实，对涉嫌职务违法犯罪，需要追究法律责任的，监察机关应当按照规定的权限和程序办理立案手续。”据此可知，“被调查人”是指监察机关经过核实，根据法定程序对于满足立案条件而对其立案调查的人。从程序上，当监察机关接受相关报案或者举报并按照有关规定处理，提出处置意见时候，被报案人或者被举报人不属于被调查人。只有当监察机关正式立案之后，才能对其采取限制出境措施。“相关人员”是指可能隐匿、包庇被调查人，或与被调查人在被调查事项上具有某种关联的人。

---

〔1〕 陈立波：“论我国限制出境的司法救济”，载《行政法学研究》2010 年第 4 期。

〔2〕 参见朱建朝、金香平、姜金良：“限制出境（边控）措施的法律适用”，载《人民司法》2012 年第 18 期。

〔3〕 汪进元：“人身自由的构成与限制”，载《华东政法大学学报》2011 年第 2 期。

〔4〕 刘志欣、董礼杰：“诉讼程序中限制出境措施的完善与救济——对公民出境自由的限制与救济”，载《法律适用》2013 年第 11 期。

第三，限制出境措施的目的。监察机关决定采取限制出境措施的主要目的是为了防止被调查人及相关人员逃匿境外，影响监察调查活动的顺利进行，也为了保障案件后续案件处置的需要。从最广义上讲，限制出境制度的立法目的是为了积极履行国际义务、维护国家和社会安全、防止人才流失、保障社会秩序、打击职务犯罪和打击腐败等。理解该限制出境条文，要注意“境外”的含义。法条所指“境外”是指中国大陆以外的国家或者地区，也包括我国台湾、香港和澳门地区。因为在国际社会中，一般情况下出国和出境是在同一个含义上来使用的，二者不存在实质上的差别。但在我国，出国和出境的含义则有所差异。如果一个中国大陆公民出于某种需要，经过本国出入境管理部门批准，持合法证件离开本国国境而前往其他国家的，为出国。如果一个中国大陆公民出于某种需要，经过本国出入境管理部门批准，持合法证件离开本国国境而前往我国港澳台地区的，为出境。

第四，限制出境措施的程序。限制出境必须遵循统一审查原则，妥善适用限制出境措施。[1] 限制出境的申请由省级以上监察机关批准，意即限制出境措施的决定权属于省级监察机关和国家监察机关职权，下级监察机关不得享有。在监察实务中，省级以下（不含省级）监察机关拟要对某一个或者某一些被调查人员及相关人员采取限制出境措施，应该层报省级以上监察机关批准决定，在得到准予采取限制出境措施的决定之后，再交付公安机关予以执行。采取限制出境措施的申请批准权、批准决定权和具体执行权的分离，体现了对于监察机关采取限制出境措施的制衡和内部监督，有利于加强对被调查人及相关人员合法权益的保障。

二、限制出境措施的具体执行

根据《监察法》规定，限制出境的具体执行权由公安机关享有，其他任何机关不得非法执行。从时间先后顺序看，被调查人及相关人员的离境行为必然是一种相互连续的行为，可将其分为两个部分：离境人员申请出境证件的行为和其取得证件之后实施的具体离境行为。

如此，限制出境措施便可以通过两个方面两种途径来实现。第一，当被调查人员及相关人员向公安机关出入境管理机构申请相关出入境证件时候，出入境管理机构可依照法律规定和省级以上监察机关的决定不予批准其出境，不予

---

〔1〕 杜以星：“民事诉讼中限制出境措施的若干实务问题”，载《法律适用》2011 年第 5 期。

签发护照、通行证或其他出入境证件；第二，在被调查人员及相关人员即将离开边境口岸时候，边防检查机关可依照省级以上监察机关的限制出境决定阻止其离境。由上可知，公安机关出入境管理部门和边防出入境检查部门都是我国行使出入境管理权的主管部门，二者相互配合、相互承接。

三、限制出境措施的解除

由于限制出境的措施是直接作用于人身的强制手段，因此也必须平衡两方权益，且必须考虑对司法、监察资源的合理利用[1]，对于那些不需要继续采取限制出境措施的，应当予以及时解除。例如，对于尚未立案调查的情形、立案之后又撤销案件的、被调查人及相关人员死亡的或有其他不可能离开国境的情形等。

【法条链接】

一、《中华人民共和国监察法》（2018年）

第三十条　监察机关为防止被调查人及相关人员逃匿境外，经省级以上监察机关批准，可以对被调查人及相关人员采取限制出境措施，由公安机关依法执行。对于不需要继续采取限制出境措施的，应当及时解除。

【释义】 该条是关于限制出境措施的规定。

二、《中华人民共和国出境入境管理法》（2012年）

第十二条　中国公民有下列情形之一的，不准出境：

（一）未持有效出境入境证件或者拒绝、逃避接受边防检查的；

（二）被判处刑罚尚未执行完毕或者属于刑事案件被告人、犯罪嫌疑人的；

（三）有未了结的民事案件，人民法院决定不准出境的；

（四）因妨害国（边）境管理受到刑事处罚或者因非法出境、非法居留、非法就业被其他国家或者地区遣返，未满不准出境规定年限的；

（五）可能危害国家安全和利益，国务院有关主管部门决定不准出境的；

（六）法律、行政法规规定不准出境的其他情形。

【释义】 本条是对限制出境情形的规定。

第七十五条　中国公民出境后非法前往其他国家或者地区被遣返的，出入境边防检查机关应当收缴其出境入境证件，出境入境签发机关自其被遣返

---

〔1〕胡晓东、熊燕："对限制被执行人出境之申请的审查"，载《人民司法》2010年第10期。

之日起六个月至三年以内不予签发出境入境证件。

【释义】本条是关于遣返的规定。

三、《中华人民共和国税收征收管理法》（2015年）

第四十四条　欠缴税款的纳税人或者他的法定代表人需要出境的，应当在出境前向税务机关结清应纳税款、滞纳金或者提供担保。未结清税款、滞纳金，又不提供担保的，税务机关可以通知出境管理机关阻止其出境。

【释义】本条是对欠缴税款的出境限制规定。

四、《中华人民税收征收管理法实施细则》（2016年）

第七十四条　欠缴税款的纳税人或者其法定代表人在出境前未按照规定结清应纳税款、滞纳金或者提供纳税担保的，税务机关可以通知出入境管理机关阻止其出境。

【释义】本条是对欠缴税款的出境限制规定。

五、《中华人民共和国民事诉讼法》（2017年）

第二百五十五条　被执行人不履行法律文书确定的义务的，人民法院可以对其采取或者通知有关单位协助采取限制出境，在征信系统记录、通过媒体公布不履行义务信息以及法律规定的其他措施。

【释义】本条是对被执行人的限制措施。被执行人应当履行法律文书确定的义务，当被执行人有履行能力而不履行法律文书确定的义务时，人民法院可以对其采取或者通知有关单位协助采取限制出境，在征信系统记录、通过媒体公布不履行义务信息以及法律规定的其他措施。限制出境的对象是被申请执行人，包括自然人和法人及其他组织。被执行人为单位的，可以对其法定代表人、主要负责人或者影响债务履行的直接责任人员限制出境。被执行人为无民事行为能力人或者限制民事行为能力人的，可以对其法定代理人限制出境。法律将不履行法律文书确定的义务的行为记录在征信系统中，主要指记录在中国人民银行征信局的信贷征信系统和人民法院记录拒不履行生效法律文书的被申请执行人的征信系统中。通过媒体公布不履行义务信息是指将被执行人不履行法律文书确定义务的信息，通过报纸、广播、电视、互联网等媒体公布。〔1〕

---

〔1〕法律出版社法规中心：《〈中华人民共和国民事诉讼法〉注释本》，法律出版社2017年版，第215页。

六、最高人民法院《关于适用〈中华人民共和国刑事诉讼法〉的解释》(2012年)

第四百零四条　对涉外刑事案件的被告人，可以决定限制出境；对开庭审理案件时必须到庭的证人，可以要求暂缓出境。作出限制出境的决定，应当通报同级公安机关或者国家安全机关；限制外国人出境的，应当同时通报同级人民政府外事主管部门和当事人国籍国驻华使、领馆。

人民法院决定限制外国人和中国公民出境的，应当书面通知被限制出境的人在案件审理终结前不得离境，并可以采取扣留护照或者其他出入境证件的办法限制其出境；扣留证件的，应当履行必要手续，并发给本人扣留证件的证明。

对需要在边防检查站阻止外国人和中国公民出境的，受理案件的人民法院应当层报高级人民法院，由高级人民法院填写口岸阻止人员出境通知书，向同级公安机关办理交控手续。控制口岸不在本省、自治区、直辖市的，应当通过有关省、自治区、直辖市公安机关办理交控手续。紧急情况下，确有必要的，也可以先向边防检查站交控，再补办交控手续。

【释义】本条是对限制出境条件及程序的规定。

第五章　监察程序

监察程序是《监察法》的重要内容。首先，鉴于我国传统法制往往都是重实体轻程序，在立法中或者不规定程序，或者仅规定要求相对人履行各种手续、要求相对人提供各种材料、表格的程序，很少规定要求公权力主体应遵循的，保证其行为公开、公正、公平的程序〔1〕，在监察实践中更应当略为侧重监察程序，实现监察严格按照程序进行。其次，由于监察权作为一种新的国家权力，其必然会在行使过程中对公民权利与自由造成影响。为了防止监察权力滥用，必须有一套较为完善的程序对其予以规范和约束。最后，监察权需要有监察机关及监察人员行使，而这两者作为我国新时代反腐工作的重要组成部分，本身应当保持廉洁性，监察人员更应以身作则、严守程序底线，以确保监察反腐工作的正当性。因此，《监察法》于第五章对监察工作的程序作了较为详细的规定。其不仅规定了监察反腐的预防性措施，也赋予了监察机关采取必要强制措施的权力，设置了力保"不能腐、不敢腐、不想腐"的监督、调查、处置程序，对权力运行的环节予以监督，实现关口前移。〔2〕从《监察法》的规定来看，监察机关有监督、调查、处置三项职权，以及谈话、讯问、询问、查询、冻结、调取、查封、扣押、搜查、勘验检查、鉴定、留置等十二项监察措施。为实现正当程序和监察效率的双重要求，首先应当对其十二项监察措施进行性质上的分类，并根据其性质的不同，设定轻重不同和疏密有别的程序要求，保障监察过程的规范和可控。〔3〕

---

〔1〕 参见姜明安："国家监察发立法的若干问题探讨"，载《法学杂志》2017年第3期。

〔2〕 参见马怀德："《国家监察法》的立法思路与立法重点"，载《环球法律评论》2017年第2期。

〔3〕 参见江国华、何盼盼："中国特色监察法治体系论纲"，载《新疆师范大学学报（哲学社会科学版）》2018年第5期。

第一节　线索处置

一、对报案、举报的处理

《监察法》第35条规定了对报案、举报的处理程序。所谓监察机关对举报、报案的处理是指各级监察机关对于个人、单位和其他社会组织的举报、报案及其相关材料进行接待和收留的活动。其中报案是指任何个人、单位或者社会其他组织在发现违法犯罪事实之后，或者被害人对侵犯自己人身、财产权益的犯罪事实，向监察机关报告，请求其进行调查并作出处置的行为。因为报案人有可能是偶然知悉犯罪事实的人，其进行报案并不必然知晓犯罪嫌疑人，报案人也可能就是受害者本身，其进行报案也未必知晓犯罪嫌疑人。[1]而举报是指与监察案件无直接利害关系，并知晓案件相关情况的单位或者个人向监察机关检举、揭发犯罪嫌疑人的犯罪事实或者犯罪线索的行为。在《监察法》的落实过程中，需要注意以下几点：

（1）问题线索的来源。问题线索是监察机关启动监察程序，确定案件管辖和后续调查、处置的前提，没有问题线索或者没有发现问题线索，不能启动监察程序，这是出于保护相关人员基本权利和节约监察资源、提高监察调查效率和质量的必然要求，有利于保障监察活动的合法性、有序性和稳定性。一般说来，问题线索的来源主要有以下几个方面：一是来自于相关人员的报案、举报。二是监察机关依照法律规定履行职责过程中发现的有关线索和问题。三是除了国家监察机关以外的其他国家机关在履行职责过程中发现的，移送给监察机关管辖的线索和案件。例如，公安机关作为国家治安管理部门，其在于违法犯罪进行斗争的第一线和日常工作中发现的犯罪线索和事实。四是人民检察院在审查批捕、审查起诉过程中发现的犯罪事实与线索。五是人民法院在行使审判职能时候发现的与案件无关的其他职务违法犯罪线索等。六是有关人员的控告。七是职务违法、犯罪嫌疑人的自首。八是来自社会舆论监督、媒体监督等方式发现的问题线索。

（2）报案与举报之间的区别。报案和举报都是监察机关获取问题线索的重要来源，但是二者略有不同。报案仅仅是报告发生了职务违法犯罪，但并不知晓违法人、犯罪嫌疑人是谁，报案人既可以是被害人，也可以是除被害人以外

〔1〕参见兰跃军："被害人报案与控告"，载陈兴良主编：《刑事法评论》，北京大学出版社2014年版。

的其他人。当被害人仅仅向监察机关报告发生了职务违法犯罪行为时，就是报案。而举报是被害人及其法定代理人、近亲属以外的其他人，为了维护国家利益、社会公共利益和其他公共利益而进行的活动，其不仅报告发生了职务违法犯罪行为，还要报告职务违法犯罪嫌疑人是谁。[1]易言之，举报与报案相比，其所提供的问题线索更为具体，直接指向了职务违法犯罪的相关嫌疑人。

（3）监察机关对报案、举报的处理。监察机关对于报案和举报“应当”予以接受并按照有关规定处理。[2]具体而言包含两点：第一，对于任何报案、举报，监察机关都应当接受、必须接受，这不同于诉讼管辖中的立案审查制度。因为就监察程序而言，此时的报案和举报只是监察机关发现和查找、获取问题线索的一种途径，其并没有正式进入监察立案程序，如果对每一次报案和举报进行审查，即使是形式审查，恐会打击和挫伤报案人、举报人的积极性，不利于全面、有效地查处职务违法犯罪活动，保障国家利益和社会公共利益。第二，监察机关对于举报和报案应当按照有关规定进行处理。对于那些属于本机关管辖的问题线索，监察机关应该严格按照法定程序开展调查工作，对于那些需要采取初步核实的问题线索，监察机关理应依法履行审批手续，成立核查组，进行调查处置。对于那些不属于本机监察机关管辖的线索，可以请求移送给上级监察机关或者下级监察机关处理。

二、职务违法犯罪问题线索移送和管辖

《监察法》第4条第2款规定：“监察机关办理职务违法犯罪案件，应当与司法机关互相配合、互相制约。”本条规定内含了监察案件的管辖必须要坚持分工明确、合理的原则。合理确定管辖，有利于各级监察机关和其他国家机关之间依法履行自己的职责，行使自己的职权，将属于自己管辖的案件或问题线索管起来、管好、处理好。[3]既防止相互推诿和相互争抢，又充分发挥每个部门、每个单位在同职务违法犯罪做斗争中的作用和功效；也有利于有关主体向各级监察机关、公检法等各机关提出报案、举报和控告；更有利于案件或问题线索得到及时、正确的处理，减少或避免公共利益的损失。

（一）立案管辖问题

此处的立案管辖是指监察机关和公安机关、人民法院、人民检察院、审计

---

〔1〕参见赵秉志：“刑事立案若干问题探讨”，载《人民检察》2000年第4期。

〔2〕参见《中华人民共和国监察法》第35条的规定。

〔3〕秦前红、石泽华：“论监察权的独立行使及其外部衔接”，载《法治现代化研究》2017年第6期。

机关等国家机关，在受理和处置关于国家公职人员涉嫌职务违法和职务犯罪案件上的权限分工。此处的管辖类似于刑事诉讼中的案件主管，并迥异于审判管辖。管辖涉及各级监察机关内部分工和监察机关与其他国家有权机关的外部分工两个方面，而此处的立案管辖仅仅指代外部分工方面。《监察法》第 4 条规定，监察机关办理职务违法犯罪案件，应当与司法机关互相配合、互相制约。由此可知，确立管辖应当坚持分工明确、合理的原则，还要坚持保证及时、正确处理案件的原则和原则性和灵活性的原则。〔1〕

（1）监察职权的专属性、排他性和独占性。根据《监察法》第 3 条的规定："各级监察委员会是行使国家监察职能的专责机关，依照本法对所有行使公权力的公职人员进行监察，调查职务违法和职务犯罪，开展廉政建设和反腐败工作，维护宪法和法律的尊严。"由此可知，监察职权具有专属性和排他性特点。第 4 条规定了监察独立的原则，主要包括监察职权归属上的排他性和职权行使上的独立性。

（2）对立案管辖的理解。我国对于国家公职人员进行全方位的监督，已然建成了多层次、多样化和全方位的监督体系，具体包括国家机关的监督、社会监督、人民监督、新闻舆论监督等。故而在监察实务中，人民法院、人民检察院、公安机关、审计机关等国家机关在依法履行职责的过程中，都有可能发现国家公职人员涉嫌职务违法和职务犯罪的线索。为了打击职务违法犯罪，维护国家利益、社会公共利益和其他合法权益，必须由有权机关依照法律法规规定及时、迅速地对案件进行处置。而各级监察委员会是我国专司职务违法犯罪监察的机关，其依法履行监察职能，对相关的职务违法、职务犯罪进行调查、处置。这决定了对国家公职人员职务违法和职务犯罪案件的管辖权只能由各级监察机关享有，其他国家机关不能行使。〔2〕所以《监察法》第 34 条规定了有关国家机关应当将问题线索移送监察机关。

对此应当注意以下两点：第一，对本条中"等国家机关"的理解，本条所规定的发现有关职务违法犯罪问题线索的国家机关并不仅仅局限于上述列举的四个国家机关，还应当包括那些在工作中可能发现相关职务违法犯罪问题线索的国家机关。这样有利于加强对有关国家公职人员的监督，及时发现问题线索，维护国家利益和社会公共利益。第二，对本条中"等职务违法或者职务犯罪"的"等"字的含义也应当采取"等外等"的理解，有关公职人员的职务违法犯

〔1〕 韩大元："论国家监察体制改革中的若干法律问题"，载《法学评论》2017 年第 3 期。

〔2〕 焦洪昌、叶远涛："监察委员会的宪法定位"，载《国家行政学院学报》2017 年第 2 期。

罪行为并不局限于贪污贿赂、失职渎职这两个方面。

（二）管辖权竞合的处理

管辖权竞合主要是指不同的主管机关对同一个被调查人都具有管辖权限，从而引起竞合的情形。解决管辖权竞合要坚持便利案件处置的原则、主次原则和灵活性原则。《监察法》第4条规定："监察机关在工作中需要协助的，有关机关和单位应当根据监察机关的要求依法予以协助。"可以看出，在监察实务和司法实务中，监察机关在处置公职人员的职务违法犯罪案件的时候具有优先地位和主要地位，其他机关在一般情况下应当协助监察机关的工作，其他机关具有法定的协助义务。故当被调查人涉嫌不同种类的违法犯罪相互竞合时，应当由各级监察委员会为主导、其他机关为协助进行调查、侦查和处置。同理，根据《监察法》第35条第2句规定："对于不属于本机关管辖的，应当移送主管机关处理。"对不属于监察机关管辖的案件，监察机关应当将案件移送给有关机关管辖，而不能自我管辖。当然，在特殊情况下也可以由其他有关机关为主导，各级监察机关为辅助，进行案件的侦查、调查和处置，但是对于哪些情形属于特殊情况，法律对此没有作出明确规定。

此外，刑事诉讼中也会出现管辖权竞合的问题。对此，2012年修订的《刑事诉讼法》第25条规定："几个同级人民法院都有权管辖的案件，由最初受理的人民法院审判。在必要的时候，可以移送主要犯罪地的人民法院审判。"而按照2012年最高人民法院、最高人民检察院、公安部、国家安全部、司法部、全国人大常务委员会法制工作委员会颁布的《关于实施〈刑事诉讼法〉若干问题的规定》第1条规定："公安机关侦查刑事案件涉及人民检察院管辖的贪污贿赂案件时，应当将贪污贿赂案件移送人民检察院；人民检察院侦查贪污贿赂案件涉及公安机关管辖的刑事案件，应当将属于公安机关管辖的刑事案件移送公安机关。在上述情况中，如果涉嫌主罪属于公安机关管辖，由公安机关为主侦查，人民检察院予以配合；如果涉嫌主罪属于人民检察院管辖，由人民检察院为主侦查，公安机关予以配合。"因此，监察机关在办理职务违法案件时，主罪一般应属于监察机关管辖，应由监察机关为主展开调查工作。此外，还可以采用并案处理的方式解决管辖权竞合的问题。对此，上述六机关《规定》第3条明确了并案处理的情形："具有下列情形之一的，人民法院、人民检察院、公安机关可以在其职责范围内并案处理：（一）一人犯数罪的；（二）共同犯罪的；（三）共同犯罪的犯罪嫌疑人、被告人还实施其他犯罪的；（四）多个犯罪嫌疑人、被告人实施的犯罪存在关联，并案处理有利于查明案件事实的。”[1]监察机关在并案处理时亦可参照这一规定。

三、线索处置工作的监督

（一）建立相互协调、相互制约的工作机制和协调内部职能分工

《监察法》第36条规定：“建立问题线索处置、调查、审理各部门相互协调、相互制约的工作机制。监察机关应当加强对调查、处置工作全过程的监督管理，设立相应的工作部门履行线索管理、监督检查、督促办理、统计分析等管理协调职能。”这就要求各级监察机关内部要形成执纪监督、线索处理、审查调查、内部监督管理、案件督促、案件审理相互协调、相互制约的工作机制。具体而言：

（1）各级监察机关要建立健全机关内部建设，明确职能分工，细化履行职责方式，完善配套制度。各级监察机关要分门别类地设置报案、举报接受部门、问题线索分析处置部门、线索管理部门、监督检查和执纪监督部门、线索调查审查部门等单位，并赋予其相应的职权。

（2）在领导体制上，探索统分结合，实行既分工负责又集体决策的体制。实行“监督、审查、案管、审理”相对分离，各级纪委监委主要负责人员分别分管执纪监督、审查调查、案件监督管理和案件审理等工作，实行分工处理、分工负责。建立集体决策制度，对监察过程中发现的重大问题必须经集体研究决定，出现集体内部意见不一致时必须经集体研究，经协商一致，按程序报批。

（3）在工作机制上，建立既相互协调又相互制约的机制。案件监督管理部门集中统一管理所有反映领导干部的问题线索，实行动态更新、汇总核对、全程监控，对执纪监督、审查调查工作进行综合协调和监督管理；执纪监督部门负责所联系地区和部门的日常监督，不负责具体案件查办；审查调查部门负责对违纪违法行为进行初步核实和审查调查，实行一次一授权，不固定联系某一地区或者部门，由案件监督管理部门统一调度；案件审理部门负责审核把关，对事实不清、证据不足的，退回审查调查部门补充证据或重新调查。

（4）建立相互支持、协调衔接的工作机制。案件监督管理部门负责对审查调查部门的线索处置、审查调查情况进行跟踪研判，在安全保障、陪护力量协调等方面支持审查调查部门的工作。审查调查部门要将工作进展、线索处置进

[1] 参见《关于实施刑事诉讼法若干问题的规定》（2012年）的相关规定。

度以及相关审查调查数据统计情况及时报送案件监督管理部门，便于汇总分析。案件审理部门要在制定取证指南、细化证据标准、发布典型案例等方面，对审查调查部门的工作进行指导和支持。

（二）加强内部监督

监察机关不仅要受到来自外界的监督，如人大的监督、党的监督、人民的监督和社会监督等，还要受内部体制机制的监督，具体包括国家监察委员会对地方监察机关工作的监督、上级监察机关对下级监察机关的监督和各级监察机关对自身内部各工作部门的监督。监察机关加强对调查、处置工作的监督管理：一是建立内部监督制度；二是健全工作运行制度；三是完善干部管理制度，注重夯实基础，提升纪检监察干部综合素质；四是创新监督方式，健全内部监督管理机制；五是完善纪检监察工作人员违纪违法问题查处和情况通报制度。

四、线索处置程序和要求

（一）问题线索的处置、审批和分类管理

监察机关对于有关问题线索的举报、报案应当予以受理，要切实履行好受理和分流的职责。那些不属于监察机关管辖的线索和情况应当予以转送，那些属于监察机关内部受理的，要作出详细分析研究，对于属于上级或者下级监察机关管辖的问题线索，可以报请上级移送或者直接移送给下级监察机关予以办理。对于属于检举控告类的问题线索或情况，经过筛选研判，经过机关内部领导批准之后转化为问题线索；对于属于批评类的问题或者情况，对举报人反映的廉政建设和监察工作的意见进行梳理，并向机关负责人作出报告；对于申诉类的问题线索或者情况，按照有关申诉复核的规定予以办理。[1]尤其注意的是，在对问题线索进行分类处置、审批和管理的过程中要做好相关保密工作。

（二）问题线索的定期汇总、通报

从问题线索管理处置流程上看，有关问题线索有多种来源途径由监察机关内部的纪检、信访管理部门进行归口管理、统一接受，之后通过整理将问题线索分类摘要移送到案件监督管理部门。[2]同时，执纪监督部门、执纪审查部门、干部监督部门在履职过程中发现问题线索的，对那些不属于本部门受理的线索，经过本部门领导审批之后移送给案件监督管理部门。此外，巡视工作机构、其

---

〔1〕 参见周长军：“监察委员会调查职务犯罪的程序构造研究”，载《法学论坛》2018 年第 2 期。

〔2〕 参见沈叶：“问题线索流转之旅”，载《中国纪检监察》2017 年第 5 期。

他国家机关发现的问题线索也将移交给案件监督管理部门。案件监督管理部门将定期对所有的问题线索进行汇总、核对、报告，提出分办意见之后移交承办部门予以办理处置。在案件办理和处置过程中，具体承办部门也将会定期汇总问题线索处置情况并加以归档，同时将相关的情况及时通报给案件监督管理部门。建立问题线索处置情况定期汇总、通报制度，有利于理顺监察机关内部各部门之间的关系，使得对问题线索的处置工作能够得以顺利开展，提高监察效率。[1]同时也要对问题线索的处置情况进行定期检查和抽查，提高监察案件质量。

【法条链接】

《中华人民共和国监察法》（2018年）

第三十四条　人民法院、人民检察院、公安机关、审计机关等国家机关在工作中发现公职人员涉嫌贪污贿赂、失职渎职等职务违法或者职务犯罪的问题线索，应当移送监察机关，由监察机关依法调查处置。

被调查人既涉嫌严重职务违法或者职务犯罪，又涉嫌其他违法犯罪的，一般应当由监察机关为主调查，其他机关予以协助。

【释义】本条是关于职务违法犯罪问题的线索移送制度和管辖的规定。

第三十五条　监察机关对于报案或者举报，应当接受并按照有关规定处理。对于不属于本机关管辖的，应当移送主管机关处理。

【释义】本条是关于的报案、举报的规定。

第三十六条　监察机关应当严格按照程序开展工作，建立问题线索处置、调查、审理各部门相互协调、相互制约的工作机制。

监察机关应当加强对调查、处置工作全过程的监督管理，设立相应的工作部门履行线索管理、监督检查、督促办理、统计分析等管理协调职能。

【释义】该条是关于监察机关加强监察工作监督管理的规定。

第三十七条　监察机关对监察对象的问题线索，应当按照有关规定提出处理意见，履行审批手续，进行分类办理。线索处置情况应当定期汇总、通报，定期检查、抽查。

【释义】本条是关于问题线索处置程序和要求的规定。

---

〔1〕陈振："关于纪检监察机关运用函询处置问题线索的思考"，载《广州大学学报》2016年第12期。

第二节 初步核实

所谓初步核实，是指监察机关对需要调查处理的事项，在正式立案前采取一定的方式进行初步的了解与核实，以确认是否符合正式立案条件的活动。通过初步核实确认监察机关受理的有关监察对象违反职务相关法律法规行为的线索和材料是否符合立案条件，为立案与否提供依据。[1]可以说，初步核实是监察机关调查处理职务违法犯罪案件的启动程序，对整个调查处理职务违法犯罪案件工作来说都是十分必要的。

一、初步核实的执行程序

根据《监察法》第38条规定，监察机关应按照下列程序对涉嫌违反《监察法》有关规定的问题线索进行初步核实处理：

（一）需要采取初步核实方式处置问题线索的，监察机关应当依法履行审批程序，成立核查组

问题线索是职务违法犯罪审查工作的重要基础，对其展开核查工作，应当按照法定程序进行。由于每一种涉嫌职务违法犯罪的情况与特点不同，初步核实的方式也不尽相同。因此，应针对每一种涉嫌职务违法犯罪的情况与特点采取对应的初步核实方式。实践中常用的方式有：书面核实；当面了解核实知情人和有关单位、人员的反映及检举人、控告人、自述人提供的有关情况；责成或者委托下级监察机关或有关部门了解核实有关情况等。

监察机关成立核查组，是为初步核实工作提供的组织准备。核查组的工作人员是监察机关初步核实工作的执行人员，需要依法按照审批程序予以成立。此外，为了确保核查工作的质量，核查组至少应当包含至少一名监察机关负责人。

（二）初步核实工作结束后，核查组应当撰写初核情况报告，提出处理建议

所谓撰写初核情况报告，是指监察机关依法审批成立的核查组，在完成初步核实工作后，针对所核实得出的问题线索，整理问题情形，所撰写的工作报告。核查组按照初步核查所掌握的实际情况，结合初核报告的内容，就所初步核实的单位与个人是否符合涉嫌职务违法犯罪的情形进行判断，列明被核查人基本情况、反映的主要问题、办理依据及初核结果、存在疑点、处理建议，由

---

〔1〕 参见卞建林：“监察机关办案程序初探”，载《法律科学》2017年第6期。

核查组全体人员签名备查。承办部门应当综合分析初核情况，按照拟立案审查、予以了结、谈话提醒、暂存待查或者移送有关党组织处理等方式提出处置建议。初核情况报告报监察机关主要负责人审批，必要时向同级党委（党组）主要负责人报告。

监察机关对违反职务法律、法规行为进行初核核实后，对初步核实的具体情况分别作出以下处理：

（1）存在违反职务法律、法规事实，需要进一步调查的，予以立案；

（2）不存在违反职务法律、法规事实或者存在违反职务法律、法规事实，但情节轻微，不予立案。对存在违反职务法律、法规事实，但情节轻微的，可按照《监察法》第54条第1款规定处罚。

二、初步核实工作的成果处理

（一）承办部门应当提出分类处理意见

承办部门即接受办理监察机关委托处理初步核查工作的单位、组织，应当将问题线索进行分类处置，对拟立案、初核、谈话函询、暂存和了结所得出的关于初步核查问题线索是否应当予以立案提出意见。承办部门的分类处理意见，必须要有文件材料的支撑，以证明处理意见的合法性与合理性。又因为承办部门是监察机关开展初步核实工作的临时办事机构，其得出的分类处理意见具有参考性，可以用于补充、完善监察部门的初核报告及处理建议，但不能单独作为初步核实的最终凭据。

（二）初核情况报告和分类处理意见报监察机关主要负责人审批

监察机关的主要负责人，指的是监察机关主持本单位全面工作具有最高决策权并对本单位承担主要责任的单位领导。将初步核查过程中由监察机关及承办单位提出的初核情况报告和分类处理意见报监察机关主要负责人审批，旨在使监察机关主要负责人了解初步核实工作的具体情况，判断监察对象是否有可能存在职务违法犯罪的行为事实，增强立案工作的准确性、合法性、权威性。[1]

监察机关负责人在审批时应当注意：第一，初步核实工作是否依法进行。审查初核报告与分类处理意见，首先应判断初步核实本身是否合法，是否有程序上的瑕疵。对于其中违法的行为应予以批评并追究责任。第二，重点核实相

〔1〕参见卞建林：“监察机关办案程序初探”，载《法律科学》2017年第6期。

关证据材料，重视证据对问题线索的说明作用，不可仅凭经验、主观臆断来判断监察对象是否存在职务违法犯罪行为的可能性。第三，审批应当具有责任效力。审批意味着监察机关负责人应当对初核结果负责。第四，审批的结果应当在监察机关内部公开。审批结果除密级限制外，应当对核查组和所在的监察机关内部予以公示。第五，监察对象在初步核实工作过程中能够主动交代其职务违法犯罪行为或者监察机关尚未掌握的其他职务违法犯罪行为问题线索的，可以从轻处分或追究其法律责任。

【法条链接】

《中华人民共和国监察法》（2018 年）

第三十八条　需要采取初步核实方式处置问题线索的，监察机关应当依法履行审批程序，成立核查组。初步核实工作结束后，核查组应当撰写初核情况报告，提出处理建议。承办部门应当提出分类处理意见。初核情况报告和分类处理意见报监察机关主要负责人审批。

【释义】 本条是对监察机关初步核实程序的规定，旨在明确监察机关初步核实工作的组织安排、成果汇报的各项程序，促进初步核实工作的科学化、合理化、精细化，便于监察机关主要负责人尽可能地掌握所涉问题的核实情况。

第三节　立案调查

一、立案的含义与任务

《监察法》第 39 条规定了监察工作中的立案调查程序。其中立案是指监察机关对需要调查处理的事项经过初步审查，认为有法律规定的违法行为事实，需要追究法律责任的，依法决定案件成立并进行调查处理的活动。通过立案，对职务违法犯罪行为进行追究，并通过随后的调查处理活动，揭露和证实违反与职务有关的法律、法规的行为，使违法者受到应有的惩处，使国家机关及其国家公务员、国家机关任命的其他人员和参与公共活动的其他人员清正廉明，依法履行职务。立案是监察机关调查处理涉嫌职务违法犯罪行为程序的重要组成部分，在整个调查处理涉嫌职务违法犯罪案件的过程中起着十分重要的作用。

二、立案的条件

根据本条规定，立案必须同时具备两个条件：

第一，调查对象有违反职务法律、法规的事实。所谓违法的事实，是指监察对象实施违反职务法律、法规行为的时间、地点、手段、动机、目的、行为本身和侵害对象及所造成的危害后果等各种事实的总和。违反职务法律、法规的事实是以一定形式表现出来的。违反职务法律、法规的行为，是不以人们的主观意志为转移的客观存在的事实。监察机关立案所需的违反职务法律、法规的事实，不要求是全部违反职务法律、法规的事实。全部违反职务法律、法规的事实需要到调查阶段结束之后才能查清楚。监察机关在对需要调查处理的事项进行初步核查后，认为存在一定的违反职务法律、法规事实即可立案。第二，需要追究调查对象的法律责任。有违反职务法律、法规的事实，只是立案的一个条件，但并不是所有违反职务法律、法规的事实都要立案查处，能否立案还要看是否需要追究法律责任。对存在的违反职务法规的事实和情节，但根据《监察法》（2018 年）和《公务员法》（2017 年）规定只需要给予批评教育、政务处分的则不需要立案。以上两个立案条件应同时具备，才能立案。在实务中，一定要严格、准确地掌握立案的条件，以保证准确、及时地立案。

立案应当写出立案呈批报告，递交监察机关负责人审批。重要、复杂案件的案件，应当报上一级监察机关备案。

三、立案过程中的调查准备工作

在立案阶段，监察机关主要通过专题会议的方式开展调查的准备工作。专题会议由监察机关的主要负责人召开，其确定的调查方案应当至少包含人员分工安排、调查工作的进度安排、调查措施、调查评估标准等内容。专题会议是民主集中制在立案过程中的程序要求，也是确保调查工作的科学性、提高调查工作效率的重要环节。专题会议确立的调查方案与调查措施，应具备较强的稳定性，监察人员非经过法定程序不得任意修改。监察机关的主要负责人应当做好调查的监督工作，切实保障调查严格按照专题会议所确立的调查方案进行。

四、对立案调查决定的处理

立案调查决定应当向被调查人公布，并通报相关组织。[1]这是建立在监察机关通过初步核查确认被监察对象涉嫌职务违法犯罪，对问题线索具有初步的掌握，并予以立案的基础上的。将立案调查决定向被调查人宣布和通报相关组织，体现出对被调查对象知情权的保护与尊重。对有关单位来说，便于他们了

---

〔1〕 龙宗智："监察体制改革中的职务犯罪调查制度完善"，载《政治与法律》2018 年第 1 期。

解下属部门和人员遵纪守法，以及下属部门及人员涉嫌职务违法犯罪的有关情况，以更好地履行领导、监督职责，同时也是为了取得有关单位对监察机关查处案件工作的支持和配合，便于监察机关查处案件工作顺利有效地进行。

但是，从监察机关查处职务违法犯罪案件的实际情况来看，很多职务违法犯罪案件涉及面广、情况复杂，可能会出现被调查单位的上级主管机关、被调查人所在单位不配合调查工作的开展，甚至对被调查人进行庇护等情形，这会妨碍监察机关调查案件工作的顺利进行，增加办案的难度。在这种妨碍调查的特定情况下，监察机关可以将立案决定暂缓通知被调查单位的上级主管机关、被调查人所在单位。另外，监察机关通知被调查人所在单位立案决定时，被调查人所在单位在获得知情权的同时，还要承担相应的义务。

对涉嫌严重职务违法或者职务犯罪的，应当通知被调查人家属，并向社会公开发布。[1]这是对被调查人采取调查措施前，使被调查人的家属知悉立案调查决定，要求其积极配合调查措施的必要前提。向社会公布，不仅是为了保护与尊重公众对涉嫌职务违法犯罪案件的知情权，也是为了向全社会征集更多调查证据、完善证据链，以促进调查工作的完成。

五、调查方案的执行

调查人员应当严格执行调查方案，不得随意扩大调查范围、变更调查对象和事项。[2]如违反调查方案执行调查工作，符合《监察法》第60条规定的，被调查人及其近亲属有权向监察机关申诉。如监察人员严重违法，则按照《监察法》第60条依法处理。严格执行调查方案，有利于保障监察对象的合法权益与基本权利，避免监察机关过度行使其监察职权，贯彻程序正义的要求，维护监察工作的权威性。对于在调查过程中新发现的调查证据，需要变更调查方案，扩大调查范围或者变更调查对象与事项的，监察机关应当依法重新立案调查，而不能直接修改调查方案或者变更执行调查方案。

对于调查过程中的重要事项，应当集体研究进行请示报告。具体包含：调查措施的批准实行、对被调查对象是否具有职务违法犯罪行为事实有较大证明力的证据、调查方案的实质性变更、调查对象的变更、问题线索的新发现、所涉嫌职务违法犯罪的变更等。

请示报告之前应当先集体研究。这里集体的范围指所调查案件的调查小组

---

〔1〕 江国华："国家监察体制改革的逻辑与取向"，载《学术论坛》2017年第3期。

〔2〕 参见《中华人民共和国监察法》第42条的规定。

成员、监察机关的相关负责人及监察机关内部监督机构的相关人员。通过对调查过程中重要事项进行集体研究，增强调查工作的科学性与民主性。将集体研究的结果按程序请示报告，便于监察机关主要负责人与上级监察机关监督调查进度，并及时对下一步的调查工作作出指示。集体研究应由监察机关的相关负责人发起，按照民主集中制的要求，实行少数服从多数，确定调查方案、措施和步骤等重要事项。集体研究成员应当对所决定的事项负责。集体研究应当形成研究报告等书面材料或电子资料，留存备查。

此外，必须注意的是，当前《宪法》第37条与第40条与《监察法》中调查措施存在一定的冲突，具体表现为：监察机关采取留置等监察措施时需要对被调查对象的人身自由予以限制，但是《宪法》第37条第2款则明确规定“任何公民，非经人民检察院批准或者决定或者人民法院决定，并由公安机关执行，不受逮捕”。此外，监察机关因调查工作需要对被调查对象的通信记录进行监控的时候，便与《宪法》第39条的规定产生冲突：“除因国家安全或者追查刑事犯罪的需要，由公安机关或者检察机关依照法律规定的程序对通信进行检查外，任何组织或者个人不得以任何理由侵犯公民的通信自由和通信秘密。”对于此类冲突情形，监察机关应当充分按照与审判机关、检察机关、执法部门互相配合，互相制约的原则，要求公安机关予以协助。

【法条链接】

一、《中华人民共和国监察法》（2018年）

第三十九条　经过初步核实，对监察对象涉嫌职务违法犯罪，需要追究法律责任的，监察机关应当按照规定的权限和程序办理立案手续。

监察机关主要负责人依法批准立案后，应当主持召开专题会议，研究确定调查方案，决定需要采取的调查措施。

立案调查决定应当向被调查人宣布，并通报相关组织。涉嫌严重职务违法或者职务犯罪的，应当通知被调查人家属，并向社会公开发布。

【释义】本条是对监察机关立案程序的规定，旨在明确监察机关立案工作的确立标准、处理方法与公布措施，为立案调查工作作出必要准备。

第四十二条　调查人员应当严格执行调查方案，不得随意扩大调查范围、变更调查对象和事项。

对调查过程中的重要事项，应当集体研究后按程序请示报告。

【释义】本条是对调查人员调查对象、范围与请示报告的规定，旨在确保调查人员严格按照调查方案执行调查工作，提高调查的精度与效率，并确保重要事项决策的科学性与民主性。

第四十八条 监察机关在调查贪污贿赂、失职渎职等职务犯罪案件过程中，被调查人逃匿或者死亡，有必要继续调查的，经省级以上监察机关批准，应当继续调查并作出结论。被调查人逃匿，在通缉一年后不能到案，或者死亡的，由监察机关提请人民检察院依照法定程序，向人民法院提出没收违法所得的申请。

【释义】本条是对监察机关调查特殊程序的规定，旨在解决因被调查对象发生特殊状况，从而妨碍调查进一步推进或者阻碍违法所得没收工作的情形。

本法对于监察机关调查的特殊程序，主要包含以下两种情形：第一种是监察机关在调查贪污贿赂、失职渎职等职务犯罪案件过程中，被调查人逃匿或者死亡，有必要继续调查的；第二种是被调查人逃匿，在通缉 1 年后不能到案，或者死亡的。对于第一种情形，应当依据案件实际情况，判断是否需要继续调查。如需继续调查的，经省级以上监察机关批准，继续调查并得出结论。对于第二种情形，监察机关需要对调查所得的违法财物提请人民检察院依照法定程序，向人民法院提出予以没收的申请。

（一）继续调查的程序

所谓需要继续调查，即因为被调查对象死亡、失踪、逃匿等特殊原因，阻断监察机关调查工作，但案件社会危害性特别巨大、影响力特别深远，且仍有调查可能性存在的情况下，监察机关认为有必要继续调查以得出调查结果的情形。

就一般刑事案件而言，基于司法成本的考虑，遇到严重阻碍侦查的特殊事由，往往终止侦查。依照我国现行《刑事诉讼法》规定，犯罪嫌疑人、被告人死亡的案件，应当不追究刑事责任，已经追究的，应当撤销案件，或者不起诉，或者终止审理，或者宣告无罪。并未要求继续调查得出结论。但监察机关调查的贪污贿赂、失职渎职等职务犯罪案件，其覆盖面广，所涉金额数值巨大，社会影响力强。其中某些案件有必要得出最终结论以追究犯罪与保护受害者与无辜者，运用较多的监察资源，是比较必要的。

但从另一方面来看，监察机关在调查过程中运用了采取讯问、询问、留置、搜查、调取、查封、扣押、勘验、检查等调查措施，基本事实往往已经调查得较为充分。[1]其中留置措施的最长时间长达3个月，且可以特殊延长一次，总长达6个月之久。不仅给监察对象造成了较大身体与精神负担，且耗费了较多的监察资源。[2]出于成本考虑、现实需要和人权要求，基本无需对被阻却的调查继续展开。因此由省级以上监察机关批准，监察机关才可继续调查。由此也可以看出，需要继续调查的案件往往是跨省或者全国性的职务犯罪案件，或者是所涉金额特别巨大的职务犯罪案件。

（二）特殊调查程序中的财物处理程序

对于本条所涉的第二种情形，即特殊调查程序中的财物处理程序，基本同我国现行《刑事诉讼法》第280条第1款规定相同。其主要区别在于，增加了监察机关对调查所得违法财物的提请程序。即我国现行《刑事诉讼法》第280条仅规定了人民检察院可以向人民法院提出没收违法所得的申请，而本法则规定由监察机关提请人民检察院依照法定程序，向人民法院提出没收违法所得的申请。增加监察机关的介入，是监察机关行使其法定职权的应有之义，也是将调查材料移交的必要程序。因为人民法院对于案件违法所得的了解，是建立在调查材料与证据的基础上的，监察机关作为调查的主体，直接收集相关证据，对案件事实认识最为深刻。在提请没收职务犯罪案件所涉违法财物的过程中，应当将案件材料一并移送人民检察院，再由人民检察院提出没收申请并移交案件材料。而人民检察院作为我国的法律监督机关，有必要对监察机关的调查材料作出审查，审查无误后再移交人民法院。如发现案件违法所得相关材料不足的，可以要求退回监察机关补充侦查或者自行补充侦查。

以上两种处理程序可以单独适用，也可以合并适用。

二、《中华人民共和国刑事诉讼法》（2012年）

第一百零七条　公安机关或者人民检察院发现犯罪事实或者犯罪嫌疑人，应当按照管辖范围，立案侦查。

【释义】本条是对立案侦查机关的规定。

立案是刑事诉讼活动的开端，标志着刑事诉讼程序正式启动。立案也是法律赋予公安司法机关的权力和职责，其他任何机关和个人都无权立案。公诉案

---

〔1〕戴涛：“监察体制改革背景下调查权与侦查权研究”，载《国家行政学院学报》2018年第1期。

〔2〕秦前红、石泽华：“论监察权的独立行使及其外部衔接”，载《法治现代化研究》2017年第6期。

件的立案侦查机关主要为公安机关和人民检察院，二者在职能管辖的范围上有所分工。依据本法第18条的规定，贪污贿赂犯罪，国家工作人员的渎职犯罪，国家机关工作人员利用职权实施的非法拘禁、刑讯逼供、报复陷害、非法搜查侵犯公民人身权利的犯罪以及侵犯公民民主权利的犯罪，由人民检察院立案侦查。对于国家机关工作人员利用职权实施的其他重大的犯罪案件，需要由人民检察院直接受理的时候，经省级以上人民检察院决定，可以由人民检察院立案侦查。除法律另有规定的以外，其他刑事案件由公安机关立案侦查。[1]

第一百零八条　任何单位和个人发现有犯罪事实或者犯罪嫌疑人，有权利也有义务向公安机关、人民检察院或者人民法院报案或者举报。

被害人对侵犯其人身、财产权利的犯罪事实或者犯罪嫌疑人，有权向公安机关、人民检察院或者人民法院报案或者控告。

公安机关、人民检察院或者人民法院对于报案、控告、举报，都应当接受。对于不属于自己管辖的，应当移送主管机关处理，并且通知报案人、控告人、举报人；对于不属于自己管辖而又必须采取紧急措施的，应当先采取紧急措施，然后移送主管机关。

犯罪人向公安机关、人民检察院或者人民法院自首的，适用第三款规定。

【释义】本条是对接受立案材料的规定。

第一百零九条　报案、控告、举报可以用书面或者口头提出。接受口头报案、控告、举报的工作人员，应当写成笔录，经宣读无误后，由报案人、控告人、举报人签名或者盖章。

接受控告、举报的工作人员，应当向控告人、举报人说明诬告应负的法律责任。但是，只要不是捏造事实，伪造证据，即使控告、举报的事实有出入，甚至是错告的，也要和诬告严格加以区别。

公安机关、人民检察院或者人民法院应当保障报案人、控告人、举报人及其近亲属的安全。报案人、控告人、举报人如果不愿公开自己的姓名和报案、控告、举报的行为，应当为他保守秘密。

【释义】本条是对报案、控告、举报的形式、要求及保护措施的规定。

第一百一十条　人民法院、人民检察院或者公安机关对于报案、控告、举报和自首的材料，应当按照管辖范围，迅速进行审查，认为有犯罪事实需要追

---

〔1〕 法律出版社法规中心编：《〈中华人民共和国刑事诉讼法〉配套解读》，法律出版社2012年版，第176~177页。

究刑事责任的时候，应当立案；认为没有犯罪事实，或者犯罪事实显著轻微，不需要追究刑事责任的时候，不予立案，并且将不立案的原因通知控告人。控告人如果不服，可以申请复议。

【释义】本条是关于立案条件和程序的规定。

根据本条规定，人民法院、人民检察院或者公安机关对于报案、控告、举报和自首的材料，应当按照管辖范围迅速进行审查，通过审查决定是否立案。决定立案的条件是：（1）有犯罪事实，即已有的材料能够说明存在危害社会的犯罪行为，包括预备犯罪、正在实施犯罪、犯罪未遂、既遂或中止，这是立案的首要条件；（2）依照刑法及其他有关法律的规定，对所存在的犯罪事实需要追究刑事责任。对于同时具备以上两个条件的，应当决定立案。

经审查，有下列情形之一的，不予立案：（1）没有犯罪事实，即没有任何危害社会的犯罪行为和后果，或者有危害后果而并非犯罪行为所致；（2）虽有危害社会的行为，但情节显著轻微危害不大，不认为是犯罪的。遇有本法第15条规定的犯罪已超过追诉时效的，经特赦令免除刑罚的，依照刑法规定告诉才处理的犯罪而没有告诉或撤回告诉的，犯罪嫌疑人、被告人死亡或者其他法律规定免予追究刑事责任的情形的，也不予立案。

控告是被害人向司法机关报告犯罪嫌疑人及犯罪事实，要求追究刑事责任的行为，立案与否与被害人的权益有重大关系。为了防止司法实践中出现一些公安司法机关有案不立，被害人告状无门，放任犯罪分子逍遥法外，影响社会安定，正义无法伸张的情况，本条规定，对于不予立案的，应当将不立案的原因通知控告人，即对控告人的控告，要依法及时回复，不能不闻不问；认为不应当立案的，要说明理由。此外，为加强对控告人权利的救济，本条还规定，控告人对司法机关不予立案的通知不服的，可以申请复议。[1]

第一百一十一条　人民检察院认为公安机关对应当立案侦查的案件而不立案侦查的，或者被害人认为公安机关对应当立案侦查的案件而不立案侦查，向人民检察院提出的，人民检察院应当要求公安机关说明不立案的理由。人民检察院认为公安机关不立案理由不能成立的，应当通知公安机关立案，公安机关接到通知后应当立案。

【释义】本条规定了人民检察院对公安机关应当立案而不立案的监督。

---

〔1〕 全国人大常委会法制工作委员会编：《中华人民共和国刑事诉讼法释义：最新修正版》，法律出版社2012年版，第261~262页。

根据本条规定，人民检察院对公安机关的不立案决定进行监督有两种情况：一种情况是人民检察院在执法办案活动以及其他工作中自行发现公安机关对应当立案侦查的案件而不立案侦查的，应当要求公安机关说明不立案的理由；另一种情况是被害人认为公安机关对应当立案侦查的案件而不立案侦查，向人民检察院提出的，人民检察院也应当要求公安机关说明不立案的理由。人民检察院经审查有关材料后，认为公安机关的不立案理由不能成立的，应当通知公安机关立案，公安机关接到通知后应当立案。

本条所称的“应当立案侦查的案件”，是指案件符合本法第110条规定的“有犯罪事实需要追究刑事责任”的立案条件。“不立案理由不能成立”，是指公安机关提出的不立案理由与本法第10条规定的“没有犯罪事实，或者犯罪事实显著轻微，不需要追究刑事责任”的不立案条件不一致，不能作为不立案的理由。为了保证及时、准确地打击犯罪，及时、有效地保护公民的合法权益，本条专门规定了人民检察院对公安机关的不立案活动实施监督。[1]

三、《中国共产党纪律处分条例》（2015年）

第三十九条　本条例所称主动交代，是指涉嫌违纪的党员在组织初核前向有关组织交代自己的问题，或者在初核和立案调查其问题期间交代组织未掌握的问题。

在案件的初核、立案调查过程中，涉嫌违纪的党员能够配合调查工作，如实坦白组织已掌握的其本人主要违纪事实的，可以从轻处分。

【释义】本条是对主动交代和坦白的规定。二者存在时间上的差异。主动交代既可以在初核前，也可以在初核和立案调查中。而坦白必须在初核、立案调查过程中；二者还存在内容上的差异。主动交代的既可以是自己的问题，也可以是其他违纪行为人的问题。可以是组织未掌握的问题，也可以是组织已掌握的问题。而坦白只能是组织已掌握的本人违纪事实。从该条来看，主动交代的时间与内容范围较广，虽然未规定是否可以对其从轻处分，但从坦白的条款来看，既然主动交代的主观危害性更小，也可以类推适用从轻处分规定。

---

〔1〕 陈国庆主编：《中华人民共和国刑事诉讼法最新释义》，中国人民公安大学出版社2012年版，第146~147页。

第四节　证据规则

一、监察证据在刑事诉讼过程中认定和转化问题

根据《监察法》第33条第1款规定："监察机关依照本法规定收集的物证、书证、证人证言、被调查人供述和辩解、视听资料、电子数据等证据材料，在刑事诉讼中可以作为证据使用。"该条款对监察机关收集的证据与刑事诉讼证据的衔接问题作出了明确的法律规定，实现了二者的有效衔接与吻合，有利于打击犯罪，提高刑事司法效率，同时也对监察机关收集、固定、审查和运用证据提出了更高的要求。据此，监察机关依法收集的证据材料，在刑事诉讼过程中可以直接作为证据材料加以使用，而不需要转化。

（1）能够在刑事诉讼过程中作为证据使用的范围。上述第33条第1款规定的可以作为刑事诉讼证据的监察证据范围，除了明确列举的"物证、书证、证人证言、被调查人供述和辩解、视听资料、电子数据"之外，法条又规定了"等证据材料"。那么，"等证据材料"是否仅仅包括上述四种证据，其范围在哪儿，意即对"等"字应该如何理解。第一种观点认为，"等"字的含义应该是"等内等"，具体到本条，可以作为刑事诉讼证据使用的监察机关收集的证据仅仅局限于上述物证、书证、证人证言、被调查人供述和辩解、视听资料、电子数据五种证据。另一种观点认为，"等"字的含义应该是"等外等"，具体到本条，可以作为刑事诉讼证据使用的监察机关收集的证据包括了那些物证、书证、证人证言、被调查人供述和辩解、视听资料、电子数据之外的与这五种证据相同等性质的证据材料。但从监察法的立法本意来看，规定《监察法》第33条第1款的目的在于解决监察机关收集的证据在刑事诉讼中的运用问题，以实现二者的有效衔接，从而有力打击犯罪，故而，第二种观点更符合其立法目的，即"等证据材料"应属于"等外等"。

在理论上，是否将检察机关收集的证据作为刑事诉讼证据使用，在于监察机关收集的证据的客观性、合法性是否收到收集主体、收集程序、证明标准和要求的影响。对于物证等实物证据而言，其具有较强的客观性，不易因为收集主体的改变而导致其客观性的质的改变，也不会因为收集程序的差异而导致由真实偏向于虚假。[1]但对于证人证言、被调查人供述与辩解等言词证据而言，

〔1〕 周鹏飞："纪检监察机关收集的证据在刑事诉讼中的使用"，载《中国监察》2013年第24期。

其主观性太强，容易受到外界的干扰，也可能会因为收集主体、程序、标准的差异而产生不同的结果，且不当收集言词证据极有可能对公民基本权利造成侵害。故而，《监察法》第33条第2款规定了监察机关收集、固定、审查和运用证据必须以刑事诉讼法为参照，符合刑事诉讼的相关标准和要求。

（2）关联规定是行政证据与刑事诉讼证据的衔接。我国2012年修订的《刑事诉讼法》规定了行政证据与刑事诉讼证据的衔接制度："行政机关在行政执法和查办案件过程中收集的物证、书证、视听资料、电子数据等证据材料，在刑事诉讼中可以作为证据使用。"〔1〕此外，2012年修订的《人民检察院刑事诉讼规则（试行）》规定："行政机关在行政执法和查办案件过程中收集的物证、书证、视听资料、电子数据证据材料，应当以该机关的名义移送，经人民检察院审查符合法定要求的，可以作为证据使用。行政机关在行政执法和查办案件过程中收集的鉴定意见、勘验、检查笔录，经人民检察院审查符合法定要求的，可以作为证据使用。人民检察院办理直接受理立案侦查的案件，对于有关机关在行政执法和查办案件过程中收集的涉案人员供述或者相关人员的证言、陈述，应当重新收集；确有证据证实涉案人员或者相关人员因路途遥远、死亡、失踪或者丧失作证能力，无法重新收集，但供述、证言或者陈述的来源、收集程序合法，并有其他证据相印证，经人民检察院审查符合法定要求的，可以作为证据使用。"〔2〕监察机关在办理监察案件时，如遇到行政证据与刑事诉讼证据衔接的情形，可以参照上述规定执行。

二、收集、固定、审查、运用证据的要求和标准

《监察法》第33条第2款规定："监察机关在收集、固定、审查、运用证据时，应当与刑事审判关于证据的要求和标准相一致。"而根据2012年《刑事诉讼法》第53条的规定，对案件的判处，理当满足"证据确实、充分"的标准。又根据其第160条的规定，人民检察院审查移送起诉的案件，"应当做到犯罪事实清楚，证据确实、充分"。其第172条和第195条提出了同样的标准和要求。〔3〕故而，监察机关收集、固定、审查、运用证据，都必须达到"犯罪事实清楚，证据确实、充分"的程度。

所谓"犯罪事实清楚"是指凡是与案件定罪量刑有关的事实和情节，都必

---

〔1〕参见《中华人民共和国刑事诉讼法》（2012年）第52条第2款的规定。

〔2〕参见《人民检察院刑事诉讼规则（试行）》（2012年）第6条第1、2、3款的规定。

〔3〕参见《中华人民共和国刑事诉讼法》（2012年）第160、172、195条的规定。

须查证属实，而对不影响犯罪嫌疑人定罪量刑的细枝末节，则不要求必须全部查清。所谓“证据确实充分”应当满足以下要求：①定罪量刑的事实都有证据证明；②据以定案的证据均经法定程序查证属实；③综合全案证据，对所认定事实已排除合理怀疑。具体而言，证据确实充分应当同时满足：定罪量刑的事实都有证据证明、据以定案的证据均经法定程序查证属实和综合全案证据，对所认定事实已排除合理怀疑三个方面。此外，2010年由最高人民法院、最高人民检察院、公安部等颁布的《关于办理死刑案件审查判断证据若干问题的规定》第5条规定“证据确实、充分”是指：①定罪量刑的事实都有证据证明；②每一个定案的证据均已经法定程序查证属实；③证据与证据之间、证据与案件事实之间不存在矛盾或者矛盾得以合理排除；④共同犯罪案件中，被告人的地位、作用均已查清；⑤根据证据认定案件事实的过程符合逻辑和经验规则，由证据得出的结论为唯一结论。[1]

三、非法证据排除规则

非法证据排除规则也被称为证据禁止规则，指对以违法方法收集的证据应当依法在案件处置的过程中加以排除，不能作为案件处置依据的证据规则。[2]这一规则有利于维护监察纯洁、保障监察对象的基本人权、彰显程序正义和阻止监察人员的不法行为。现代任何国家的刑事诉讼法律中都禁止以违反法律的方式进行取证，我国刑事诉讼法也有类似的规定。

我国《刑事诉讼法》与最高人民法院、最高人民检察院、公安部、国家安全部、司法部2010年授权发布的《关于办理刑事案件排除非法证据若干问题的规定》等相关法律、法规正式确立了我国的非法证据排除规则。以非法方式收集证据，即以威胁、引诱、欺骗、侮辱、打骂、虐待、体罚或者变相体罚等其他方法对被调查者及其他涉案人员施以身体强制或精神强制，或隐瞒事实真相，诱导被调查人作出不符合其实际情况的供述，从而获得案件相关的证据。其中，非法手段具体包括：刑讯、虐待、折磨或者其他蓄意使人在肉体或精神上遭受剧烈疼痛或痛苦的任何行为；威胁、引诱、欺骗等非法方法；服用药物、催眠等医学或心理学手段；采取其他残忍、不人道或者有辱人格精神折磨的方法。[3]对这些非法证据应当予以补正或者作出合理解释；不能补正或者作出合理解释

---

〔1〕参加《关于办理死刑案件审查判断证据若干问题的规定》（2010年）第5条的规定。
〔2〕卞建林：“监察机关办案程序初探”，载《法律科学》2017年第6期。
〔3〕高铭暄等主编：《中华法学大辞典·刑法学卷》，中国检察出版社1996年版，第61页。

的，对该证据应当予以排除。2012 年修订的《刑事诉讼法》第 54 条具体在法律层面上规定了非法证据排除规则。2016 年 9 月，最高人民法院、最高人民检察院、公安部联合制定了《关于办理刑事案件收集提取和审查判断电子数据若干问题的规定》，对电子数据的提取、保存、审查、判断和运用作出了具体规定。2017 年 4 月 18 日，中央全面深化改革领导小组通过了《关于办理刑事案件严格排除非法证据若干问题的规定》，对非法证据排除规则进行了细化。

对于非法方法收集的证据可以分为两类：实物证据和言词证据。对于两类证据适用的排除规则有所不同：一是对于言词证据，特别是非法获取的口供应当予以排除，即采取绝对排除的态度。当今世界各国刑事证据法律都普遍禁止将刑讯逼供和以其他非法方法获取的言词证据作为证据使用，更不能将之作为定案的依据。这是因为非法获取的言词证据失真的可能性极高，会妨害案件事实的真实反映，也会使得违法者从中渔利。更重要的是，非法言词证据中的非法口供往往是采用刑讯逼供等野蛮手段获得，严重侵犯了公民的尊严、健康，甚至生命等自然人最为重要的基本权利。[1]因此，2012 年《刑事诉讼法》第 50 条规定："审判人员、检察人员、侦查人员必须依照法定程序，收集能够证实犯罪嫌疑人、被告人有罪或者无罪、犯罪情节轻重的各种证据。严禁刑讯逼供和以威胁、引诱、欺骗以及其他非法方法收集证据，不得强迫任何人证实自己有罪。"[2]二是对于违反法定程序获取的实物证据，经过权衡利弊，适用相对排除的规则。

监察机关非法证据排除规则与刑事司法中的非法证据排除规则具有较大不同。2012 年《刑事诉讼法》第 54 条规定："采用刑讯逼供等非法方法收集的犯罪嫌疑人、被告人供述和采用暴力、威胁等非法方法收集的证人证言、被害人陈述，应当予以排除。收集物证、书证不符合法定程序，可能严重影响司法公正的，应当予以补正或者作出合理解释；不能补正或者作出合理解释的，对该证据应当予以排除。在侦查、审查起诉、审判时发现有应当排除的证据的，应当依法予以排除，不得作为起诉意见、起诉决定和判决的依据。"据此，二者具有以下区别：一是，是否区分言词证据和实物证据。刑事司法程序中的非法证据排除规定明确区分了二者，其规定对非法方法获取的言词证据采取绝对排除的态度，即"应当"予以排除；而对于非法方法获取的实物证据，可由有关机关作出补正或者作出合理解释，如果不能作出的，才"应当"予以排除，即采

〔1〕 参见张保生主编：《证据法学》（第 2 版），中国政法大学出版社 2014 年版，第 301 页。

〔2〕 参见《中华人民共和国刑事诉讼法》第 50 条的规定。

取相对排除的态度。显然，监察机关适用的非法证据排除规则并没有具体区分上述两种证据种类。二是，排除范围上有不同。根据规定，监察机关适用的非法证据排除规则要求“以非法方法收集的证据”都“应当”依法予以排除，即对于全部非法证据，无论是言词证据还是实物证据都采取绝对排除的态度，其非法证据的效力不能得到补正。三是，提出非法证据排除的主体不同。刑事司法过程中的非法证据排除主体包括了当事人及其辩护人、诉讼代理人、人民检察院和人民法院等。

需要注意的是，对于不符合法定程序收集的证据，不能一概视为非法证据而予以排除，而是应当区别对待。[1]对可能严重影响处置结果合法公正的，应当要求相关调查人员予以补正或者作出合理解释，如果作了补正或合理解释，不影响证据使用的，该证据可以继续使用。不能补正或者不能作出合理解释的，对该证据应当予以排除。[2]

四、形成相互印证、完整稳定的证据链

监察人员收集到的证据，往往有真有假，有的准确，有的不准确，有的与案件事实有联系，有的与案件事实没有联系，有的与案件事实有直接联系，有的与案件事实有间接联系等。监察机关需要对收集的证据进行审查判断，以确认其是真是假，是否与案件事实有联系，有何种联系，能证明什么样的案件事实，现有证据能否证明全部案件事实等。[3]因此，监察机关需要对所收集到的证据形成相互印证、完整稳定的证据链。

所谓证据链，指一系列客观事实与物件所形成的证明链条。证据链的构成至少包括以下三个要求：一是有适格的证据；二是证据能够证明案件的证明对象；三是证据之间能够相互印证，对案件事实排除了合理怀疑。[4]证据链首先必须具备一系列适格的证据，即具有与所调查案件事实相关，具有一定可采性且不符合排除规则要求的一系列证据。其次，证据链中的证据必须具备一定的证明力，没有证明力或证明力不足的证据便不具有可采性，即使具有很强的相

〔1〕 杜万华主编：《最高人民法院民事诉讼司法观点全集》，人民法院出版社 2016 年版，第 20 页。

〔2〕 罗志勇、冯黔刚：“刑事审判中实物证据的审查判断及排除”，载《证据科学》2012 年第 2 期。

〔3〕 参见姜明安：“国家监察发立法的若干问题探讨”，载《法学杂志》2017 年第 3 期。

〔4〕 赵秉志等主编：《宽严相济死刑政策在刑事适用中的贯彻研究》，中国法制出版社 2015 年版，第 213 页。

关性，也不能充当证据链的一环。最后，证据之间要能够互相印证。不仅每个证据要与所调查的案件事实相关，各自证明与反映案件事实的一部分，而且各证据之间也应当具备关联性，能够使得绝大部分案件事实得以印证，形成较为完善的案件时间、地点、人员、行为、动机、结果的说明，从而达到较高的证明水准，即排除合理怀疑。

监察机关在收集证据形成证据链的过程中，应当做到以下几点基本要求：

（1）监察机关必须依法全面、客观地收集证据。即严格按照规定收集能够证实被调查人有无职务违法犯罪行为，以及职务违法犯罪行为情节轻重的各种证据，严禁以威胁、引诱、欺骗以及其他非法手段，片面和主观地收集证据。

（2）监察机关在调查取证时，应问明证人的身份、证人与被调查人之间的关系，并告知证人如实提供证据，以及有意作伪证或者隐匿证据应负的法律责任。

（3）询问证人应当个别进行，必要时经证人同意可以录音、录像。调查人员应当制作调查笔录，也可以由证人书写证言，没有书写能力的证人可以由他人代为书写，经核对无误后，由其签名或者盖章。如果证人要求对原证作部分或全部更改，可在注明更改原因的情况下另行作证，但不退还原证。

（4）收集证据应当取得原物、原件，如果不能收取原物件，可以拍照、复制，但应注明原物、原件的保存单位或者处，并由提供原物、原件的单位或者个人签名或者盖章。

（5）现场勘验、检查情况，应制作笔录或者勘验、检查报告由参加勘验、检查的人员和见证人签名或者盖章；必要时可以拍照、录像。

（6）对具有专业技术性的证据，可指派或者聘请具有专门知识、技术的人员参加调取，需要进行鉴定的，由鉴定人员写出鉴定结论，并签名或者盖章。

五、取证程序要求

监察人员在采取调查措施时要出示证件，出具书面通知，由二人以上进行，形成笔录、报告等书面材料，并由相关人员签名、盖章，这是调查程序的具体要求。出具书面通知与形成笔录、报告等书面材料，便于形成完整、可信度高的证据链，也能够便于再审、重审等程序的复核。令相关人员签名、盖章，即调查人员完成调查工作后，对所形成的笔录、报告等书面材料，通过签名、盖章等行为进行效力的确认与责任的划分。

监察人员应当在采取调查措施时出示证件，而书面通知应当提前送达监察对象或者由监察人员当面出具。调查应由至少二名监察人员进行，即监察人员不得独自采取调查措施。这主要是考虑：①调查工作的需要，有利于客观、真实获取和固定证据。②有利相互配合、监督，防止监察人员个人徇私舞弊或者发生刑讯逼供、诱供等非法调查取证行为，同时也有利于防止调查对象诬告监察人员有刑讯逼供、诱供等非法调查取证行为。

调查形成的笔录、报告等书面材料，应当包含调查案件、调查对象、调查内容、所涉证据、相关程序的执行情况、调查方向等内容。对于调查材料，应当由监察机关的相关负责人予以审核。如有违法调查行为，可根据调查材料的签名、盖章情况追究相关监察人员的责任。

调查人员进行讯问以及搜查、查封、扣押等重要取证工作，应当对全过程进行录音录像，留存备查。全过程的录音录像调查人员取证工作的必要程序，也是对调查程序的补充与保障。其目的在于规范侦查讯问行为，防止刑讯逼供；证明讯问过程的合法性；客观记录审讯内容，保障讯问笔录的公信力和确定力，防止翻供。这种取证制度模式属于权力主导型。[1]不同于刑事诉讼法中的录音录像制度，监察法所调查的立案案件，属于涉嫌违反职务法律法规的案件，可能侵害国家与社会公众利益，具有严重的社会危害可能性。[2]因此，监察人员在取证过程中必须进行录音录像，以推进调查进度，并确保取证程序和取证方式的合法性。

目前，讯问犯罪嫌疑人时录音录像主要分为“明录”与“暗录”两种。“明录”，即在事先告监察对象、相关证人前提下，将他们的供述、辩解或者有关证言等以录音、录像形式完整地予以固定下来。“暗录”即监察对象被调查讯问时不间断的全过程监控录像，主要目的是对监察人员在调查程序上进行监督。但作为证据移送并使用的仅局限于“明录”的录音录像。实践中，“明录”录像限于这样两种情况：一是用于固定口供。法庭上被告人翻供理由大多以调查阶段刑讯逼供、诱供为借口。[3]因此，当庭播放整个调查过程，监察对象的翻供借口便不攻自破。二是暂时解决证人不出庭作证问题。现阶段大量的证人证言还是在法庭上宣读对证言所作的记录，这种宣读不具有直观性，不利于法庭

---

〔1〕 高源、全英杰：“论基于证据体系构建的侦查取证模式”，载《山东社会科学》2006年版第6期。

〔2〕 纵博：“监察体制改革中的证据问题探讨”，载《法学》2018年第2期。

〔3〕 王海、王金凤、杨琳：“刑事审判中被告人翻供的司法应对——基于裁判者角度的思考”，载《山东法官培训学院学报》2018年第1期。

及旁听群众对证人证言真实性的认识，具有很大局限性。因此用录音、录像对证人作证整个过程在法庭上播放解决了这一问题。用录音、录像形式来固定言词证据，除了要达到证据客观性、关联性、合法性的基本要求外，其适用还要达到四个标准：一是制作上要保证画面、音质清晰；二是内容上要围绕涉嫌的主要职务违法犯罪事实、分层次逐节讯问或询问；三是时间上应考虑庭审实际效果，宜短不宜长；四是在程序上要合法，要符合讯问或调查取证的规范要求。[1]留存备查是对每个案件的调查人员切实履责的又一要求，内容包括讯问、搜查、查封扣押等重要取证工作。根据立案以后进一步进行职务违法犯罪行为调查的需要，监察人员对取得的证据存档备查，一旦条件成熟即可随案件一起移送司法机关。留存待查要求内容具体、有可查性，要求对于调查取证的全过程既录音、又录像，缺一不可。

【法条链接】

一、《中华人民共和国监察法》（2018年）

第三十三条　监察机关依照本法规定收集的物证、书证、证人证言、被调查人供述和辩解、视听资料、电子数据等证据材料，在刑事诉讼中可以作为证据使用。

监察机关在收集、固定、审查、运用证据时，应当与刑事审判关于证据的要求和标准相一致。

以非法方法收集的证据应当依法予以排除，不得作为案件处置的依据。

【释义】本条是关于监察机关收集的证据与刑事诉讼证据的衔接、证据标准与要求、非法证据排除规则的规定。

第四十条　监察机关对职务违法和职务犯罪案件，应当进行调查，收集被调查人有无违法犯罪以及情节轻重的证据，查明违法犯罪事实，形成相互印证、完整稳定的证据链。

严禁以威胁、引诱、欺骗及其他非法方式收集证据，严禁侮辱、打骂、虐待、体罚或者变相体罚被调查人和涉案人员。

【释义】本条是对监察机关调查收集职务违法和职务犯罪案件证据的相关程序，旨在准确查明案件相关事实，明确被调查人是否有违反职务法律、法规的

---

〔1〕赵培显：“侦查讯问录音录像的证据效力与适用”，载《上海政法学院学报》2015年第2期。

行为，确保证据收集的方式符合法定程序的要求，体现中国特色社会主义法治对人权的切实保障。

第四十一条　调查人员采取讯问、询问、留置、搜查、调取、查封、扣押、勘验检查等调查措施，均应当依照规定出示证件，出具书面通知，由二人以上进行，形成笔录、报告等书面材料，并由相关人员签名、盖章。

调查人员进行讯问以及搜查、查封、扣押等重要取证工作，应当对全过程进行录音录像，留存备查。

【释义】本条是对调查案件程序的规定，旨在明确监察机关调查案件应具备的必要条件、必要步骤、必要成果，促进调查工作的精细化、责任化、信息化，便于监察机关主要负责人掌握调查成果，监督调查进度，规范调查过程。

二、《中华人民共和国刑事诉讼法》（2012年）

第五十四条　采用刑讯逼供等非法方法收集的犯罪嫌疑人、被告人供述和采用暴力、威胁等非法方法收集的证人证言、被害人陈述，应当予以排除。收集物证、书证不符合法定程序，可能严重影响司法公正的，应当予以补正或者作出合理解释；不能补正或者作出合理解释的，对该证据应当予以排除。

在侦查、审查起诉、审判时发现有应当排除的证据的，应当依法予以排除，不得作为起诉意见、起诉决定和判决的依据。

【释义】本条是对非法证据排除的规定。

三、《关于办理刑事案件排除非法证据若干问题的规定》（2010年）

第一条　严禁刑讯逼供和以威胁、引诱、欺骗以及其他非法方法收集证据，不得强迫任何人证实自己有罪。对一切案件的判处都要重证据，重调查研究，不轻信口供。

【释义】本条是对非法证据排除规则的规定，列举了威胁、引诱、欺骗等非法取证方法，并体现了不得自证其罪的原则和重视证据不轻信口供的原则。

第二条　采取殴打、违法使用戒具等暴力方法或者变相肉刑的恶劣手段，使犯罪嫌疑人、被告人遭受难以忍受的痛苦而违背意愿作出的供述，应当予以排除。

【释义】本条是对暴力取证的排除规定。

第三条　采用以暴力或者严重损害本人及其近亲属合法权益等进行威胁的方法，使犯罪嫌疑人、被告人遭受难以忍受的痛苦而违背意愿作出的供述，应当予以排除。

【释义】本条是对威胁取证的排除规定。

第四条　采用非法拘禁等非法限制人身自由的方法收集的犯罪嫌疑人、被告人供述，应当予以排除。

【释义】本条是对非法限制人身自由的方法取证的排除规定。

第五条　采用刑讯逼供方法使犯罪嫌疑人、被告人作出供述，之后犯罪嫌疑人、被告人受该刑讯逼供行为影响而作出的与该供述相同的重复性供述，应当一并排除，但下列情形除外：

（1）侦查期间，根据控告、举报或者自己发现等，侦查机关确认或者不能排除以非法方法收集证据而更换侦查人员，其他侦查人员再次讯问时告知诉讼权利和认罪的法律后果，犯罪嫌疑人自愿供述的；

（2）审查逮捕、审查起诉和审判期间，检察人员、审判人员讯问时告知诉讼权利和认罪的法律后果，犯罪嫌疑人、被告人自愿供述的。

【释义】本条是对非法证据排除规则例外情形的规定。其主要的情形在于虽有刑讯逼供等非法取证行为，但在此确认或讯问时已经充分告知其诉讼权利和认罪的法律后果的前提下犯罪嫌疑人、被告人自愿供述与前述证据相同的内容，应当视为其对该证据真实性的一种追认，虽有非法取证行为，但不影响非法证据的证明力，并对犯罪嫌疑人、被告人的权利有了较为充分保障。因此，可以采纳这一类证据。

第十四条　物证、书证的取得明显违反法律规定，可能影响公正审判的，应当予以补正或者作出合理解释，否则，该物证、书证不能作为定案的根据。

【释义】本条是对补正的规定。所谓补正，即对缺陷证据的补充和改正，以弥补其因违反法律规定，可能影响公正审判的后果。但是如果不经补正或者不能补正的，则不应作为定案的根据。这是考虑到刑事案件的证据可能存在收集困难，如果绝对排除所有证据，则不利于案件的最终解决，将极大降低案件的侦破数量。因此，为了权衡各种司法目标与价值，允许有限的补正来将其重新纳入案件审理之中。

四、《关于办理死刑案件审查判断证据若干问题的规定》（2010年）

第一条　严禁刑讯逼供和以威胁、引诱、欺骗以及其他非法方法收集证据，不得强迫任何人证实自己有罪。对一切案件的判处都要重证据，重调查研究，不轻信口供。

【释义】本条是对非法证据排除规则的规定，列举了威胁、引诱、欺骗等非法取证方法，并体现了不得自证其罪的原则和重视证据不轻信口供的原则。

第二条　采取殴打、违法使用戒具等暴力方法或者变相肉刑的恶劣手段，使犯罪嫌疑人、被告人遭受难以忍受的痛苦而违背意愿作出的供述，应当予以排除。

【释义】本条是对暴力取证的排除规定。

第三条　采用以暴力或者严重损害本人及其近亲属合法权益等进行威胁的方法，使犯罪嫌疑人、被告人遭受难以忍受的痛苦而违背意愿作出的供述，应当予以排除。

【释义】本条是对威胁取证的排除规定。

第四条　采用非法拘禁等非法限制人身自由的方法收集的犯罪嫌疑人、被告人供述，应当予以排除。

【释义】本条是对使用非法限制人身自由的方法取证的排除规定。

第五条　采用刑讯逼供方法使犯罪嫌疑人、被告人作出供述，之后犯罪嫌疑人、被告人受该刑讯逼供行为影响而作出的与该供述相同的重复性供述，应当一并排除，但下列情形除外：

（一）侦查期间，根据控告、举报或者自己发现等，侦查机关确认或者不能排除以非法方法收集证据而更换侦查人员，其他侦查人员再次讯问时告知诉讼权利和认罪的法律后果，犯罪嫌疑人自愿供述的；

（二）审查逮捕、审查起诉和审判期间，检察人员、审判人员讯问时告知诉讼权利和认罪的法律后果，犯罪嫌疑人、被告人自愿供述的。

【释义】本条是对本条是对非法证据排除规则例外情形的规定。

第六条　采用暴力、威胁以及非法限制人身自由等非法方法收集的证人证言、被害人陈述，应当予以排除。

【释义】本条是对非法言词证据的排除规定。

第七条　收集物证、书证不符合法定程序，可能严重影响司法公正的，应当予以补正或者作出合理解释；不能补正或者作出合理解释的，对有关证据应当予以排除。

【释义】本条是对证据补正的规定。

第九条第二款　物证、书证的收集程序、方式存在下列瑕疵，通过有关办案人员的补正或者作出合理解释的，可以采用：

（一）收集调取的物证、书证，在勘验、检查笔录，搜查笔录，提取笔录，扣押清单上没有侦查人员、物品持有人、见证人签名或者物品特征、数量、质量、名称等注明不详的；

（二）收集调取物证照片、录像或者复制品，书证的副本、复制件未注明与原件核对无异，无复制时间、无被收集、调取人（单位）签名（盖章）的；

（三）物证照片、录像或者复制品，书证的副本、复制件没有制作人关于制作过程及原物、原件存放于何处的说明或者说明中无签名的；

（四）物证、书证的收集程序、方式存在其他瑕疵的。

【释义】本条是对补正具体内容的规定。

五、《人民检察院刑事诉讼规则》（2012年）

第七十一条第二款　办案人员在审查逮捕、审查起诉中经调查核实依法排除非法证据的，应当在调查报告中予以说明。被排除的非法证据应当随案移送。

【释义】本条是对非法证据排除的报告与移送制度的规定，即非法证据虽不予以采纳，但应当对其予以记录，以确保犯罪嫌疑人与被告人的合法权益，并作为非法取证的侦查人员及侦查部门进行追责的凭据。

第三百六十三条第（五）项　人民检察院审查移送起诉的案件，应当查明：……（五）证据是否确实、充分，是否依法收集，有无应当排除非法证据的情形；……

【释义】本条是对审查移送起诉的规定。

第三百七十九条　人民检察院公诉部门在审查中发现侦查人员以非法方法收集犯罪嫌疑人供述、被害人陈述、证人证言等证据材料的，应当依法排除非法证据并提出纠正意见，同时可以要求侦查机关另行指派侦查人员重新调查取证，必要时人民检察院也可以自行调查取证。

【释义】本条是对人民检察院审查发现非法证据的规定。该规定主要要两点内容：其一，人民检察院公诉部门应当依法排除非法证据并提出纠正意见；其二，要求侦查机关重新侦查或者自行补充侦查。其中，纠正意见具有强制性，即非法取证的侦查机关应纠正其非法取证行为。在要求侦查机关重新调查取证时，必须要求其另行指派侦查人员，而不能仍然安排非法取证人员继续侦查，以确保取证的公正性。而自行补充侦查的“必要时”是指人民检察院提出纠正意见但侦查机关不改正的，或是侦查机关重新调查取证不另行指派侦查人员的，以及其他可能妨碍案件公正调查的情形。

第四百三十一条第一款　在庭前会议中，公诉人可以对案件管辖、回避、出庭证人、鉴定人、有专门知识的人的名单、辩护人提供的无罪证据、非法证据排除、不公开审理、延期审理、适用简易程序、庭审方案等与审判相关的问题提出和交换意见，了解辩护人收集的证据等情况。

【释义】本条是对庭前会议内容的规定。

六、《中国共产党纪律检查机关监督执纪工作规则（试行）》（2017 年）

第三十四条　审查谈话、重要的调查谈话和暂扣、封存涉案款物等调查取证环节应当全程录音录像。录音录像资料由案件监督管理部门和审查组分别保管，定期核查。

【释义】本条是对全程录音录像的规定。

第三十五条　未经批准并办理相关手续，不得将被审查人或者其他谈话调查对象带离规定的谈话场所，不得在未配置监控设备的场所进行审查谈话或者重要的调查谈话，不得在谈话期间关闭录音录像设备。

【释义】本条是对全程录音录像的保障程序规定。

第三十六条　执纪审查部门主要负责人、分管领导应当定期检查审查期间的录音录像、谈话笔录、涉案款物登记表，发现问题及时纠正并报告。

【释义】本条是对录音录像定期检查审查的规定。

七、《公安机关办理刑事案件程序规定》（2012 年）

第二百七十八条　对查封、扣押的犯罪嫌疑人的财物及其孳息、文件或者冻结的财产，作为证据使用的，应当随案移送，并制作随案移送清单一式两份，一份留存，一份交人民检察院。

对于实物不宜移送的，应当将其清单、照片或者其他证明文件随案移送。待人民法院作出生效判决后，按照人民法院的通知，上缴国库或者依法予以返还，并向人民法院送交回执。人民法院未作出处理的，应当征求人民法院意见，并根据人民法院的决定依法作出处理。

【释义】本条是对查封、扣押、冻结的文件或者财产充当证据的程序规定。

【案例链接】完善证据相关案例

连云港市海州区建宁小学办公室主任王某职务犯罪案

2018 年 1 月初，江苏省连云港市海州区监委成立。心虚的王某专门找人详细了解监委的职能。“听说监委成立后，将实现对所有行使公权力的公职人员监察全覆盖，想到这些，我心里越来越害怕。”王某在经过无数次纠结和思想斗争后，主动来到海州区纪委监委交代问题，自述其在担任建宁小学办公室主任兼学校报账员期间，利用职务便利，采取虚开工程发票、虚列专家指导费、模仿有关人员签字等方式套取大量财政资金用于个人开支的问题。

为了完善证据，对涉及王某模仿签字的财务凭证需进行笔迹鉴定，如何选择鉴定机构成为办案组面临的大问题。在赴市检察院技术部门进行专题会办后，明确海州区监委可以通过市监委转委托市检察院进行鉴定。办案人员用了整整三天时间，梳理出涉及王某模仿签字的票据共133张，涉及模仿10个人的签名共计208个签名字迹。目前，所有鉴定意见均已出具并告知王某本人，并作为证据随案移送检察机关。

第五节　处置方式

职务违法犯罪案件的处置，是监察机关查办职务违法犯罪案件的重要环节。在充分监督和认真调查的基础上，对职务违法犯罪案件作出合法、公正、实事求是的处理，以惩戒或保护监察对象，从而达到维护国家法的尊严，保证政令畅通和政府廉洁高效的目的。监察机关处理职务违法犯罪案件，是指监察机关依据国家法律、法规所授予的职权，在立案调查得出确切结论的前提下，对案件进行程序性处理和对案件涉及的部门、人员和财物进行实体性处理的行为。因此，监察机关处理职务违法案件应从以下两方面来理解：

第一，对违纪行为人予以政务处分是监察机关处理职务违法犯罪案件的主要方式，但不是唯一的方式。监察机关在掌握了案件线索，经过初步核实后，如认为职务违法事实确实存在，并应追究行为的监察责任，就应立案调查。通过调查、审理，形成结论，最终对职务违法行为人予以惩罚和教育。如果在立案调查中，经过深入调查和大量收集证据，最终得出的结论与初步审查形成的判断存在相当大的距离，甚至完全相反，或者调查的结果是职务违法犯罪的事实不存在，此情况下，就应及时撤销案件。所以，撤销案件也是监察机关处理职务违法犯罪案件的方式之一。

第二，监察机关对于职务违法犯罪案件的处理，必须在法律法规授权的范围内进行。监察机关必须在法律法规允许的范围内活动。调查处理监察对象违反职务违法犯罪的行为是监察机关的一项基本职责。监察机关立案调查的案件，在调查过程中或调查终结后，如果发现监察对象的行为已经构成犯罪，监察机关应就事实作出涉嫌犯罪的评价，并及时移送司法机关处理，无权自行定罪。[1]监察机关在查办案件时，更应严格依法办事，不应由自己处理的事项，应及时地按照有关法律法规的授权，交由有处理权的部门去处理。

按照《监察法》规定，监察机关可以根据案件的具体情况对被调查对象单独使用或合并使用以下处置措施：

一、谈话提醒、批评教育、责令检查及诫勉的条件与程序

该处置方式适用于有轻微职务违法行为的公职人员。所谓违法情节较轻，即公职人员经监察机关立案调查后发现确有违反职务法律、法规有关规定的行为事实，但存在该行为危害较小、行为人主观恶性较弱、造成后果较为轻微等情形。对有轻微职务违法行为的公职人员，由监察机关按权限直接或委托相关单位与个人作出处罚措施，具体包含：谈话提醒、批评教育、责令检查，或者予以诫勉。这首先体现出监察机关是我国行使监察权的专责机关，监察机关本身具备对公职人员轻微处罚的权力，对相关单位、个人具有约束力。

诫勉措施既可以采用谈话形式，也可以采用书面方式。采用谈话方式进行诫勉的，应当根据诫勉对象的职务层次和具体岗位确定适当的谈话人。采用谈话方式进行诫勉的，谈话人应当实事求是地向诫勉对象说明诫勉的事由，提出有针对性的要求，并明确其提交书面检查的时间。谈话诫勉应当制作谈话记录，载明下列事项：诫勉对象的基本情况，包括姓名、职务等；谈话人、记录人的姓名、职务等；进行谈话诫勉的日期、地点；进行诫勉的事由；谈话具体内容。受到诫勉的公职人员，应取消当年年度考核、本任期考核评优和评选各类先进的资格，短期内不得提拔或者重用。诫勉一段时间后，负责相关单位与个人的组织人事部门应当采取适当方式，对诫勉对象的改正情况进行了解。对于没有改正或者改正不明显的，根据情节轻重，给予调离岗位、引咎辞职、责令辞职、免职、降职等组织处理。负责相关单位与个人的组织人事部门要建立诫勉档案管理制度，对领导干部的谈话诫勉记录、诫勉书、书面检查材料等进行留存，并将有关情况作为相关单位与人员考核、任免、奖惩的重要依据。

本款所规定的处罚措施与公职人员的轻微违法情形是较为匹配的，体现出《监察法》罚当其行的特点。由于公职人员所违反职务法律、法规的情节较轻，且并未触犯刑法发生犯罪，对其进行批评、检查、教育等轻微手段即可以帮助其改正违法行为，以实现运用恰当的监察资源达到预期效果。这一规定还体现

〔1〕 江国华、彭超："国家监察立法的六个基本问题"，载《江汉论坛》2017 年第 2 期。

出了《监察法》教育与惩处相结合的原则，即监察机关在开展监察工作中不仅要严肃查处监察对象的职务违法行为，还要立足于教育，着眼于提高其思想和政治素质，把惩处和方案，指标和治本有机结合起来。

二、政务处分的类型与条件

政务处分是指监察机关在依法调查之后发现被调查的公职人员存在职务违法行为的事实，对被调查的公职人员采取的行政处分与党内处分的综合惩罚措施，包含警告、记过、记大过、降级、撤职、开除等。这里的职务违法行为，可以是积极的行为，例如，收受贿赂、以权谋私，也可以是消极的行为，例如，玩忽职守、贻误工作。但纯粹的思想或意识活动，不能构成职务违法行为。[1]

通过立案调查对职务违法犯罪行为人予以处分，是监察机关依法独立行使监察权，实现监察惩戒作用和威慑力的一个重要方式。监察机关通过行使政务处分遏制和减少职务违法犯罪行为，促使被监察对象提高遵守国家法律、法规和纪律的自觉性。监察机关在行使处分权时，除了要按照法定的权限和程序进行以外，还应充分注意不要为处分而处分。处分并不是目的，目的在于帮助、教育以至挽救职务违法犯罪者本人，也使其他人受到教育。

本条的处分措施基本继承于现行《公务员法》第56条所规定的六种处分措施。这六种处分措施基本可以分成以下三类：

(1) 精神惩罚：即申诫罚或声誉罚，其一般用于严重程度较低的职务违法行为，主要是对公职人员名誉的贬责，是监察机关向违法者发出警戒，申明其有违法行为，通过对其名誉、荣誉、信誉等施加影响，引起其精神上的警惕，使其不再违法的惩罚形式。[2]政务处分中的精神惩罚包括警告、记过、记大过。批评教育与警告具有很大的相似性，在一定程度上具有申诫的作用，有些国家将批评教育也作为申诫的一种归入处分形式之中，但在我国，批评教育不被看作一种处分。记过与记大过则是我国所特有的处分形式。

(2) 实质惩罚：我国政务处分制度中的实质惩罚，包括降级与撤职。降级与撤职都是较为严重的惩罚形式，是对犯有严重违法行为的公职人员所给予的惩戒，会使公职人员在名誉、地位与经济等方面受到损失。降级是降低级别，根据人事部的有关规定，给予公职人员降级处分，一般降低一个级别，如果本人级别为最低级的，可给予记大过处分。撤职是撤销职务，撤职后按降低一级

---

〔1〕 吴春华、温志强主编：《中国公务员制度》，南开大学出版社2008年版，第216页。
〔2〕 许兵编：《社会管理相关法律法规一本通》，国家行政学院出版社2011年版，第388页。

以上职务另行确定职务，根据新任职务确定相应的级别和职务工资档次。本人职务为办事员的，可给予降级处分。在许多国家，包括减薪在内的物质惩戒是得到广泛运用的独立的处分形式，在我国则是作为一种附带性的手段，而没有将其单列出来。[1]我国实行职务与级别相结合的工资制度，降级会导致级别工资的降低，受撤职处分的同时降低级别，因此将导致职务工资与级别工资的降低。

（3）开除：这是对职务违法的公职人员最为严重的一种处分形式。对于严重职务违法，不适宜继续担任公职人员职务的，监察机关应给予其开除处分。给予公职人员开除处分，自处分之日起，解除其与机关的人事关系。

在给予公职人员处分时，应根据其错误性质、情节轻重、危害大小及本人对错误的认识态度，区别处理。违法情节较重给国家和人民利益造成一定损失或不良后果的，给予记大过以下处分；违纪情节严重给国家和人民利益造成重大损失或严重后果的，给予降级以上处分。

政务处分，是对以往政纪处分的替代，是坚持依法治国和依规治党相统一的要求，具有以下两大必要性。首先，“政纪”是历史形成的，我们党早在陕甘宁边区就开始使用这一概念。改革开放以来，随着依法治国深入推进，我国法律体系不断完善，所有“政纪”均已成为国家立法，由《公务员法》（2005年）、《行政机关公务员处分条例》（2007年）、《公职人员政务处分暂行规定》（2018年）等法律法规加以规定。在全面依法治国条件下，党纪与法律之间没有中间地带。监察机关依据相关法律对违法的公职人员作出政务处分决定，这将进一步推动依法执政，实现纪法分开和纪法衔接。用政务处分代替政纪处分，是将以往的历史法律传统进一步法制化、规范化。其次，政务处分符合监察工作的现实要求。[2]《监察法》第15条规定了监察机关的监察范围，包含一切参与公务活动机关单位、人员及其相关单位、人员，监察范围呈现出全覆盖的特点。因此，不同于《中国共产党纪律处分条例》（2015年）、《行政机关公务员处分条例》（2007年）仅针对于一部分特定身份与职位的人员群体，监察对象的覆盖范围不仅包含党员与非党员、公职人员与非公职人员，更包括对所有具有职务违法犯罪事实关联的机关单位。而传统的政纪处分，只是行政处分和纪律处分的总称。其中行政处分，是监察部门对公务员的处罚。而纪律处分，是纪律检查委员会对党员的处罚。如果仍然沿用政纪处分的用法，便不能完整、准确涵盖监

[1] 田志毅：“德法两国公务员惩戒及救济制度比较”，载《行政论坛》2004年第6期。

[2] 中央纪委法规室编：《中国共产党纪律处分条例》，中国方正出版社2015年版，第303页。

察机关的监察范围，因此用政务处分代替政纪处分是极为必要的。

三、问责决定与问责建议的条件与程序

问责决定与问责建议是监察机关针对不履行或者不正确履行职责负有责任的领导人员采取的一种处置措施。所谓不履行或者不正确履行，指的是对所调查案件负有责任的领导人员消极承担其法定职务义务，玩忽职守、贻误工作，或者故意不正确履行其法定职务义务，导致其所负责的公职机关、人员及相关单位、人员出现职务违法行为的情形。

对于这种行为，本款规定了两种处罚方式：第一种是直接对负有责任的领导人员直接作出问责决定。第二种是向有权作出问责决定的机关提出问责建议。这是一种双罚制。其中问责决定的内容至少应当包括：负有责任的领导人员的基本信息、履历、问责事由、问责依据、问责效力与期限等。问责建议应当至少包括：负有责任的领导人员所在单位的基本信息、问责事由、问责依据等。问责建议与问责决定的主要区别在于，问责建议的强制性较弱，而问责决定具有明确的法定效力，强制性强。按照职务违法犯罪行为的情节轻重，结合监察资源的实际情况，监察机关应当依法选择采用问责建议或是问责决定。对其中职务违法犯罪行为的情节较为轻微的，社会危害性较弱且监察资源相对紧张的情形，可以向有权作出问责决定的机关实行问责建议。对其中职务违法犯罪行为的情节较为严重的，社会危害性较强的情形，监察机关应当优先运用监察资源，依法直接作出问责决定。

四、移送程序

（一）监察机关移送制度的内容

所谓监察机关的移送制度，是指监察机关在办理监察事项中，将发现的不属于监察机关职责范围内的事项移送有处理权的单位或者机关处理的制度。监察机关移送制度建立的基本根据是监察机关与其他国家机关的职能分工与协作。规定监察机关移送制度有利于加强监察机关与有关的主管部门在工作中的协调配合，保证及时有效地查处各种职务违法犯罪行为，维护法律、法规的严肃性、统一性。[1]

监察机关移送制度包括以下内容：

---

〔1〕参见冯俊伟：“国家监察体制改革中的程序分离和衔接”，载《法律科学》2017年第6期。

（1）一是监察机关在办理监察事项中，发现所调查的事项不属于监察机关职责范围的，应当移送有处理权的单位处理；二是监察机关在办理监察事项中，发现所调查的事项涉及监察对象范围以外的单位和个人违法违纪的，应当移送有处理权的单位处理；三是监察机关在办理监察事项中，发现调查的事项虽然涉及的是监察对象，但根据有关法律、法规规定只须由有关单位处理而不需由监察机关处理的，应当移送有处理权的单位处理；四是监察机关在办理监察事项中，发现所调查的事项须由监察机关处理而同时又须由有关单位处理的，监察机关一般应当在处理完后，再移送有处理权的单位处理。

（2）监察机关在办理监察事项中，发现涉嫌犯罪的，应移送司法机关依法处理。

（3）接受移送的单位或者机关应当将处理结果告知监察机关。

（二）监察机关移送制度的条件

监察机关移送制度的条件是被调查人涉嫌职务犯罪的事实清楚，证据确实、充分。这是《监察法》实事求是、重证据、重调查研究原则的又一具体体现。

所谓职务犯罪是指国家机关、国有公司、企业事业单位、人民团体以及其他参与公务活动、公共管理、履行公职的工作人员利用已有职权，贪污、贿赂、徇私舞弊、滥用职权、玩忽职守，侵犯公民人身权利、民主权利，破坏国家对公务活动的规章规范，依照刑法应当予以刑事处罚的犯罪，包括《刑法》规定的“贪污贿赂罪”“渎职罪”和国家机关工作人员利用职权实施的侵犯公民人身权利、民主权利犯罪等。〔1〕职务犯罪主要是指掌握一定管理、支配公共财产、人事关系等多种实权的国家公务人员滥用职权、谋取私利、侵犯公共利益的犯罪，其本质特征是以权谋私、权钱交易，主要表现是贪污贿赂、挪用公款等经济犯罪和渎职侵权犯罪，是腐败现象最突出的表现。

所谓犯罪事实清楚，证据确实、充分的，指的是监察机关在调查过程中查明事实、收集证据，发现被调查对象涉嫌职务违法犯罪行为事实确凿，能够证明当事人具有违法行为的证据确实、清楚，并形成稳定的证据链，足以证明其职务犯罪行为可能性，能够排除合理怀疑。即被调查对象职务犯罪的可能性极高，以至于可以使普通的理性人凭借日常生活经验明智而审慎地排除对其不犯罪事实的怀疑。

（三）监察机关移送制度的方式

本款规定监察机关移送制度的方式为监察机关制作起诉意见书，连同案卷

〔1〕 陈兴良主编：《刑法学》，复旦大学出版社 2003 年版，第 33 页。

材料、证据一并移送人民检察院，依法审查、提起公诉。

起诉意见书，是监察机关对案件调查终结后，认为犯罪事实清楚，证据确实充分，应当依法追究犯罪嫌疑人刑事责任，向同级人民检察院移送审查起诉时制作的一种法律文书。它具有区别罪与非罪，保障职务犯罪者受到法律追究的重要作用。起诉意见书是侦查活动结束和审查起诉开始的连接点。制作起诉意见书是调查终结以后，监察机关认为应当追究犯罪嫌疑人的刑事责任，才向检察机关移送审查起诉。反之，如果认为依法不追究刑事责任或者依法免于追究刑事责任的，不需要移送审查起诉，自然不需要制作起诉意见书。起诉意见书的致送对象是检察机关。通过起诉意见书，检察机关对侦查活动和结果进行全面检视，体现了检察机关的法律监督职能，也是检察机关提起公诉的重要依据。在案件审查材料中，起诉意见书起到统领和总括的作用。

将起诉意见书、案卷材料、证据移送人民检察院，是调查与起诉的必要衔接程序，是检察机关对涉嫌职务犯罪行为的单位与个人提起公诉的必要依据。这也是我国以审判为中心诉讼制度改革的必要要求。通过移交起诉意见书、案卷材料、证据，改变以往以侦查为中心的诉讼制度及以往侦查、起诉、审判流水线处理的现实，实现调查、起诉、审理分离，明确监察机关的职能范围。如果没有起诉意见书、案卷材料和证据，便无法证明调查结果的真实性与合法性，更不能确认被调查对象具有职务犯罪行为的事实，人民检察院便不能提起公诉。

提起公诉，指的是指人民检察院对监察机关移送起诉的案件，经审查认为犯罪嫌疑人符合法定的起诉条件而代表国家将其提交人民法院审判的一种诉讼活动。[1]提起公诉的条件有：犯罪嫌疑人的行为依法已经构成犯罪；犯罪证据确实、充分；犯罪嫌疑人的行为应当依法追究刑事责任。提起公诉是监察机关移送制度的目的所在，是为了对涉嫌职务犯罪者进一步调查、追究起责任的必要途径。

（四）监察机关移送制度的结果

监察机关在将涉嫌职务犯罪案件移交人民检察院后，人民检察院依照2012年修订的《刑事诉讼法》对被调查人采取强制措施。这里的强制措施，指的是公安机关、人民检察院或人民法院为了保证刑事诉讼的顺利进行，依法对刑事案件的犯罪嫌疑人、被告人所采取的，在一定期限内暂时限制或剥夺其人身自由的一种法定强制方法[2]，一般包括：拘传、取保候审、监视居住、拘留、逮

〔1〕孙长永：“提起公诉的证据标准及其司法审查”，载《中国法学》2001年第4期。

〔2〕易延友：“刑事强制措施体系及其完善”，载《法学研究》2012年第3期。

捕。强制措施的特点有：

（1）有权适用强制措施的主体是公安机关、人民检察院和人民法院，其他任何国家机关、团体或个人都无权采用，否则即构成对公民人身权利的侵犯，情节严重的，构成犯罪。

（2）强制措施的适用对象是犯罪嫌疑人、被告人，对于诉讼参与人和案外人不得采用。

（3）强制措施的内容是限制或者剥夺犯罪嫌疑人、被告人的人身自由，而不是对物的强制处分。

（4）强制措施的性质是预防性措施，而不是惩戒性措施。即适用强制措施的目的是为了保证刑事诉讼的顺利进行，防止犯罪嫌疑人、被告人逃避侦查和审判，进行毁灭、伪造证据、继续犯罪等妨害刑事诉讼的行为。所以强制措施同刑罚和行政处罚存在本质区别。

（5）强制措施是一种法定措施，我国刑事诉讼法对各种强制措施的适用机关、适用条件和程序都进行了严格的规定，其目的是为了严格控制强制措施的使用，防止出现因为滥用强制措施而产生的侵犯人权的负面效应。

（6）强制措施是一种临时性措施，随着刑事诉讼进程的推进，强制措施应根据案件的进展情况而予以变更或者解除。

人民检察院依法对被调查人采取强制措施，是建立在监察机关调查结果的基础上，并依法定程序移交，拥有充分调查证据的支撑，是对有重大职务犯罪嫌疑的被调查人的一种临时处置措施，是提起公诉的必要准备程序。[1]

五、监察建议与撤销程序

监察机关在调查取证之后按照不同的情形有不同的处理方式，在涉及单位的情况下，主要包含以下两种方式：第一种是监察对象所在单位廉政建设和履行职责等方面存在问题，监察机关应当提出监察建议，责令其实施整改；第二种是监察机关经过调查取证，发现没有证据证明监察对象存在违法犯罪行为，应撤销案件，结束立案调查工作。其中第一种是对于监察对象所在单位的一种建议与意见，其目的在于整改该单位存在的廉政建设和履行职责等方面的问题，提高其单位人员的思想素质与政治素质，尽量避免单位成员职务违法犯罪行为再次发生。第二种则是对经过调查确无证据证明监察对象有职务违法犯罪行为

〔1〕施鹏鹏：“国家监察委员会的侦查权及其限制”，载《中国法律评论》2017年第2期。

的处置措施，是监察机关实事求是、注重证据的原则体现。

监察建议指的是监察机关在对职务违法犯罪案件调查、审理之后常遇到因其职权所限，无权直接作出监察决定或者虽有权作出监察决定，但在建议有关部门处理更加合适的情况下，对监察对象所在单位廉政建设和履行职责存在的问题等提出建议。这是监察机关行使建议权的具体体现，具有一定的法律效力，有关部门如对监察建议没有异议则必须采纳。

撤销案件是指监察机关对立案调查的案件，发现具有某种法定情形，或者经过调查否定了原来的立案根据，所采取的诉讼行为。其目的在于终结监察机关的立案工作，解除对监察对象的监察措施，从而节约监察资源，维护监察工作的权威性与合法性。撤销案件是因为没有证据证明监察对象存在违法犯罪行为，这要求监察机关应当尊重调查结果和调查证据，不得脱离调查依据、肆意追究无职务违法犯罪行为的监察对象的法律责任。[1]

六、没收、追缴和责令退赔的财物的处理

监察机关查处的职务违法犯罪案件中，涉及经济违法犯罪的占有相当的比重。因此，为了保障监察机关及时有效地查处案件，挽回或者减少损失，监察机关对因违反职务法律、法规的行为取得非法收入的监察对象，经过立案查处，不仅可以对其给予相应的行政处分，同时对其违反职务法律法规取得的财物，还可以依法予以没收、追缴或者责令退赔。从反腐败工作实践来看，这些措施对及时收集案件证据、避免涉案资产转移等具有关键作用。[2]正如有学者指出：“反腐败机构有权冻结那些被怀疑属于正在接受调查者的资产，这一点很重要。在迅速行动成为问题的关键所在时，反腐败机构应当能够在得到法院命令之前冻结财产。没有这种权力，银行家可以在几分钟之内通过电子手段将钱财转移。反腐败机构通常也拥有扣押和没收旅行证件，以防止嫌疑人逃逸的权力。在紧迫的情况下，它甚至不必等待法院的命令就可以采取这种临时措施。”[3]因此，设置没收、追缴和责令退赔的财物处理程序尤为必要。但是，应当注意的是，这些措施均涉及公民的财产权利，必须设置一套较为完善的处理制度，并要严

〔1〕 陈跃峰：“监察措施的合法性研究”，载《环球法律评论》2017 年第 2 期。

〔2〕 参见江国华、何盼盼：“中国特色监察法治体系论纲”，载《新疆师范大学学报（哲学社会科学版）》2018 年第 5 期。

〔3〕 参见［新西兰］杰瑞米·波普：《制约腐败——建构国家廉政体系》，清华大学公共管理学院廉政研究室译，中国方正出版社 2003 年版，第 148 页。

格执行。监察机关对违反职务法律法规所取得的财物给予没收、追缴或者责令退赔的，必须是法律、法规规定应由监察机关没收追缴或者责令退赔的，即必须是法律、法规有明确授权的。据此，监察机关依法没收、追缴或者责令退赔职务违法犯罪所得财物，具体处理方式如下：

（一）没收、追缴和责令退赔财物的保管

对于没收、追缴和责令退赔的财物，首先遇到的是一个保管问题。因为监察机关在作出没收、追缴和责令退赔的决定以后，有关当事人应当向监察机关交付财物，并在监察机关监督下执行。即使是责令退赔的财物，也有相当一部分是经过监察机关返还原主。况且，还有的职务违法犯罪行为人在作出决定前可能就已经把非法所得的财物交付监察机关。监察机关对违法所得的财物具有妥善保管、防止丢失和损坏的责任。监察机关在接受财物时，还应严格进行验收、调换，禁止私分或者变相私分。对于违反上述规定的监察机关和监察人员，除应返还财物外，还应承担相应的法律责任。

没收、追缴和责令退赔虽然都是对职务违法犯罪所得的财物的处理方式，但由于它们所要达到的目的不同，对财物的也处理方式不尽相同。监察机关没收的财物，应当一律上缴国库。追缴的财物，应退回原单位；依法不应退回的，上缴国库。这里所谓“依法不应退回的”，主要是针对贪污和挪用的公共财物。对这部分非法所得，应当追缴，并报经上级主管部门审查核准后归原单位注销悬账。但原单位已经作为损失核销了的，应当上缴国库。对于责令退赔的财物一般应退赔给原主，但如果原主也参与了职务违法犯罪活动，甚至与监察对象共同造成了职务违法犯罪事实，当然也应承担一定的后果责任。在此情况下，应当将财物上缴国库。还有个别情况无法找到原主也应将财物上缴国库。

无论是没收、追缴或责令退赔，如果标的是物品，监察机关就应当承担将物品变卖成货币后上缴国库的义务。监察机关应当将物品委托指定的商业部门变卖或者拍卖行拍卖。对于专管机关管理或者专营企业经营的物品以及其他特殊物品，还应按照国家对这些物品的管理规定办理，并将变价款及时、足额地上缴国库。

（二）拒绝执行没收、追缴和责令退赔决定的责任

拒绝执行没收、追缴和责令退赔的决定，包括两种情况：一种是被执行人拒绝执行决定；另一种是被执行人的所在单位或者主管部门拒绝协助执行或者拖延办理。所谓被执行人，即是指违法职务相关法律、法规的行为人。如果被执行人拒绝执行监察决定，拒不将非法所得的公私财物退出的，应追究其法律

责任，即首先应按照违反《监察法》第 63 条的规定由其所在单位、主管部门、上级机关或者监察机关责令改正，依法处理。如果被执行人有暴力抗拒的行为，对监察人员造成重伤、死亡等严重后果的，应按照刑法相关规定处理。

监察机关作出的没收、追缴和责令退赔决定，除有关的职务违法犯罪行为人应执行外，有时还需要职务违法犯罪行为人的所在单位或主管部门予以协助，无故拒绝或者拖延办理所应协助事项构成包庇行为的，亦应追究其法律责任，即对其作出监察建议或监察决定，要求其责令整改。仍然拒绝协助的，应由监察机关负责人批准强制实施。

（三）没收、追缴和责令退赔的实施过程

监察机关没收、追缴和责令退赔的监察决定，一经作出，即发生法律效力。但这一效力所引起的结果却不是自然产生的。它必须使有关当事人知晓了决定的内容之后才发生作用。因此，监察决定作出后的第一个步骤就是送达。此外，责令退赔的财物，需要直接退赔给原主的，还应当告知原主。

监察机关作出没收、追缴和责令退赔的决定是一个过程，把职务违法犯罪的非法所得予以追回，使没收、追缴和责令退赔得到切实履行，这又是一个过程。而且，这两个过程都要在案卷中得到体现，才能表明对案件处理的完整性。监察机关没收、追缴和责令退赔财物，应当开具相应的凭证。由于没收追缴的财物主要的和大量的要上缴国库，而上缴国库要取得财政部门的协助与配合，其凭证格式也应取得财政部门的认可才便于使用。责令退赔的财物主要是返还原主，所以，监察机关应当填写清单，由领取单位或者领取人在清单上签字或者盖章。各种凭证既表明了监察机关对财物处理的决定是否得到切实地履行，也表明了非法所得是否如数追回。这样，对于凭证的管理也自然地成了监察机关的一项义务，各级监察机关应当建立凭证的领用、保管和缴销制度，防止丢失和滥用。

【法条链接】

一、《中华人民共和国监察法》（2018 年）

第四十五条　监察机关根据监督、调查结果，依法作出如下处置：

（一）对有职务违法行为但情节较轻的公职人员，按照管理权限，直接或者委托有关机关、人员，进行谈话提醒、批评教育、责令检查，或者予以诫勉；

（二）对违法的公职人员依照法定程序作出警告、记过、记大过、降级、撤职、开除等政务处分决定；

（三）对不履行或者不正确履行职责的，按照管理权限对其直接作出问责决定，或者向有权作出问责决定的机关提出问责建议；

（四）对涉嫌职务犯罪的，监察机关经调查认为犯罪事实清楚，证据确实、充分的，制作起诉意见书，连同案卷材料、证据一并移送人民检察院依法审查、提起公诉；

（五）对监察对象所在单位廉政建设和履行职责存在的问题等提出监察建议。

监察机关经调查，对没有证据证明被调查人存在违法犯罪行为的，应当撤销案件，并通知被调查人所在单位。

【释义】本条是监察机关对调查结果予以处置的程序，旨在根据调查结果对被调查对象所涉嫌职务违法犯罪的具体行为作出分类处置，实现罚当其行，以确保调查结果的合法性，实现惩罚与教育相结合，提高国家机关及其工作人员、参与公务活动的单位与人员的廉洁性，维护法律的威严。

第四十六条　监察机关经调查，对违法取得的财物，依法予以没收、追缴或者责令退赔。对涉嫌犯罪取得的财物，应当随案移送人民检察院。

【释义】本款是对监察机关对职务违法犯罪活动中涉及违法取得的财物进行处理的程序规定，其目的在于减少因职务违法犯罪行为对国家、社会、公民造成的财产损失，并为人民检察院提起公诉提供证据支持。

二、《中华人民共和国公务员法》（2017 年）

第五十五条　公务员因违法违纪应当承担纪律责任的，依照本法给予处分；违纪行为情节轻微，经批评教育后改正的，可以免予处分。

【释义】本条是对纪律责任的规定。对于因违法违纪应当承担纪律责任的，按照本法第 56 条给予处分。但是，如果其违纪行为情节轻微，经批评教育后改正的，考虑到其主观恶性与客观危害性较小，给予惩戒与教育相结合的原则，可以考虑对其免予处分，以鼓励其及时改过自新。

第五十六条　处分分为：警告、记过、记大过、降级、撤职、开除。

【释义】本条是对处分种类的规定。

三、《中国共产党纪律处分条例》（2015 年）

第二十三条　对于党员违犯党纪应当给予警告或者严重警告处分，但是具有本条例第二十一条规定的情形之一或者本条例分则中另有规定的，可以给予批评教育或者组织处理，免予党纪处分。对违纪党员免予处分，应当作出书面结论。

【释义】本条是对党员违纪的处分规定。主要分为两种情形。第一种是对违纪党员给予警告或者严重警告处分，这是基于其违纪情节较轻，通过警告或严重警告已经罚当其行的前提之下的。第二种是违纪党员满足本条例第21条或者条则分则相关规定的，在批评教育或者组织处理的前提下，对其免于党纪处分，这是对违纪党员有交代、检举、立功等主动悔改行为的一种鼓励。

四、《行政机关公务员处分条例》（2007年）

第六条　行政机关公务员处分的种类为：

（一）警告；

（二）记过；

（三）记大过；

（四）降级；

（五）撤职；

（六）开除。

【释义】本条是对行政机关公务员的处分规定，与《公务员法》第56条相一致。

第七条　行政机关公务员受处分的期间为：

（一）警告，6个月；

（二）记过，12个月；

（三）记大过，18个月；

（四）降级、撤职，24个月。

【释义】本条是对处分期间的规定。

第八条　行政机关公务员在受处分期间不得晋升职务和级别，其中，受记过、记大过、降级、撤职处分的，不得晋升工资档次；受撤职处分的，应当按照规定降低级别。

【释义】本条是对处分与晋升、奖励等制度的关联规定。

第九条　行政机关公务员受开除处分的，自处分决定生效之日起，解除其与单位的人事关系，不得再担任公务员职务。

行政机关公务员受开除以外的处分，在受处分期间有悔改表现，并且没有再发生违法违纪行为的，处分期满后，应当解除处分。解除处分后，晋升工资档次、级别和职务不再受原处分的影响。但是，解除降级、撤职处分的，不视为恢复原级别、原职务。

【释义】本条是对开除处分及解除处分的规定。

五、《中华人民共和国行政处罚法》(2017年)

第五十三条　除依法应当予以销毁的物品外，依法没收的非法财物必须按照国家规定公开拍卖或者按照国家有关规定处理。

罚款、没收违法所得或者没收非法财物拍卖的款项，必须全部上缴国库，任何行政机关或者个人不得以任何形式截留、私分或者变相私分；财政部门不得以任何形式向作出行政处罚决定的行政机关返还罚款、没收的违法所得或者返还没收非法财物的拍卖款项。

【释义】本条是对没收非法财物的处理规定。

第五十六条　行政机关对当事人进行处罚不使用罚款、没收财物单据或者使用非法定部门制发的罚款、没收财物单据的，当事人有权拒绝处罚，并有权予以检举。上级行政机关或者有关部门对使用的非法单据予以收缴销毁，对直接负责的主管人员和其他直接责任人员依法给予行政处分。

【释义】本条是对当事人拒绝处罚权及检举权的规定。

六、中央纪委国家监察委《公职人员政务处分暂行规定》(2018年)

第四条　公职人员依法履行职务的行为受法律保护，非因法定事由，非经法定程序，不受政务处分。

【释义】本条是对公职人员不受政务处分的保障性规定。政务处分是对违纪违法公职人员的一种处分性规定，但这并不意味着公职人员的合法权益不受保护。这是因为政务处分的目的不在于惩罚，而是为了确保公职人员的廉洁性和公务机关工作的正常运行。因此，为了确保公职人员拥有充分的工作积极性，并对违纪违法行为有清醒的认识，必须对政务处分予以明确的规定，使公职人员不因法定事由或法定程序，不受处分。

第五条　给予公职人员政务处分，应当坚持法律面前一律平等，实事求是、公平公正，做到事实清楚、证据确凿、定性准确、处理恰当、程序合法、手续完备；坚持民主集中制，集体讨论决定；坚持惩前毖后、治病救人方针，与违法行为的性质、情节、危害程度相适应。

【释义】本条是对政务处分的原则规定，主要包含三个方面。其一，公正处分。坚持法律面前一律平等，所有公职人员不因职务高低，平等地适用法律。

并做到实事求是，有充足的证据来认定公职人员的违纪违法事实。还应该坚持程序正义，不得随意变更。其二，民主处分。对公职人员的政务处分，必须坚持民主集中制，以尽量避免个人利用职权对其他公职人员通过政务处分打击报复。因此，必须要集体讨论决定，审慎使用，尽量不冤枉无辜。其三，教育处分。政务处分的目的在于教育违法违纪的公职人员，使其改过自新，而非仅以惩罚为目的。因此，必须要坚持惩前毖后、治病救人方针，做到罚当其行，给予其改正的机会。

第六条　监察机关对违法的公职人员可以依法作出警告、记过、记大过、降级、撤职、开除等政务处分决定。

公职人员政务处分的期间、政务处分适用规则，可以根据被调查的公职人员的具体身份等情况，适用有关法律、法规、国务院决定和规章

【释义】本条是对监察机关作出政务处分决定的规定。

第七条　公职人员中的中共党员严重违犯党纪涉嫌犯罪的，应当由党组织先做出党纪处分决定，并由监察机关依法给予政务处分后，再依法追究其刑事责任。

非中共党员的公职人员涉嫌犯罪的，应当先由监察机关依法给予政务处分，再依法追究其刑事责任。

公职人员中的中共党员先依法受到行政处罚和刑事责任追究的，党组织、监察机关可以根据生效的行政处罚决定和司法机关的生效判决、裁定、决定及其认定的事实、性质和情节，依纪依法给予党纪、政务处分。

【释义】本条是对政务处分、党纪处分和法律责任的衔接规定。第 1 款规定了公职人员中的中共党员严重违纪并涉嫌犯罪的，应当对其先给予政务处分，再依法追究其刑事责任。第 2 款规定了非中共党员的公职人员涉嫌犯罪，也应先给予政务处分，再依法追究其刑事责任。而第 3 款则对已经受法律责任追究的公职人员中的中共党员，应再给予其党纪、政务处分。这三款均是对公职人员多种处分和追责并用的规定，主要是考虑到其犯罪行为主观恶性和客观危害性较为严重，应当对其采取多种处分和追责方式才能体现罚当其行的要求。

此外，还应当注意的是，本条前两款均对处分、追责的顺序作出了规定，即应当先给予政务处分，再依法追究其刑事责任。这是因为公职人员无论是否属于中共党员，都应当对其违纪违法行为部分作出处分，以捍卫公务机关的廉洁性。其区别主要在于中共党员应由党组织处分，非中共党员由监察机关处分。

第八条　监察机关对公职人员中的中共党员给予政务处分，一般应当与党

纪处分的轻重程度相匹配。其中，受到撤销党内职务、留党察看处分的，如果担任公职，应当依法给予其撤职等政务处分。严重违犯党纪、严重触犯刑律的公职人员必须依法开除公职。

【释义】本条是对中共党员给予政务处分与党纪处分的衔接规定。

第九条　对基层群众性自治组织、国有企业等单位中从事管理的人员，或者未列入国家机关人员编制的受国家机关依法委托管理公共事务的组织中从事公务的人员、其他依法履行公职的人员，监察机关可以依法采取下列处理措施：

（一）依据《中华人民共和国监察法》采取谈话提醒、批评教育、责令检查、诫勉；

（二）依据本规定第三条有关法规采取警示谈话、通报批评、停职检查、责令辞职。

对前款人员，监察机关可以依法向有关机关、单位提出下列监察建议：

（一）取消当选资格或者担任相应职务资格；

（二）调离岗位、降职、免职、罢免。

上述处理措施可以单独使用，也可以合并使用。

【释义】本条是对各类组织中的公职人员处分规定。

第十条　公职人员受到开除以外的政务处分，在受处分期间有悔改表现，并且没有再发生违法行为的，处分期满后自动解除。

事业单位工作人员在受处分期间有重大立功表现，按照有关规定给予个人记功以上奖励的，经作出处分决定的监察机关批准后，可以提前解除处分。

处分解除后，受处分的公职人员不再受原处分影响。受到降级或者撤职处分的，处分解除不视为恢复原级别、原职务。

【释义】本条是对处分解除的规定。

第十一条　对公职人员给予政务处分，由监察机关按照管理权限依法作出决定。有下列情形的，应当履行有关手续：

（一）对经各级人民代表大会及其常务委员会选举或者决定任命的公职人员给予撤职、开除处分的，应当先由人民代表大会及其常务委员会依法罢免、撤销或者免去其职务，再由监察机关依法作出处分决定。

（二）对经中国人民政治协商会议各级委员会全体会议及其常务委员会选举或者决定任命的公职人员给予撤职、开除处分的，应当先由政协全体会议及其常务委员会免去其职务后，再由监察机关依法作出处分决定。

（三）对各级人大代表、政协委员给予政务处分，应当向其所在的人大常委会或者政协常委会通报。

（四）对基层群众性自治组织中从事管理的人员给予责令辞职等处理的，由县级监察机关向其所在的基层群众性自治组织及上级管理单位（机构）提出建议。

【释义】本条是对处分手续的规定。

第十三条　监察机关经过调查、审理，决定给予公职人员政务处分或者免予处分的，按照下列程序办理：

（一）将调查认定的事实及拟给予政务处分的依据告知被调查的公职人员，听取其陈述和申辩，并对其陈述的事实、理由和证据进行复核，记录在案。被调查的公职人员提出的事实、理由和证据成立的，应予采信。

（二）按照处分决定权限，履行审批手续后，作出对该公职人员给予处分或者免予处分的决定；

（三）印发政务处分决定；

（四）将政务处分决定送达受处分人和所在单位，并在一定范围内宣布；

（五）对于受到降级以上政务处分的，应当在一个月内办理职务、工资及其他有关待遇等相应变更手续；

（六）将政务处分决定存入受处分公职人员的档案。

政务处分决定的内容和生效日期，参照《行政机关公务员处分条例》有关规定执行。给予开除以外政务处分的，应当在处分决定中写明处分期间

【释义】本条是对政务处分或免于处分决定的程序规定。

第十四条　监察机关对本级党委管理的公职人员依法作出政务处分决定后，除依照本规定第十三条送达受处分人所在单位执行外，还应当根据受处分人的具体身份函告相应的机关或者群团组织等单位。

受处分人系民主党派和无党派人士的，同时函告本级党委统战部以及相应的民主党派机关或者相关单位。

【释义】本条是对解除处分的函告规定。

第十五条　公职人员受到开除处分后，其本人档案按照国家有关规定转递管理。

【释义】本条是对开除处分的档案管理规定。

第十七条　对公职人员不履行或者不正确履行职责负有管理责任的领导人员，监察机关可以依据或者参照《中国共产党问责条例》《关于实行党政领导干部问责的暂行规定》等规定，按照管理权限对其作出通报批评、诫勉、停职检

查、责令辞职等问责决定，或者向有权作出问责决定的机关提出降职、免职等问责建议。

【释义】本条是对负有管理责任的领导人员的处分规定。政务处分是针对具有职务违纪或职务违法行为的公职人员本人作出的，是对其不履行或者不正确履行职责的一种惩处与教育的方式。但仅对本人进行处分有时不能够充分捍卫公务机关的廉洁性，必须对负有责任的领导人员进行处分、追责，对其作出问责决定或提出问责建议。

第十八条　有违法行为应当受到政务处分的公职人员，在监察机关作出处分决定前已经退休的，不再给予处分；监察机关可以对其立案调查，依法应当给予降级、撤职、开除处分的，应当按照规定降低或者取消其享受的待遇。

有违法行为应当受到政务处分的公职人员，在监察机关作出处分决定前已经辞去公职或者死亡的，不再给予处分，但是监察机关可以立案调查，对其违法取得的财物和用于违法的财物，依照本规定第二十一条处理。

【释义】本条是对政务处分的公职人员退休、辞职、死亡等特殊情形的规定。

第十九条　公职人员有违法行为的，任免机关、单位可以履行主体责任，依照《中华人民共和国公务员法》等规定，对公职人员给予处分。

对公职人员的同一违法行为，监察机关已经给予政务处分的，任免机关、单位不再给予处分；任免机关、单位已经给予处分的，监察机关不再给予政务处分。

【释义】本条是对处分主体和处分次数的规定。对公职人员的处分，必须由任免机关、单位作出，其他任何机关不能代为作出，这既是该机关的一项权利，也是其必须履行的义务。此外，根据一事不再罚的原则，对公职人员的同一违法行为不应重复追究责任，以避免浪费公务或监察资源，也是对公职人员的一种保护。

第二十一条　公职人员违法取得的财物和用于违法的财物，除依法应当由其他机关没收、追缴或者责令退赔的，由监察机关没收、追缴或者责令退赔。违法取得的财物应当退还原所有人或者原持有人的，予以退还；属于国家财产以及不应当退还或者无法退还原所有人或者原持有人的，上缴国库。

【释义】本条是对违法取得财物和用于违法财物的处理规定。首先，对于没收、追缴或者责令退赔的主体，应当以监察机关为主，以其他机关为例外。即必须有法律明确规定才可由其他机关作出，否则应由监察机关作出。其次，对于应当退还的违法财物，应退还原所有人或者原持有人。而对于不应退还或无法退还的，应属于公共财产，上缴国库。

【案例链接】政务处分相关案例

怀化市市文体广新局违规发放出差补助问题

2017年，怀化市文体广新局违反中央八项规定精神，以虚报、多报差旅费的方式为局部分干部职工、借调人员违规发放加班费、交通费等补助共计111 390元。分管财务副局长赵某涵受到行政记过处分，财务负责人杨兵受到党内警告处分；对违规发放的111 390元予以收缴。

洪江区商务和粮食局副科级干部周某明公车私用问题

2018年春节前后，周某明与其前夫多次违规使用洪江区商务和粮食局车牌号为湘N××××的公车，其中2018年2月15日（除夕），周某明与前夫又驾驶公车从洪江区前往新邵前夫老家，在新邵滞留5天后，于2月20日凌晨返回长沙。2018年3月14日，周某明受到党内严重警告、降级处分，对其违规使用公车所消耗的汽油费500元予以收缴。

麻阳县房产管理局副局长郑某党等人违反工作纪律、工作失职问题

2013年6月9日，麻阳县房产管理局房产交易管理服务中心工作人员陈某，未按程序审批办证，错误使用《房屋他项权证》空白文本给他人办理《预购商品房贷款抵押登记备案证明》，在社会上造成不良影响。县房产管理局房产交易管理服务中心主任刘某龙，监管不严，公章保管、使用管理不规范。分管该项工作的县房产管理局副局长郑某党不正确履行工作职责，审核把关不严。2018年3月26日，陈某受到党内严重警告处分，刘某龙受到警告处分，郑某党受到党内警告处分。

【案例链接】关于移送程序的案例

长沙市中级人民法院审判委员会委员、副县级审判员陈某超案

2018年4月29日，长沙市中级人民法院审判委员会委员、副县级审判员陈永超因涉嫌严重违纪违法接受纪律审查和监察调查。经查，陈某超违反政治纪律，对抗组织审查；违反中央八项规定精神，违规收受红包礼金礼品；违反组织纪律，不如实报告个人有关事项，利用职权违规为他人在录用、晋升等方面谋取利益，未经批准出入国（边）境；违反廉洁纪律，默许配偶利用其职权谋

取私利，违规经商办企业；违反工作纪律，违规干预司法活动；违反生活纪律，生活奢靡、贪图享乐，包养情妇；违反国家法律法规规定，违规建私房并获取拆迁补偿，利用职务便利和职权、地位形成的便利条件，为他人谋取利益并收受他人财物，涉嫌受贿犯罪。

陈某超身为司法机关领导干部、国家公职人员，本应带头遵纪守法，带头捍卫法律尊严，却理想信念丧失、心无敬畏、目无法纪、底线尽失，严重违反党的纪律和国家法律法规规定，严重践踏了司法的公平正义。长期亦官亦商，既想当官又想发财，且在党的十八大后仍不收手、不收敛，性质恶劣，情节严重。

根据《中国共产党纪律处分条例》（2015 年）、《行政机关公务员处分条例》（2007 年）和《监察法》等相关规定，经市纪委常委会研究并报市委批准，给予陈某超开除党籍处分；由长沙市监委给予其开除公职处分；收缴其违纪违法所得；对其涉嫌犯罪的调查结果已于昨日移送检察机关依法审查、提起公诉，并随案移送其涉嫌犯罪所得的财物。

第六节　移送审查

移送审查制度来源于刑事诉讼法，意为人民检察院依法对侦查机关或有侦查权的相关部门侦查终结移送起诉的刑事案件，或人民检察院自行侦查终结的刑事案件进行审查，在听取有关当事人、诉讼参与人意见并对其核实的基础上，对侦查活动的合法性、侦查结论的准确性进行核实，并就是否需要追究犯罪嫌疑人刑事责任等问题对案件作出判定和处理的一种诉讼活动。[1]监察法中的移送审查是对这一制度的引用与延续，即指监察机关在结束案件调查工作后，根据调查证据发现监察对象涉嫌职务犯罪的，移交给检察机关依法提起公诉，检察机关对其是否符合公诉条件进行审查的活动。

虽然有学者认为监察机关由于监委会调查的案件基本已经达到证据确实、充分，对于被调查对象的职务犯罪行为具有确凿的证据材料，可以不用审查起诉，而直接由检察机关提起公诉。[2]但是为了充分保障监察对象的权利，对监察机关的调查结果进行监督和审查更能彰显程序正义和实体正义，必须对案件

---

〔1〕参见陈海锋：“刑事审查起诉程序正当性完善研究”，华东政法大学 2013 年博士学位论文，第 17 页。

〔2〕转引自屈新、吕云川：“监委会移送的职务犯罪案件需经检察机关审查起诉”，载《西华大学学报（哲学社会科学版）》2017 年第 4 期。

的起诉条件、补充侦查措施和不起诉条件作出规定，以更好地还原事实真相，并对监察对象的权利进行救济与保护。

一、人民检察院作出起诉决定的条件

《监察法》第47条第2款规定了人民检察院作出起诉决定的条件，即人民检察院认为犯罪事实已经查清，证据确实、充分，依法应当判处刑罚的，应当制作起诉书，作出提起公诉的决定。提起公诉，是人民检察院对监察机关移送起诉的案件，经全面审查，对事实清楚，证据确实、充分，依法应当处以刑罚的，提交人民法院进行审判的刑事诉讼活动。[1]对于公诉案件，由人民检察院决定是否提交人民法院进行审判，这是法律赋予人民检察院的职权，是人民检察院的重要工作，也是实施法律监督的重要内容。根据本条的规定，只有人民检察院有审查决定提起公诉的权力。凡是公诉案件，非经人民检察院审查决定，任何单位都无权将案件交付人民法院审判。这体现出监察机关与人民检察院之间的职能分工。监察机关依照法律规定独立行使监察权，不受行政机关、社会团体和个人的干涉。监察机关也应当与司法机关相互配合、相互制约。人民检察院是我国的法律监督机关，拥有对监察机关移交案件审查并作出是否提起公诉决定的权利。“人民检察院审查决定”，是指人民检察院对移送的公诉案件进行审查核实，作出起诉决定的过程。包括以下两个方面的工作：是对监察机关移送起诉、需要提起公诉的案件，进行全面审查。这种审查包括对案卷材料的审查和对据以定罪证据的审查。二是根据全面审查的结果，作出起诉的决定。

值得一提的是，“证据确实、充分”涉及一个证明标准的问题，即采取何种标准可以认定证据“确实”“充分”？有学者指出“证据确实、充分”实际上是一种证实思维，忽视了排除案件疑点。因此，移送审查起诉应确立“排除合理怀疑”的证明标准。该标准符合证伪思维的要求以及认识的模糊性原理和证明标准的层次性。[2]在监察实践中，为了保障监察对象的基本合法权益，也应当达到“排除合理怀疑”或者达到“确信无疑”的证明标准。“证实思维”与“证伪思维”其实是一体两面的，应将其统一到移送审查过程中。

---

〔1〕 武晓慧：“论公诉裁量权的运行与程序性控制”，载《中国刑事法杂志》2016年第1期。

〔2〕 参见刘立霞：“移送审查起诉的证明标准探析——以证伪思维为视角”，载《河北法学》2008年第6期。

二、人民检察院适用补充侦查制度的条件、程序与意义

（一）人民检察院适用补充侦查制度的条件

补充侦查，来源于刑事诉讼法，意为公安机关或人民检察院依照法定程序，在原有侦查工作的基础上继续进行查明案情、收集和补充证据的侦查活动。[1]而监察法中的补充侦查，是指公安机关或人民检察院依照法定程序，在原有侦查工作的基础上继续进行查明案情、收集和补充证据的侦查活动，共分为审查批捕时的补充侦查、审查起诉时的补充侦查、法庭审判时的补充侦查三种。本款所涉及的属于审查起诉时的补充侦查。补充侦查是一种补充性、被动性的侦查措施。其发动的条件是在案件调查工作结束后的审查起诉阶段发现调查结果和证据不足以判断是否应提起公诉，从而予以补充侦查。补充侦查不能先于监察机关的调查工作，也是提起公诉的必要程序。在职务犯罪领域，《监察法》规定补充侦查或补充调查的主体是我国的监察机关与人民检察院。案件进行补充侦查，一方面说明监察机关的案件调查结果没有达到批准逮捕、提起公诉、法庭审判的要求，需要进一步侦查完善、补强证据；另一方面也延缓了刑事诉讼进程，导致犯罪嫌疑人、被告人较长时间遭受羁押，权利受损。但对于职务犯罪，往往牵涉面广、社会危害性较为严重，且常常给国家、社会、个人带来巨大的财产损失。采取补充侦查措施，有利于更好地追究犯罪，保护无辜，追缴非法获得的财物并退赔给原主。鉴于职务案件涉及的财物款项随着案件时间的流逝追回的难度会呈指数化上升，因此建立起一套高效、准确、合理的补充侦查机制就尤为必要。

（二）人民检察院适用补充侦查制度的程序

根据《监察法》第47条规定，对于需要补充侦查的，有两条途径解决：一是退回监察机关，由监察机关补充调查；二是人民检察院自行补充侦查。“退回监察机关补充调查”是指对那些犯罪事实不清、证据不足，或者有遗漏罪行和其他需要追究刑事责任的人，可能影响对犯罪嫌疑人定罪量刑的案件，可以将案件退回监察机关，由监察机关进行补充性调查。“可以自行补充侦查”是指案件只是有部分证据需要查证，而自己又有能力侦查的或者自行侦查更有利于案件正确处理的案件，由人民检察院自己补充侦查。[2]一般应当先退回监察机关

---

〔1〕参见云山城：“完善补充侦查若干问题的思考”，载《中国人民公安大学学报（社会科学版）》2006年第6期。

〔2〕陈卫东：“职务犯罪监察调查程序若干问题研究”，载《政治与法律》2018年第1期。

进行补充调查，必要时才由检察机关自行补充侦查。

我国人民检察院的补充侦查制度已经逐渐走向规范化。根据2012年《刑事诉讼法》第171条规定，对于补充侦查的案件，应当在一个月以内补充侦查完毕。补充侦查以二次为限。补充侦查完毕移送人民检察院后，人民检察院重新计算审查起诉期限。对于补充侦查的案件，人民检察院仍然认为证据不足，不符合起诉条件的，可以作出不起诉的决定。这一规定明确了人民检察院决定补充侦查的次数，即以二次为限。一方面保障了公民权利，防止利用退侦延长办案期限，来回“拉抽屉”；另一方面也相对保障了补充侦查能较为全面地反映案件事实，提供了较为充足的调查时间。因此，监察机关和人民检察院的补充侦查，也应当遵循《刑事诉讼法》的精神，设置补充侦查的上限。

本款规定最大的突破在于取消了人民检察院对职务犯罪案件的自行侦查权，而仅赋予其补充侦查权。这是考虑到，将自侦权从人民检察院脱离出来，起到了一定的“正本清源”的作用，重新明确了人民检察院的法律监督地位。在法理上，自侦权并非典型意义上的法律监督权，但在实践中，自侦职能却俨然成了检察机关的主业，而法律监督职能反而成了副业，由此导致检察机关偏离了法律监督机关的宪法定位。〔1〕检察机关作为我国的法律监督机关，其职责主要在于依照法定职权和程序，对立法、执法和司法活动的合法性进行监察和督促。此外，当前检察机关在行使自侦查时，存在立案监督、批准逮捕、延长羁押、不起诉等方面的缺陷，〔2〕需要予以重构。

将自侦权从人民检察院脱离出来，在职务犯罪领域交由监察机关补充侦查，实现了职务犯罪领域侦查权的整合。监察机关由此获得了调查权与补充调查权的统一。当前《刑事诉讼法》规定的审查批捕时的补充侦查、审查起诉时的补充侦查、法庭审判时的补充侦查不同程度地存在退而不查、查而不清、屡退不查、屡查不清、相互借时间等问题。这些问题存在的主要原因是公、检、法三家对批捕标准、起诉标准、审判标准理解上有偏差，缺少统一的刑事诉讼证据规则的指导，对检察机关批准逮捕性质存在错误认识等。〔3〕公、检、法是我国司法系统的三大支柱，相互协助，相互制约。但难免存在互相“照顾”或者“踢皮球”的情形，这是组织系统内部的必然缺陷。以往侦查权过于分散，公安

---

〔1〕 参见唐亮：“监察体制改革与检察机关之归位”，载《河北法学》2018年第1期。

〔2〕 参见周欣：“我国检察机关自侦权的缺陷与重构”，载《中国人民公安大学学报》2007年第2期。

〔3〕 陈光中：“我国监察体制改革若干问题思考”，载《中国法学》2017年第4期。

机关和人民检察院都拥有补充侦查权。对于职务犯罪案件，还由纪律检查委员会负责调查，这便形成了多头管理的局面。由于机构间补充侦查制度的标准、程序不一，各自为政，缺乏统筹，这会造成行政、司法、党的资源内耗，对案件侦查或者调查工作的效率造成不利影响，并降低司法的权威性。

本款对补充侦查权的另一大突破在于将补充侦查权收束到了审查起诉阶段，移除了人民检察院在审查批捕和法庭起诉阶段的补充侦查权。[1]这一规定旨在缩小人民检察院在职务犯罪案件的侦查权，提高监察机关的调查效率，节省司法资源。[2]补充侦查权的收束是诉讼职能分工的必然要求。对于职务违法案件，应由监察机关负责立案调查，人民检察院负责审查起诉，人民法院负责审判。[3]这样才能实现案件处理的无缝衔接，明确分工职责。以往人民检察院的补充侦查权，涉及的阶段过于广泛，产生了职能重叠和冲突。例如在实践过程中，纪检机关在调查案件的过程中，因为人民检察院的侦查权，经常会将调查材料移交人民检察院，但有时案件调查已经较为明确，证据收集也较为充分，无需进行补充侦查，这一移交过程便不具备必要性，反而会降低调查效率。而到了法庭审判阶段，前期的调查与侦查工作已经完成，甚至已经进行过补充侦查，再由人民检察院进行补充侦查，其必要性也较为微弱。审查起诉是人民检察院审核案件材料的核心环节，也是调查工作与审判工作的过渡阶段。在这一阶段行使补充侦查权可以拥有较为雄厚的证据支撑。因此，与其将补充侦查权平摊到案件处理的各阶段，不如将司法资源倾斜到最为重要的审查起诉阶段，更能有效地履行人民检察院法律监督的职能。

三、人民检察院作出不起诉决定的条件与复议程序

（一）人民检察院作出不起诉决定的条件

《监察法》第47条第3款规定了人民检察院不起诉决定的条件与复议程序。人民检察院对不符合当前《刑事诉讼法》起诉规定的，经上一级人民检察院批准，依法作出不起诉的决定，但监察机关认为不起诉决定有错误，可向上一级人民检察院提请复议。

所谓不起诉，是指公诉机关依其职能，对不符合起诉条件或没有起诉必要

〔1〕张建伟："法律正当程序视野下的新监察制度"，载《环球法律评论》2017年第2期。

〔2〕纵博："监察体制改革中的证据制度问题探讨"，载《法学》2018年第2期。

〔3〕汪海燕："监察制度与《刑事诉讼法》的衔接"，载《政法论坛》2017年第6期。

的案件所作出的不予追诉的决定。[1]这是一种程序上的处分，而非实体上的处分，体现了公诉机关一定的自由裁量权。人民检察院作为我国的法律监督机关，对于监察机关移送的职务犯罪案件，有权审查决定是否对其提起公诉，因为控诉职能是公诉机关的基本诉讼职能。在刑事诉讼中，公诉机关正是基于控诉职能，对于符合法律规定起诉条件的，依法向法院提出诉讼请求，要求法院通过审判确定被告人犯有某种罪行并给予相应的刑事制裁。显然，公诉机关只有对符合法定起诉条件的才能提起诉讼，其他不符合起诉条件或者没有起诉必要的，公诉机关自然依其职权作出不起诉的决定。

公诉机关对某一案件作出不起诉的处分，表明公诉机关将不向法院请求进行审判，放弃对犯罪嫌疑人的控诉。实质上是公诉机关依其职权从程序上对案件所作的不予追诉的处分，并非对案件进行实体处分。从一定意义上讲，起诉意味着启动刑事审判程序，使刑事诉讼进入到审判阶段；而不起诉则表明刑事诉讼不进入审判阶段，阻断了刑事诉讼的继续进行，意味着刑事诉讼程序的终止。这也是不起诉决定的直接法律后果。但这种终止不是绝对的，而是相对的。对于同一案件不过限制其再行起诉而已，该案之起诉权依然存在，并未因而消灭，遇有发现新事实或新证据，或者原处分所凭证物已证明其为伪造或变造，或所凭之证言，鉴定已证明其为虚伪，或所凭之证通常法院或特别法院之裁判已经确定裁判变更，或参与侦查之检察官因该案件犯职务上之罪已经证明者，得再行起诉。

所谓有《刑事诉讼法》规定的不起诉的情形，即人民检察院在审查中发现犯罪嫌疑人没有犯罪事实，或者有 2012 年《刑事诉讼法》第 15 条规定的情形的，即情节显著轻微、危害不大，不认为是犯罪的；已过追诉时效期限的；经特赦令免除刑罚的；犯罪嫌疑人死亡的；其他法律规定免于追究刑事责任的，以及对犯罪情节轻微，依照 2015 年修订的《刑法》规定不需要判处刑罚或者免除刑罚的，应当作出不起诉决定。

按照 1986 年修正的《人民检察院组织法》规定，中华人民共和国设立最高人民检察院、地方各级人民检察院和军事检察院等专门人民检察院。这种自上而下的排列反映了检察机关上下级是领导和被领导的关系及其检察一体的特点，这与人民法院上下级之间监督与被监督的关系有显著不同。为了维护国家法制的统一，检察机关必须一体化，必须具有很强的集中统一性。因此，人民检察

〔1〕 张智辉："公诉权论"，载《中国法学》2006 年第 6 期。

院在作出不起诉决定前，应当得到上一级人民检察院批准。上级检察院和检察官对下级检察院和检察官拥有在行政管理和业务管理上的全面领导权，下级检察院拥有依法独立办案的权力，但基于职务犯罪本身的重要性、特殊性，人民检察院作出不起诉决定，必须得到上一级人民检察院批准。

（二）不起诉决定的复议制度

监察机关的复议制度，与我国刑事诉讼法的规定有所不同。根据我国现行《刑事诉讼法》第175条规定：于公安机关移送起诉的案件，人民检察院决定不起诉的，应当将不起诉决定书送达公安机关。公安机关认为不起诉的决定有错误的时候，可以要求复议，如果意见不被接受，可以向上一级人民检察院提请复核。可见，现行《刑事诉讼法》的复议程序是直接由公安机关提出复议，如不接受，再提请上一级人民检察院复核。而《监察法》是先由上一级人民检察院批准，然后监察机关认为不起诉决定确有错误的，再向上一级人民检察院提请复议，而不涉及复核措施。这体现出一种诉讼程序上的优化，监察机关在确定上一级人民检察院批准意见的基础上，直接对其提请复议，有利于节省审查起诉时间，提高复议效率。

【法条链接】

一、《中华人民共和国监察法》（2018年）

第四十七条　对监察机关移送的案件，人民检察院依照《中华人民共和国刑事诉讼法》对被调查人采取强制措施。

人民检察院经审查，认为犯罪事实已经查清，证据确实、充分，依法应当追究刑事责任的，应当作出起诉决定。

人民检察院经审查，认为需要补充核实的，应当退回监察机关补充调查，必要时可以自行补充侦查。对于补充调查的案件，应当在一个月内补充调查完毕。补充调查以二次为限。

人民检察院对于有《中华人民共和国刑事诉讼法》规定的不起诉的情形的，经上一级人民检察院批准，依法作出不起诉的决定。监察机关认为不起诉的决定有错误的，可以向上一级人民检察院提请复议。

【释义】本条是对于监察机关移送案件后的处理程序，其目的在于明确监察机关将案件移送人民检察院后的起诉条件和补充措施，确保案件起诉有充足的证据支撑并符合法定程序，并赋予监察机关在起诉准备阶段应当拥有的监察权。

本条主要包含对监察机关移送案件的三种处理方式。

二、《中华人民共和国刑事诉讼法》（2012 年）

第一百七十一条　人民检察院审查案件，可以要求公安机关提供法庭审判所必需的证据材料；认为可能存在本法第五十四条规定的以非法方法收集证据情形的，可以要求其对证据收集的合法性作出说明。

人民检察院审查案件，对于需要补充侦查的，可以退回公安机关补充侦查，也可以自行侦查。

对于补充侦查的案件，应当在一个月以内补充侦查完毕。补充侦查以二次为限。补充侦查完毕移送人民检察院后，人民检察院重新计算审查起诉期限。

对于二次补充侦查的案件，人民检察院仍然认为证据不足，不符合起诉条件的，应当作出不起诉的决定。

【释义】本条是对补充侦查的规定，共分四款。

第 1 款是关于人民检察院可以要求公安机关提供法庭审判所必需的证据材料以及对证据收集的合法性作出说明的规定。本款还规定，认为可能存在本法第 54 条规定的以非法方法收集证据情形的，可以要求其对证据收集的合法性作出说明。第 2 款是关于人民检察院如何处理需要补充侦查的案件的规定。对于需要补充侦查的，有两条途径解决：一是退回公安机关，由公安机关补充侦查；二是自行侦查。第 3 款是关于补充侦查的时限、次数以及如何计算审查起诉期限的规定。根据本款的规定，补充侦查应当在一个月以内完成。补充侦查的期间从侦查机关接到补充侦查的案件第二日起计算。本款同时规定补充侦查以二次为限，补充侦查完毕移送人民检察院后，重新计算审查起诉期限。检察人员必须严格掌握补充侦查的案件，不得滥用补充侦查，随意延长办案期限。第 4 款是关于二次补充侦查后仍然认为证据不足如何处理的规定。根据本款的规定，案件经二次补充侦查后，人民检察院仍然认为证据不足，不符合起诉条件的，应当作出不起诉的决定。[1]

第一百七十二条　人民检察院认为犯罪嫌疑人的犯罪事实已经查清，证据确实、充分，依法应当追究刑事责任的，应当作出起诉决定，按照审判管辖的规定，向人民法院提起公诉，并将案卷材料、证据移送人民法院。

【释义】本条是对提起公诉条件和程序的规定。提起公诉的条件是：

第一，犯罪事实已经查清，证据确实、充分。这是人民检察院起诉的基本

---

〔1〕 全国人民代表大会常务委员会法制工作委员会刑法室编著：《〈中华人民共和国刑事诉讼法〉解读：最新版》，中国法制出版社 2012 年版，第 375~376 页。

依据如果犯罪的事实不清、证据不足，则不能也不应提起公诉。

第二，依法应当追究刑事责任，即经过审查起诉，人民检察院认为犯罪嫌疑人不但构成犯罪，而且依法应当追究刑事责任。人民检察院向人民法院提起诉讼的目的即为要求人民法院通过审判确定被告人的刑事责任，因而如果犯罪嫌疑人的行为虽然构成犯罪，但具有法定的不追究刑事责任的情形，则没有交付审判的必要。而且，对于具有本法第15条规定的不需要追究刑事责任的六种情形之一的，人民检察院应当作出不起诉的决定。

第三，符合审判管辖的规定，即人民检察院应当依据本法第19条至26条关于审判管辖的规定向有管辖权的人民法院提起公诉。

人民检察院决定提起公诉的，应当制作起诉书，并将起诉书、案卷材料、证据移送人民法院。[1]

第一百七十三条　犯罪嫌疑人没有犯罪事实，或者有本法第十五条规定的情形之一的，人民检察院应当作出不起诉决定。

对于犯罪情节轻微，依照刑法规定不需要判处刑罚或者免除刑罚的，人民检察院可以作出不起诉决定。

人民检察院决定不起诉的案件，应当同时对侦查中查封、扣押、冻结的财物解除查封、扣押、冻结。对被不起诉人需要给予行政处罚、行政处分或者需要没收其违法所得的，人民检察院应当提出检察意见，移送有关主管机关处理。有关主管机关应当将处理结果及时通知人民检察院。

【释义】本条是对不起诉条件和程序的规定。

【案例链接】指定审查起诉案件

安徽省检察院首例监察委移送案

2018年2月2日，安徽省监察委以涉嫌受贿犯罪对吴某武立案调查并采取留置措施，并于同年4月27日将该案移交安徽省检察院。为确保案件实现顺利衔接，此案移送审查起诉前后，安徽省监察委多次派员与省检察院办案部门进行沟通协调。安徽省检察院主动适应监察委办案新模式，准确把握办案各个节点环节，顺利完成提前介入、强制措施适用、指定管辖等各项工作。

据了解，安徽省检察院依法受理该案后，当天即对犯罪嫌疑人吴某武进行

---

〔1〕 法律出版社法规中心编：《〈中华人民共和国刑事诉讼法〉配套解读》，法律出版社2012年版，第302~303页。

了讯问，讯问过程作了全程同步录音录像。为保证调查留置措施与刑事诉讼逮捕强制措施的转化衔接，五一假日期间，安徽省检察院侦查监督二处承办检察官加班加点，认真审查卷宗材料，撰写审查逮捕意见书。2018 年 5 月 2 日节后上班第一天，安徽省检察院依法以涉嫌受贿罪、利用影响力受贿罪，对犯罪嫌疑人吴某武作出逮捕决定。经提前与安徽省高级法院会商，省检察院又顺利将此案指定铜陵市检察院审查起诉。这是监察体制改革试点工作推开以来，安徽省检察院受理的第一起省监察委移送审查起诉案件。安徽省检察院决定逮捕时认定，今年（2018 年）65 岁的吴某武在担任安徽省纪委监察一室副主任、省卫生厅党组成员、省纪委驻省卫生厅纪检组长期间以及离职后，利用职务上的便利或影响力，索取或非法收受他人财物，数额巨大，并为他人谋取利益，其行为已涉嫌受贿罪、利用影响力受贿罪。

第七节 从宽处罚的建议

一、对被调查人的从宽处罚建议

从宽处罚的建议其实来源于刑事诉讼法中的认罪认罚从宽制度，而后者则滥觞于“坦白从宽、抗拒从严”和“宽严相济”的刑事政策，是在新的历史条件下对其中宽缓一面的发展。[1]其中“从宽”不仅包括实体处理上的从宽，也包括程序适用上的从宽。[2]但应当注意区别的是，刑事诉讼法中的处罚特指刑罚。但是，当具体到监察法领域时，处罚不仅包括向职务违法犯罪行为人追究刑事法律责任，也包括政务处分等其他处罚措施。这是因为监察法不仅规制职务犯罪行为，也规制职务违法、违纪行为，应采取多样化的处罚措施，实现罚当其行。

据此，根据《监察法》第 31 条规定，在满足一定条件的情形下，监察机关可以对涉嫌职务犯罪的被调查人提出从宽处罚的建议。然而，《监察法》并未在监察程序这一章节中对从宽处罚建议进行具体而详细的规定。结合监察程序的相关条文来看，对于某一个监察案件对被调查人的从宽处罚建议应当满足以下几点：

首先，从程序上看，监察机关要接受相关的报案和举报，或者根据自己在

---

〔1〕 参见熊秋红：“认罪认罚从宽的理论审视与制度完善”，载《法学》2016 年第 10 期。

〔2〕 参见魏晓娜：“完善认罪认罚从宽制度：中国语境下的关键词展开”，载《法学研究》2016 年第 4 期。

履行法定职责过程中发现的问题线索进行处置和调查，对于那些不符合本机监察机关监察管辖的理应移送管辖。之后监察机关对于问题线索应当提出处置意见。再之后会针对问题线索进行初步核实并出具初步核实报告，根据初步核实需要追究涉嫌职务违法犯罪的被举报人的法律责任的，才能进行立案处置。故此，“被调查人”是指监察机关立案调查的，需要追究其法律责任的人。在问题线索核查、接受举报或报案、出具初步核查报告并报有关监察机关审批等阶段，对于涉嫌违纪违法的被监察对象都不能称之为被调查人。只有在作出立案调查批准决定之后才能称之为被调查人，这是各级监察机关及其工作人员理应注意的。此外，并非是针对任何被调查人都可以在移送检察院审查、提起公诉时提出从宽处罚的建议。从监察机关的性质上来说，其并非是国家司法机关。对于监察机关提出从宽处罚的建议的性质定位也有不同的认识，有人认为其类似于司法量刑建议，也有人认为其属于迥异于量刑建议的监察建议，二者最大的区别在于司法量刑建议会约束人民法院的法定刑的确定，而监察建议仅仅对监察机关提出司法量刑建议产生影响。但根据本条规定的文义解释，对于那些仅仅涉嫌职务违法的被调查人而言，监察机关不能提出从宽处罚的建议。

据此，监察机关对涉嫌职务犯罪的被调查人提出从宽处罚的建议的法定情形有：

（一）被调查人主动认罪认罚的

认罪认罚从宽既体现了我国长期实行的惩办与宽大相结合的人道刑事政策，也与我国当前阶段的宽严相济的刑事司法政策相吻合。《监察法》第5条规定国家监察工作坚持“权责对等，从严监督，惩戒与教育相结合，宽严相济”的原则，第6条规定国家监察工作坚持“加强思想道德和法治教育”的方针。认罪认罚从宽建议是指监察机关对于涉嫌职务犯罪的被调查人自愿如实供述自己的罪行，对经过监察调查的犯罪事实没有异议，同意监察机关的监察建议并签署具结书的案件，可以提出依法从宽处理的建议。应当注意：

1. 被调查人必须出于主动，即其认罪认罚具有主动性。认罪认罚从宽的主要功能就在于感召、激励和促使职务犯罪的被调查人悔过自新。第一，对那些实施了职务犯罪的被调查人给予从宽处罚，可以使其真切体会到国家法律对他们的宽恕，促使他们加强自我改造，更好地达到刑法实施的特殊预防的效果，从而抑制其再犯罪。第二，对那些已经实施了职务犯罪的潜在的犯罪人也会起到良好的示范作用，督促他们主动向监察机关交代自己的职务犯罪行为，从而起到一般社会预防和节约监察资源的效果。

2. 认罪认罚必须出于被调查人的自愿。认罪认罚必须要确保被调查人是自主自愿的。对于调查过程是否逼迫其自认其罪，取证过程是否符合法律规定，有没有刑讯逼供等违法犯罪行为，必须加强监督，如果案件最终需要移送到检察院审查、提起公诉的，必须将被调查人是否自愿作为重要的审查内容。

3. 注意认罪认罚制度与（一般）自首的区别。在刑罚量刑制度中，自首可以分为一般自首和准自首，其中，准自首也称作特殊自首。根据当前《刑法》第 67 条规定，一般自首是指“犯罪以后自动投案，如实供述自己的罪行”。再根据 1998 年最高人民法院《关于处理自首和立功具体应用法律若干问题的解释》第 1 条的规定可知，一般自首必须满足两个条件：自动归案和如实供述自己的罪行。而认罪认罚从宽的构成要件中没有自动归案条件的限制。当然，认罪认罚从宽中的“从宽”包含了从轻、减轻和免除处罚共三种情形。

（二）被调查人有自动投案、真诚悔罪悔过的

自动投案或者真诚悔罪悔过都反映了涉嫌职务犯罪的被调查人内心的悔悟，也表现了其给党和国家、人民利益带来的危害性的降低。须注意：

1. 关于“自动投案”。自动投案是指涉嫌职务犯罪的被调查人在被调查之后，在未受到讯问、未被采取监察强制措施之前，出于被调查人本人自己的意志或意愿而向有关机关或者个人承认自己所实施的职务犯罪行为，并且自愿地将自己置于有关机关或者个人的控制之下等待进一步调查、处置的行为。据此可知，自动投案需要满足以下条件：第一，自动投案行为必须发生在被调查人尚未归案之前。这是时间上的限制条件。根据 1998 年出台的《关于处理自首和立功具体应用法律若干问题的解释》（简称《解释》）第 1 条第 1 款规定，“自动投案”是指“犯罪事实或者犯罪嫌疑人未被司法机关发觉，或者虽被发觉，但犯罪嫌疑人尚未受到讯问、未被采取强制措施时，主动、直接向公安机关、人民检察院或者人民法院投案。犯罪嫌疑人向其所在单位、城乡基层组织或者其他有关负责人员投案的；犯罪嫌疑人因病、伤或者为了减轻犯罪后果，委托他人先代为投案，或者先以信电投案的；罪行尚未被司法机关发觉，仅因形迹可疑，被有关组织或者司法机关盘问、教育后，主动交代自己的罪行的；犯罪后逃跑，在被通缉、追捕过程中，主动投案的；经查实确已准备去投案，或者正在投案途中，被公安机关捕获的，应当视为自动投案。并非出于犯罪嫌疑人主动，而是经亲友规劝、陪同投案的；公安机关通知犯罪嫌疑人的亲友，或者亲友主动报案后，将犯罪嫌疑人送去投案的，也应当视为自动投案”。第二，自动投案一般是基于被调查人自己的意志。即是自动投案行为本身并没有违背被

调查人的意愿。应当注意的是，根据最高人民法院1998年《解释》第1条第1款第2项规定："并非出于犯罪嫌疑人主动，而是经亲友规劝、陪同投案的；公安机关通知犯罪嫌疑人的亲友，或者亲友主动报案后，将犯罪嫌疑人送去投案的，也应当视为自动投案。"第三，被调查人自愿地将自己置于有关机关或者个人的控制之下，等待进一步的调查和处置。应当注意的是，如果被调查人自动投案之后又逃跑，不能认定为自动投案。

2. 关于"真诚悔罪悔过"。悔罪或者悔罪表现，是指涉嫌职务犯罪的被调查人对自己所犯罪行进行了忏悔的表现。具体如将受伤害的对象积极送往医院治疗或者承担医药费；主动退赃退赔；主动作为防止了犯罪危害的扩大等。悔过或者悔过表现是指涉嫌职务犯罪的被调查人对自己所作所为进行忏悔的行为。根据《监察法》第5条的规定，国家监察工作必须坚持惩戒与教育相结合，宽严相济的监察政策和原则。同时根据第6条的规定，国家监察工作的开展，必须要加强思想道德和法治教育，必须坚持标本兼治的方针。"真诚悔罪悔过"可由监察机关提出从宽处罚的建议的规定，彻底地贯彻了人道主义的原则，注重对被调查人思想观念的改造和教育，起到了良好的特别预防的效果。关于真诚悔罪悔过，可以从以下方面加以把握：一是悔罪悔过必须是被调查人本人所做出的。责任自负是现代法治的基本要求，只有出于被调查人本身的醒悟，才能更好地起到防微杜渐、预防再犯和警醒潜在不法行为的效果。二是悔罪悔过行为必须处于真诚，而不是虚伪的。在监察实务中，监察人员必须综合各方面的情况对被调查人是否真诚作出认定，比如被调查人是否认识到自己行为的危害性、是否积极退赃退赔、是否作出赔礼道歉等。

（三）被调查人积极配合调查工作、如实供述监察机关还未掌握的违法犯罪行为的

"积极配合调查工作"是指涉嫌职务犯罪的被调查人对于监察机关的调查取证工作予以配合，态度上不推诿、不懈怠和不消极的一种情形。这有利于监察调查工作的顺利进行，也有利于收集有关被调查人是否涉嫌职务犯罪的证据，为后续的处置程序和司法诉讼程序做准备。一般来说，职务犯罪具有隐蔽性和侦查难度大的特点，被调查人的积极配合能够有效提高监察调查的效率，同时节约了监察资源。"如实供述"是指涉嫌职务犯罪的被调查人在监察机关的调查过程中能够如实地交代自己的所犯罪行。对此应当注意：

1. "如实供述"的内容。所谓"如实"是指被调查人能够客观地按照自己的记忆交代自己的犯罪事实，并不要求其交代的犯罪事实完全和客观事实相互

吻合，确实因为遗忘而没有交代的，依旧可以认定为如实供述。“如实供述”的内容应当是监察机关尚未掌握的违法犯罪行为，其要义有二：一是如实供述的内容必须是监察机关尚未掌握的，如果供述了那些监察机关已经掌握了的事实，则不能成立。二是如实供述的对象包括了违法行为和犯罪行为。对此第一种观点认为此处的如实供述应当是供述了本人的但监察机关尚未掌握的违法犯罪行为；另一种观点认为此处的如实供述包括了他人所犯的但监察机关尚未掌握的违法犯罪行为。但是，观察“积极配合调查工作、如实供述监察机关还未掌握的违法犯罪行为”这一表述在《监察法》第31条中可以发现，与其并列的其他五种监察机关可以提出从宽处罚的情形都要求必须有涉嫌职务犯罪的被调查人作出，即第31条是以被调查人作为规约对象的，故而“监察机关还未掌握的违法犯罪行为”仅包括那些监察机关没有掌握的被调查人的违法犯罪行为。因此，第一种观点较为恰当。逆向考虑，如果《监察法》第31条规定的如实供述包括了监察机关尚未掌握的他人的违法犯罪行为，在监察实务中可能出现监察机关没有管辖权却可以提起从宽处罚建议的悖论，这与法律体系的统一性相互冲突。

2. “如实供述”与自首的区别。要注意“如实供述监察机关还未掌握的违法犯罪行为”与一般自首和准自首的区别。首先，一般自首要求犯罪嫌疑人自动投案并且如实供述自己的罪行，其中“如供述自己的罪行”是指犯罪嫌疑人自动投案之后，如实地交代了自己本人的主要犯罪事实。《监察法》第31条所规定的“如实供述”与一般自首中的如实供述的主要区别有三：一是是否要求供述之事实为办案机关所知。一般自首中即使是刑事司法机关所知悉的事实而犯罪嫌疑人加以如实供述的，依旧成立一般自首，而《监察法》第31条规定的“如实供述”的内容仅仅指那些监察机关尚未掌握的本人其他违法犯罪行为。二是是否要求仅仅供述犯罪嫌疑人或被调查人的犯罪行为。上述第31条规定的“如实供述”还包括了违法行为。三是二者有相互交叉之处。一般自首中的“如实供述”是针对一般情况下的犯罪嫌疑人而言的，即不论是否属于职务犯罪都可以适用一般自首中的“如实供述”；而上述第31条所规定的“如实供述”的内容仅指职务违反犯罪的供述。其次，要注意上述第31条的“如实供述”与准自首的区别。准自首的构成要件要求犯罪嫌疑人被动归案且如实供述司法机关尚未掌握的本人其他罪行。故上述31条规定的“如实供述”与准自首中“如实供述”主要存在供述内容上的差异，监察法上的“如实供述”仅仅包括职务违法和职务犯罪的行为，而准自首中的“如实供述”不仅局限于此。

（四）被调查人积极退赃、减少损失的

职务违法犯罪会对国家、社会和人民的利益造成极大侵害，尤其是对财产权益而言。积极退赃有利于维护国家利益、社会公共利益和广大人民群众利益。“退赃”是我国法律体系中常见的术语词汇，其常与“退赔”连用，且在法律实务的涉及财产违法犯罪中常被提及。当前《刑法》第 64 条，最高人民法院《关于执行〈中华人民共和国刑事诉讼法〉若干问题的解释》第 124、139、225、451 条，《人民检察院刑事诉讼规则》第 144、488 条均有关于“退赃、退赔”的明确规定。所谓“退赃”是指涉嫌职务犯罪的被调查人依据法律规定主动或者被动地将非法获取的财物直接退还给被害人或者上缴给国家司法机关，以求换取从宽处罚的行为。

《监察法》第 31 条中并没有规定“退赔”，而所谓“退赔”是指犯罪嫌疑人通过犯罪所得的财物已经被其非法处置或者发生损毁而无法原物返还时候，嫌疑人采取折价方式直接对受害人进行赔偿或者上缴国家司法机关，以争取从宽处罚的行为。“减少损失”是指通过涉嫌职务犯罪的被调查人积极退赃的行为，有效地避免或者减少了国家利益、社会公共利益和他人合法利益的损失。此外，还应注意对“赃”的正确理解。“赃”是指涉嫌职务犯罪的被调查人非法侵害的公共财产或者他人合法的财产与利益，其中包括被调查人以非法的手段获取的他人处于占有状态的物。对占有状态的保护就是保护了社会稳定生活秩序的法益。“退赃”的核心在于“赃”物的认定和“赃”物是客观存在且并未被毁损，可追回。如果“赃”物已经不存在或者被毁损的，那么涉嫌职务犯罪的被调查人应该进行退赔。此外，不能将“赃物”与“非法所得”“违法所得”相混淆，三者之间具有不同的内涵与外延。

（五）具有重大立功表现的

重大立功是指涉嫌职务犯罪的被调查人（犯罪嫌疑人）揭发他人的犯罪行为，经过查证属实，或者提供重要线索从而查获其他重大案件，以及其他对国家和社会具有重大贡献的行为。根据规定，立功可以分为一般立功和重大立功。重大立功应该注意以下方面：

1. 重大立功的主体。必须是涉嫌职务犯罪的被调查人（犯罪嫌疑人）。被调查人（职务犯罪嫌疑人）的亲友为使犯罪分子“重大立功”，而向监察机关提供他人重大犯罪线索、协助抓捕重大犯罪嫌疑人的，不能认定为被调查人具有重大立功表现。

2. 重大立功的时间。本条规定的重大立功必须是刑罚执行完毕之前。

3. 重大立功的内容是有效的。即被调查人（职务犯罪嫌疑人）揭发、检举其他人的重大犯罪行为，或者提供的重要线索以及其他重大立功的行为是客观存在的，并非是虚假捏造的，而且产生了积极有效的效果。第一，如果被调查人通过暴力胁迫、威逼利诱、贿买、敲诈等非法方法，或者在被采取强制措施如羁押、留置等之后违法相关规定获取了他人重大犯罪线索并“积极”想监察机关检举和揭发的，不能成立重大立功。第二，被调查人作为行使国家公权力的人员，其将本人在履行国家职务的过程中掌握知悉的，或者从其他具有稽查、调查犯罪和监管职责的国家工作人员处获取的关于他人重大犯罪线索予以检举揭发的，也不能作出认定。

（六）案件涉及国家重大利益的

国家利益是中国特色社会主义法律制度中使用频率极高的一个概念术语。我国宪法、民法、刑法、经济法、行政法等诸多法律部门都广泛使用了“国家利益”或者“国家的利益”的表述，且其时常与集体利益、公共利益、社会利益等范畴相混淆。国家利益概念的内涵异常丰富多样，其外延纵横捭阖，也具有鲜明的层次性。[1]以国家利益的重要性程度为标准可将其划分为一般的国家利益和重大国家利益（国家重大利益）；国家利益内涵了国家统一、民族团结、国家安全、社会主义制度完善、国家领土完整和国家政权的稳定、公共善良风俗与秩序、公共政策、财产权利和社会总体福祉、国家发展战略、国家荣誉与国际形象、全体人民生命健康和财产安全及其他合法权益等具体内涵。

具体到《监察法》规定，监察机关并非能够对所有的涉及国家利益的案件被调查人提出从宽处罚的建议，仅能对那些涉及国家重大利益的案件被调查人才能提出从宽处罚的建议，国家利益与国家重大利益不仅在范围上有所不同，二者也有质上的差异。在监察实务中，对国家利益或国家重大利益的认定与把握应当坚持审慎、认真细致的态度，既不能将非国家利益解释为国家利益而出入人罪，也不能将本属于国家利益的事项解释为非国家利益而助人脱罪脱责，更不能做出有损于国家利益、社会公共利益的行为。

（七）其他

对本条中“等”字的理解，应该采取同类解释的规则加以把握，其意指其他与本条前列所示具有同等或相同性质的情形。故而，可以将“等”字的含义理解为兜底、煞尾的意思。这是因为监察检查实践是不断发展和完善、进步的，随着监察实务的逐步完善，极有可能出现新的监察机关可以提出从宽处罚建议的情形，而立法机关一时之间难以穷尽，故在立法技术上作出了折中，比较切

［1］ 参见刘志云：“国家利益的层次分析与国家在国际法上的行动选择”，载《现代法学》2015年第1期。

合地缓解了立法技术和监察检查实务之间的张力。

二、对职务违法犯罪的涉案人员的从宽处罚建议

根据《监察法》第32条规定，在满足一定条件下，监察机关对于职务违法犯罪的涉案人员可以在移送人民检察院时提出从宽处罚的建议。故此，监察机关提出从宽处罚的监察建议的对象是职务违法犯罪的涉案人员。“职务违法犯罪的涉案人员”是指在监察机关调查、处置案件中除涉嫌职务犯罪的被调查人之外的，需要追究其法律责任、政务责任及其他责任的人员。其要义如下：其一，该涉案人员并非涉嫌职务犯罪的被调查人。从《监察法》第31条和32条分列表述及其内容可以看出，监察机关在办理案件时提出的从宽处罚建议的针对对象有两个：涉嫌职务犯罪的被调查人和职务违法犯罪的涉案人员。由此可知，监察机关提出从宽处罚的监察建议也可以分为两种。其二，不同于《监察法》第31条，涉案人员的范围比较宽泛，具体包括了职务违法、职务犯罪的涉案人员。而上述第31条仅仅指涉嫌职务犯罪的被调查人。在监察实务中，下列人员都可能属于“职务违法犯罪的涉案人员”：涉嫌职务犯罪的被调查人的亲属、隐匿或包庇职务违法犯罪的被调查人的人员、参与职务违法犯罪所得款项“洗钱”行为的人员、为职务违法犯罪提供便利和帮助的人员等。其三，这两种监察建议在实体条件上有着重大差别。

监察机关对职务违法犯罪的涉案人员在将案件移送人民检察院审查、提起公诉时提出从宽处罚的建议，主要包括以下情形：

（一）涉案人员揭发有关被调查人职务违法犯罪行为，查证属实的

一般情况下，检举、控告和揭发相关的违法犯罪是公民同违法犯罪行为作坚决斗争的有效手段和途径。多数情况下，违法犯罪行为具有隐蔽性，不易被察觉，而公民检举揭发的行为，能为公安、检察院和监察机关等提供证据和线索，使其得以迅速调查、侦查和处置案件，及时阻止犯罪和制裁犯罪，维护社会稳定和社会公正，保障宪法、法律的顺利有效实施。[1]在监察案件中，职务违法犯罪的涉案人员想要争取从宽处罚必须满足以下条件：（1）揭发有关被调查人职务违法犯罪行为。首先揭发的对象必须是被调查人。如果职务违法犯罪的涉案人员揭发的是其他人的违法犯罪行为，不能适用此种情形。其次，揭发的内容必须是被调查人的职务违法犯罪行为。涉案人员揭发的是被调查人员的

---

〔1〕 参见姜明安：“国家监察法立法的若干问题探讨”，载《法学杂志》2017年第3期。

职务违法行为和职务犯罪行为，如果仅仅揭发的是违纪行为，不满足本项所规定的条件。最后，如果涉案人员揭发的并非是被调查人员的行为，或者揭发的并非是被调查人员的职务违法或职务犯罪行为，不满足本项所规定的条件。(2) 所揭发的内容必须经过查证属实。“查证”是指监察机关对于职务违法犯罪人员揭发的情况进行调查、核实，以证明其所揭发事项真伪的活动。“属实”是指职务违法犯罪的涉案人员所揭发的事项、材料是客观的、真实的，并非是虚构的，也并非是诬陷的。当然，涉案人员所揭发的事项、材料经过查证，绝大部分或者其中重大事实为真实而其具有小部分虚假陈述和揭发的，宜认定为“属实”。如果涉案人员所揭发的事项、材料经过查证属于虚假的，监察机关不得提出从宽处罚的建议。如果其通过揭发的事项、材料欲陷人入罪，欲使他人受到刑事追究，构成犯罪的，应移送相关主管机关管辖。

(二) 涉案人员提供重要线索，有助于调查其他案件的

其要义有二：(1) 涉案人员提供重要线索。首先，报案、举报和涉案人员提供都是监察案件进行初步核实的重要材料来源，其中涉案人员提供的线索具有两面性，一方面，涉案人员是比较了解职务违法犯罪情况的人，其提供的线索更加具有关联性和重要性；另一方面，职务违法犯罪的涉案人员提供的线索也可能是虚假的，乃至是带有误导性的。其次，涉案人员提供的线索必须是“重要”的。对于涉案人员提供的与案件无关的，或者并非是重要的线索，监察机关也不应提出从宽处罚的建议。最后，对于那些线索和材料属于“重要”的，应当加以明确。一般说来，事关被调查人是否有职务违法犯罪行为的线索、职务违法犯罪程度和性质的线索等都属于重要线索。(2) 涉案人员提供的重要线索必须要有助于调查其他案件。首先，提供的重要线索必须具有有用性。对于那些与任何案件办理无关的线索，不得提出从宽处罚的建议。其次，对“其他案件”具有不同的理解。一种观点认为其仅指监察机关办理的除被调查人涉嫌职务犯罪案件和涉案人员涉嫌职务违法犯罪案件之外的其他案件。另一种观点认为是指除上述两种案件之外的监察机关、公安机关及其他有关部门办理的案件之外的其他案件。根据《监察法》规定，监察机关对于满足条件下的“其他案件”可以经过法定程序提出从宽处罚的建议，这就排除了“其他案件”包含有非监察机关管辖的案件的可能性，故而，当采取第一种观点。

关于提出从宽处罚的监察建议的法定程序条件。程序公正是监察机关进行调查活动必须遵守的“红线”，也是监察活动积极追求的目标，更是实现实体公正的有效途径。遵守法定程序能够有效地弥补实体规则的缺漏，使得监察活动

更加具有权威性和严肃性。监察机关对涉嫌职务犯罪的被调查人在将案件移送人民检察院审查、提起公诉时提出从宽处罚的建议，必须满足一定的程序条件。首先，从宽处罚的监察建议的提出必须经过本级监察机关领导人员集体研究决定。本级监察机关经过领导人员集体研究，决定是否需要报请上一级监察机关批准。其次，从宽处罚的监察建议的提出必须报请上一级监察机关的批准。《监察法》第10条规定："中华人民共和国监察委员会领导地方各级监察委员会的工作，上级监察委员会领导下级监察委员会的工作"，据此可知，我国各级监察机关之间实行双重领导体制，即国家监察委领导地方监察委员会工作，上级监察委员会领导下级监察委员会工作。为了表示郑重，提出从宽处罚的建议必须经过上一级监察机关的批准。尤其注意的是，必须经过上一级监察机关而不是上级监察机关的批准，虽一字之差，含义却大相径庭。举例来说，县（区）级监察委员会在将监察案件移送人民检察院审查、提起公诉时，拟对某一被调查人提出从宽处罚的建议，其需要在经过本级监察机关内部集体讨论决定之后，报请设区的市、州一级的监察委员会批准，而不是报请其他任意上级监察机关批准。

【法条链接】

一、《中华人民共和国监察法》（2018年）

第三十一条　涉嫌职务犯罪的被调查人主动认罪认罚，有下列情形之一的，监察机关经领导人员集体研究，并报上一级监察机关批准，可以在移送人民检察院时提出从宽处罚的建议：

（一）自动投案，真诚悔罪悔过的；

（二）积极配合调查工作、如实供述监察机关还未掌握的违法犯罪行为的；

（三）积极退赃、减少损失的；

（四）具有重大立功表现或者案件涉及国家重大利益等情形的。

【释义】 该条是关于监察机关将案件移送检察院时提出从宽处罚的建议的规定。

本条规定了在特定情形下监察机关对涉嫌职务犯罪的被调查人在将案件移送人民检察院审查、提起公诉时可以提出从宽处罚的建议。

第三十二条　职务违法犯罪的涉案人员揭发有关被调查人职务违法犯罪行为，查证属实的，或者提供重要线索，有助于调查其他案件的，监察机关经领导人员集体研究，并报上一级监察机关批准，可以在移送人民检察院时提出从宽处罚的建议。

【释义】该条是关于监察机关将案件移送检察院时提出从宽处罚的建议的规定。

本条规定了一定情形下监察机关对职务违法犯罪的涉案人员在将案件移送人民检察院审查、提起公诉时可以提出从宽处罚的建议。

二、全国人民代表大会常务委员会《关于授权最高人民法院、最高人民检察院在部分地区开展刑事案件认罪认罚从宽制度试点工作的决定》(2016年)

"……开展刑事案件认罪认罚从宽制度试点工作。对犯罪嫌疑人、刑事被告人自愿如实供述自己的罪行，对指控的犯罪事实没有异议，同意人民检察院量刑建议并签署具结书的案件，可以依法从宽处理。"

【释义】本条是对认罪认罚从宽制度的规定。其中认罪体现在犯罪嫌疑人、刑事被告人自愿如实供述自己的罪行，对指控的犯罪事实没有异议。认罚体现在犯罪嫌疑人、刑事被告人同意人民检察院量刑建议并签署具结书。

第六章　国家监察与刑事司法的衔接

监察机关对职务犯罪行为进行监督、调查、处置，必然会涉及与一般刑事司法措施与程序的衔接问题。基于监察机关与司法机关的互相配合、互相制约的关系，应当做好这一衔接工作，以实现监察程序与刑事司法程序的无缝衔接，使监察过程做到全覆盖，并形成从“三元流水作业”到“四元立体制约”的刑事司法格局。〔1〕此外，衔接也是对监察权界限的规定，以避免其将所有权力集于一身，成为一个“超级机构”。〔2〕对此，有学者指出至少需要明确以下三方面内容：一是监察程序和各类司法程序的衔接和转换问题；二是律师是否可以介入监察活动问题；三是被监察对象是否可提起国家赔偿的问题。〔3〕然而，从当前《监察法》的相关条文来看，并未独立设置一个章节规定衔接制度，而是散布于各章节条文之中。下面从既有的法条着手，逐一展开。

第一节　线索移交

开展国家监察工作，全面收集和严格管理违纪违法问题线索是一项基础性工作，必须坚持归口管理、集中统一的原则。对内部而言，在线索收集渠道上，坚持信、访、网、电一体化，充分发挥新媒体的作用，不断扩大问题线索收集渠道覆盖面，建立健全以信访部门为主体、各部门充分发挥各自线索发现职能的问题线索收集管理机制，及时收集和发现党员、监察对象的违纪违法问题线索。充分发挥案件监督管理部门统一管理问题线索职能作用，切实强化问题线

〔1〕 参见江国华：“国家监察体制改革的逻辑与取向”，载《学术论坛》2017 年第 3 期。

〔2〕 参见马怀德：“国家监察体制改革的重要意义和主要任务”，载《国家行政学院学报》2016 年第 6 期

〔3〕 参见江国华、何盼盼：“中国特色监察法治体系论纲”，载《新疆师范大学学报（哲学社会科学版）》2018 年第 5 期。

索的日常管理工作，各职能部门定期汇总线索处置情况，及时向案件监督管理部门通报，对本部门发现的问题线索，属于受理范围的送案件监督管理部门备案；不属于本部门受理范围的，经审批后移送案件监督管理部门分流至有权部门承办。对外部而言，重视纪检监察机关与刑事司法机关在发现违纪违法问题线索方面的协调配合作用，建立刑事司法机关在监督、执法、审判过程中发现党员和监察对象存在违纪违法问题的线索移送机制，及时将有关问题线索移送纪检监察机关依法处理。

一、与公安机关之间的线索移交

公安机关在工作中发现公职人员涉嫌贪污贿赂、滥用职权、玩忽职守、权力寻租、利益输送、徇私舞弊以及浪费国家资财等职务违法或职务犯罪线索，应当移送监察委员会，由监察委员会依法调查处置。公安机关在办理公职人员涉嫌刑事犯罪和因涉嫌黄、赌、毒被处以行政处罚或因其他违法行为被处以行政拘留的案件时，应当将立案情况、调查情况及处理结果向监察委员会通报。监察委员会在工作中发现属于公安机关管辖的案件线索，应当移送公安机关查处。被调查人既涉嫌严重职务违法或者职务犯罪，又涉嫌其他违法犯罪的，一般应当由监察委员会为主调查，公安机关予以协助。对于监察委员会在工作中发现的属于公安机关管辖的案件线索移交公安机关的，公安机关一般按照以下程序办理：第一，坚持同级移送和接受原则。第二，公安机关指定一个部门接受案件线索后，按照公安机关刑事案件管辖分工规定分派至相应承办部门办理。第三，公安机关立案侦查的案件，承办部门侦查终结后将侦查终结报告送指定部门，由其送达监察委员会征求意见，协商确定单独起诉或一并起诉。第四，承办部门决定撤销案件的，应当书面说明理由，并将撤销案件决定书连同案卷材料送达移送案件线索的监察委员会。

二、与检察机关之间的线索移交

根据《监察法》第 11 条第 2 项的规定，监察机关有权对涉嫌贪污贿赂、滥用职权、玩忽职守、权力寻租、利益输送、徇私舞弊以及浪费国家资财等职务违法和职务犯罪进行调查；2018 年的《刑事诉讼法》修订草案中规定检察机关可立案侦查的事项范围也由原来的“贪污贿赂犯罪，国家工作人员的渎职犯罪，国家机关工作人员利用职权实施的非法拘禁、刑讯逼供、报复陷害、非法搜查的侵犯公民人身权利的犯罪以及侵犯公民民主权利的犯罪”限缩为“在对诉讼活动实行法律监督中发现司法工作人员利用职权实施的非法拘禁、刑讯逼供、非法搜查等侵犯公民权利、损害司法公正的犯罪”。[1]据此，在办理起诉案件以及审判过程中，检察机关发现犯罪嫌疑人、被告人涉嫌其他职务违法或者职务犯罪线索，应当移送监察委员会，由监察委员会依法调查处置。监察委员会调查终结的职务犯罪案件符合移送司法机关条件的，应当依法移送检察机关审查起诉：

第一，移送前处置。根据纪法分开、纪在法前、纪严于法的原则，被调查人凡是涉嫌职务犯罪问题的，一般也存在违纪行为和职务违法行为，原则上应当在案件移送审查起诉前，及时对被调查人作出党纪处分和政务处分，有效避免“先移后处”“先法后纪”甚至“带着党籍蹲监狱”等问题。

第二，移送案件的管辖。监察机关移送职务犯罪案件，原则上以地域管辖为主，在特殊情形下也需要商请检察机关指定管辖，主要包括以下四类情形：一是县级以上党委、政府、人大、政协四大班子成员；二是各级监察机关、检察机关、审判机关、公安机关、国安机关、司法行政机关等执法司法部门领导人员；三是与前两类人员相关联的系列案、特定关系人案；四是上级监察机关组织、指挥查办的重大专案、系列案。

第三，案件交接的责任部门。职务犯罪案件移送工作头绪多、内容杂，进一步明确每个环节的责任部门，确保分工明确、责任到人，有利于案件移送工作有条不紊地进行。就监察机关而言，案件移送工作主要涉及案件材料、被调查人和涉案款物三个方面的内容，根据部门职能划分，案件材料的移送主要由案件审理部门负责，被调查人的移送主要由审查调查部门负责，涉案款物的移送主要由案件监督管理部门负责。就检察机关而言，移送案件的接收工作统一由检察机关案件监督管理部门负责并分流到具体承办部门。在实践中，北京市各级检察机关统一设立职务犯罪检察部，专门与监察委员会进行办案衔接，负责对监察委员会调查案件进行立案审查，衔接完善刑事诉讼程序。随后，浙江省检察院制定《“把握历史方位，加强检察监督”重点任务工作方案》（2017年）提出浙江全省三级检察机关均将成立职务犯罪检察专门机构。明确职务犯罪检察专门机构将会同监察委员会制定监察机关、检察机关办理职务犯罪案件的若干规定，促进工作衔接规范有序；制定检察机关职务犯罪检察部门工作流程规则；制定贪污贿赂犯罪案件证据标准。这些试点地区的经验都值得

---

〔1〕 参见《中华人民共和国刑事诉讼法（修正草案）》（2018年）第19条第2款。

借鉴。[1]

第四，移送案件的材料。在实践中，审查调查部门在办理违纪违法案件过程中，往往对违纪问题和违法问题统一审查调查，但在审查调查结束后，需要分门别类整理“两卷”，即违纪卷和违法卷，在案件移送审查起诉时，需要进一步将违法卷整理为“两卷”，即文书程序卷和证据卷，便于检察机关具体审查。检察机关若发现案件事实不够清晰、无法组成完整证据链的，依然可以退回监察机关补充调查，这样既能够确保检察机关对监察委员会的制衡，督促监察委员会做好前期调查工作，又能够实现双重监督，防止程序反复回流或重复调查的问题。[2]就证据卷而言，入卷证据的范围应当涵盖整个监察调查阶段收集的、能够证明被调查人存在职务犯罪行为的所有证据材料。根据《监察法》第33条的相关规定，监察机关依照《监察法》收集的物证、书证、证人证言、被调查人供述和辩解、视听资料、电子数据等证据材料，在刑事诉讼中可以使用。这里的“证据材料”明显涵盖监察机关法定的所有监察活动范围，包括立案调查前的谈话材料。有学者认为，“移送的言词证据范围以涉嫌犯罪，正式立案调查（一般采取留置措施）为界限”。[3]这一观点显然对监察法有关条文进行了缩小解释，不符合国家监察工作实际。

三、与审判机关之间的线索移交

人民法院在办理案件中，发现涉案对象以外的其他公职人员涉嫌贪污贿赂、失职渎职等职务违法或者职务犯罪线索的，应当及时向同级监察委员会通报移送。监察委员会对犯罪的党员或者公职人员作出党纪政务处分决定时，要求人民法院提供相关材料的，各级人民法院应当予以协助。

【法条链接】

《中华人民共和国监察法》（2018年）

第三十四条　人民法院、人民检察院、公安机关等国家机关在工作中发现公职人员涉嫌贪污贿赂、失职渎职等职务违法或者职务犯罪的问题线索，应当

---

〔1〕参见吴建雄：“国家监察体制改革背景下职务犯罪检察职能定位与机构设置”，载《国家行政学院学报》2018年第1期。

〔2〕参见刘艳红：“监察委员会调查权运作的双重困境及其法治路径”，载《法学论坛》2017年第11期。

〔3〕参见陈光中、邵俊：“我国监察体制改革若干问题思考”，载《中国法学》2017年第4期。

移送监察机关，由监察机关依法调查处置。

被调查人既涉嫌严重职务违法或者职务犯罪，又涉嫌其他违法犯罪的，一般应当由监察机关为主进行调查，其他机关予以协助。

【释义】本条是关于职务违法犯罪问题线索移送制度和管辖的规定。

本条规定职务违法犯罪问题线索移送制度和管辖权，能够发挥相关机关反腐败的协同配合作用，有利于监察机关和其他有关机关各司其职、各尽其责，避免争执或推诿。

【案例链接】与线索移交相关案例

云南省人民检察院反贪污贿赂局大要案指挥中心办公室副主任张某安案

张某安，男，汉族，1979年10月生，2003年7月参加工作，曾任云南省人民检察院反贪局大要案指挥中心办公室副主任（副处级）。

2017年8月30日，据省委省直机关纪工委消息：云南省人民检察院反贪污贿赂局大要案指挥中心办公室副主任张某安涉嫌严重违纪，接受组织审查。

2017年9月15日，据云南省委省直机关纪工委消息：经查，2010年至2017年，张某安违反政治纪律，对抗组织审查；违反组织纪律，不向组织请示报告重大问题、重要事项；违反廉洁纪律，向司法案件涉案人借款；违反工作纪律，个人保管司法案件涉案款物；违反生活纪律，与他人发生不正当性关系；违反国家法律法规规定，利用职务便利，索取、非法收受他人财物共计人民币134万元、美元2万元，为他人谋取利益，涉嫌犯罪。

依据《中国共产党纪律处分条例》（2015年）有关规定，经中共云南省委省直机关纪律检查工作委员会研究并报中共云南省委省直机关工作委员会批准，决定给予张某安开除党籍处分。其涉嫌犯罪问题及线索移送司法机关依法处理。

2017年9月18日，云南省人民检察院消息：经审查，2013年以来，张某安在工作期间，违反政治纪律、组织纪律、廉洁纪律、办案纪律、生活纪律。张某安严重违纪，并涉嫌犯罪，根据《检察人员纪律处分条例》规定，经云南省人民检察院检察长办公会议研究决定：给予张某安开除处分。涉嫌犯罪事实，依法移交司法机关处理。

第二节 工作配合

国家监察具有准司法性，但又与司法监督不同。[1]但在监察实践中，鉴于监察机关与“公检法”三家司法机关存在密切联系和合作分工的可能性，应当相互配合，以促进监察工作的高效完成。因此，我国2018年修订的《宪法》第140条规定：“人民法院、人民检察院和公安机关办理刑事案件，应当分工负责，互相配合，互相制约，以保证准确有效地执行法律。”《监察法》第4条第2款依此规定：“监察机关办理职务违法和职务犯罪案件，应当与审判机关、检察机关、执法部门互相配合，互相制约。”

监察委员会与刑事司法机关之间的工作配合关系主要体现在三个方面：一是平等协作。监察委员会与公检法三机关之间互相配合是建立在平等基础上的互相协作，不存在领导与被领导、服从与被服从的关系，监察委员会不能凭借其超然于公检法等国家机关的地位而僭越干涉检察权、审判权以及公安机关的行政执法权，当然检察院不能凭借其法律监督权对监察权、审判权肆意设障，法院不能凭借审判权而枉法裁判案件，公安机关不能凭借其行政执法权威干涉监察权的行使。二是优化流程。监察委员会调查涉嫌职务犯罪案件时，应当明确与公检法三机关协调配合的具体责任部门和工作程序。检察院应当明确接收案件的具体责任部门和工作程序，建立案件审查情况反馈机制。法院应当就结合职务犯罪案件审理工作特点建立专门的工作机制，加大腐败犯罪案件审理力度。公安机关应当就监察调查措施的运用建立专门的支持配合机制。对于监察委员会与公检法三机关在具体工作对接中出现的复杂疑难问题，可以建立联席会议制度协商解决。三是质效兼顾。强化监察委员会与公检法三机关之间的互相配合，一个直接的目的就是提高办理职务犯罪案件的工作效率，但在强调效率的同时，应当守住办理案件的法律底线，依法依程序办理案件，避免发生冤假错案，进而提高反腐败工作的质量和效果。因此，监察机关与司法机关的工作配合应遵循这三个方面：

一、与公安机关的协作配合

从享有的权力属性上看，监察委员会享有调查权，这一调查权与检察院享有的侦查权有所差异，不能完全取代检察院的侦查权。相对而言，调查权更为

---

[1] 侯志山：“国家监察：中国特色监督的创举”，载《中国党政干部论坛》2018年第4期。

常态化，更强调过程预防和源头控制，侦查权则更为特殊化，更侧重于后期追责。为保证调查权的顺利行使，应当赋予监察委员会调取资料、证据，勘验、鉴定，查封、扣押，进入场所、驻地等权力，但检察院的特殊自侦权如技术侦查权等仍然应当保留。在机构转隶过程中，一部分检察技术部门、信息部门应当保留在检察系统，以保证自侦权的顺利实施〔1〕。

监察委员会依法采取询问、讯问、搜查、调取、查封、扣押、勘验检查、留置等调查措施需要公安机关协助配合的，公安机关应当在职权范围内予以协助。公安机关配合监察委员会采取调查措施时，应当根据监察委员会的要求在调查人员的主持下开展工作，同时按照有关规定佩戴单警执法记录仪或者其他具有视音频记录功能的设备，对现场执法活动进行全程视音频同步记录，并做好对视音频资料的收集、保存、管理、使用等工作。监察委员会要求公安机关协助对被调查人或其他相关人员采取技术调查、通缉以及限制出境等措施的，公安机关应当按照监察委员会出具的相关文书及时执行。监察委员会需要公安机关协作配合的，应当经主要领导之间沟通明确后送达公函，因情况紧急并与公安机关沟通后，也可以先直接联系公安机关有关业务警种开展协作配合，并于事后及时将公函补送公安机关。

二、与检察机关的协作配合

与检察机关的协作配合主要体现在两个方面：

（一）检察机关的提前介入

“提前介入”，是指检察机关在公安机关提请批捕和移送起诉之前参与到刑事案件的侦查活动中，从而实施法律监督，规范侦查行为。〔2〕“提前介入”一定程度上是检察机关在总结自身检察机制基础上为应对现代刑事诉讼结构的举措，而这一概念的内涵与外延也一直在不断演进。〔3〕同时，随着我国监察制度的确立与不断完善，监察机关也成为“提前介入”的主体之一。监察机关调查的职务犯罪案件需要移送起诉的，为了提高案件移送的效率和质量，一般应当提前书面通知检察机关，协商移送事宜。检察机关接到书面通知后，需要及时

〔1〕参见马怀德：“《国家监察法》的立法思路与立法重点”，载《环球法律评论》2017年第2期。

〔2〕天津市北辰区人民检察院课题组：“检察机关‘提前介入’问题研究”，载《河北法学》2009年第3期。

〔3〕天津市北辰区人民检察院课题组：“检察机关‘提前介入’问题研究”，载《河北法学》2009年第3期。

派员提前介入，一方面尽快熟悉案情，另一方面就案件证据收集、法律适用、强制措施适用等问题提出初步审查指导意见，并就案件卷宗整理等形式方面的标准予以明确，避免案件正式移送后因某些方面的问题而被退回，影响案件办理工作进程。例如，广东省及深圳市监察体制改革试点相关规章制度均对检察机关提前介入作出了明确规定。《广东省检察机关与监察委员会办理职务犯罪案件衔接办法（试行）》（2018 年）第 8 条规定："监察委员会在调查案件中发现被调查人涉嫌职务犯罪的，可以邀请检察机关派员提前介入了解案情。检察机关可以就证据标准、取证方向、补充调查、法律适用等问题与监察委员会进行讨论，提出建议或意见。"《关于深圳市监察机关与司法机关在查办职务违法犯罪案件中加强协作配合的意见（试行）》（2018 年）进一步明确了检察机关提前介入的时限，该意见第 16 条规定："监察机关调查的职务犯罪案件需要移送起诉的，应当在正式移送 15 日前书面通知检察机关，协商移送事宜"，"检察机关接到书面通知后，应当及时派员提前介入，对证据收集、法律适用以及是否需要采取强制措施进行审查"。

（二）强制措施的衔接

第一，关于调查阶段监察机关与检察机关采取监视居住措施的权限问题。2018 年的《刑事诉讼法（修正草案）》中，侦查机关可以实施监视居住的事项由"涉嫌危害国家安全犯罪、恐怖活动犯罪、特别重大贿赂犯罪"三类限缩为"涉嫌危害国家安全犯罪、恐怖活动犯罪"，"特别重大贿赂犯罪"一项被删去，但就目前立法趋势来看，应当是将对这一类犯罪的监视居住实施权交给监察机关行使，但目前尚无法律规定，还需要进一步完善。第二，关于检察机关采取留置措施的问题。国家监察机关对职务犯罪的调查权来自国家《监察法》的授权，是深化国家监察体制的重大制度创新，目的是构建集中统一、权威高效的中国特色监察体系，实现对公权力行使监察的全覆盖。[1]监察机关移送职务犯罪案件，在移送案件材料的同时，对被采取留置措施的被调查人的移送，需要考虑监察机关留置措施与检察机关强制措施之间的衔接问题。根据《监察法》第 47 条的规定，对监察机关移送的案件，检察机关依照《刑事诉讼法》对被调查人采取强制措施。关于留置措施与强制措施之间的衔接，需要重点考虑两个问题：首先是监察机关移送前告知。监察机关对被调查人采取留置措施，具有严格的时间限制。《监察法》第 43 条规定："留置时间不得超过三个月。在特殊

〔1〕 卞建林："监察机关办案程序初探"，载《法律科学（西北政法大学学报）》2017 年第 6 期。

情况下，可以延长一次，延长时间不得超过三个月。”鉴于留置措施的明确时限要求，监察机关移送案件时需要提前告知，为检察机关在留置期限届满前审查决定采取相应的强制措施预留充足时间。例如，《关于深圳市监察机关与司法机关在查办职务违法犯罪案件中加强协作配合的意见（试行）》（2018 年）第 16 条规定：“对被调查人采取留置措施的，监察机关应当在留置期限届满 15 日前书面告知检察机关”，“检察机关应当在留置期限届满 10 日前告知监察机关是否采取强制措施。”其次是检察机关决定采取具体强制措施。2018 年《刑事诉讼法（修正草案）》对第 170 条第 2 款进行了修改：“对于监察机关采取留置措施的案件，人民检察院应当对犯罪嫌疑人先行拘留，留置措施自动解除。人民检察院应当在拘留后的十日以内作出是否逮捕、取保候审或者监视居住的决定。在特殊情况下，决定的时间可以延长一日至四日。”检察机关依法独立行使审查采取强制措施职权，针对留置的被调查人，结合案件具体情况，根据当前《刑事诉讼法》可以决定采取以下强制措施：其一，有证据证明有犯罪事实，可能判处徒刑以上刑罚的犯罪嫌疑人，采取取保候审尚不足以防止社会危险性的，或者可能判处十年以上有期徒刑以上刑罚的，应当决定采取逮捕措施。其二，对于虽然有证据证明存在职务犯罪行为，但其犯罪情节达不到逮捕条件的，可以决定采取取保候审或者监视居住强制措施。其三，检察机关结合案件具体情况，决定不予逮捕的，应当及时与监察机关沟通，必要时可以退回补充调查完善证据。

三、与审判机关的协作配合

监察委员会因办理关联案件、送达处分决定等事宜需要讯问、会见人民法院在办刑事案件被告人，或就相关法律问题向人民法院征询意见的，各级人民法院应当配合。在实践当中，人民法院审理的以下三类职务犯罪案件，需要在判决前将拟判意见向同级党委反腐败协调小组报告：第一，同级党委管理的领导干部职务犯罪案件；第二，与监察委员会、检察机关就案件定性或案件处理有重大分歧的职务犯罪案件；第三，党委反腐败协调小组要求报告的其他职务犯罪案件。

而从制约这一角度来说，《监察法》主要规定本级人民代表大会及其常委会以及检察机关制约监察机关，人民代表大会及其常委会的制约是对监察机关整体工作的监督，因为监察体制改革要与党的领导和人民当家作主有机结合。〔1〕

---

〔1〕 秦前红：“我国监察体制的宪制思考：从‘三驾马车’到国家监察”，载《中国法律评论》2017 年第 1 期。

但对监察机关调查与处置进行制约的机关主要是人民检察院，这是因为监察机关调查终结后必须将案件移送检察机关审查起诉，人民检察院的审查起诉是根据《刑事诉讼法》对犯罪事实、证据、犯罪性质和罪名等进行审查，从而决定是否符合起诉条件，如果人民检察院经审查后认为不符合起诉条件的，有权根据情况决定是否应当将案件退回监察机关补充调查，或者作出不起诉的决定。〔1〕

【法条链接】

《中华人民共和国监察法》（2018年）

第四条　监察委员会依照法律规定独立行使监察权，不受行政机关、社会团体和个人的干涉。监察机关办理职务违法和职务犯罪案件，应当与审判机关、检察机关、执法部门互相配合，互相制约。监察机关在工作中需要协助的，有关机关和单位应当根据监察机关的要求依法予以协助。

【释义】本条是监察机关独立行使职权原则以及与其他机关相互配合制约机制的规定。

【案例链接】与工作配合相关案例

四川成都郫都区国土资源局副局长吴某东案

2018年3月，经成都市监察委员会指定管辖，武侯区监察委员会决定对郫都区国土资源局党组成员、副局长吴某东采取留置措施。该案成为成都市首例实施留置措施的案件。

为严格依法依规办理该案，成都市监委相关纪检监察室对审批程序、保密安全、取证方向、调查重点等进行具体指导，市监委领导现场办公，及时协调推进工作。武侯区监委在办理该起留置案件过程中，高效履职尽责，严格履行工作程序，确保案件办理依法、严谨、无差错。在办理此案过程中，成都市市、区两级监委案件管理、执纪监督、审查调查等部门明确职责定位，密切协同配合，严格依法依规履职，合力推动案件办理工作。

成都市纪委监委相关负责同志说："纪检监察工作是一项重要的政治工作，必须严格尊崇党章、尊崇宪法法律，更加严格依纪依法依规开展工作。在忠诚

〔1〕　参见朱福惠："国家监察体制之宪法史观察——兼论监察委员会制度的时代特征"，载《武汉大学学报（社会科学版）》2017年第2期。

履职的同时，我们也要不断探索总结经验，坚持惩防结合，努力构建起更加科学有效的反腐败工作格局。”

山西运城市安邑办事处上王村原村委主任关某家、
支部书记唐某锁贪污案

山西省运城市安邑办事处上王村原村委主任关某家、支部书记唐某锁涉嫌贪污等，受到监委调查。由于他们均属于行使公权力的监察对象，调查期间，纪委监委和政法各单位各尽其责、相互配合，使本案在被调查人事先订立攻守同盟、隐瞒犯罪事实的情况下，仍然短时间内找到突破口。二人分别贪污公款20余万元的犯罪事实被快速查出，公安、检察机关还对作伪证的3名犯罪嫌疑人依法刑拘、逮捕。

第三节 证据转化

国家监察体制改革后，纪检监察机关收集的证据分为两类，分别是党内违纪审查证据和国家监察违法调查证据。根据《中共中央纪律检查委员会关于查处党员违纪案件中收集、鉴别、使用证据的具体规定》（1991年）和《中国共产党纪律检查机关案件检查工作条例》（1994年）的相关规定，违纪审查的证据种类包括物证、书证、证人证言、受侵害人的陈述、被审查人的陈述、视听资料、现场笔录、鉴定结论、勘验检查笔录等。[1]根据《监察法》的相关规定，违法调查的证据种类包括物证、书证、证人证言、被调查人供述和辩解、视听资料、电子数据、勘验检查笔录、鉴定意见等。两者证据种类的相似性有利于实现证据衔接和共享，提高审查调查工作效率。

一、证据的证明标准问题

证据的目的在于有效证明案件事实，而证据能否达到此目的则涉及证据的证明标准问题，即证明主体对案件要件事实的证明所应达到的程度问题，它是证明过程的终点或终端。[2]具体到职务违纪、违法、犯罪领域，关于违纪审查的证据标准，根据《中共中央纪律检查委员会关于查处党员违纪案件中收集、鉴别、使用证据的具体规定》（1991年）第21条的规定，案件的证据与事实应

---

〔1〕 参见中央纪委案件审理室编著：《纪律审查证据收集与运用——以新修订的〈中国共产党纪律处分条例〉为视角》，中国方正出版社2018年版，第11页。

〔2〕 参见张保生主编：《证据法学》（第2版），中国政法大学出版社2014年版，第319页。

当具有客观联系，并且形成一个完整的证明体系，在足以排除其他可能性前提下，才能作为定案依据。而关于违法调查的证据标准，根据《监察法》第 33 条的规定，监察机关收集、固定、审查、运用证据，应当与刑事审判的要求和标准一致，对以非法方法收集的证据应当予以排除。而 2012 年《刑事诉讼法》第 53 条对刑事审判证据标准作了进一步的明确，要求做到证据确实、充分，且均经法定程序查证属实。

总结起来，二者在证据标准上都需要满足客观性、关联性、真实性，而违法调查的证据还需适用非法证据排除规则，充分体现了更加重视程序正义，有利于提高违法调查的法治化水平。因此，纪律检查机关与国家监察机关合署办公后，在证据标准上应当秉持“就高不就低”的原则，积极引导违纪审查收集证据，推动审查调查工作法治化、规范化。

二、证据转化问题

长期以来，党的纪律检查机关在办理违纪案件过程中收集的证据，特别是言词证据，能否在刑事诉讼领域被直接使用，一直存在较大争议。“赞成者从证据证明力的角度出发，认为如果案件当事人或证人在诉讼阶段改变供词和证言，不用纪检监察阶段获得的言词证据，有些案件就难以证实，从而难以有效地打击这些犯罪现实。反对者从证据合法性的角度出发，认为纪检监察言词证据虽然有一定证明力，但因其取证主体不合法，所获得的言词证据只能作为司法机关获取证据的线索和参考材料。”〔1〕在理论上，学界对于纪检监察证据向刑事证据转化的观点主要有肯定说、否定说与折中说三种。（1）肯定说认为纪检监察证据能够证明案件的真实情况，具有相关性即证明力因而具有证据资格，可以作为刑事诉讼的证据，且新公布的《刑事诉讼法（修正草案）》在法律上也明确规定了行政机关收集的部分证据可以直接转化，所以纪检监察证据可以不经转化直接作为刑事证据使用；（2）否定说认为纪检监察证据是由纪检监察机关收集的，不是合法的取证主体且纪检监察证据是按纪检监察规定的程序和方法收集的而不是按刑事诉讼法规定的程序和方法收集的，因而，纪检监察证据是非法证据不能作为刑事证据。非法证据不能通过转化变为合法证据；〔2〕（3）折中说认为纪检监察证据能否转化要具体问题具体分析，部分证据如实物证据可

---

〔1〕 参见龙宗智：《证据法的理念、制度与方法》，法律出版社 2008 年版，第 98 页。

〔2〕 张雨茂：“纪检监察部门证据机制研究——以刑事证据转化为视角”，中国社会科学院 2017 年硕士学位论文。

以直接转化为刑事证据，部分证据如书证、言词证据必须根据实际需要经过法庭质证才可以转化为刑事证据使用。纪检监察证据只要不是非法证据，经过一定转化程序都可以作为刑事证据使用，核心在于转化的程序，必须按照一定的原则采取恰当的方式转化才是转化的关键。[1]

在实践当中，由于违纪审查案件的证据收集主体和程序与当前《刑事诉讼法》的规定不一致，纪检机关收集的证据特别是言词证据，往往需要经过检察机关立案侦查后进行重新收集，方能在刑事诉讼中使用。这样一来，既浪费了司法资源、降低了工作效率，又凸显了违纪审查在法治化、规范化方面的不足之处。国家监察体制改革后，鉴于监察机关在违法调查中依法收集的证据可以在刑事诉讼中使用，纪检监察机关在办理违纪违法案件中，可以合并违纪审查程序和违法调查程序为一套程序，统一收集能够证明案件事实的所有证据，有效避免重复取证造成的公权力资源浪费。对于言词证据，可以实行一套工作程序、两套办案文书的模式，针对违纪问题和违法问题一并开展谈话，同时用两种不同的文书进行记录，便于后续证据运用和案卷材料的移送、归档，无需考虑重复取证带来的言词证据转化问题。关于实物证据，鉴于其稀缺性特征和证据间接证明力的作用，自然不用考虑证据转化问题，例如，对刑事司法程序中的鉴定结论与纪检监察证据的鉴定结论来说，其在学理上具有共通性。对于纪检监察人员移送的鉴定意见，实践中的通常做法是，监察机关侦查人员认为鉴定程序合法、鉴定意见客观公正的，可以准许进入刑事诉讼，作为刑事诉讼案件证据使用。[2]

三、非法证据排除问题

监察机关收集的证据依法可以在刑事诉讼中使用，同时也意味着必须适应以审判为中心的诉讼制度改革，与刑事审判关于证据的要求和标准相一致，自然适用非法证据排除规则。检察机关在审查过程中，如果发现监察机关办案人员以非法方法收集证据材料的，应当依照《刑事诉讼法》(2012 年) 和《关于办理刑事案件严格排除非法证据若干问题的规定》(2017 年) 予以排除。而监察机关收集的证据进入刑事审判领域后必须经过质证方能作为定案的依据。审判机关在审理过程中，应当依职权或者根据被告人及其辩护人的申请对监察机关收集证据的合法性进行法庭调查，如果发现有通过刑讯逼供、暴力、威胁等非

---

〔1〕 王昌奎:“纪检监察证据之效力及其向刑事证据的转化”，载《司法实务》2010 年第 8 期。

〔2〕 鲁冰婉:“刑事诉讼中纪检监察证据转化机制研究”，吉林大学 2017 年硕士学位论文。

法手段取得的证据，应当根据《刑事诉讼法》(2012 年) 和《关于办理刑事案件严格排除非法证据若干问题的规定》(2017 年) 予以排除。特别是对于言词证据，法庭如果对证据收集的合法性有疑问的，可以依法通知监察机关讯问人员出庭作证，监察机关讯问人员应当出庭作证，就言词收据收集的合法性作出说明，确保职务犯罪案件审理的程序正义。

《监察法》第 28 条规定，监察机关调查涉嫌重大贪污贿赂等职务犯罪，根据需要，经过严格的批准手续，可以采取技术调查措施，按照规定交有关机关执行，并对审批手续进行了进一步阐述，而 2018 年的《刑事诉讼法（修正草案）》中将第 148 条改为第 150 条，其第 2 款修改为："人民检察院在立案后，对于利用职权实施的严重侵犯公民人身权利的重大犯罪案件，根据侦查犯罪的需要，经过严格的批准手续，可以采取技术侦查措施，按照规定交有关机关执行。"同监视居住措施一样，检察机关也失去了在调查阶段对重大的贪污、贿赂犯罪案件进行技术侦查的权限。因此，针对重大的贪污贿赂犯罪，下一步《监察法》和《刑事诉讼法》中应当进一步明确检察机关对监察机关处理职务犯罪的法律监督职能。有学者针对这一情况，从非法证据排除的角度提出，检察机关对监察委员会技术侦查权的监督主要应通过审查批捕和审查起诉程序进行。在审查批捕和审查起诉程序中，检察机关通过讯问犯罪嫌疑人、审阅案卷材料、听取辩护人意见等途径可能发现监察委员会在专门调查阶段违法实施技术侦查的相关线索，针对相关线索检察机关应进行调查核实。一旦查证存在违法技术侦查的事实，检察机关应参照最高人民检察院《人民检察院刑事诉讼规则（试行）》第 566 条和第 572 条的规定，视情况分别作出口头提出纠正意见、发出纠正违法通知书、移送有关机关追究相关人员刑事责任的处理。[1]

【法条链接】

《中华人民共和国监察法》(2018 年)

第三十三条　监察机关依照本法规定收集到的物证、书证、证人证言、被调查人供述和辩解、视听资料、电子数据等证据材料，在刑事诉讼中可以作为证据使用。

监察机关在收集、固定、审查、运用证据时，应当与刑事审判关于证据的要求和标准相一致。

---

〔1〕 参见郑曦："监察委员会技术侦查权研究"，载《学习与探索》2018 年第 1 期。

以非法方法收集的证据应当依法予以排除，不得作为案件处置的依据。

【释义】本条是关于监察机关所收集的证据的法律效力、取证的要求和标准，以及非法证据排除规则的规定。

规范监察机关收集、固定、审查、运用证据的要求和标准，赋予监察机关收集的证据材料在刑事诉讼中的法律效力，是监察机关实现“法法衔接”的重要方面。

第四节　移送起诉

监察委员会所行使的权力并不属于宪法上所规定的司法权，且与司法权存在着严格的界限。当监察委员会结束调查，认为被调查对象确实涉及刑事犯罪时，应当将案件移送司法机关，由司法机关行使相应的批捕和公诉权。监察委员会无权作出不批捕、不予起诉、免于刑事处罚等决定。当然，从权力相互制约的角度出发，在这一过程中，检察院作为法律监督机关，有权对监察委员会的调查进行监督，认为现有证据无法证明被监察对象涉嫌犯罪的，可以撤销案件，或将案件退回监察委员会，或要求监察委员会补充调查。转隶后的检察院可以成立统一的反职务犯罪部门，在继续行使其保留权限的同时，与监察委员会进行办案衔接，负责审查监察委员会调查后移送的案件，协调对接刑事诉讼程序。[1]由此，国家监察机关承接职务犯罪调查职能以后，与检察机关、审判机关在办理职务犯罪领域构成了新的刑事司法关系。

一、案件的审查起诉

对于监察机关移送的职务犯罪案件，检察机关应当对移送案件的事实和证据进行审查，并作出是否起诉的决定。在案件移送审查起诉的过程中，监察机关与检察机关应当就以下几个问题做好工作衔接：其一，退回补充调查问题。检察机关经审查认为犯罪事实不清、证据不足或者遗漏罪行、遗漏同案犯罪嫌疑人等情形，需要补充核实的，应当退回监察委员会补充调查，必要时也可以自行补充侦查。其二，是否作出起诉决定问题。检察机关经审查认为符合起诉条件的，应当作出起诉决定；如果认为存在《刑事诉讼法》第15条规定的不起诉情形的，或者犯罪情节轻微不需要判处刑罚的，抑或退回补充调查二次后仍

---

〔1〕参见马怀德：“《国家监察法》的立法思路与立法重点”，载《环球法律评论》2017年第2期。

然认为事实不清、证据不足的，可以作出不起诉决定。监察机关认为不起诉决定有错误的，可以依法向上一级检察机关提请复议。其三，提请没收违法所得问题。对涉嫌职务犯罪的被调查人逃匿经通缉一年后不能到案的，或者被调查人死亡的，监察机关有权向检察机关发出没收违法所得的意见书，提请其依法向有管辖权的法院提出没收违法所得的申请。

二、案件的审理和救济

对于检察机关移送的由监察机关调查的职务犯罪案件，审判机关在审理过程中应当严格遵守当前的《刑事诉讼法》，积极支持配合国家监察体制改革，处理好以下问题：

第一，缺席审判问题。在2012年《刑事诉讼法》修订以前，我国的刑事司法并无缺席审判制度的相关规定，主要是基于两方面原因的考虑：一是怕出现冤假错案；二是无法对被告人实现刑罚处罚[1]。2012年《刑事诉讼法》的修订则是采取相对保守和稳步推进的思路，仅在犯罪嫌疑人、被告人逃匿、死亡案件违法所得的没收程序中规定了狭隘意义上的缺席审判制度[2]，而我国《监察法》也配合现行《刑事诉讼法》的内容，在第48条中对提请没收违法所得的问题进行了规定。2018年的《刑事诉讼法（修正草案）》中则在第五编中增设“缺席审判程序”一章，规定对于贪污贿赂等犯罪案件，犯罪嫌疑人、被告人潜逃境外，监察机关移送起诉，人民检察院认为犯罪事实已经查清，证据确实、充分，依法应当追究刑事责任的，可以向人民法院提起公诉。人民法院进行审查后，对于起诉书中有明确的指控犯罪事实的，应当决定开庭审判。我国当前《刑事诉讼法》中针对逃匿的犯罪嫌疑人、被告人的没收违法所得程序的启动原本规定了一定的期限，但这次修订草案中条文并未明确规定检察机关针对潜逃的犯罪嫌疑人、被告人应当在何时向检察机关移送，如果移送需要移交哪些材料，这些都需要在后续的立法中加以完善。

第二，补充调查问题。审判机关在审理监察机关调查的职务犯罪案件过程中，如果发现证据不够确实、充分，认为需要补充提供有关证据的，应当退回监察机关补充调查。这一点不仅在《监察法》第47条第3款中有所规定，2018年的《刑事诉讼法（修正草案）》中也增设第170条对此进行明确。补充调查

---

〔1〕 参见邓思清：“刑事缺席审判制度研究”，载《法学研究》2007年第3期。

〔2〕 钱文杰：“我国刑事司法中的缺席审判——基于刑事诉讼特别没收程序的观察与思考”，载《河北法学》2018年第4期。

程序参照《监察法》第 47 条规定的精神，应当在一个月内完成，不得超过两次。监察机关补充调查完毕并经检察机关再次移送审判机关后，审判机关重新计算审理期限。对于二审不开庭审理的案件需要补充有关证据的，为了提高审判工作效率，可以由审判机关直接商请监察机关补充调查提供。

第三，违法所得处理问题。对于职务犯罪分子违法所得的一切财物，审判机关应当依法判决追缴或者责令退赔。特别是对监察机关提请检察机关提出的违法所得没收申请，审判机关应当依法审理并及时作出裁定。对于查扣在案的涉案财物多于拟判决追缴或者责令退赔的数额的，审判机关应当在判决前向查办案件的监察机关通报，便于监察机关及时核实处理。

第四，刑期折抵问题。鉴于留置措施具有限制人身自由的显著特征，根据《监察法》第 44 条的规定，对于被采取留置措施的被告人，审判机关在判处管制、拘役或有期徒刑的刑罚时，应当将留置的期限折抵刑期，其中留置 1 日折抵管制 2 日，折抵拘役、有期徒刑 1 日，从而实现职务犯罪量刑的实体正义。

司法是人权保护的最后一道防线。〔1〕科学规范案件救济程序，保护当事人的权利救济权，是尊重和保障人权的重要方面。国家监察体制改革从一开始就高度重视保护当事人的合法权益问题，目的就在于把监察权关进制度的笼子，有效防止因监察权的滥用而侵害当事人的合法权益。十三届全国人大一次会议审议通过的《监察法》第 5 条在一、二审草案的基础上专门加入“保障当事人的合法权益”的内容，也充分说明《监察法》坚持“尊重和保障人权”的立法精神。对于监察机关调查的职务犯罪案件，审判机关经审理后认为，监察机关调查收集的证据不足以认定被告人存在职务犯罪的事实，经过补充调查或者补充侦查后仍然不能够认定被告人有罪，进而作出无罪判决的，说明监察机关调查案件存在重大失实，监察人员可能涉嫌违法办案问题。因此，如何有效保障被告人合法权益的救济权是一个需要高度重视和亟待解决的问题。有学者认为，在这种情况下，“应当允许被监察人或者当事人向法院起诉，采用司法审查的方式予以监督”。〔2〕这一观点具有一定道理，但仍显得不全面、不成熟。应当看到，办理职务犯罪案件是一个由监察机关、检察机关和审判机关等多个主体参与的完整过程，既涉及监察领域，又涉及刑事诉讼领域，因此，解决上述问题应当立足国家监察和刑事诉讼两个领域，按照法定程序进行全面考虑。

---

〔1〕 李步云：“中国特色社会主义人权理论体系论纲”，载《法学研究》2015 年第 2 期。

〔2〕 郭华：“监察委员会与司法机关的衔接协调机制探索——兼论刑事诉讼法的修改”，载《贵州民族大学学报（哲学社会科学版）》2017 年第 2 期。

首先，应当考虑监察机关提请抗诉问题。对于审判机关作出的刑事判决，在国家监察体制改革以前，检察机关可以根据《刑事诉讼法》（2012 年）和《人民检察院刑事诉讼规则（试行）》（2012 年）的相关规定，依照法定程序提出抗诉，由上一级审判机关对原审案件进行全面审查。而在国家监察体制改革以后，监察机关承接了检察机关原有的职务犯罪侦查职能，对职务犯罪案件依法进行调查，与检察机关、审判机关在办理职务犯罪领域构成了新的刑事司法关系。据此，监察机关应当一并承接检察机关就其职务犯罪自侦案件的提请抗诉权，如果认为审判机关作出的刑事判决存在错误的，有权提请检察机关依法向有管辖权的审判机关提出抗诉。受理抗诉的审判机关对原审判决进行全面审查后，如果认为原判决存在错误的，应当依法予以改判；如果认为原判决正确的，予以维持。其次，进一步考虑被调查人合法权益的救济问题。在监察机关提请抗诉后，受理抗诉的审判机关经审查后维持原判决的，说明监察机关存在办理冤假错案的问题，监察人员也存在因违法办案而侵害被调查人合法权益的问题。鉴于监察机关从宪制结构上讲并不属于行政机关，因而，被调查人显然不能通过直接向法院提起行政诉讼的方式维护自身的合法权益。对于被调查人的权益救济，新制定的《监察法》对此作出了明确规定：一是被调查人根据该法第 67 条的规定有权申请国家赔偿，监察机关应当依法给予国家赔偿。二是监察机关根据该法第 61 条的规定，坚持权责一致、有权必有责、失责必追究的原则，依法严肃追究负有责任的领导人员和直接责任人员的责任。

【法条链接】

《中华人民共和国监察法》（2018 年）

第四十七条　对监察机关移送的案件，人民检察院依照《中华人民共和国刑事诉讼法》对被调查人采取强制措施。

人民检察院经审查，认为犯罪事实已经查清，证据确实、充分，依法应当追究刑事责任的，应当作出起诉决定。

人民检察院经审查，认为需要补充核实的，应当退回监察机关补充调查，必要时可以自行补充侦查。对于补充调查的案件，应当在一个月内补充调查完毕。补充调查以二次为限。

人民检察院对于有《中华人民共和国刑事诉讼法》规定的不起诉的情形的，经上一级人民检察院批准，依法作出不起诉的决定。监察机关认为不起诉的决定有错误的，可以向上一级人民检察院提请复议。

【释义】本条是关于检察机关对监察机关移送的案件如何处理的规定。

【案例链接】与移送起诉相关案例

福建省泉州市泉港闽运出租车公司原财务负责人林某胜挪用公款、贪污案

林某胜在泉港闽运出租车有限公司担任财务负责人期间，利用职务上的便利，挪用公款计684万余元、贪污侵吞公款计304万元。2018年1月16日，经泉州市监委同意，泉港区监委对林某胜涉嫌违法问题进行了监察调查，同时协调公安机关开展边控、抓捕，1月17日下午林某胜到案后，立即对其采取留置措施。

随后，在一个多月的时间里，经开除公职、移送检察机关审查起诉、检察机关移送起诉等程序。3月7日上午，福建省泉州市泉港区法院公开开庭审理泉港区监察委员会移送的泉港闽运出租车有限公司原财务负责人林某胜涉嫌挪用公款、贪污案，并当庭宣判，判决其犯挪用公款、贪污罪，执行有期徒刑15年零6个月，并处罚金人民币100万元。林某胜当庭认罪，表示不上诉。这是福建省监察机关移送司法机关，首例宣判的留置案件。对财务人员监察说明国家监察全覆盖。

第七章　被监察人员的权利保障

监察委员会作为行使监察权这一公权力的专责机关，在采取监察措施时必定会对被监察对象的财产权、人身权等宪法规定的基本权利进行一定的克减。同时，“有权利必有救济”作为一项古老的法治原则〔1〕，突出了权利的重要特征在于可救济性。也就是说，权利之所以成为权利，是指在受到侵害时可以获得救济，享有该权利的主体利益因此能够获得稳定的制度保障。如果没有可救济的保障，某一个主体所享有的利益无异于被恩赐，缺乏确定预期。〔2〕因此，被监察人员对在其合法权益受到损害时，应享有救济权。〔3〕在强大的公权力面前，为了使公民的基本权利得到救济，《监察法》规定了被监察人员的权利保障，包括复核、复审权、申诉以及申请国家赔偿等程序性权利。这些权利不仅有保障实体权利的实现、弥补实体法律的不足以及协调公权力和私权利的平衡等工具性价值，还有从程序上控制公权力的滥用，使被监察人员的权利得到充分的保障与实现的目的性价值。〔4〕

《监察法》规定的被监察人员的权利保障具体如下：首先，对监察机关作出的涉及本人的处理决定不服的，监察对象可以在收到处理决定之日起 1 个月内，向作出决定的监察机关申请复审，复审机关应当在 1 个月内作出复审决定。对复审决定仍不服的，可以在收到复审决定之日起 1 个月内，向上一级监察机关申请复核，复核机关应当在 2 个月内作出复核决定。复核机关经审查，认定处理决定有错误的，原处理机关应当及时予以纠正。复审、复核期间，不停止原

---

〔1〕 江国华：“无诉讼即无法治——论宪法诉讼乃法治之精义”，载《法学论坛》2002 年第 4 期。

〔2〕 秦奥蕾：“论我国救济性基本权利”，载《法学论坛》2009 年第 3 期。

〔3〕 参见杨红：“被监察者的权利及其保障研究”，载《行政法学研究》2017 年第 11 期。

〔4〕 参见丁建军：“公民程序性权利及其价值考量”，载《山东社会科学》2006 年第 9 期。

处理决定的执行。其次，对于监察机关及其工作人员超期留置等违反法律法规、侵害被调查人合法权益的行为，被调查人及其近亲属有权向该机关申诉。受理申诉的监察机关应当在受理申诉之日起1个月内作出处理决定。申诉人对处理决定不服的，可以在收到处理决定之日起1个月内向上一级监察机关申请复查，上一级监察机关应当在收到复查申请之日起2个月内作出处理决定，情况属实的，及时予以纠正。最后，监察机关及其工作人员行使职权，侵犯公民、法人和其他组织的合法权益造成损害的，依法给予国家赔偿，以实现对被监察对象合法权益的有效保障，同时，督促监察机关公正规范行使监察权。具体的适用条件、赔偿标准和赔偿程序等内容由相关法律进行规定。

第一节　复审、复核制度

复审、复核程序是监察决定作出后的救济措施，其目的一方面是监督监察机关依法监察，使理由充分的申诉得到及时、有效地处理，以便错误或者不当的处理决定得到及时地纠正，维护监察对象的合法权益，体现了人权保障的原则，避免国家公权力对公民基本权利的不当克减〔1〕；另一方面是防止和避免对监察对象滥用复审、复核权，维护监察机关的正常工作活动。

一、复审和复核的申请程序

根据《监察法》第49条规定，监察对象对监察机关涉及本人的处理决定不服的，可以向作出决定的监察机关申请复审；对复审决定仍不服的，可以向上一级监察机关申请复核。同时，该条规定提请复审和复核的期限是收到决定之日起1个月内，即申诉人的复审、复核申请必须在1个月内提出。这里对复审、复核申请提起的期限作了明确规定。所谓复审、复核申请提起的期限，是指复审、复核申请人行使复审申请权、复核申请权的时间限制，即复审、复核申请人的复审、复核申请必须在法定期限内提出。如果逾期提起申请，则通过复审、复核程序请求监察机关审查的权利即行丧失。〔2〕法谚有云，“法律不保护躺在权利上睡觉的人”。如果不及时行使法律赋予的权利，那么就要面临利益受损的

---

〔1〕 参见江国华、何盼盼：“中国特色监察法治体系论纲”，载《新疆师范大学学报（哲学社会科学版）》2018年第5期。

〔2〕 参见江平主编：《中华人民共和国法律全释》（第3册），中国检察出版社2000年版，第196页。

后果。[1]规定复审、复核权的提请期限目的在于督促监察对象及时寻求救济。

复审与复核程序是监察对象申诉的双重保险措施。其中复审是交由作出监察决定的监察机关重新审查调查材料，再次判断监察对象是否存在职务违法或职务犯罪的行为，根据审查结果作出维持原处理决定或者作出新处理决定。而复核是监察对象对复审决定结果不服，向作出复审决定的上一级监察机关申请，由该级监察机关对案件材料作出再次审核，判断监察机关的处理决定、复审决定的准确性，进而作出维持原复审决定的复核决定或者改变复审决定的复核决定。相比于复审程序，复核程序的门槛更高，是监察对象申诉程序的最终保障。其特点在于变更监察机关，交由上一级监察机关审核，更为客观，从而减少部分监察人员违反法律要求进行调查和作出调查决定、复审决定的情形。这一规定，是对监察对象申诉权的充分保障。

《监察法》第 49 条强调了复核、复审的范围仅限于涉及本人的处理，即对于监察对象的所在单位，不在复核、复审的范围之中。所谓涉及本人的处理，即监察机关依照《监察法》第 45 条第 1 款到第 4 款的处理方式作出的处理决定，这些决定与监察对象直接相关，涉及其切身利益与基本权利，关系到其人身自由、工作评价等。因此，监察对象有权对涉及本人的内容进行申诉。但对于监察对象所涉单位的处理，仅限于向其作出问责决定，提出问责建议、监察建议等。相对于监察对象的处理方式而言，这些处理方式是间接的，对单位的影响力较小，并可以通过监察对象本人的申诉结果再次进行处理。

二、复审、复核程序的效力限制

《监察法》第 49 条还规定了复审、复核程序的效力限制，即复审、复核期间，不停止原处理决定的执行。这是指在监察对象对监察机关作出的监察决定、复审决定不服而提起复审、复核申请的期间内，监察机关不停止原先对监察对象作出的处理决定的执行。规定复审、复核期间不停止原决定的执行，是因为：监察机关作出的监察决定和复审决定，是依法作出的监察行为，非依法律不得随意变更与撤销，对监察对象和监察机关均有拘束力，双方都必须严格执行。而复审、复核申请的提起，只是复审、复核申请人对监察决定、复审决定合法或者适当与否的一种主观认识，并不意味着监察决定、复审决定就一定违法或者不当。如果只要复审、复核申请人一提起复审、复核申请，在复审、复核期

---

〔1〕 国家法官学院案例开发研究中心编：《中国法院 2014 年度案例 5 · 合同纠纷》，中国法制出版社 2014 年版，第 30 页。

间就停止原决定的执行，那就势必会造成只凭复审、复核申请人的申请就可以否定或者中断监察机关依法作出的监察决定、复审决定的效力的后果，这样必然会使法律秩序、监察工作秩序处于不确定的状态，国家利益和公共利益也会不可避免地受到损害。因此，在复审、复核期间不停止原决定的执行，有利于保障监察机关代表国家作出的监察决定、复审决定的效力，维护监察机关的工作秩序，维护法律秩序和公共利益。同时，这一规定也不影响对复审、复核申请人合法权益的保护，因为复审、复核申请人提出变更或者撤销监察决定、复审决定的申请后，监察机关经过复审、复核认为原决定不适当的，可以作出变更或者撤销原决定的复审、复核决定。这一复审、复核决定的效力始于原决定生效之时。因此，无论从时间上还是实际后果上看，复审、复核期间不停止原决定的执行，并不影响复审、复核申请人行使其权利，维护其合法权益。〔1〕

三、复审、复核程序的处理方式

《监察法》规定，复审、复核受理机关审查认定处理决定有错误的，原处理机关应当及时予以纠正。这里的复审、复核受理机关，主要指的是对处理决定进行复审的监察机关与对复审决定进行复核的原监察机关的上一级监察机关。所谓处理决定有错误，指的是监察机关经过立案调查，认定监察对象存在职务违法犯罪行为并依照《监察法》第45条进行处置，但经过监察对象申诉，发现调查结果与案件事实存在较大偏差，或者有充足证据证明调查结果有明显错误的情形。这里的处理决定有错误，指的只是调查结果的实体性错误，并非调查程序上的错误。即监察机关立案调查存在程序瑕疵的，不影响对调查结果处理方式的效力。

复审、复核机关需要在一定期限内对复审、复核申请作出处理决定。这样可以更好地避免复核、申诉久拖不决，有利于保护被监察人员的合法权益，也有利于监察机关提高办事效率〔2〕，体现了法治和人权保障的基本要求。其中，复审机关应当在1个月内作出复审决定；而复核机关应当在2个月内作出复审决定。

原处理机关及时予以纠正是指作出处理决定的监察机关通过复审发现调查结果存在问题，应当立即撤回或者修改处理决定或原处理机关的上一级监察机

〔1〕 参见江平：《中华人民共和国法律全释》（第3册），中国检察出版社2000年版，第197页。

〔2〕 参见张柏林：《中华人民共和国公务员法释义》，中国人事出版社2005年版，第209页。

关通过复核发现复审结果有错误需要立即撤回或者修改复审决定的情形。一旦发现确有错误，本着有错必纠的原则，原处理机关一定要及时纠正。[1]由原处理机关纠正处理决定或者复审决定，是因为原处理机关是与监察对象直接接触的监察机关，负责对存在职务违法或职务犯罪行为的监察对象进行谈话提醒、批评教育、责令检查，或者予以诫勉，执行政务处分，对触犯刑法的监察对象，移送人民检察院提起公诉等。这样能够尽可能地节省复审、复核的处理时间。

【法条链接】

一、《中华人民共和国监察法》（2018年）

第四十九条　监察对象对监察机关作出的涉及本人的处理决定不服的，可以在收到处理决定之日起一个月内，向作出决定的监察机关申请复审，复审机关应当在一个月内作出复审决定；监察对象对复审决定仍不服的，可以在收到复审决定之日起一个月内，向上一级监察机关申请复核，复核机关应当在二个月内作出复核决定。复审、复核期间，不停止原处理决定的执行。复核机关经审查，认定处理决定有错误的，原处理机关应当及时予以纠正。

【释义】本条是对监察机关复审、复核申诉程序的规定，其目的在于保障被调查对象必要的申诉权和监察机关处理决定的合法性与准确性。

本条主要规定了监察对象申请复审和复核的必要程序、产生的法律效力与法律后果。

二、《中华人民共和国刑事诉讼法》（2012年）

第九十条　公安机关对人民检察院不批准逮捕的决定，认为有错误的时候，可以要求复议，但是必须将被拘留的人立即释放。如果意见不被接受，可以向上一级人民检察院提请复核。上级人民检察院应当立即复核，作出是否变更的决定，通知下级人民检察院和公安机关执行。

【释义】本条是对不批准逮捕的复议、复核规定。

对于公安机关提请人民检察院批准逮捕的被刑事拘留的犯罪嫌疑人，如果人民检察院不批准逮捕，公安机关在收到人民检察院不批准逮捕的决定后，就应当将犯罪嫌疑人立即释放，并发给《释放证明书》，而不得以任何借口对犯罪嫌疑人继续羁押，并将执行回执在释放后3日内送达作出不批准逮捕决定的人

〔1〕中华人民共和国公务员法释义编写组：《中华人民共和国公务员法释义》，中国法制出版社2005年版。

民检察院。

如果公安机关认为人民检察院不批准逮捕的决定有错误，可以向同级人民检察院要求复议。公安机关应当在收到不批准逮捕决定书后的5日内，经县级以上公安机关负责人批准后，制作《要求复议意见书》送交同级人民检察院。如果公安机关对同级人民检察院的复议意见仍有异议，公安机关有权提请上一级检察机关复核。公安机关应当在收到人民检察院复议决定书后的5日内，经县级以上公安机关负责人批准后，制作《提请复核意见书》，连同《复议决定书》一起向上一级人民检察院提请复核。上一级检察机关应当立即对该案件进行复核，并作出决定，同时将决定内容通知下级人民检察院和提请复核的公安机关。[1]

第一百七十五条　对于公安机关移送起诉的案件，人民检察院决定不起诉的，应当将不起诉决定书送达公安机关。公安机关认为不起诉的决定有错误的时候，可以要求复议，如果意见不被接受，可以向上一级人民检察院提请复核。

【释义】本条是公安机关对不起诉异议的规定。

第二百七十一条　对于未成年人涉嫌刑法分则第四章、第五章、第六章规定的犯罪，可能判处一年有期徒刑以下刑罚，符合起诉条件，但有悔罪表现的，人民检察院可以作出附条件不起诉的决定。人民检察院在作出附条件不起诉的决定以前，应当听取公安机关、被害人的意见。

对附条件不起诉的决定，公安机关要求复议、提请复核或者被害人申诉的，适用本法第一百七十五条、第一百七十六条的规定。

【释义】本条是对附条件不起诉制度的规定。

本条第1款是关于未成年犯罪嫌疑人附条件不起诉的规定。对于未成年犯罪嫌疑人适用附条件不起诉需要具备以下条件：第一，所涉嫌罪名为侵犯公民人身权利、民主权利罪，侵犯财产罪，妨害社会管理秩序罪；第二，可能判处一年有期徒刑以下刑罚，包括独立适用拘役、管制等刑罚种类的；第三，达到起诉条件；第四，有悔罪表现。值得注意的是附条件不起诉是人民检察院裁量权的一部分，人民检察院有权根据案件情况，以及涉案当事人的情况进行综合权衡，决定是否适用。人民检察院在作出附条件不起诉决定之前，还需要听取公安机关和被害人的意见。

---

〔1〕 夏红、毛淑玲、单丽雪编著：《〈中华人民共和国刑事诉讼法〉注释本》，法律出版社2016年版，第63~64页。

本条第2款规定的是公安机关和被害人对附条件不起诉决定的异议权及程序。公安机关若对人民检察院作出的不起诉决定不服，可以依法提请作出附条件不起诉决定的检察机关复议，对复议决定仍不服的，还可以向作出决定检察机关的上级检察机关要求复核。被害人不服人民检察院作出的附条件不起诉决定的，可以依法向上级人民检察院申诉请求提起公诉。人民检察院仍然维持该决定的，被害人还有权依法向人民法院提起诉讼。对被害人而言，申诉并非是提起诉讼的必要条件，被害人可以不经申诉，直接向人民法院提起自诉。

人民检察院作出附条件不起诉决定中涉及的未成年犯罪嫌疑人及其法定代理人也可能对该决定不服。因为，附条件不起诉决定的前提是达到起诉条件，并且蕴涵着起诉的可能性。如果未成年犯罪嫌疑人及其法定代理人认为其行为本身不是犯罪或者根本不符合起诉条件的，也可能对附条件不起诉决定有不同意见。当人民检察院遇到该种情况应当直接作出起诉决定，将案件交由人民法院进行裁决。[1]

三、《人民检察院组织法》（1986年）

第十四条　人民检察院对于公安机关移送的案件所作的不批准逮捕的决定、不起诉或者免予起诉的决定，公安机关认为有错误时，可以要求人民检察院复议，并且可以要求上级人民检察院复核。上级人民检察院应当及时作出决定，通知下级人民检察院和公安机关执行。

【释义】本条是公安机关对人民检察院决定的复议、复核规定。

四、《中华人民共和国公务员法》（2017年）

第九十条　公务员对涉及本人的下列人事处理不服的，可以自知道该人事处理之日起三十日内向原处理机关申请复核；对复核结果不服的，可以自接到复核决定之日起十五日内，按照规定向同级公务员主管部门或者作出该人事处理的机关的上一级机关提出申诉；也可以不经复核，自知道该人事处理之日起三十日内直接提出申诉：

（一）处分；

（二）辞退或者取消录用；

（三）降职；

---

〔1〕夏红、毛淑玲、单丽雪编著：《〈中华人民共和国刑事诉讼法〉配套解读与实例：含司法解释》，法律出版社2014年版，第450页。

（四）定期考核定为不称职；

（五）免职；

（六）申请辞职、提前退休未予批准；

（七）未按规定确定或者扣减工资、福利、保险待遇；

（八）法律、法规规定可以申诉的其他情形。

对省级以下机关作出的申诉处理决定不服的，可以向作出处理决定的上一级机关提出再申诉。

行政机关公务员对处分不服向行政监察机关申诉的，按照《中华人民共和国行政监察法》的规定办理。

【释义】本条是对公务员申诉的规定。

第九十一条　原处理机关应当自接到复核申请书后的三十日内作出复核决定。受理公务员申诉的机关应当自受理之日起六十日内作出处理决定；案情复杂的，可以适当延长，但是延长时间不得超过三十日。

【释义】本条是对复核期限的规定。

五、《中华人民共和国治安管理处罚法》（2012年）

第九十四条　公安机关作出治安管理处罚决定前，应当告知违反治安管理行为人作出治安管理处罚的事实、理由及依据，并告知违反治安管理行为人依法享有的权利。

违反治安管理行为人有权陈述和申辩。公安机关必须充分听取违反治安管理行为人的意见，对违反治安管理行为人提出的事实、理由和证据，应当进行复核；违反治安管理行为人提出的事实、理由或者证据成立的，公安机关应当采纳。

公安机关不得因违反治安管理行为人的陈述、申辩而加重处罚。

【释义】本条是对治安管理处罚异议的规定。

第二节　申诉制度

根据《宪法》第41条规定，申诉是宪法规定的公民基本权利。因此，监察机关受理申诉不仅是法律赋予的职权，更是法定的义务。[1]公民申诉权的确立，

〔1〕徐静琳主编：《行政法与行政诉讼法学》（第3版），上海大学出版社2013年版，第119~121页。

本质上是现代民主国家从宪法的高度赋予处于弱势地位的公民对抗国家权力的违法侵权的权利，对于治权（力）和维权（利）具有不可或缺的重要作用。[1]可以说，申诉制度是救济制度中不可或缺的组成部分。《监察法》第60条规定了监察机关采取相关调查措施过程中，侵害被调查人的人身、财产权等合法权益的，被调查人及其近亲属有权申诉。这一规定是具体落实宪法申诉权，维护宪法权威的重要表现。其目的在于保证被调查人因监察机关及其工作人员的违法行为而受到侵害的合法权益得到切实的恢复。对于被调查人及其近亲属而言，获得申诉权本身并不是目的，只是一种手段。如果这种手段不能保证被调查人受侵害的权益得到切实恢复的话，那么该权利只不过是一种法律形式上的摆设，没有任何实际意义。因此，《监察法》第60条既规定了申诉权的具体内容，也规定了检察机关应采取纠正措施，从实际上保障申诉权得以实现，体现了有权利必有救济的对人民负责的原则。[2]

具体而言，《监察法》第60条第1款规定了被调查人及其近亲属申诉权的范围。行使申诉权的权利人包括被调查人及其近亲属。被调查人不单是指被监察对象，还包括配合调查的相关人员。考虑到国家监察与刑事司法的衔接，对近亲属的理解需要结合当前《刑事诉讼法》的相关规定。根据《刑事诉讼法》第106条规定，“近亲属”是指夫、妻、父、母、子、女、同胞兄弟姊妹。因此，《监察法》第60条规定的被调查人的近亲属与《刑事诉讼法》规定的同义。这里的“子女”，不仅指婚生子女，也包括非婚生子女；“同胞兄弟姊妹”，不仅指同父同母的兄弟姊妹，也包括同父异母或同母异父的兄弟姊妹。[3]在此基础上，《监察法》列举了五种可以申诉的违法行为：

一是留置法定期限届满，不予以解除的。根据《监察法》第22条规定，留置措施是法定的监察机关可以采取的调查措施，监察人员依法对于严重职务违法和职务犯罪的人员根据需要采用留置措施，以便进一步调查其重大问题。但根据该法第43条规定，监察委员会采用留置措施应该慎重、并且须经监察机关领导集体研究决定。且留置措施有着严格的时限要求，《监察法》明确规定留置时间不得超过3个月。在特殊情况下，留置期间在原先3个月的基础上可以延长1次，延长时间不得超过3个月。监察机关发现采取留置不当的，应当及时

---

〔1〕 茅铭晨：“论宪法申诉权的落实和发展”，载《现代法学》2002年第6期。

〔2〕 参见《中华人民共和国公务员法释义》编写组：《中华人民共和国公务员法释义》，中国法制出版社2005年版，第192页。

〔3〕 万毅、林喜芬：《刑事诉讼法》，清华大学出版社2010年版，第17页。

予以解除。根据上述条文，有着严格时限要求的留置措施，在达到规定时间之后应当依法予以解除。如果留置法定期限届满而不予以解除，那么该行为就有违法的嫌疑，被留置人及其近亲属可以向监察机关提出申诉，以要求监察机关立刻依法解除留置措施。

二是查封、扣押、冻结与案件无关的财物的。财产权是中华人民共和国公民的基本权利，非经法定程序不受侵犯。监察机关在工作中使用查封、扣押、冻结财物的手段进行调查的，应当充分确认其行为的合法性与合理性。查封、扣押、冻结是指《监察法》第 25 条规定的“监察机关在调查过程中，可以调取、查封、扣押用以证明被调查人涉嫌违法犯罪的财物、文件和电子数据等信息”和第 23 条规定的“监察机关调查涉嫌贪污贿赂、失职渎职等严重职务违法或者职务犯罪，根据工作需要，可以依照规定查询、冻结涉案单位和个人的存款、汇款、债券、股票、基金份额等财产”。如果超出《监察法》规定的范围，任意查封、扣押、冻结与案件无关的财物，就属于《监察法》第 60 条第 2 款规定的情形。

三是应当解除查封、扣押、冻结措施而不解除的。根据《监察法》第 23 条第 2 款之规定，冻结的财产经查明与案件无关的，应当在 3 日内解除冻结、予以归还。根据该法第 25 条第 3 款之规定，查封、扣押的财物经查明与案件无关的，应当在 3 日内解除查封、扣押，予以退还。上述条文明确规定了监察机关及其工作人员对于冻结、查封、扣押的财物经查明与案件无关的应当在 3 日内解除冻结、查封、扣押，并且予以退还。对于上述行为应当解除而不予解除的，被调查人及其近亲属有权提出申诉。该规定有利于公民督促监察机关依法行政，及时解除对与案件无关财物的冻结、查封、扣押措施，以免出现违纪违法风险。

四是贪污、挪用、私分、调换以及违反规定使用查封、扣押、冻结的财物的。贪污、挪用、私分、调换以及违反规定使用查封、扣押、冻结的财物已经属于违法行为并涉嫌犯罪行为，被调查人及其近亲属有权向监察机关提出申诉并提供线索和证据，监察机关应当依法受理申诉，并通过证据和线索开展内部监察程序。

五是其他违反法律法规、侵害被调查人合法权益的行为。这一规定是兜底条款，目的在于全面保护被调查人的合法权益。除了前四项规定的情形外，对于其他违法违规、侵害被调查人合法权益的行为，被调查人及其近亲属也可以提出申诉。

《监察法》第 60 条第 2 款是关于申诉处理程序的规定。基于保护被调查人合法权益的目的，申诉的处理须在一定期限内完成。19 世纪英国政治家威廉·格拉德斯通有句名言："迟到的正义是非正义。"[1]申诉作为被调查人的救济手段，属于矫正正义的范畴，救济应当是有效率的。如果被调查人在规定期限内提出申诉却迟迟得不到处理，权利受侵害人的争议无法及时实现或者无法实现，那么申诉这种救济制度存在的合理性和正当性将备受质疑。[2]据此，《监察法》规定了申诉的两种处理模式：一是原监察机关处理。被调查人及其近亲属对于监察机关及其工作人员具有前述情形之一的，可以向该机关提出申诉。受理申诉的监察机关应当在受理申诉之日起 1 个月内作出处理决定；二是上一级监察机关处理。上一级监察机关对下级监察机关负有领导职责，申诉人对受理申诉的监察机关作出的处理决定不服的，可以在收到处理决定之日起 1 个月内向上一级监察机关申请复查，上一级监察机关应当在收到复查申请之日起 2 个月内作出处理决定，情况属实的，应当责令下级监察机关予以纠正并作出合法合理的处理结果。值得注意的是，申诉人对处理决定不服的，向上一级监察机关申请复查同样有期限的限制。申诉人在法定期间内不主张其个人权利的，丧失该项权利，但是否主张权利是其个人的自由。[3]

【法条链接】

《中华人民共和国监察法》(2018 年)

第六十条 监察机关及其工作人员有下列行为之一的，被调查人及其近亲属有权向该机申诉：

（一）留置法定期限届满，不予以解除的；

（二）查封、扣押、冻结与案件无关的财物的；

（三）应当解除查封、扣押、冻结措施而不解除的；

（四）贪污、挪用、私分、调换以及违反规定使用查封、扣押、冻结的财物的；

（五）其他违反法律法规、侵害被调查人合法权益的行为。

受理申诉的监察机关应当在受理申诉之日起一个月内作出处理决定。申诉

---

〔1〕 钱晓萍主编：《行政监察法概论》，中国政法大学出版社 2016 年版，第 147 页。

〔2〕 沈太霞：《人权的守卫者 欧洲人权法院个人申诉制度》，暨南大学出版社 2014 年版，第 29 页。

〔3〕 参见高家伟：《公正高效权威视野下的行政司法制度研究》，中国人民公安大学出版社 2013 年版，第 435~437 页。

人对处理决定不服的，可以在收到处理决定之日起一个月内向上一级监察机关申请复查，上一级监察机关应当在收到复查申请之日起二个月内作出处理决定，情况属实的，及时予以纠正。

【释义】本条是关于申诉制度的规定。

规定本条的主要目的是保护被调查人的合法权益，强化对监察机关及其工作人员的监督管理。

第三节　国家赔偿

《监察法》第 67 条规定了关于公民、法人或者其他组织在受到监察机关及其工作人员行使职权不当或违法侵害时可以获得国家赔偿。根据 2018 年《宪法修正案》规定，监察委员会被定位为与一府两院并行的国家机构，因此，由于监察机关及其工作人员行使职权造成被调查者的合法权益受损，被调查者有权依法要求国家赔偿。这是源于对一般私人人身与财产权的尊重与保障的观念。对于私人权利利益因国家监察这一公权力的违法、过错而导致损害的，站在公平、正义的立场上，国家应负赔偿责任。〔1〕这里的赔偿责任不同于民事赔偿、司法赔偿和行政赔偿的责任。因为民事赔偿是指因违法或者不当行为给其他民事主体造成人身、财产损害而承担的赔偿责任；〔2〕而司法赔偿是指司法机关及其工作人员在行使侦查权、检察权、审判权和监狱管理职权时给无辜的公民、法人或者其他组织的生命、健康、自由和财产造成损害的，国家应当承担的赔偿责任；〔3〕行政赔偿则是指行政主体违法实施行政行为，侵犯相对人合法权益造成损害时由国家承担的一种赔偿责任。〔4〕但是，监察委员会与被调查人之间并非是平等的民事法律关系的主体，且监察委员会是实现党和国家自我监督的政治机关，其性质和地位不同于行政机关、司法机关。因此，《监察法》第 67 条所指的赔偿通常是指监察机关对公民、法人或者其他组织的人身权、财产权造成的直接损失给予赔偿，一般以支付赔偿金为主要方式，能够返还财产或者恢复原状的，予以返还财产或者恢复原状。对公民造成精神损害的，应当在侵

〔1〕陈红：《国家赔偿法》，厦门大学出版社 2015 年版，第 4 页。

〔2〕赵志云：《〈中华人民共和国行政强制法〉条文解读与案例解析》，国家行政学院出版社 2012 年版，第 172 页。

〔3〕吴鹏：《行政法攻略》（第 6 版），中国财政经济出版社 2014 年版，第 306 页。

〔4〕《法律法规案例注释版系列》编写组：《〈中华人民共和国行政诉讼法〉案例应用版》，中国法制出版社 2010 年版，第 62 页。

权行为影响的范围内，为受害人消除影响、恢复名誉、赔礼道歉；造成严重后果的，应当依法支付相应的精神损害抚慰金。

结合《监察法》第65条的规定，监察机关及其工作可能给公民、法人和其他组织的合法权益造成损害的行为主要包括以下几类情形："（一）未经批准、授权处置问题线索，发现重大案情隐瞒不报，或者私自留存、处理涉案材料的；（二）利用职权或者职务上的影响干预调查工作、以案谋私的；（三）违法窃取、泄露调查工作信息，或者泄露举报事项、举报受理情况以及举报人信息的；（四）对被调查人或者涉案人员逼供、诱供，或者侮辱、打骂、虐待、体罚或者变相体罚的；（五）违反规定处置查封、扣押、冻结财物的；（六）违反规定发生办案安全事故，或者发生安全事故后隐瞒不报、报告失实、处置不当的；（七）违反规定采取留置措施的；（八）违反规定限制他人出境，或者不按规定解除出境限制的；（九）其他滥用职权、玩忽职守、徇私舞弊的行为。

从本质上说，不论是行政赔偿，还是刑事赔偿，抑或是这里的监察赔偿，都是由国家承担最终的赔偿责任，赔偿费用由国家支付。监察机关是专门行使监察权的部门，因其履行职责构成侵权，应承担赔偿责任时，必须具备的要件是：其一，对监察对象的损害必须是监察机关及其工作人员违法行使职权所造成的。所谓"行使职权"，是指监察机关及其工作人员依据职责和权限所进行的活动。监察机关及其工作人员从事与职权无关的民事活动、个人行为造成的损害，国家不承担赔偿责任。其二，监察对象的损害范围限于合法权益，必须是公民、法人和其他组织受到法律保护的权益受到损害才能提请国家赔偿。其三，监察对象的损害必须是监察机关及其工作人员的违法行为造成的，违法行为与损害结果二者之间存在因果关系。〔1〕根据我国当前《国家赔偿法》规定，违法行为既包括监察机关及其工作人员行使职权时侵犯人身权的行为，也包括侵犯财产权的行为。这些行为造成公民、法人和其他组织受损害的，由国家赔偿。其四，对监察对象造成的损害必须是现实已经产生或者必然产生的，不是想象的、虚拟的；是直接的，不是间接的。其五，赔偿是法律规定的。国家赔偿责任是一种法定责任，只有具备了法律规定的各项条件，国家才予以赔偿。〔2〕

受害人提出赔偿请求，应当在法定范围和期限内依法定程序提出。对于不符合法定条件和期限，或者不属于法定赔偿范围的，国家不负赔偿责任。赔偿

〔1〕岳光辉：《国家赔偿法实例说》，湖南人民出版社2000年版，第32~34页。

〔2〕参见中纪委驻国家工商行政管理局纪检组、监察部驻国家工商行政管理局监察局组织编写：《工商行政管理机关执法监察指要》，工商出版社1997年版，第354~355页。

请求人认为权利受到侵害时，应先向监察机关提出赔偿请求，并递交申请书，监察机关应当依据《国家赔偿法》及其他有关规定予以处理。

【法条链接】

一、《中华人民共和国监察法》（2018 年）

第六十七条　监察机关及其工作人员行使职权，侵犯公民、法人和其他组织的合法权益造成损害的，依法给予国家赔偿。

【释义】本条是关于违反本法的赔偿责任的规定，本条的赔偿主要是监察机关违反本法的规定给公民、法人和其他组织造成损失的，应依法予以赔偿；同时也是受到错误追究的公民的一种救济措施。

二、《中华人民共和国国家赔偿法》（2012 年）

第二条　国家机关和国家机关工作人员行使职权，有本法规定的侵犯公民、法人和其他组织合法权益的情形，造成损害的，受害人有依照本法取得国家赔偿的权利。本法规定的赔偿义务机关，应当依照本法及时履行赔偿义务。

【释义】本条是对国家赔偿权利和义务的规定。根据本条规定，一方面，享有国家赔偿权的主体为受国家机关和国家机关工作人员行使职权造成损害的受害人，包括公民、法人和其他组织；另一方面，负有赔偿义务的主体是本法规定的赔偿义务机关。

第三十二条　国家赔偿以支付赔偿金为主要方式。能够返还财产或者恢复原状的，予以返还财产或者恢复原状。

【释义】本条是对国家赔偿方式的规定。

第三十九条　赔偿请求人请求国家赔偿的时效为两年，自其知道或者应当知道国家机关及其工作人员行使职权时的行为侵犯其人身权、财产权之日起计算，但被羁押等限制人身自由期间不计算在内。在申请行政复议或者提起行政诉讼时一并提出赔偿请求的，适用行政复议法、行政诉讼法有关时效的规定。

【释义】本条是对国家赔偿失效的规定。

三、最高人民法院《关于审理人身损害赔偿案件适用法律若干问题的解释》（2003 年）

第八条　法人或者其他组织的法定代表人、负责人以及工作人员，在执行职务中致人损害的，依照民法通则第一百二十一条的规定，由该法人或者其他组织承担民事责任。上述人员实施与职务无关的行为致人损害的，应当由行为

人承担赔偿责任。

属于《国家赔偿法》赔偿事由的，依照《国家赔偿法》的规定处理。

【释义】本条是对人身损害赔偿责任的规定。主要涉及三种情形：第一种是法人或者其他组织的法定代表人、负责人以及工作人员因履职行为致人损害，应按《民法通则》第121条的规定由组织所在组织承担民事责任。这是考虑到该损害行为是为了实现法人或者其他组织的特定目的而作出的，为了保障法人或者其他组织成员的合法权益，应当追究单位责任而非个人责任。第二种是法人或者其他组织的法定代表人、负责人以及工作人员实施与职务无关的行为致人损害的，应视为个人行为，当然由其本人承担赔偿责任。第三种是属于符合《国家赔偿法》的情形，应按《国家赔偿法》的规定处理。需要注意的是，这里的行为主体是行使职权的国家机关和国家机关工作人员，而非一般法人或者其他组织的法定代表人、负责人以及工作人员。

第八章 反腐败国际合作

腐败是国际社会共同面临的课题。在经济全球化时代背景下，腐败犯罪日益呈现出跨国性的特点，使得国际社会逐渐意识到，有效地预防和打击腐败犯罪，需要世界各国的共同努力。[1]与此同时，我国自改革开放以来，随着国内经济犯罪的蔓延和官员腐败的日益严重，中国腐败官员境外潜逃和腐败资产跨境转移问题越来越突出，反腐败的国际合作工作重要性日益凸显。[2]通过国际交流与合作来预防和打击腐败，是国际社会的共识。加强反腐败国际合作工作，有助于形成对我国反腐败有利的国际舆论环境，有利于借鉴国际社会预防腐败的经验，促进国内的反腐倡廉建设。[3]因此，国家监察委员会作为新时代的反腐中坚力量，代表中国参与反腐败国际合作，运用各种方法开展国际反腐、追逃追赃工作。

第一节 监察委员会在国际反腐败工作中的两项职能

腐败问题是一个严重的国际问题，已经严重威胁到人类文明的各个方面，开展反腐败国际合作成为促进国际公职人员清正廉洁的重要途径。因此，2003年第58届联大通过了《联合国反腐败公约》（以下简称《公约》），成为联合国历史上通过的第一个用于指导国际反腐败斗争的法律文件，也是国际社会最为重要的一部引领密切的国际合作以预防和惩治腐败犯罪的法律，对各国加强国内的反腐败行动、提高反腐败成效、促进国际反腐败合作均具有十分重要的

---

〔1〕 参见储槐植、郭明跃：“联合国反腐败公约与中国反腐败国际合作研究”，载《刑法论丛》2007年第1期。

〔2〕 参见马军亮：“试析中国反腐败国际追逃追赃长效机制的构建”，载《哈尔滨工业大学学报（社会科学版）》2016年第2期。

〔3〕 参见陈挥、王关兴：《中国共产党反腐倡廉史》，上海人民出版社2014年版，第449页。

意义。中国政府参与了谈判的全过程，并为《公约》的制定提出了很多积极的建议，促成了许多有利于发展中国家反腐败的国际合作机制的形成。中国政府和全国人大分别于2003年12月10日和2005年10月27日签署和批准了该《公约》，并于2005年12月14日对我国正式生效。[1]《公约》指出，腐败对社会稳定与安全所造成的问题和构成的威胁十分严重，它破坏了民主体制和价值观、道德观和正义并危害着可持续发展和法治进程。腐败已经不再是局部问题，而是一种影响所有社会和经济的跨国现象，因此，开展国际合作预防和控制腐败是至关重要的。铭记预防和根除腐败是所有国家的责任。各国应当相互合作，同时应当有公共部门以外的个人和团体的支持和参与。

中华人民共和国国家监察委员会是由全国人民代表大会产生，对全国人民代表大会及其常务委员会负责，并接受监督。国家监察委员会负责全国监察工作，并代表中华人民共和国对外开展国际反腐败工作。明确国家监察委员会在反腐败国际合作中的职责，有利于解决我国长期以来在反腐败国际合作中负责机构缺失的问题，推进深入开展国际反腐、追逃追赃工作，严厉打击近年来腐败分子的外逃行为。按照《监察法》第50条规定，国家监察委员会在国际反腐败工作中具有以下两种职能：

一、统筹协调与其他国家、地区、国际组织开展的反腐败国际交流、合作

国际反腐败交流指的是国家监察委员会代表中国的反腐败力量与其他国家、地区和国际组织在工作经验、情报信息等方面互通有无、共享沟通，达到提升反腐败工作能力水平的目的。反腐败国际合作，是国与国之间为了共同打击腐败犯罪，便利刑事诉讼的进行，而在缔结双边或多边条约的基础上，或基于相互间的互惠协定，所进行的相互提供便利、信息、证据、引渡犯罪嫌疑人、移交刑事诉讼、移管被判刑人等事项的合作。[2]我国的反腐败国际合作工作主要是加强与联合国、二十国集团、亚太经合组织、金砖国家组织、东盟、上合组织、国际刑警组织等国际组织的务实合作，推动建设多边合作网络，坚持合作共赢，加强对外信息共享和统筹协调，深化与重点国家的沟通协作，完善执法合作机制。

---

〔1〕陈泽宪主编：《〈联合国反腐败公约〉与中国刑事法治的完善》，中国检察出版社2010年版，前言第1页。

〔2〕参见储槐植、郭明跃：“联合国反腐败公约与中国反腐败国际合作研究”，载《刑法论丛》2007年第1期。

需要注意的是，对“其他国家、地区”的范围要进行谨慎甄别。国家监察委员会国际反腐败合作的对象十分广泛，这其中包括了作为联合国正式成员国的诸多主权国家，在服从具体的政治大局和外交方针的前提下，本条在对象适用上不受意识形态和其他歧视性因素的影响而进行区别对待。但地区不同于主权国家，有多个级别和类型。以中国香港地区为例，香港是中华人民共和国不可分割的一部分，香港作为一国两制政策下实行高度自治的特别行政区，又是国际化的高度繁荣的亚洲金融中心，与大陆各省市都有着密切的联系，并且与国外的接触、交流渠道十分畅通。相当一部分腐败分子认为通过香港出逃是最好的选择，而香港与国外便利的交通也确实为试图外逃的贪腐分子提供了机会。针对这个问题，尽管国家监察委员会在香港没有设置相应的下级机构，但是其可以根据本条规定，与香港廉政公署加强反腐败跨区域交流与合作，共同打击跨境腐败犯罪。“一国两制”背景下的中国大陆与中国香港、澳门在各自的司法区内审理互涉管辖的案件已经取得了良好效果，也积累了不少经验。把这些经验的应用范围扩大到整个国际反腐合作领域，除了主权问题不同外，其他操作上的要求有一定借鉴意义。[1]这是对“国家和地区”的基本界定。

“国际组织”是国际反腐合作的重要力量。联合国开发计划署、世界银行、透明国际、经济贸易与合作组织等许多国际组织在国际反腐败合作领域都起到重要作用。其中，世界银行支持全球反腐败行动的方法包括：帮助协调跨境的反腐败活动和国内反腐败活动之间的关系；集中在世界银行有比较优势的领域开展反腐败活动；和其他组织建立战略合作关系；在国际上获取和发布与腐败有关的知识；解释和完善银行政策。[2]联合国开发计划署开展的国际反腐合作主要有：推动不同利益主体间的对话与合作，就国际社会关心的问题举办论坛以促进交流；协助各国发展和完善他们的反腐败政策，增强各国的反腐败能力；为实现对腐败的战略干预，在全球、地区、国家等各层次上加强合作。[3]国际货币基金组织一直向其成员国提供政策建议、金融支持、技术援助，帮助成员国促进包括确保法治、提高公共部门的透明性和责任性以及反腐败在内的善治

〔1〕 参见楼伯坤：“APEC 成员合作反腐司法一体化机制构建”，载《中国法学》2016 年第 2 期。

〔2〕 丁开杰：“国际组织反腐举措（一）世界银行——帮助受援国创造善政环境”，载《中国监察》2003 年第 9 期。

〔3〕 参见陈雪莲：“国际组织反腐举措（二）联合国开发计划署的反腐败框架”，载《中国监察》2003 年第 10 期。

活动。[1]国家监察委员会应当在监察工作中统筹协调并与这些国际组织开展国际反腐败合作工作。

二、组织国际反腐败条约实施工作

为了打击腐败行为尤其是对外逃腐败分子进行追逃追赃，包括中国在内的众多国家、地区与国际组织间签订形成了多个反腐败国际条约，包括了《联合国反腐败公约》《引渡条约》《刑事司法协助条约》和《移管被判刑人条约》等。其中内容最全面，最具全球性、综合性和创新性的国际法律文件是《联合国反腐败公约》，被称为全球反腐败的法律基石。[2]除了条约，还有部分多边或双边协定也是国际反腐败法律文件的重要组成部分。根据外交部网站的公开信息，截至2018年2月，我国已与71个国家缔结司法协助条约、资产返还和分享协定、引渡条约和打击“三股势力”协定共138项（116项生效）。具体如下：①民刑事司法协助条约19项（全部生效）；②刑事司法协助条约41项（35项生效）；③资产返还和分享协定1项（尚未生效）；④民商事司法协助条约20项（18项生效）；⑤引渡条约50项（37项生效）；⑥打击“三股势力”协定7项（全部生效）。[3]

为了加强监察工作的国际反腐败合作能力，实现最广泛意义上的“监察全覆盖”，必须对当前我国签订的反腐败国际条约进行实施和落实。国家监察委员会作为这些国际条约的缔约方代表，应当切实履行好在各项国际反腐败合作条约中的义务，善于利用相关条约提供的便利和他国给予的配合进行国际追逃追赃活动，打击外逃腐败分子。在《监察法》出台之前，国家层面上并没有一个常设的专门机构来负责国际反腐败事务，更多的是设置临时机构，如为了全面协调反腐败国际追逃追赃工作，中央反腐败协调小组于2014年成立了由八部委负责同志组成的、以中纪委国际合作局为办事机构的国际追逃追赃办公室，全面协调反腐败国际追逃追赃工作。但因为临时机构通常是临时召集相关部门、抽调力量组成，在组织上存在人员磨合不足的问题，在指挥上也存在团结不够、

---

〔1〕 参见丁开杰：“国际组织反腐举措（三）国际货币基金组织——以善治向腐败开战”，载《中国监察》2003年第11期。

〔2〕 参见陈正云、李翔、陈鹏展：《〈联合国反腐败公约〉——全球反腐败的法律基石》，中国民主法制出版社2006年版，前言第1页。

〔3〕 资料来源于外交部官方网站（资料/条约文件）：“我国对外缔结司法协助及引渡条约情况”，网址 http://www.fmprc.gov.cn/web/ziliao_ 674904/tytj_ 674911/wgdwdjdsfhzty_ 674917/t1215630.shtml，最后访问日期：2018年5月12日。

令行不畅的风险，因此难以适应风云诡谲的国际局势，难以在各方势力错综复杂的国际追逃追赃工作中找到关键点和制胜点。同时，临时机构在代表性上也难以同其他国家的专职反腐败国际合作机关相对应，在外交层面上不能与他国对等，这会给国际合作带来诸多难题。因此，《监察法》第 50 条专门规定国家监察委员会组织反腐败国际条约实施工作。在本条规定中，“组织工作”意味着国家监察委员会在反腐败国际合作领域处于组织者、发起者的地位，其依照全国人民代表大会授予和宪法确认的职权主动发起相关事项。

【法条链接】

《中华人民共和国监察法》（2018 年）

第五十条　国家监察委员会统筹协调与其他国家、地区、国际组织开展的反腐败国际交流、合作，组织反腐败国际条约实施工作。

【释义】 本条是关于国家监察委员会统筹协调反腐败国际合作的规定。

第二节　反腐败国际合作六大领域

《监察法》第 51 条以法律的形式确立了国家监察委员会组织协调有关方面开展国际反腐败合作的依据，这使得我国在参与国际反腐败合作时有法可依，为相关工作的开展提供了法律依据。同时，由于腐败分子的贪腐手段层出不穷，腐败行为难以第一时间被发现，且反腐败国际合作涉及外事、金融、审计、海关和税务等多个部门，因此需要有关方面通力合作，配合国家监察委员会的部署，以便迅速发现腐败线索和痕迹，有力打击跨境腐败犯罪。因此，应当明确国家监察委员会组织协调有关方面进行反腐败国际合作的具体领域，促进反腐败国际合作工作顺利有序地开展。

一、反腐败执法合作

反腐败执法合作是国际公约所确认的一种新型的刑事司法国际合作的方式。《联合国反腐败公约》第 48 条和《联合国打击跨国有组织犯罪公约》第 27 条均为“执法合作”条款。中央纪委监察部利用 2014 年任 APEC 反腐败工作组主席的契机，起草并推动了《北京反腐败宣言》，成立了 APEC 反腐败执法合作网络。根据上述国际公约的规定，执法合作是指缔约国在符合本国法律制度和行政管理制度的情况下，加强各国执法主管机关机构和部门之间的相互密切合作，交换有关犯罪的信息资料、对有关犯罪事项进行调查、加强这些机关之间的协调和人员的交流，以增强打击公约所涵盖的犯罪的执法行动的有效性。[1]《监察法》中规定的反腐败执法合作一般是指我国公安机关、司法行政部门等，与有关国家、地区、国际组织在调查腐败案件、抓捕外逃涉案人等方面开展的合作。

二、引渡

引渡是指国家把一个当时在国境内的人而被他国指控为犯罪或判罪的，依该国的请求，移交该国审判或处罚的一种制度。[2]反腐败国际合作工作中的引渡是指根据条约或以互惠为基础，向外逃涉案人所在地国提出请求，将涉嫌犯罪人员移交给国内进行追诉和处罚。引渡作为国际刑事司法合作的一种机制，已成为我国打击严重犯罪、缉拿外逃罪犯的重要手段。虽然我国在建立和完善主动引渡制度上取得了一些成功经验，但仍然面临缺乏从某些国家进行引渡的法律依据等一系列问题。[3]国家监察委员会成立后，由专门国家机关专司腐败案件犯罪嫌疑人引渡事宜，其实践效果将更为可期。

三、司法协助

司法协助是指主权国家为了共同打击犯罪，以其签署的国际公约、区域公约或双边条约为依据，在平等互惠的基础上，为其他缔约国代为执行某些司法行为的活动。[4]《联合国打击跨国有组织犯罪公约》作为联合国在预防和打击有组织犯罪方面着手建立国际协调与合作机制的第一个综合性公约，[5]与《联合国反腐败公约》一同对国际司法协助工作起到了完善和推动作用。国际反腐败合作中的司法协助是维系国家间合作正常运行的基本前提。两国涉及反腐败工作的司法部门应当尽可能地按照相关的条约、规章等为对方提供应有的帮助。中国国家监察委员会作为中国最高监察机关，应当积极与国内司法系统统筹协商，努力创造司法系统协助国际反腐败合作的良好局面。

---

〔1〕 参见陈雷：《反腐败国际合作理论与实务》，中国检察出版社 2012 年版，第 326 页。

〔2〕 参见周鲠生主编：《国际法》（上册），武汉大学出版社 2007 年版，第 261 页。

〔3〕 参见黄风："我国主动引渡制度研究：经验、问题和对策"，载《法商研究》2006 年第 4 期。

〔4〕 参见李翔：《反腐败国际刑事合作机制研究》，北京大学出版社 2011 年版，第 59 页。

〔5〕 参见李蓉："反腐败的国际刑事司法协助——《联合国打击跨国有组织犯罪公约》的刑事司法协助体系"，载《政法论坛》2005 年第 2 期。

四、被判刑人的移管

被判刑人的移管是指外逃人员所在国依据本国法和我国提供的证据，对我国外逃人员进行定罪判刑后，将该外逃人员移交我国服刑的一种制度。被判刑人移管与被判刑人引渡是两种不同的国际刑事司法协助制度，它们的区别首先体现在各自的目的上。在被判刑人移管中，判刑国将在本国受到审判的被判刑人移交给另一国是为了使被判刑人在他熟悉的环境中并且在较易获得亲友帮助的条件下服刑，消除在国外服刑遇到的文化和语言障碍以及生活习惯方面的困难，这有助于他接受教育和改造，有助于出狱后尽快重新适应社会生活，而且也符合人道主义原则。而在被判刑人引渡制度中，将在一国受到审判的被判刑人交还给原判刑国是为了协助该国维护自己的司法管辖权和其判决的效力。〔1〕一定程度上而言，被判刑人的移管是适用外国法具体形式的一种。

五、资产追回

资产追回是指对贪污贿赂等犯罪嫌疑人携款外逃的，通过与有关国家、地区、国际组织的合作，追回犯罪资产。据世界银行初步统计，全世界每年有2万亿美元腐败资金进行跨国流动。国际货币基金组织估算，每年洗钱总额相当于全世界所有国家国内总产值的3%~5%，金额自6000亿美元至1.8万亿美元，其中相当一部分涉及腐败所得资金。腐败和非法收入的转移给发展中国家带来了大量的资产流失。〔2〕资产追回的国际法律合作是打击腐败犯罪最重要的环节和手段，包括联合国在内的国际组织制定并通过了一系列的国际公约对其予以规范。其中《联合国反腐败公约》的有关规定最具有代表性和全面性，详细描绘了刑事和民事两种可供缔约国选择适用的追回途径。〔3〕

六、信息交流

信息交流是指我国与有关国家、地区或国际组织之间加强共享有关反腐的专门知识和资料，以及反腐败的具体方法和经验，从而实现优势互补，提高反腐败工作水平与工作效率的一种制度。《联合国反腐败公约》第60条第4款和第61条对腐败信息的收集与利用提出了具体要求，其中第61条主要着重于三

---

〔1〕 参见黄风："国际司法协助中的被判刑人移管"，载《比较法研究》1990年第4期。
〔2〕 参见林雪标："外逃腐败资产的追回"，载《国家检察官学院学报》2010年第5期。
〔3〕 参见张士金："对资产追回国际法律合作的现实考量"，载《政法论坛》2010年第1期。

个方面：①各缔约国均应当考虑在同专家协商的情况下，分析其领域内腐败方面的趋势以及腐败犯罪实施的环境。②缔约国应当考虑为尽可能拟订共同的定义、标准和方法而相互并通过国际和区域组织发展和共享统计数字、有关腐败的分析性专门知识和资料，以及有关预防和打击腐败的最佳做法的资料。③各缔约国均应当考虑对其反腐败政策和措施进行监测，并评估其效力和效率。总的来说，《公约》要求各国研究分析腐败犯罪的动向与腐败产生的基本原因，并分享反腐败的研究成果和相关资料。[1]《监察法》规定的国际反腐败信息交流合作制度不仅是对《公约》义务的履行，也是为应对国际反腐败合作发展的新形势。

【法条链接】

《中华人民共和国监察法》（2018年）

第五十一条　国家监察委员会组织协调有关方面加强与有关国家、地区、国际组织在反腐败执法、引渡、司法协助、被判刑人的移管、资产追回和信息交流等领域合作。

【释义】 本条是关于国际监察委员会组织协调开展反腐败国际合作领域的规定。

第三节　国际反腐败追逃追赃和防逃工作

国际反腐败合作的另一大主要落脚点是防止腐败人员潜逃国外或对因腐败流失国外的国家资产进行追赃。追逃追赃涉及中外反腐败、外交、警务、检务、司法、反洗钱等不同职能部门，单靠一个部门是无法开展好追逃追赃工作的，必须发挥多部门的作用，加强统筹。据此，习近平总书记倡议构建国际反腐新秩序，搭建全球追逃追赃国际合作平台："我们主动提出一系列反腐败国际合作倡议，倡议构建国际反腐新秩序，特别是加大对美国等西方国家在反腐败合作方面的压力，要求他们不要成为腐败分子的'避罪天堂'。"[2]在这一思想的引领下，近年来我国大力加强境外追逃追赃的反腐败国际刑事司法合作，形成了赖昌星遣返案、中国银行开平支行案、胡星劝返案、高山劝返案等一系列成功案

---

〔1〕参见陈雷：《反腐败国际合作理论与实务》，中国检察出版社2012年版，第343页。

〔2〕参见赵秉志、张磊："习近平反腐败追逃追赃思想研究"，载《吉林大学社会科学学报》2018年第2期。

例，并追回了大量涉案腐败犯罪资产。[1]因此，必须继续坚持并采取国际合作的方式加强境外追逃追赃的实施力度。为此，中央决定设立中央反腐败协调小组国际追逃追赃工作办公室，日常工作由中央纪委国际合作局承担。截至2017年，已从90多个国家和地区追回外逃人员2566人，其中党员和国家工作人员410人、“百名红通人员”39人；追回赃款86亿元人民币；新增外逃人员亦逐年大幅下降。在《监察法》出台后，上述工作将由国家监察委员会承担。

一、追逃工作

对于重大贪污贿赂、失职渎职等职务犯罪案件，被调查人如果逃匿到国（境）外，并且掌握证据比较确凿的，应通过开展境外追逃工作，将其追捕归案。党的十九大报告指出，坚定不移“打虎”“拍蝇”“猎狐”；不管腐败分子逃到哪里，都要缉拿归案、绳之以法。开展境外追逃行动，有利于进一步扎牢制度的笼子，维护我国司法尊严和法治权威，彰显反腐败无禁区、全覆盖、零容忍的坚决态度，具有重大法律意义和政治意义。

开展国际反腐败追逃的方式主要有：①引渡，即根据条约或以互惠为基础，向外逃涉案人所在地国提出请求，将涉嫌犯罪人员移交给国内进行追诉和处罚。但是，通过引渡实现境外追逃的效果却非常有限，因为引渡制度会受到引渡基本原则和基本制度的约束和制约。[2]②非法移民遣返，是指由我国向外逃涉案人员所在地国提供其违法犯罪线索和伪造护照等虚假身份情况，让所在地国根据移民法规，剥夺其居留地位并强制遣返至我国或第三国的一种合作方式。将不具有合法居留身份的外国人境者遣送回国，是遣返国为维护本国安全和秩序而单方面作出的决定。通过这种方式，在客观上造成了与引渡相同的结果。[3]③异地追诉，是指我国将管辖权让渡给外逃涉案人员所在地国，向外逃涉案人员所在地国提供自己掌握的证据材料，支持外逃涉案人员所在地国依据本国法律对逃犯提起诉讼，使逃犯被绳之以法。④劝返，劝返是国家机关在发现地国相关部门的配合或不干涉下，直接或间接地采取劝说沟通的方式，使得刑事外逃人员主动或同意回国归案的一种刑事司法措施。[4]劝返是相对经济、便捷、

---

〔1〕 参见张磊：“腐败犯罪境外追逃追赃的反思与对策”，载《当代法学》2015年第3期。

〔2〕 参见王强军：“利用遣返实现境外追逃问题研究”，载《法学评论》2013年第6期。

〔3〕 参见张磊：《国际刑事司法协助热点问题研究》，中国人民公安大学出版社2012年版，第2页。

〔4〕 参见薛丰民、黄鹏：“中国反腐败境外追逃实践之劝返模式研究”，载《郑州大学学报》2017年第6期。

灵活性高的境外追逃模式。

二、追赃工作

境外追赃工作指向赃款赃物所在国请求查询、冻结、扣押、没收、追缴、返还涉案资产。习近平总书记在党的十九大报告中指出，“不管腐败分子逃到哪里，都要缉拿归案、绳之以法”，这是追逃工作的基本方向。追赃包括两方面的内容：一是将赃追回的过程；二是将赃返还被害人或者依法上缴国库的处理结果。换言之，追赃是赃款赃物追回过程与结果的统一。[1]开展国际反腐败追赃的手段主要有：①通过双边刑事司法协助条约或引渡条约进行追赃，即在开展引渡、遣返等追逃合作的同时，附随请求移交赃款赃物；②利用赃款赃物所在国犯罪所得追缴法或其他国内法进行追赃；③通过境外民事诉讼方式进行追赃；④运用刑事政策促使犯罪嫌疑人或其近亲属自行退赃；⑤运用刑诉法规定的违法所得没收程序进行追赃。

但在反腐败国际合作领域中，长期存在着追赃难于追逃的现象。自2015年3月“天网”行动启动以来，“百名红通人员”迄今已超过1/3归案，但外流的腐败资产却只有一部分返还给了我国。反腐败境外追赃的主要难点在于：对腐败资产违法性的证明难度较大，中外对“没收财产”范围的理解存在较大差异，“违法所得没收程序”的证明标准过高，腐败资产分享尚未制度化、规范化，外国刑事没收裁决的承认和执行制度缺失，追赃可能造成我国与资产流入国经济利益上的冲突。此外，境外追赃成本高昂、追赃经验不足、追赃技术落后和对外国法律制度不熟等，也是我国反腐败境外追赃中必须克服的难题。[2]因此，境外追赃问题也可能成为国家监察委员会工作的重点、难点之一。

三、防逃工作

防逃工作是境外追逃工作的“关口前移”，与其事后“追逃”，不如事前做好“防逃”，防微杜渐，堵塞漏洞，把职务犯罪嫌疑人拦在国门之内。[3]《监察法》第52条第3款规定，国家监察委负责督促有关单位查询、监控涉嫌职务犯罪的公职人员及其相关人员进出国（境）和跨境资金流动情况，在调查案件过程中设置防逃程序，其宗旨在于要求监察委应该对涉及职务犯罪的公职人员提

〔1〕 参见解彬：《境外追赃刑事法律问题研究》，中国政法大学出版社2016年版，第30页。

〔2〕 参见彭新林：“破解反腐境外追赃难点的对策”，载《人民论坛》2017年第1期。

〔3〕 参见庄德水：“扎牢防逃追逃追赃的制度笼子”，载《检察日报》2014年9月30日。

前采取手段，掌握他们的出入境和资金跨境流动情况，以便分析他们外逃的风险性。对此，开展国际反腐败防逃的方法主要有：一是在“人”方面，主要清理“裸官”，对那些配偶子女移居国外的国家工作人员加强管理，严格执行相关的护照管理、出入境审批报备等制度，并做好对个人有关报告事项的抽查核实；二是在“钱”方面，主要加强反洗钱和外汇管理工作，切断非法资金的外流渠道；三是在“证”方面，开展治理违规办理和持有因私出入境证照专项行动，重点对领导干部违规办理和持有证照情况进行清查，并对审批、保管环节负有责任的人员进行追责。

由于国际反腐败追逃追赃和防逃工作的复杂性，以上三项工作都需要在国家监察委员会的组织协调下开展，各有关单位通力协作，切忌各自为战。

【法条链接】

《中华人民共和国监察法》（2018 年）

第五十二条　国家监察委员会加强对国际反腐败追逃追赃和防逃工作的组织协调，督促有关单位做好相关工作：

（一）对于重大贪污贿赂、失职渎职等职务犯罪案件，被调查人逃匿到国（境）外的，掌握证据比较确凿的，通过开展境外追逃工作，追捕归案；

（二）向赃款赃物所在国请求查询、冻结、扣押、没收、追缴、返还涉案资产。

（三）查询、监控涉嫌职务犯罪的公职人员及其相关人员进出国（境）和跨境资金流动情况，在调查案件过程中设置防逃程序。

【释义】本条是关于国际反腐败追逃追赃和防逃工作的规定。

规定本条的目的是明确国家监察委员会在国际反腐败追逃追赃和防逃工作中组织协调、督促有关单位落实的具体工作内容，促进有关单位积极履行在国际反腐败追逃追赃和防逃工作中的相关职责。

【案例链接】防逃相关案例

“红色通缉令”2 号嫌犯李某波被遣返回国

在中央反腐败协调小组的统一部署下，潜逃新加坡 4 年之久的江西省鄱阳县财政局经济建设股原股长李某波 2018 年 5 月 9 日被遣返回国。这是“天网”行动开展以来职务犯罪国际追逃追赃专项行动取得的重要战果，也是公开曝光百名外逃人员后遣返的重要案犯。李某波，国际刑警组织红色通缉令号码 A-

1256/2-2011。

李某波涉嫌贪污公款 9400 万元，2011 年 1 月潜逃至新加坡。案件发生后，中央反腐败协调小组高度重视，组织检察、外交、公安等部门立即启动了追逃追赃工作。多部门组成工作组先后 8 次赴新加坡进行磋商。经过不懈努力，中新两国在没有缔结引渡条约的情况下积极开展司法执法合作。中方向新方提出司法协助请求，提供有力证据，由新方冻结了李某波涉案资产，对李实行了逮捕、起诉，以“不诚实接受偷窃财产罪”判处其 15 个月有期徒刑，并在李某波出狱当天将其遣返回国。

李某波案件是中新双方依据《联合国反腐败公约》（2003 年）、践行《北京反腐败宣言》（2014 年）开展追逃追赃合作的成功案例，也是我国检察机关侦查人员在境外刑事法庭出庭作证、检察机关和人民法院运用违法所得没收程序追缴潜逃境外腐败分子涉案赃款的第一起案例。中央反腐败协调小组国际追逃追赃工作办公室负责人表示，李某波被遣返回国再次证明我们说的“腐败分子即使逃到天涯海角，也要把他们追回来绳之以法”绝不是一句空话。我们将加强与有关国家的司法执法合作，统筹国内外资源，坚决把腐败分子追回来绳之以法。

第九章　对监察机关和监察人员的监督

孟德斯鸠曾言："所有拥有权力的人，都倾向于滥用权力，而且不用到极限决不罢休。"〔1〕因此，有权必受监督，不受监督的权力是违背法治原则和宪法精神的。而监察委员会的职权覆盖范围极为广泛，能够监察一切国家公职人员，包括政府部门、检察院和法院等公权力机构。对于这样一个新的"利维坦"〔2〕，如果不予以严格和有效的监督，必然导致权力的使用不受约束，从而产生权力滥用和人民利益受损的风险。因此，有必要加强对国家监察委员会的监督，坚持有权必有责，用权受监督，防止监察委员会演变为不受控制的超级机构。〔3〕《监察法》第七章是对监察机关和监察人员的监督规定，明确了监察机关和监察人员应当受到谁的监督、应当受到怎样的监督、应当怎样进行自我监督，以及如何对监察机关提出申诉等内容，详实充分地确立了对监察机关和监察人员的监督体制。

第一节　人大监督

《监察法》第53条规定了人大对监察机关与监察人员的监督方式，其主要目的在于明确各级人大及其常委会对监察委员会进行监督的具体途径，强化人大监督的实效性，提高监察委员会和监察人员主动接受人大监督的意识。

---

〔1〕［法］孟德斯鸠：《论法的精神》（上册），许明龙译，商务印书馆2009年版，第166页。

〔2〕"利维坦"是《圣经》中一种象征邪恶的海怪。托马斯·霍布斯在其同名政治学著作中以此比喻君主专制政体下的国家，国家如同怪兽一般成为一个权力的庞然大物，对所有人都有主宰的权力："我们承认这个人或这个集体，并放弃我管理自己的权利，把它授与这人或这个集体，但条件是你也把自己的权利拿出来授与他，并以同样的方式承认他的一切行为……这就是伟大的利维坦的诞生"。参见［英］霍布斯：《利维坦》，黎思复、黎廷弼译，商务印书馆1985年版，第131~132页。

〔3〕参见马怀德："《国家监察法》的立法思路与立法重点"，载《环球法律评论》2017年第2期。

第一，各级监察委员会应当接受本级人民代表大会及其常务委员会的监督。这既是由监察机关的宪法地位决定的，也是为了确保监察机关与监察人员“不走样”。出于监察领域“受谁监督、对谁负责”的立场，监察委员会是直接受到人大监督，从而也直接向人大汇报工作、对人大负责的机构。并且根据《宪法修正案》（2018 年）的规定，国家监察委员会将是全国人民代表大会之下次一级的国家机构，依照《监察法》及相关法律法规的规定独立行使监察职权，不受行政机关、社会团体和个人的干涉，以充分的权威性和独立性保障监察效能的实现。[1]但是，与之相对应，监察委必须受到人大的监督与制约，以避免监察权的滥用。

第二，各级人民代表大会常务委员会听取和审议本级监察委员会的专项工作报告以及组织执法检查两种监督方式。一是听取和审议本级监察委员会的专项工作报告。各级人大常委会可以选择若干关系改革发展稳定大局和群众切身利益、社会普遍关注的重大问题，有计划地安排听取和审议本级监察委员会的专项工作报告，监察委员会也可以向本级人大常委会主动报告专项工作。人大常委会组成人员对专项工作报告的审议意见交由本级监察委员会研究处理。监察委员会应当将研究处理情况由其办事机构送交本级人大有关专门委员会或者常委会有关工作机关征求意见后，向本级人大常委会提出书面报告。本级人大常委会认为必要时，可以对专项工作报告作出决议；监察委员会应当在决议规定的期限内，将执行决议的情况向本级人大常委会报告。二是组织执法检查。各级人大常委会根据工作需要，可以选择若干关系改革发展稳定大局和群众切身利益、社会普遍关注的重大问题，有计划地对涉及监察工作的有关法律、法规实施情况组织执法检查。执法检查结束后，执法检查组应当及时提出执法检查报告，提请人大常委会审议。执法检查报告应包括对所检查的法律法规实施情况的评价、执法问题的提出，以及对执法工作和法律法规的完善建议。人大常委会组成人员对执法检查报告的审议意见连同执法检查报告，一并交由本级监察委员会研究处理。监察委员会应当将研究处理情况由其办事机构送交本级人大有关专门委员会或者常委会有关工作机构征求意见后，向本级人大常委会提出报告。

第三，县级以上各级人民代表大会及其常务委员会举行会议时，人民代表大会及其常务委员会组成人员，可以依照法律规定的程序就监察工作中的有关

〔1〕 参见马怀德：“《国家监察法》的立法思路与立法重点”，载《环球法律评论》2017 年第 2 期。

问题提出询问或质询。询问是指各级人大常委会会议审议议案和有关报告时，本级监察委员会派有关负责人员到会，听取意见，回答询问。质询是指一定数量的县级以上人大常委会组成人员联名，向本级人大常委会书面提出对本级监察委员会的质询案，由委员长会议或者主任会议决定交由受质询的监察委员会答复。受质询的监察委员会负责人可以到会口头答复，也可以签署意见书面答复。

【法条链接】

《中华人民共和国监察法》（2018年）

第五十三条　各级监察委员会应当接受本级人民代表大会及其常务委员会的监督。

各级人民代表大会常务委员会听取和审议本级监察委员会的专项工作报告，组织执法检查。

县级以上各级人民代表大会及其常务委员会举行会议时，人民代表大会代表或者常务委员会组成人员可以依照法律规定的程序，就监察工作中的有关问题提出询问或者质询。

【释义】本条是关于人大监督的规定。

第二节　社会监督

《监察法》第54条规定了监察机关应当接受社会监督。所谓社会监督，即在国家权力系统自我调节的同时，引入社会力量参与监督，是现代国家反腐败的一种创新模式。[1]它是一种外部监督，一种自下而上的监督和一种多数人的监督。[2]在新时代的改革发展进程中，仅有人大监督是远远不够的。必须重视社会监督这一新型的监督方式，充分发挥社会力量的作用对监察机关与监察人员进行更为广泛而深入的监督。国家监察委员会同其他国家机关一样，也应当自觉接受包括舆论监督、民众监督在内的各种社会监督。[3]

---

〔1〕参见吴海红："反腐倡廉建设中的社会监督机制研究"，载《中共福建省委党校学报》2012年第2期。

〔2〕参见任铁缨："反腐败与社会监督"，载《中共中央党校学报》2009年第4期。

〔3〕参见马怀德："国家监察体制改革的重要意义和主要任务"，载《国家行政学院学报》2016年第6期。

一、依法公开监察工作信息

监察机关在其工作过程中会获取各种信息，为保障公民的知情权，监察机关应当对此予以依法公开。同时，监察机关依法公布监察工作信息也符合监察工作的需要，有利于提高监察机关工作透明度，让权力在阳光下运行。因此，各级监察委员会应进一步建立健全监察工作信息公开机制，主动公开工作流程，及时发布工作进程。需要注意的是，监察机关公开监察工作信息应当依法进行，对于法律法规明确规定应当保密的内容要予以保密。

二、接受民主监督、社会监督、舆论监督

（一）接受民主监督

民主监督主要是指人民政协或者各民主党派等主体对监察机关及其工作人员的工作进行的监督。人民政协民主监督的方式主要有：政协全体会议、常委会议、主席会议向党委和政府提供建议案；各专门委员会提出建议或者有关报告；委员视察、委员报告、委员举报、大会发言、反映社情民意或以其他方式提出批评和建议；参加有关部门组织的调查和检查活动；政协委员应邀担任政府部门和司法机关特约监督人员等。监察委员会应当尊重人民政协的职责，自觉接受政协等监督主体的民主监督。

（二）接受社会监督

社会监督是指国家机关之外的社会组织和公民对监察机关及其工作人员的工作进行的不具有直接法律效力的监督。社会监督是一种“下对上”的、群众式的监督，它的主体是国家机关之外的公民和社会组织，在权力关系上属于被领导的地位，但同样有着监督职能。社会监督是一种不可或缺的监督形式，它首先是作为一种上下间的沟通渠道出现的。古语有云：“防民之口，甚于防川，川壅而溃，伤人必多，民亦如之。”如果不允许人民说话，将会有比大洪水更为严重的灾祸。社会监督的内容就包括了让广大人民群众向监察机关反映自己的各种意见，批评监察机关作出的危害人民利益的行为。通过下情上传，广开言路，掌握公权力的监察机关才能真正把握人民所想，为人民谋福祉。

（三）接受舆论监督

舆论监督是一种古老的监督方式，随着媒体力量的日益强大，新闻传媒逐渐成为政府三权之外的“第四权”，发挥着监督政府、防止滥权的制度性功

能。[1]而监察机关与行政机关在宪法上均为国家机关，也应受到舆论的监督。因此，《监察法》上的舆论监督是指社会各界通过广播、影视、报纸、杂志等大众传播媒介，发表自己的意见和看法，形成舆论，从而对监察机关及其工作人员的工作进行监督。人民群众可以通过新闻媒体等手段充分发挥舆论监督的作用，对监察委员会的工作以及公开的信息、文件等内容进行监督。监察委员会也应当自觉接受舆论监督，正确看待新闻媒体对监察工作的报道，对于一些报道中的批评要做到“有则改之、无则加勉”。舆论监督与社会监督在强制力上有相似性，约束力都较低，但是舆论监督是一种精神性的、有道德强制性的监督方式。

民主监督、社会监督和舆论监督三者的共同之处在于都是对监察委员会的外部监督，是借由外部力量来对监察委员会的内部公职人员及其公务行为进行监督的方式。外部监督对于监察机关来说是不可或缺的，能够突破监察委员会自身的利益，从而进行有效监督。

【法条链接】

《中华人民共和国监察法》（2018年）

第五十四条　监察机关应当依法公开监察工作信息，接受民主监督、社会监督、舆论监督。

【释义】本条是关于监察机关接受外部监督的规定。

规定本条的主要目的是设定监察机关自觉接受各方面监督的义务，提高其接受监督的自觉性和实效性。

第三节　内部监督

一、监督方式

内部监督是指将全国监察委员会视为一个系统，通过在系统内建立监督机构和健全监督制度，从而达到对监察委员会的监督。加强内部监督有利于从源头预防执纪权的滥用，应当成为监督的主要方式。[2]因此，监察委员会应当通过

[1] 参见梁平、张蓓蓓：“从舆论监督到新闻法治——基于当代传媒与司法的关系研究”，载《河北法学》2012年第3期。

[2] 参见曹亘平：“对监察委的监督制约严密而有效——多把‘连环锁’确保监察权良性运行”，载《人民论坛》2018年第1期。

在机关内部设立一个专门监督机构，通过该机构加强对监察机关及其工作人员的内部监督。

内部监督相较于外部监督具有常态化、专门性等特征。所谓“专门性”，是指该机构专门负责内部监督，不负责其他对外监察事务，不受其他事务的影响和干预，独立行使对内监督权。该机构应由监察机关内部人员组成，监督对象是监察委员会内部全体工作人员。由于内部监督的对象是本单位同事，各种关系、人情错综复杂，极易影响到监督工作的进行，而且监察机关长期进行监察工作，掌握了大量职务犯罪的案件和经验，本身就具有一定的侦查和反侦查能力，因此，必须抽调业务能力强、技术水平高的人员开展内部监督工作。由于监察委员会将与党的纪律检查委员会合署办公，因此监察委员会内部有关运行规范和纪律规范可以与纪律检查委员会监督执纪工作规则相衔接，严格规范权力的使用。

二、监督内容

监察委员会设立的内部监督机构应当加强对监察人员执行职务和遵守法律情况的监督。

第一，加强对监察人员执行职务情况的监督。监察人员执行职务应当做到于法有据，严格依照相关法律法规进行监察工作。《监察法》第 11 条规定：“监察委员会依照本法和有关法律规定履行监督、调查、处置职责：（一）对公职人员开展廉政教育，对其依法履职、秉公用权、廉政从政从业以及道德操守情况进行监督检查；（二）对涉嫌贪污贿赂、滥用职权、玩忽职守、权力寻租、利益输送、徇私舞弊以及浪费国家资财等职务违法和职务犯罪进行调查；（三）对违法的公职人员依法作出政务处分决定，对履行职责不力，失职失责的领导人员问责；对涉嫌职务犯罪的，将调查结果移送人民检察院，依法提起公诉；向监察对象所在单位提出监察建议。”由此可知，监察机关在依法行使监察职权时应当廉洁高效，采用适当的工作方法。例如，在组织机构和领导班子分工上，可以规定由信访室统一管理信访举报案件，通过这一方式来筛选甄别有关官员的履职情况以及案件来源；可以设立案件监督管理室来负责对问题线索实行集中管理、动态更新、全程监控，将线索和情报集中起来也便于进行归纳整理，统一调度，实现信息的高效利用和办事效率的提高；在进行职务犯罪调查的具体工作程序中，应当加强对调查、处置工作全过程的监督管理，明确调查程序，在调查、处置过程中应当有具体的人员承担起监督的职责；实行监督部门和调查部门分设，监督部门负责联系地区和单位的日常监督，调查部门专司依法调查工作，实行“一次一授权”，不固定联系某一地区或者某一部门，这样就避免了工作人员长期把持调查权力，从而产生权力寻租空间以及利益输送问题，也有利于实现监察机关内部的权力制衡，防止一个部门权力过于集中，从而产生该部门因事权过大而难以监督和管理的风险。此外，监察机关内部的案件审核机关应当担负起案件审核把关的职责，对事实不清、证据不足的，退回调查部门补充证据或重新调查。通过案件审核部门建立起第二道防线，进一步保障监察委办理案件控制在以事实为准绳、以法律为依据的范围内。

第二，加强对监察人员遵守法律情况的监督。古语有云：“政者，正也。子帅以正，孰敢不正”。监察工作至关重要，关系着吏治得失，国家稳定，如果监察人员不能够正心诚意，率先树立好自身的良好守法道德形象，从而达到一种模范效果，那么“监察百官、澄清吏治”也就无从谈起。遵守法律是对监察人员的一般要求，不管是执行职务还是日常生活中，监察人员都应遵守国家法律法规。

三、打造一支忠诚、干净、担当的监察队伍

监察职责关系重大，监察队伍的素质高低、业务水平和品行德性的良莠对监察工作的成败与否起着决定性作用。打造一支忠诚、干净、担当的监察队伍，有助于反腐败斗争及党风廉政建设，也是纪检监察工作的内在需求，更是加强纪检监察干部战斗力及凝聚力的可靠保证。[1]因此，监察人员必须严格要求自己，做到对党忠诚、本人干净、敢于担当。

其一，对党忠诚。忠诚意识要求每一个监察人员对党忠诚，对人民忠诚，对党和人民的事业忠诚。对党忠诚，永不叛党，是党章对党员的基本要求，也应当是监察人员铭记的准则。习近平总书记强调：“对党忠诚，不是抽象的而是具体的，不是有条件的而是无条件的，必须体现到对党的信仰的忠诚上，体现到对党组织的忠诚上，体现到对党的理论和路线方针政策的忠诚上来。”这就要求监察人员必须把对党忠诚作为首要政治原则来坚持，作为首要政治品质来锻造。监察人员对党的忠诚应该体现在监察工作的每一件具体事项当中，始终站在党和人民的立场行使监察权力。监察人员在工作中发现或遇到任何有损党和人民利益的现象与行为都要无条件反对，与任何破坏党的事业、侵犯人民群众

〔1〕 参照李和生：“浅谈加强纪检监察干部队伍建设的几点思考”，载《法制与社会》2013年第4期。

利益的贪污腐败分子作斗争。

其二，本人干净。习近平总书记指出，“廉洁自律是共产党人为官从政的底线”。廉洁自律也应当是监察人员必须遵从的底线，不可越雷池一步。要做到干净，就必须保持共产党人的政治本色，真正集干净与干事于一身、勤政与廉政为一体。要始终严格要求自己，把好权力观、金钱观、美色观，清清白白做人、干干净净做事、坦坦荡荡为官。监察人员必须认真落实中央关于全面从严治党的各项决策和部署，始终做到廉洁自律、个人干净，永葆共产党人清正廉明的政治本色。习近平总书记指出：“一个人能否廉洁自律，最大的诱惑是自己，最难战胜的敌人也是自己”“贪如火，不遏则燎原；欲如水，不遏则滔天”。监察人员应当牢牢守住自己的政治生命线，思想上必须清醒，要树立正确的世界观、人生观、价值观和正确的权力观、地位观、利益观，坚定崇高理想信念，任何时候都把党和人民利益放在第一位；要思想纯正，品行端正，在各种诱惑面前把握住自己，守得住清贫、耐得住寂寞、稳得住心神、经得住考验，严守党纪国法，牢记规章制度，时时处处严格约束自己。生活上也必须做到清正廉洁，倡导高尚正派、恬淡健康的生活方式，筑起防线，抗拒诱惑。

其三，敢于担当。敢于担当是指监察人员在监察工作中有强烈的责任意识，敢于承担责任，切实履行好法律赋予的职责。对外来说，监察工作是一份“得罪人”的活儿，监察人员必须以党和人民的利益为重，铁面执法，不怕得罪人。监察人员应当勤于履责、勇于担责、敢于负责，敢想敢做敢当，牢固树立责任重于泰山的意识，在敢于担当中历练提高，在真抓实干中建功立业，创造经得起实践、人民、历史检验的业绩。习近平总书记指出：“担当大小、体现着干部胸怀、勇气、格调，有多大担当才能干多大事业。”因此，监察机关内部管理与监督也需要有担当的领导来带领，监察机关领导人员要有责任意识和高瞻远瞩，为党和国家的事业发展带出好队伍。

基于此，监察人员应当积极以忠诚、干净、担当的标准严格要求自己，提升自己的党性修养，加强党性锻炼，经受住各种考验，切实履行法定职责，完成党和人民赋予的重托。

【法条链接】

《中华人民共和国监察法》（2018 年）

第五十五条　监察机关通过设立内部专门的监督机构等方式，加强对监察人员执行职务和遵守法律情况的监督，建设忠诚、干净、担当的监察队伍。

【释义】本条是关于监察机关内部监督的规定。

规定本条的主要目的是加强监察机关内部监督，强化自律，严明纪律，建设一支让党放心、人民满意的监察队伍。

第五十六条　监察人员必须模范遵守宪法和法律，忠于职守、秉公执法，清正廉洁、保守秘密；必须具有良好的政治素质，熟悉监察业务，具备运用法律、法规、政策和调查取证等能力，自觉接受监督。

【释义】本条是关于监察人员在纪律规范和素质能力等方面要求的规定。

规定本条的目的是规范监察人员的行为，明确其须具备的基本素质和业务能力，促进监察人员更好地履行本职工作。

本条主要包括两个方面的内容：

第一方面，监察人员必须模范遵守宪法和法律，忠于职守、秉公执法，清正廉洁、保守秘密。这一部分是关于监察人员守法义务和工作纪律方面的规定。

其一，“模范遵守宪法和法律”，主要是指监察人员作为执法人员要做遵守宪法和法律的标杆。监察人员作为肩负重任的监察机关工作人员、监察权力的行使者，应当负有积极认同与维护宪法秩序的责任，不仅是在态度上的认同，更重要的是对宪法完全的、全身心的赞成和拥护，在大是大非问题上绝不同宪法相违背。在行动上，监察人员应当反对并且远离任何反对宪法、违反法律的活动和群体，誓死捍卫宪法和法律的尊严和权威。

其二，“忠于职守”，是指监察人员应当牢记自己的使命与职责，认真履行职责，坚守工作岗位，恪尽职守。忠于职守首先要求监察人员依法办事，严格依照《监察法》和其他法律法规行使监察职权；也要求监察人员在工作中一丝不苟，严格要求自己，对自己的工作负责，杜绝漏洞和错误；还要求监察人员坚守自己的本心，坚守对于监察工作的信仰，面对任何压力和威胁绝不退缩，绝不妥协，这样才能不辜负党的培育和重托，不辜负人民的嘱托与信任，不辜负监察人员澄清吏治、匡扶社稷的初心。

其三，“秉公执法”，主要是指监察人员在履行职责过程中应实事求是，正确运用权力，客观、公正地执行国家法律。秉公执法要求监察人员在日常工作和执法办案的过程中，都必须尊重事实，一切以证据说话，以事实为依据，以法律为准绳，不徇私枉法，客观公正地严格执法。公正是人们对于一切社会事务的基本追求，是人民群众对国家机关的殷切期望。“丘也闻有国有家者，不患寡而患不均”，执法不公，办案偏袒是对监察工作的严重践踏，也为国法不容，为人民唾弃，监察人员如果在工作中收受好处，徇私枉法，那么就是自绝于党、自绝于人民，等待他的只有法律的制裁和自取灭亡。

其四，“清正廉洁”，该要求是习近平总书记提出的五条干部标准之一，也是党一贯的政治本色。不求曰清。不贪图名利、不追求个人特权和私利，是清雅高尚的品格。不偏曰正。不偏不倚、秉公用权，就能养成浩然正气。“正”与“公”相伴而生，正直的人，公私分明，不是没有私利，而是不用公权谋私利；不是没有私情，而是不用公权徇私情。监察人员手握监察监督大权，用好了能够利党利民，用不好就会害人害己。当监察人员面对群众的时候，除了讲公事公办的规矩，也应当设身处地的思考；当监察人员查处违法违纪的时候，既要有嫉恶如仇的立场，也要有悲天悯人的情怀。除了有铁面无私的手段，更要有不枉不纵的公心。监察机关处理一个干部，不仅仅是让纪律法律得到执行，更是为了让问题不再发生，让悲剧不再重演，从而挽救更多的干部。不受曰廉。不接受他人馈赠的财物，是廉洁的基本要求。以清正心，以正用权，以廉自律，以洁修身，这就是清正廉洁的要求。

其五，“保守秘密”，主要是指监察人员必须牢固树立保守党和国家秘密的观念，严格遵守保密法律和纪律、严守有关保密工作的规定。根据《保守国家秘密法》第2条的规定，国家秘密是关系国家安全和利益，依照法定程序确定，在一定时间内只限一定范围的人员知悉的事项。国家秘密的泄露会给国家安全和国家利益造成重大损失，因而监察人员作为中华人民共和国公民，应当严格遵守法律保守国家秘密。又因为监察工作的特殊性，对与案件有关的政治、经济、人事等多领域的涉密信息也要进行保密。

第二方面，必须具有良好的政治素质，熟悉监察业务，具备运用法律、法规、政策和调查取证等能力，自觉接受监督。

其一，“具有良好的政治素质”，主要是指监察人员要增强“四个意识”，提高政治觉悟、严守政治纪律，与党中央保持高度一致，坚决维护党中央的权威。监察委员会既不是行政机关，也不是司法机关，是党和国家实现自我监督的政治机关。作为政治机关的监察机关，其监察职能具有极强的政治性。国家监察体制改革的根本目的，是加强党对反腐败工作的统一领导，推进国家治理体系和治理能力的现代化。党的十八大后，党的纪律检查工作实现了纪严于法、纪在法前的重大飞跃，填补了党内监督的空白。而国家监察体制改革，则是以法律为尺度，来填补国家监督的空白。在国家权力机构中设置监察机关，是从我国历史传统和现实国情出发所作的重大制度创新。在党的统一领导下，新成立的监察委员会将和纪委合署办公，实现了党内监督和国家监督、党的纪律检查与国家监察的有机统一。监察委员会作为政治机关，政治属性是第一属性、根本属性，必须始终把讲政治摆在第一位，因而良好的政治素质也是监察人员所必须拥有的素质。

其二，“熟悉监察业务”，是指监察人员必须掌握专业知识及相关业务知识。《监察法》规定，各级监察委员会是行使国家监察职能的专责机关，依照法律规定履行监督、调查、处置职责，在党的领导下既调查职务违法行为，又调查职务犯罪问题，这就需要监察人员有较高的理论素养和业务能力，既能在政治上坚定拥护党和人民的利益，也能在工作上又快又好地处理监察业务。

其三，“具备运用法律、法规、政策和调查取证等能力”，主要指监察人员必须掌握相关法律、法规、政策知识，并善于在调查取证等工作中加以运用。监察工作的顺利开展需要监察人员掌握各种监察方法和调查技巧，要能够熟悉运用法律、法规、政策等文件来开展工作，辨别监察对象，明确监察的具体内容和监察机关的活动范围，分清哪些事情该管，哪些事情不该管。此外，调查取证也是监察活动顺利开展的重要环节，监察委员会行使的职权，不是行政监察、反贪反渎、预防腐败等职能的简单相加，其内涵之丰富和工作量之庞大是质的提升。因而监察人员调查取证的能力直接关系到监察机关的工作效率和监察职能的有效行使。

其四，“自觉接受监督”。作为行使监察职权的专责机关，监察人员是否遵纪守法，依法执行职务直接关系到监察机关的工作质量和水平，关系到监察机关的形象和权威。因此，监察人员要充分认识到严管就是厚爱，把监督当成一种关心、爱护和保护，增强遵纪守法的自觉性，主动接受各方监督。

第四节　监察事项报告备案制度

一、对于监察人员试图干预监察机关办理案件的应当予以记录和处理

监察人员应当谨守本分，忠于职守，既不打听和干预监察事项的办理，也不向他人谈起和泄露任何关于自己办理的监察事项的内容。监察人员应当独立办案，不受其他人干预，监察系统内部的监察人员也不应该干预案件。《监察法》第57条规定监察人员干预案情的情形包括打听案情、过问案件、说情干预三种。在“打听案情”中，由于监察委员会对于来自外部的直接干预有着严格防范措施，监察人员以外的人不通过内部的监察人员难以得知具体案件的案情，所以“打听案情”是指监察系统内部的监察人员对于不是自己办理、与自己无关的案件，试图通过询问、聊天等方式得到情报或者套取案件进展。“过问案

件”是指监察人员中的领导人员或者上级监察人员对正在办理的案件的监察人员提出了解情况等要求，试图直接得知案情。“说情干预”是指监察人员通过“讲人情”“说好话”，甚至直接通过送人情、以权相压等方式对办案监察人员进行威逼利诱，从而达到影响办案工作，改变监察结果的目的。针对“打听案情”“过问案件”和“说情干预”的表征迹象与严重后果，办案监察人员应该按照有关规定及时向组织反映。

二、在严格防范监察人员干预与自己无关的监察事项之外，对于办理监察事项的监察人员也应该严格管理

监察机关作为行使国家监察权的专责机关，既不是行政机关也不是司法机关，而是政治机关。政治机关即具备高度的政治属性，政治无小事，国家监察机关的监察人员的一举一动都带有政治色彩，担负着政治职责，承担着政治责任。监察人员接触被调查人、涉案人员以及其特定关系人应该受到严格管理，必须经过上级和监察委员会内部有关部门的批准。监察人员未经批准接触被调查人、涉案人员及其特定关系人或者存在交往情形的，监察工作的廉洁风险就会急速上升，相关监察人员的忠诚就会值得怀疑并且应该被采取相应措施。

办理监察事项的监察人员直接负责具体的监察工作，是监察委员会职能运行、行使职权的重要人员，也是廉洁风险最大的群体。如果办理监察事项的监察人员出现问题，发生腐败，那么不仅会对党和国家的监察事业造成损害，还会影响到一大批被调查监察的干部的处理。因此，对于监察委员会的职责而言，必须要对监察事项的办案人员进行严格控制。《监察法》第 57 条第 2 款中“知情人”的范围较大，包括但不限于监察机关的监察人员，只要知晓办理监察事项的监察人员的不当行为和不法行为的都是“知情人”。公民有遵守宪法和法律的义务，监察工作承担着监察行使公权力的公职人员依法行使权力、遵纪守法的重要职责，监督监察委员会就是维护自己的公民权利。

需要注意的是，《监察法》第 57 条中规定的“有关情况应当登记备案”，应当但不限于以下要求：登记备案首先应该明确登记备案的对象，对于监察机关的监察人员都应该参照《监察法》进行备案登记，对于不属于监察人员的，应该按照相关法律法规特别处理。登记备案的范围应严格按照《监察法》第 57 条的规定，对打听案情、过问案件、说情干预的，未经批准接触被调查人、涉案人员及其特定关系人或者存在交往情形的，按照规定及时登记备案。应该具体设定登记备案程序，监察人员遇到或者发现本条列出的各种情况时，首先应当

严词拒绝，并且在规定时限内向有关领导进行报告并填写有关表格记录在案。发生特殊情况时，应当采取特别措施，可以采取紧急的口头报告后再行书面的登记备案。登记备案只是一种手段，其目的在于对干预监察事项办理、接触相关人员的监察人员进行批评教育，给予政务处分；是党员的，要依照《中国共产党纪律处分条例》（2015 年）追究党纪责任；构成犯罪的依法追究刑事责任。从而告诫和教育监察人员切勿重蹈覆辙，绝不越纪律的“雷池”一步。

【法条链接】

《中华人民共和国监察法》（2018 年）

第五十七条　对于监察人员打听案情、过问案件、说情干预的，办理监察事项的监察人员应当及时报告。有关情况应当登记备案。

发现办理监察事项的监察人员未经批准接触被调查人、涉案人员及其特定关系人，或者存在交往情形的，知情人应当及时报告。有关情况应当登记备案。

【释义】本条是关于监察工作程序中防止干预案情的规定。

规定本条的目的是完善过程管控制度，避免出现干预案情、以案谋私、泄露案情的情况出现。这既是对监察人员的严格要求，也体现了真正的关心爱护。

第五节　回避制度

监察法中的回避是指监察人员在监察工作中因监察人员的身份与人际关系等因素导致可能影响监察事项公正处理的情形。采用回避制度是程序正义的要求，因为回避制度的核心即在于禁止与案件有任何形式的偏私、偏见的可能影响监察事项公正处理的监察人员，参与该案的监督、调查、处置活动，是确保监察人员“外观上公正”的基础，也是衡量程序公正与否的重要尺度。[1]因此，监察机关在监察工作中应当严格按照《监察法》第 58 条规定的情形采用回避制度，以避免监察事项不受监察人员的私人情感利益关系而出现公正性危机。

一、回避的类型

监察人员回避的类型有以下两种：其一，自行回避，即监察人员知道自己具有应当回避情形的，主动向所在机关提出回避的申请；其二，“监察对象、检

---

〔1〕参见谈江萍、饶兰兰：“我国刑事诉讼回避制度的完善”，载《江西社会科学》2008 年第 9 期。

举人及其他有关人员也有权要求其回避”，是指监察人员明知自己应当回避而不自行回避或者不知道、不认为自己应当回避而没有自行回避的，监察对象、检举人及其他有关人员有权要求他们回避。监察人员在监察案件办理中居于中心地位，负责监察工作的各项事务办理，对具体的监察案件的办理承担着主体责任。监察人员的客观、中立决定着监察事项的公正、正确办理，为了防范廉洁风险，必须对办理监察事项的监察人员实行回避制度。

二、回避的情形

监察法中的回避应当具体包含以下几种情形：

第一，监察人员是监察对象或者检举人的近亲属的。监察对象和检举人是监察事项中最为重要的当事人之一，监察对象是监察事项中各个部分所指向和针对的目标，没有了监察对象，监察事项也就脱离了实践性而成为空洞的理论性内容。检举人则是监察事项的起点，监察事项的出发点就是检举人，通过检举人的检举举报，得到线索和材料，从而启动监察程序，正式进入监察事项的处理程序。而如果作为监察事项中监察对象或者检举人的近亲属参与了案件办理，由于血缘的羁绊和长期相处的感情，在办案过程中难免产生不利于工作的情绪，从而影响到监察事项的公正办理。

第二，监察人员担任过本案证人的。证人是监察对象、检举人以外与监察事项关系最为密切的人员，承担着提供证据推动调查继续进行的责任，证人的发言也会对监察对象和检举人两者之间的角力产生重要影响。担任过证人的监察人员，他的言语即成为证据，对整个案件发挥效力，成为监察人员掌握的证据之一，如果再参与办案，那么就是监察人员自己“提出”证据，自己办理案件，这将会导致监察工作难以被信任。

第三，监察人员本人或者他的近亲属与办理的监察事项有利害关系的。监察人员及其近亲属如果和办理的监察事项之间存在利害关系，那么监察事项的处理结果必然影响到监察人员及其近亲属的利益，或者有利，或者不利。而任意的结果都可能导致监察人员出于对自身利益的考量而非法干预监察事项，试图获得更多的利益或者避免对自己不利的后果，因而若存在利害关系，原则上就应当予以回避。

第四，有可能影响监察事项公正处理的其他情形的。这是一条兜底条款，囊括了其他未提到的或者难以列举的，有可能影响到监察事项的公正处理的情况。根据这一兜底条款，监察机关可以灵活地处理实践中的特殊情况。

三、脱密期管理制度

监察人员如果工作涉密，那么在其离开监察机关的具体岗位或者不再履行监察职责后，应当严格遵守监察机关脱密期管理规定，严守保密义务，不得向他人泄露相关秘密。根据《保守国家秘密法》(2010 年) 第 38 条规定："涉密人员离岗离职实行脱密期管理。涉密人员在脱密期内，应当按照规定履行保密义务，不得违反规定就业，不得以任何方式泄露国家秘密。"

"脱密期管理"，是指在一定期限内，从就业、出境等方面对离岗离职涉密人员采取限制措施。"离岗"，是指离开涉密工作岗位，仍在本机关、本单位工作的情形。"离职"，是指辞职、辞退、解聘、调离、退休等离开本机关、本单位的情形。脱密期管理期间，监察人员应当遵守下列规定：与原机关、原单位签订保密承诺书，作出遵守保密义务、不外泄所知晓国家秘密的承诺；不得违反规定就业；按照个人有关事项报告的要求，向负责脱密期管理的机关单位进行重大事项报告；及时清退所持有和所使用的国家秘密载体和涉密信息设备，并办理移交手续；未经审查批准，不得擅自出国（境）；不得到境外驻华机构、组织或者外资企业工作；不得为境外组织人员或者外资企业提供劳务、咨询或者服务。[1]涉密人员的脱密期应当根据其接触、知悉监察机关秘密和国家秘密的密级、数量、时间等情况确定。一般情况下，核心涉密人员为 3 年到 5 年，重要涉密人员是 2 年到 3 年，一般涉密人员为 1 年到 2 年。脱密期自监察委员会批准涉密人员离开涉密岗位起计算。对特殊的高涉密人员，可以依法设定超过上述期限的脱密期，甚至在就业、出境等方面予以终身限制。涉密人员离岗的，脱密期管理由监察委的相应部门负责。涉密人员离开监察委员会、调入国家机关或者其他涉密单位的，脱密期管理应当由调入单位负责；属于其他情况的，应该由监察委员会、保密行政管理部门或者公安机关负责。离岗离职的监察委涉密人员应当积极主动配合有关涉密管理部门工作，自觉接受涉密管理和监督。

四、从业限制

监察人员掌握监察权，不仅要对监察人员在职期间的行为加以严格约束，而且也要对监察人员辞职、退休后的行为作出一定限制，避免监察人员在职期间利用手中权力为他人谋取利益换取辞职、退休后的回报，或在辞职、退休后

〔1〕 参见国家保密局指导管理司："涉密人员离岗离职的保密管理"，载《保密工作》2015 年第 12 期。

利用自己在原单位的影响力为自己谋取不当利益。因此，《监察法》第59条第2款规定："监察人员辞职、退休三年内，不得从事与监察和司法工作相关联且可能发生利益冲突的职业。"对于"可能发生利益冲突的职业"，是一项监察人员应当履行谨慎注意的义务，指在辞职、退休3年之内，如果打算从事的职业与监察和司法工作有关，且可能招致他人怀疑与原工作内容产生利益冲突的，应当事先征求原单位同意。需要注意的是，如果监察人员是被辞退、被开除而离职的，不适用这一从业限制的规定。

此外，《监察法》中的从业限制既不同于《刑法》（2015年）上的从业惩罚，也不同于《公务员法》（2017年）、《法官法》（2017年）、《检察官法》（2001年）上的从业限制规定。《刑法修正案（九）》设置了从业惩罚制度，其目的在于犯罪预防，也是对因利用职业便利实施犯罪，或者实施违背职业要求的特定义务的犯罪被判处刑罚的犯罪人的一种惩罚措施。〔1〕而《法官法》〔2〕与《检察官法》〔3〕则要求法官或者检察官不得兼任人民代表大会常务委员会的组成人员，不得兼任行政机关、检察机关以及企业、事业单位的职务，不得兼任律师。其规制的时间限定为从业期间而非从业结束后，是对法官或者检察官不得担任兼职的限制，其目的在于确保司法独立和司法活动的廉洁性，以确保正常的司法工作不受影响。而《监察法》上的从业限制规定只强调主动正常离职监察人员不应从事与监察和司法工作可能产生利益冲突的职业，而非具体指出不应从业的职业类型，其目的更为明确。

【法条链接】

《中华人民共和国监察法》（2018年）

第五十八条　办理监察事项的监察人员有下列情形之一的，应当自行回避，监察对象、检举人及其他有关人员也有权要求其回避：

（一）是监察对象或者检举人的近亲属的；

（二）担任过本案的证人的；

（三）本人或者他的近亲属与办理的监察事项有利害关系的；

（四）有可能影响监察事项公正处理的其他情形的。

---

〔1〕参见于志刚："从业禁止制度的定位与资格限制、剥夺制度的体系化——以《刑法修正案（九）》从业禁止制度的规范解读为切入点"，载《法学评论》2016年第1期。

〔2〕参见《法官法》（2017年）第15条规定。

〔3〕参见《检察官法》（2001年）第18条规定。

【释义】本条是关于回避制度的规定。规定本条的目的是尽可能消除相关人员参与案件的嫌疑，确保监察事项得到客观、公正、合法的处理，树立监察机关公正执法的良好形象。

第五十九条　监察机关涉密人员离岗离职后，应当遵守脱密期管理规定，严格履行保密义务，不得泄露相关秘密。

监察人员辞职、退休三年内，不得从事监察与司法工作相关联且可能发生利益冲突的职业。

【释义】本条是关于监察人员脱密期管理和从业限制的规定。

规定本条的目的是加强对监察人员的保密管理和从业限制，防止发生泄密问题，避免利益冲突。

第十章 法律责任

“法律责任作为保障法律实施的机制，是法制所不可缺少的环节；作为一个基本概念，是法学范畴体系的要素。”〔1〕因而，《监察法》中法律责任之规定，是保障其有效实施之不可或缺的内容。根据监察法第七章及第八章之相关规定，违反监察法之法律责任涉及被监察单位和人员、监察机关及监察人员的责任。

第一节 对监察人员失职失责行为的问责

孟德斯鸠说过：“一切有权力的人都容易滥用权力，这是万古不易的一条经验。有权力的人们使用权力一直到遇有界限的地方才休止。”〔2〕所以必须坚持有权必有责，用权受监督的理念。这一理念包含两层要求，一是监察委作为国家监察机构，应当实现对所有行使公权力的公职人员的监察全覆盖，避免出现监督空白和监督盲区；二是应当加强对监察委员会自身的监督，防止监察委员会演变为不受控制的超级机构。〔3〕《监察法》第 61 条规定了监察人员失职失责行为的追责制度，体现了有权必有责、用权受监督理念之第二层要求。

一、监察人员失职失责行为之情形

根据《监察法》第 61 条之规定，监察人员失职失责行为之情形主要涉及如下内容：

（一）立案依据不充分或者失实

刑事诉讼中立案之依据主要指立案材料，是指公安司法机关发现的或者有

〔1〕 参见张文显：“法律责任论纲”，载《吉林大学社会科学学报》1991 年第 1 期。

〔2〕 参见［法］孟德斯鸠：《论法的精神》，张雁深译，商务印书馆 1961 年版，第 154 页。

〔3〕 参见马怀德：“《国家监察法》的立法思路与立法重点”，载《环球法律评论》2017 年第 2 期。

关单位、组织或个人向公安司法机关提交的有关犯罪事实和犯罪嫌疑人情况的材料，它是决定是否立案的事实根据。[1]结合《监察法》第38、39条关于初核及立案之规定，此处立案依据是指监察机关履职中发现的或者有关单位、组织或个人向监察机关提交的有关监察对象违反职务相关法律法规行为的线索和材料。因而，对作为立案依据的线索和材料进行充分核实，则直接决定着能否立案。如若调查工作结束后，发现立案依据不充分或者失实，势必会产生以下方面的不利后果：其一，降低监察工作效率。长时间的调查工作便等同于作了无用功，严重影响监察工作的继续顺利进行；其二，侵犯被监察对象的权利。发现立案依据不充分或者失实之前，已对被监察对象采取处分措施，则侵犯了当事人的权利。

在对立案依据的判断上，可以从两方面着手：其一，立案依据真实。从多方面、多角度进行核实作为立案依据之材料，确保其真实性。其二，立案依据充分。从逻辑学的观点来看，所谓“充分”，就是“有之必然”。[2]充分与否，是就两种事物情况之间的关系而言的，是在思维领域才能把握的。它绝不是一个数量方面的概念，也不是两种事物情况之间自身的、纯客观性的关系的概念，而是思维所把握的、关于两种事物情况之间制约关系的概念。[3]立案依据是判断能否立案之基础，作为反映监察对象违反职务法律法规行为线索材料在立案后经进一步调查确认将成为案件的证据，可结合证据之属性对立案依据的充分性进行认定：①立案依据须具有客观性。立案依据须是符合客观事实的，不能存在弄虚作假、捏造杜撰的情况。追查和确认真实性应该是监察人员审查立案依据的基本立场和目的，如果一个案件的立案依据的真实性值得怀疑或者怀疑不能够予以排除，那么就不应该予以立案，否则错案发生的风险会极大增加。②立案依据须具有关联性。立案依据涉及既有举报者、证人证言等主观证据，也有具体的事实材料等客观证据，通过主客观证据的互相统一、互相印证来对被调查人有一个初步的、大致的分析，其必须具有关联性。③立案依据须具有合法性。对监察机关履职中发现的或者有关单位、组织或个人向监察机关提交的有关监察对象违反职务相关法律法规行为的线索和材料的来源必须是合法的。

---

〔1〕 参见陈光中主编：《刑事诉讼法》，北京大学出版社、高等教育出版社2012年版，第254页。

〔2〕 《墨经·经说上》，转引自周云之、刘培育：《先秦逻辑史》，中国社会科学出版社1984年版，第147页。

〔3〕 参见金承光：“从逻辑学的视角谈谈证据的充分性及其判定方法”，载《政法论丛》1999年第1期。

因此，立案依据充分为监察机关办案提出了高要求，为此监察人员必须客观、全面、及时地收集核实作为立案依据之材料，防止其片面性。立案依据是整个监察事项办理的开端和基石，而立案依据的充分性和真实性相辅相成、互相支撑，必须作为一个整体来予以考虑，二者缺一不可。

（二）案件处置出现重大失误

案件处置，是监察机关查办违法犯罪案件的重要环节。在充分调查和认真审理的基础上，对违法犯罪案件作出合法、公正、实事求是的处理，以惩戒或保护监察对象。根据监察法之规定，案件处置出现重大失误主要发生在如下方面：①有职务违法行为但情节较轻情形的处理；②对违法公职人员作出政务处分决定；③作出问责决定或提出问责建议；④经调查认为构成职务犯罪，移送起诉的；⑤提出监察建议的；⑥监察机关没收、追缴和责令退赔财物的处理。在对上述案件处置过程中，监察人员如不认真履行职责，引起案件处置出现重大失误，势必产生不利后果，必须追究其责任。

（三）监察人员严重违法

监察机关作为行使国家监察权力的专责机关，应当严格遵守法律，切实履行好宪法和法律赋予的监察职责，不辜负党和人民的信任与重托。监察机关的监察人员在案件调查过程中，应该严格要求自己，确保一切监察工作和调查活动都在法律允许的范围内进行，对于其本身的严重违法行为，应承担相应责任。

二、监察人员失职失责行为之责任

根据监察法之规定，监察人员有上述失职失责行为时，应承担责任，即追究负有责任的领导人员和直接责任人员的责任。①追究负有责任的领导人员的责任。根据监察法之规定，在立案前的初核阶段，初核情况报告和分类处理意见报监察机关主要负责人审批并由其批准立案及决定采取调查措施，监察机关主要负责人应对其审批结果负责，如出现上述失职失责行为，则应当追究责任。②追究直接责任人员的责任。在监察活动，由监察人员开展初核、立案调查、案件处置等具体工作，开展工作的监察人员出现失职失责行为，应追究其责任。

【法条链接】

《中华人民共和国监察法》（2018年）

第六十一条　对调查工作结束后发现立案依据不充分或者失实，案件处置出现重大失误，监察人员严重违法的，追究负有责任的领导人员和直接责任人员的责任。

【释义】本条是关于“一案双查”的规定。

规定本条的目的是强化对监察人员调查工作的监督管理，督促监察人员在立案审查前做实做细初步核实等基础工作，在立案审查后严格依法处置，严格自律。

第二节 拒不执行监察决定、拒不采纳监察建议的法律责任

《监察法》第62条规定了拒不执行监察决定、拒不采纳监察建议的法律责任，其涉及两方面的内容，即追究被监察单位法律责任之情形、追究被监察单位法律责任之形式。其具体内容如下：

一、追究被监察单位法律责任之情形

追究被监察单位法律责任有两种情形：①拒不执行监察机关作出的处理决定。从《辞源》上看，“执行”一词含义有三：一是坚守节操；二是承办、经办；三是当今通义，有实施、实行之义。[1]《辞海》对“执行”的解释有两种含义：一是实施、实行。二是依法定程序将已经发生法律效力的判决、裁定或行政处罚决定等付诸实施。[2] 在参考《刑法》中关于拒不执行判决、裁定罪[3]之含义，拒不执行监察机关作出的处理决定可理解为对监察机关作出的处理决定有能力执行而拒不执行。拒不执行的方式呈多样化。既可以采取积极的作为，如殴打、捆绑、拘禁、围攻执行人员，砸毁执行工具、车辆，以暴力伤害、毁坏财物、加害亲属、揭露隐私、破坏名誉等威胁、恫吓执行人员等，又可以采取消极的不作为方式，如对监察委员会的决定置之不理或者躲藏、逃避等；既可以采取暴力的方式，又可以采取非暴力的方式；既可以公开抗拒执行，又可以暗地里进行抗拒。不论其方式如何，只要其有能力执行而拒不执行，均可构成拒不执行处理决定。②无正当理由拒不采纳监察建议。监察建议一经提出，有关单位如无正当理由即应当采纳。监察建议的内容是监察对象所在单位廉政建设和履行职责存在的问题等，对于职能部门的工作，监察机关不能替代。总

---

〔1〕 参见胡学相、尹晓闻：“对拒不执行判决、裁定罪立法的反思与建言——兼评《刑法修正案(9)》对拒不执行判决、裁定罪的修订”，载《法治研究》2015年第6期。

〔2〕 马怀德：“《国家监察法》的立法思路与立法重点”，载《环球法律评论》2017年第2期。

〔3〕 指对人民法院已经发生法律效力的判决、裁定有能力执行而拒不自行，情节严重的行为。参见马克昌主编：《刑法》，高等教育出版社2007年版，第524页。

之，监察委员会是代表国家行使监察权的法定机关，它对单位作出的处理决定，是代表国家行使监察权的具体形式。处理决定和意见一经生效，就具有法律强制力，负有执行责任的机关、单位必须坚持执行。即使有不同意见，也只能按照法律的有关规定进行申诉，而不允许抗拒执行。

二、追究被监察单位法律责任之形式

对于拒不执行监察决定、拒不采纳监察建议之单位的违法行为，追究法律责任采取“双罚制”，既追究单位责任，又追究个人责任，这样一来能有效地制止妨碍监察机关和监察人员依法行使职权的行为，保证监察活动的顺利进行。具体如下：①由其主管部门、上级机关责令改正，对单位给予通报批评。②对负有责任的领导人员和直接责任人员依法予以处理。应根据负有责任的领导人员和直接责任人员在单位中的地位、作用和情节，分别处以相应的处罚。这里的依法予以处理包括政务处分、问责等；构成犯罪的，追究刑事责任。

【法条链接】

一、《中华人民共和国监察法》（2018年）

第六十二条　有关单位拒不执行监察机关作出的处理决定，或者无正当理由拒不采纳监察建议的，由其主管部门、上级机关责令改正，对单位给予通报批评；对负有责任的领导人员和直接责任人员依法给予处理。

【释义】本条规定的是被监察的单位不执行监察机关的处理决定和不采纳监察建议定应该承担相应的责任。

二、《中华人民共和国刑法》（2017年）

第三十条　公司、企业、事业单位、机关、团体实施的危害社会的行为，法律规定为单位犯罪的，应当负刑事责任。

【释义】本条是对单位负刑事责任的范围规定。

本条是关于单位犯罪的规定。单位犯罪，是指公司、企业、事业单位、机关、团体为本单位牟取非法利益，由单位的决策机构按照单位的决策程序决定，由直接责任人员具体实施的，且刑法有明文规定的犯罪。“公司、企业、事业单位”既包括国有、集体所有的公司、企业、事业单位，也包括依法设立的合资经营企业、合作经营企业和具有法人资格的独资、私营等公司、企业、事业单位。单位犯罪具有如下特征：①单位犯罪是公司、企业、事业单位、机关、团体犯罪，即单位本身犯罪，而不是单位的各个成员的犯罪之集合；②单位犯罪是由单位的决策机构按照单位的决策程序决定，由直接责任人员实施的，单位犯罪是在单位整体意志的支配下实施的；③单位犯罪以刑法有明文规定为前提，即只有当刑法规定了单位可以成为某种犯罪的行为主体时，才可能将单位认定为犯罪主体。例如，"小偷公司"实施犯罪的，不构成单位犯罪，只能依自然人实施盗窃罪定罪处罚。

具有下列情形的不以单位犯罪论处：①个人为进行违法犯罪活动而设立的公司、企业、事业单位实施犯罪的；②公司、企业、事业单位设立后，以实施犯罪为主要活动的；③盗用单位名义实施犯罪，违法所得由实施犯罪的个人私分的。[1]

第三十一条　单位犯罪的，对单位判处罚金，并对其直接负责的主管人员和其他直接责任人员判处刑罚。本法分则和其他法律另有规定的，依照规定。

【释义】本条是对单位犯罪处罚原则的规定。

三、最高人民法院《关于适用〈中华人民共和国刑事诉讼法〉的解释》（2012年）

第二百八十三条　对应当认定为单位犯罪的案件，人民检察院只作为自然人犯罪起诉的，人民法院应当建议人民检察院对犯罪单位补充起诉。人民检察院仍以自然人犯罪起诉的，人民法院应当依法审理，按照单位犯罪中的直接负责的主管人员或者其他直接责任人员追究刑事责任，并援引刑法分则关于追究单位犯罪中直接负责的主管人员和其他直接责任人员刑事责任的条款。

【释义】本条是对人民检察院起诉自然人和单位的规定。对于应当认定为单位犯罪的案件，如果人民检察院只作为自然人犯罪起诉的，人民法院只享有建议权，并应当建议人民检察院对犯罪单位补充起诉。这种建议权不具备强制力，人民检察院依然以自然人犯罪起诉的，人民法院应当依法审理。这是考虑到，人民法院是我国的审判机关，而人民检察院作为法律监督机关有权对犯罪案件审查起诉，决定提起公诉的对象。人民法院应当对人民检察院的起诉决定依法审理，按照单位犯罪中的直接负责的主管人员或者其他直接责任人员追究刑事责任，并援引刑法分则关于追究单位犯罪中直接负责的主管人员和其他直接责任人员刑事责任的条款，而不能直接对单位进行追责。

---

〔1〕法律出版社法规中心编：《〈中华人民共和国刑法〉注释本》，法律出版社2015年版，第21页。

第三节　阻碍、干扰监察工作的法律责任

一、阻碍、干扰监察工作之情形

阻碍、干扰监察工作之情形主要有以下方面：

1. 不按要求提供有关材料，拒绝、阻碍调查措施实施等拒不配合监察机关调查的。《监察法》第 18 条第 1 款规定，监察机关行使监督、调查职权，有权依法向有关单位和个人了解情况，收集、调取证据。监察机关在进行调查活动时，相关单位和人员应按照《监察法》要求如实提供情况，但因利益关联等因素，相关单位和人员可能会因知情不举、包庇违法违纪者，而故意不提供调查材料，或者拒绝、阻碍调查措施实施，这必然会使监察机关的工作效率降低。因而，对于不按要求提供有关材料，拒绝、阻碍调查措施实施等拒不配合监察机关调查的，应追究相关单位和人员的法律责任。

2. 提供虚假情况，掩盖事实真相的。根据《监察法》第18 条规定，监察机关行使监督、调查职权时，有权依法向有关单位和个人了解情况，收集、调取证据。有关单位和个人应当如实提供。如提供虚假情况、掩盖事实真相则违反了《监察法》之如实提供证据的义务，应当追究有关单位和个人的法律责任。

概括来说，提供虚假情况可表现为以下方面：一是掩盖自己的错误事实，以逃避制裁；二是无中生有或夸大事实、诬陷他人；三是把有说成无或重说成轻，改变事实情节，包庇违法违纪者；四是将证明事实情况的证据材料隐藏或销毁。

3. 串供或者伪造、隐匿、毁灭证据的。所谓串供，是指犯罪嫌疑人与证人或者共同犯罪案件的犯罪嫌疑人在相互串通或者约定的基础上所作的同样内容的虚伪的陈述。[1]监察活动中，也可能会发生串供，即监察对象与证人或其他有关人员相互约定供述内容，使得供述内容对被监察对象更为有利。办案人员如果轻信这种表面上的一致而采信了虚假的供述，就会导致对案件的错误处理。

"证据"一词，在日常生活中被广泛使用，通常是指"能够证明某事物的真实性的有关事实或材料"[2]。在刑事诉讼中，证据是准确认定案件事实的主要

---

〔1〕 参见张金喜："疑难刑事案证据的审查规则"，载《法制与社会》2009 年第 5 期。

〔2〕 参见中国社会科学院语言研究所词典编辑室编：《现代汉语词典》（第 5 版），商务印书馆 2005 版，第 1741 页。

手段，也就是说，司法工作人员是依据证据去查明案件事实真相的。[1]在监察活动中，证据也是查明被监察对象违纪违法犯罪事实的主要手段。因而伪造、隐匿、毁灭证据将严重危害监察机关的正常活动，必须追究法律责任。具体表现为：①伪造证据，是指伪造与案件有关的书证、物证等证据材料等，既可以是当事人自己伪造，也可以是其他人伪造。②隐匿证据，是指故意将案件证据隐藏起来，妨害调查取证工作的行为。帮助当事人隐匿、伪造证据主要是指为当事人准备工具、扫除障碍、出谋划策、提供条件等行为，其既可以表现为体力上的、物质上的帮助，也可以表现为精神上的、心理上的支持，既可以是在诉讼中，有时也可以是在诉讼前。③毁灭证据，是指湮灭、消灭证据，既包括使证据从形态上完全予以消失，如将证据烧毁、撕坏、浸烂、丢弃等，又包括虽保存证据形态但使得其丧失或部分丧失其证明力，如玷污、涂画证据使其无法反映其证明的事实等。

4. 阻止他人揭发检举、提供证据的。在调查活动期间，监察对象或者相关人员不能以任何理由阻止他人揭发检举、提供证据。他人的揭发检举和提供证据对监察机关履行监察职责、行使监察权有着重要意义，可以为查明案件提供更多线索和依据，也可以节省监察资源，促使监察工作更为高效地运行。因此，组织他人揭发检举、提供证据的，必须依法予以处理。

5. 其他违反本法规定的行为，情节严重的。这是一个兜底的规定。监察工作涉及方方面面，纷繁复杂，阻碍监察机关正常履行职责的行为有着多种多样的表现形式。因此，前面列举的四项违反监察法应当承担法律责任的行为，很难一一加以列举，也不可能穷尽所有。因此，在立法上留有余地，对有其他违反本法规定的行为并且达到了需要追究责任的情节，也依据《监察法》第63条第1款的规定处理。

二、追究阻碍、干扰监察工作人员之责任

对于上述有关人员阻碍、干扰监察工作之行为，由其所在单位、主管部门、上级机关或者监察机关责令改正，依法予以处理。根据阻碍、干扰监察工作的情形不同，追究责任的形式亦有不同，可能涉及如下具体情形：（1）所在单位、主管部门、上级机关责令改正，依照相关法律法规给予行政处分；（2）监察机关责令改正，依据法律法规给予政务处分；构成犯罪的，依法追究刑事责任。

---

〔1〕 参见陈光中主编：《刑事诉讼法》，北京大学出版社、高等教育出版社2012年版，第153页。

【法条链接】

一、《中华人民共和国监察法》(2018 年)

第六十三条　有关人员违反本法规定，有下列行为之一的，由其所在单位、主管部门、上级机关或者监察机关责令改正，依法给予处理：

（一）不按要求提供有关材料，拒绝、阻碍调查措施实施等拒不配合监察机关调查的；

（二）提供虚假情况，掩盖事实真相的；

（三）串供或者伪造、隐匿、毁灭证据的；

（四）阻止他人揭发检举、提供证据的；

（五）其他违反本法规定的行为，情节严重的。

【释义】本条是对阻碍、干扰监察工作的行为进行处理的规定。

二、《中国共产党纪律处分条例》(2015 年)

第五十七条　对抗组织审查，有下列行为之一的，给予警告或者严重警告处分；情节较重的，给予撤销党内职务或者留党察看处分；情节严重的，给予开除党籍处分：

（一）串供或者伪造、销毁、转移、隐匿证据的；

（二）阻止他人揭发检举、提供证据材料的；

（三）包庇同案人员的；

（四）向组织提供虚假情况，掩盖事实的；

（五）有其他对抗组织审查行为的。

【释义】本条是对对抗组织审查处分的规定。

三、《人民法院工作人员处分条例》(2009 年)

第十二条　有下列情形之一的，应当在本条例分则规定的处分幅度以内从重处分：

（一）在共同违纪违法行为中起主要作用的；

（二）隐匿、伪造、销毁证据的；

（三）串供或者阻止他人揭发检举、提供证据材料的；

（四）包庇同案人员的；

（五）法律、法规和本条例分则中规定的其他从重情节。

【释义】本条是对人民法院工作人员阻碍、干扰司法工作情形的规定。

第四节　报复陷害和诬告陷害的法律责任

一、监察对象对控告人、检举人、证人或者监察人员进行报复陷害

刑法中报复陷害罪，是指国家机关工作人员滥用职权、假公济私，对控告人、申诉人、批评人、举报人实行报复陷害的行为。[1]而《监察法》中的报复陷害，可理解为监察对象滥用职权、假公济私，对控告人、检举人、证人和监察人员实施报复陷害的行为。批评权、检举权、控告权、举报权是我国公民享有的重要的民主权利，是公民行使管理国家权力的一个重要方面，受到国家法律的严格保护。我国现行《宪法》第41条规定："中华人民共和国公民对于任何国家机关和国家工作人员，有提出批评和建议的权利；对于任何国家机关和国家工作人员的违法失职行为，有向有关国家机关提出申诉、控告或者检举的权利，但是不得捏造或者歪曲事实进行诬告陷害。对于公民的申诉、控告或者检举，有关国家机关必须查清事实，负责处理。任何人不得压制和打击报复。"为了切实保障宪法赋予公民的上述权利的实现，《监察法》对侵犯公民的上述权利的行为人追究法律责任。

二、控告人、检举人、证人捏造事实诬告陷害监察对象

刑法中诬告陷害罪，是指捏造事实，作虚假告发，意图陷害他人，使他人受刑事追究的行为。[2]《监察法》中的诬告陷害是指捏造控告人、检举人、证人捏造监察对象的违法犯罪事实，作虚假告发，意图使监察对象受到监察责任追究的行为。其中"捏造"是指无中生有，虚构违法事实，意图使被诬告者受到错误调查和监察机关的各种处理活动等。"虚假告发"是指行为人将捏造的事实向监察机关进行告发。诬告陷害在主观方面必须是故意，具有陷害他人，意图使他人受到监察调查甚至刑事追究的目的，故其行为不仅侵犯了公民的合法权利，同时妨碍了监察机关和司法机关的正常活动。

监察对象的诬告陷害行为须满足以下三个构成要件方可对其追究法律责任：首先，必须捏造监察对象的违法事实，即无中生有、栽赃陷害、借题发挥，把杜撰的或他人的违法事实强加于被害人。所捏造的事实，并不要求捏造详细情

---

〔1〕参见全国人大常委会法制工作委员会编著：《〈中华人民共和国刑法〉释义及实用指南》，中国民主法制出版社2011年版，第432页。

〔2〕参见中国法制出版社编：《刑法新解读》，中国法制出版社2017年版，第281页。

节与证据。其次，必须向监察机关或有关单位告发，或者采取其他方法足以引起司法机关的追究活动。如果只捏造事实，既不告发，也不采取其他方法引起司法机关追究的，则不构成诬告陷害。最后，必须有特定的对象。如果没有特定对象，就不可能导致监察机关追究责任，因而不会侵犯他人的人身权利。

【法条链接】

一、《中华人民共和国监察法》（2018 年）

第六十四条 监察对象对控告人、检举人、证人或者监察人员进行报复陷害的；控告人、检举人、证人捏造事实诬告陷害监察对象的，依法予以处理。

【释义】本条是关于处理报复陷害和诬告陷害这两种行为的规定。

二、《人民检察院刑事诉讼规则》（2012 年）

第八条 人民检察院立案侦查贪污贿赂犯罪、国家工作人员的渎职犯罪、国家机关工作人员利用职权实施的非法拘禁、刑讯逼供、报复陷害、非法搜查的侵犯公民人身权利的犯罪以及侵犯公民民主权利的犯罪案件。

【释义】本条是对人民检察院立案侦查犯罪范围的规定。

三、《中国共产党纪律处分条例》（2015 年）

第六十九条 诬告陷害他人意在使他人受纪律追究的，给予警告或者严重警告处分；情节较重的，给予撤销党内职务或者留党察看处分；情节严重的，给予开除党籍处分。

【释义】本条是对党员诬告陷害他人的处分规定。

四、《信访条例》（2015 年）

第四十八条 信访人捏造歪曲事实、诬告陷害他人，构成犯罪的，依法追究刑事责任；尚不构成犯罪的，由公安机关依法给予治安管理处罚。

【释义】本条是对信访人诬告陷害追究法律责任的规定。

五、《人民检察院刑事诉讼规则（试行）》（2012 年）

第一百八十条 对于属于错告的，如果对被控告人、被举报人造成不良影响的，应当自作出决定之日起一个月以内向其所在单位或者有关部门通报初查结论，澄清事实。

对于属于诬告陷害的，应当移送有关部门处理。

【释义】本条是对错告的规定。

六、《中华人民共和国刑法》（2017年）

第二百五十四条　国家机关工作人员滥用职权、假公济私，对控告人、申诉人、批评人、举报人实行报复陷害的，处二年以下有期徒刑或者拘役；情节严重的，处二年以上七年以下有期徒刑。

【释义】本条是对报复陷害罪的规定。

报复陷害罪，是指国家机关工作人员滥用职权、假公济私，对控告人、申诉人、批评人、举报人实行报复陷害的行为。"滥用职权"，是指国家机关工作人员违背职责而行使职权。"假公济私"，是指国家机关工作人员以工作为名，为徇私情或者实现个人目的而利用职务上的便利。"报复陷害"，主要是指利用手中的权力，以种种借口进行政治上或者经济上的迫害，如降职、降级、调离岗位、经济处罚、开除公职、捏造事实诬陷其经济、生活作风上有问题等。报复陷害的行为，必须采取滥用职权或者假公济私的方法。如果行为人进行报复陷害与滥用职权、假公济私没有联系，则不构成本罪。根据本条规定，报复陷害的对象只能是控告人、申诉人、批评人和举报人。应当注意区分的是：第一种情况，如果国家机关工作人员采取捏造犯罪事实的方法诬告陷害他人，意图使他人受刑事追究的，无论其是否滥用职权、假公济私，都应以诬告陷害罪论处，而不以本罪论处；第二种情况，因本罪的犯罪主体必须是国家机关工作人员，非国家机关工作人员实施报复行为的，不构成本罪，应按其报复陷害的行为及后果等作其他处理。[1]

第二百四十三条　捏造事实诬告陷害他人，意图使他人受刑事追究，情节严重的，处三年以下有期徒刑、拘役或者管制；造成严重后果的，处三年以上十年以下有期徒刑。

【释义】本条是对诬告陷害罪的规定。

本罪的客观方面表现为行为人向公安、司法机关或有关国家机关告发捏造的犯罪事实，以引起司法机关的追究活动：（1）必须有向公安、司法机关或有关国家机关告发的行为。在公安、司法机关调查取证时，作虚假陈述的，不成立诬告陷害罪。（2）行为对象为"他人"。向司法机关虚告自己犯罪的，不成立本罪；诬告没有达到法定年龄或者没有责任能力的人犯罪的，仍构成本罪。

---

〔1〕法律出版社法规中心编：《〈中华人民共和国刑法〉注释本》，法律出版社2015年版，第207页。

(3) 必须有捏造犯罪事实的行为。捏造犯罪事实是引起刑事追究的前提条件，至于是否捏造了证据，不影响本罪的成立。捏造的事实可以是全部的，也可以是部分的。行为人只要以诬陷他人为目的，实施了捏造犯罪事实并告发的诬陷行为，便构成既遂。至于被诬陷者是否受到了刑事追究不影响犯罪既遂的认定。

应当注意本罪与诽谤罪的区别：(1) 诽谤罪的目的是为了损害他人的人格和名誉，而诬告陷害罪的目的是为了使被诬陷人受刑事追究；(2) 诽谤罪捏造的事实不一定是他人犯罪的事实，而诬告陷害罪捏造的必须是他人犯罪的事实；(3) 诽谤罪行为人的手段是散布其捏造的事实，诬告陷害罪行为人的手段是向有关机关告发其捏造的他人的犯罪事实；(4) 诽谤罪属于亲告罪，即告诉的才处理，但是严重危害社会秩序和国家利益的除外，而诬告陷害罪不是亲告罪，属于国家公诉案件。[1]

第五节 监察机关及监察人员违法违纪行为的法律责任

《监察法》贯彻“权力与责任对等”或者称“权力与责任平衡”原则，既充分赋予了监察机关履行监察职责所必需的权力，又对监察机关及监察人员行使监察权之具体行为进行规制。本节内容主要是对监察机关及监察人员违法违纪行为之情形和追究责任之规定。

一、监察机关及监察人员违法违纪行为之情形

根据监察法之规定，监察机关及监察人员违法违纪行为之情形体现为如下几方面：

(一) 未经批准、授权处置问题线索，发现重大案情隐瞒不报，或者私自留存、处理涉案材料的

《监察法》第37、38条分别对问题线索处置程序和要求及需要采取初步核实方式处置的问题线索分别作出规定，对于问题线索的处置应当严格按照监察法的规定履行审批手续。对于未经批准、授权处置问题线索，发现重大案情隐瞒不报，私自留存处理涉案材料导致发生重大违纪违法问题的，要追究有责任的领导和相关责任人员的责任。

(二) 利用职权或者职务上的影响干预调查工作、以案谋私的

利用职权或者职务上的影响，是指利用本人职权或职务范围内的权力施加

[1] 法律出版社法规中心编：《〈中华人民共和国刑法〉注释本》，法律出版社2015年版，第196~197页。

影响，包括监察工作人员利用自己主管、分管、经手、决定或处理以及经办特定事项的权力，依靠、凭借自己的权力去指挥、影响下属或利用其他人员的与职务、岗位有关的权限影响。利用职权或者职务上的影响干预调查工作，主要指监察人员利用职权及与职务有关的便利条件干预、影响调查工作，谋取私人利益等不正当利益。《监察法》第 57 条对防止干预案情作出规定，目的是完善过程管控制度，避免出现干预案情、以案谋私、泄露案情的情况出现，体现了对监察人员的严格要求。

（三）违法窃取、泄露调查工作信息，或者泄露举报事项、举报受理情况以及举报人信息的

违法窃取、泄露调查工作信息即违反国家规定和《监察法》要求，通过秘密手段窃取本人不应知悉的在监察工作中获取的调查信息和将调查工作信息泄露给他人的行为。调查工作信息一经泄露，会妨碍调查工作，引发被调查对象的警惕心理，甚至可能出现逃跑的情形，从而损害国家利益与公共利益，削弱《监察法》的权威性。此外，泄露商业机密与被调查对象的隐私也会有损其私权利的保障。因此，必须追究这类行为的实施者和帮助者的法律责任。

泄露举报事项、举报受理情况以及举报人信息行为人的法律责任，体现出《监察法》对举报制度的充分重视。然而，当前我国的举报制度并不完善，在实践中举报人个人信息泄露的事件屡见不鲜。关于举报的规定分散于多部法律法规中，许多法律也只是笼统的规定，但都要求受理部门负有对举报人个人信息保密的义务。如最高人民检察院颁布的《关于保护公民举报权利的规定》（1991 年）、《刑事诉讼法》（2012 年）、《食品药品投诉举报管理办法》（2016 年）等都有保护举报人信息的相关规定。因此，为了保护举报人，鼓励举报和监督，并提高问题线索的收集效率，《监察法》必须对泄露举报信息的行为严格追责。

（四）对被调查人逼供、诱供，或者侮辱、打骂、虐待、体罚或者变相体罚的

刑事司法领域，确立了非法证据排除规则，即指违反法定程序，以非法方法获取的证据，不具有证明力，不能为法庭所采纳。[1]《监察法》第 33 条也对非法证据作出规定，以非法方法收集的证据应当依法予以排除，不得作为案件处置的依据。根据《监察法》第 40 条规定，监察机关对职务违法和职务犯罪案件进行调查收集证据，严禁以威胁、引诱、欺骗以及其他非法方式收集证据。因而，为了确保上述条文的强制力与执行力，对被调查人逼供、诱供，或者侮

〔1〕 参见陈光中主编：《证据法学》，法律出版社 2015 年版，第 242 页。

辱、打骂、虐待、体罚或者变相体罚的行为应依法追究责任。

（五）违反规定处置查封、扣押、冻结财物的

《监察法》第23、24条对监察机关实施查封、扣押、冻结的强制措施作出规定，主要包括以下方面内容：

（1）冻结财物的内容和要求。根据工作需要，可以依照规定查询、冻结涉案单位和个人的存款、汇款、债券、股票、基金份额等财物，冻结的财产经查明与案件无关的，应当在3日内解除冻结，予以退还。（2）查封、扣押财物的要求。具体有：①是用以证明被调查人涉嫌违法犯罪的财物；②应当收集原物原件，会同持有人或者保管人、见证人，当面逐一拍照、登记、编号，开列清单，由在场人员当场核对、签名，并将清单副本交财物、文件的持有人或者保管人；③设立专用账户、专门场所，确定专门人员妥善保管，严格履行交接、调取手续，定期对账核实，不得毁损或者用于其他目的；④价值不明物品应当及时鉴定，专门封存保管；⑤经查明与案件无关的，应当在3日内解除查封、扣押，予以退还。

结合《监察法》之规定，对于违反规定处置查封、扣押、冻结财物，可作如下理解：①随意扩大查封、扣押、冻结范围的；②使用或者损毁查封、扣押财物的；③在查封、扣押法定期间不作出处理决定或者未依法及时解除查封、扣押的；④监察机关有关人员将查封、扣押的财物以及依法处理所得的款项截留、私分或者变相私分等情形。

（六）违反规定发生办案安全事故，或者发生安全事故后隐瞒不报、报告失实、处置不当的

所谓办案安全事故，主要是指在监察工作中尤其是在留置期间发生的安全事故，包括在留置期间或调查取证期间，因监管不当造成调查对象自残自伤自杀或者生病死亡及伤人等情形，或因刑讯逼供等非法调查取证手段造成调查对象伤亡等情形出现的安全事故。对于违反规定发生办案安全事故或发生安全事故后隐瞒不报、报告失实、处置不当的，应追究责任。

（七）违反规定采取留置措施的

《监察法》第22、43、44条分别对采取留置措施的条件、采取留置措施程序、被留置人员的权利保障作出规定。之所以用三个条款对留置措施进行规制，主要是考虑到留置措施涉及限制公民人身自由，其具体实施可能直接影响公民基本权利的实现，而保障公民基本权利始终应是政治体制改革的终极价值

和目标。[1]因此，采取留置措施应严格依照监察法设置的条件、程序及权利保障要求进行。如果违反了这些规定，即应对负有责任的领导人员和直接责任人员依法给予处理。

（八）违反规定限制他人出入境，或者不按规定解除出入境限制的

限制出境措施实质是对出境自由[2]的一种限制，[3]是对公民的自由和权利的一种克减，必须严格规范以确保公民权利的合法保障。《监察法》第30条对限制出境措施之适用进行规定，监察机关便应严格按照其规定执行。对于违规限制出境或不按规定解除出境限制的，则应当依法追究相关人员的法律责任。

（九）其他滥用职权、玩忽职守、徇私舞弊行为的

该项是一个兜底条款，是对监察法中未明文列举的监察人员其他滥用职权、玩忽职守、徇私舞弊违法违纪行为承担责任的规定。监察机关作为行使监察职能之专责机关，监察人员公正廉洁、恪尽职守、不谋私利是保障监察权公正高效行使的必备要求，任何滥用职权、徇私舞弊、玩忽职守的行为都是应当追究责任的。

其具体形式有：①滥用职权。指监察人员违反法律规定或者超越法定范围行使职权。监察人员对权力的滥用势必导致对他人人身权和财产权的侵害。②徇私舞弊。指为了私情和一己私利，用欺骗或其他不正当方式而违法乱纪的行为。监察人员利用本人职权范围内的权限或者本人职务、地位所形成的便利条件，为自己或者他人谋取私利，袒护或者帮助违纪人员掩盖错误事实逃避制裁，或者利用职权陷害他人的行为都属于徇私舞弊行为。③玩忽职守。表现为不认真履行监察职责，不实施职务上所要求实施的行为，对职责范围内管辖的事务不负责任，敷衍塞责；对于监察对象可能给公共财产、国家和人民利益造成损失的行为不及时采取有效措施加以制止；在履行监察职责过程中擅离职守等。对玩忽职守的监察人员追究责任，一定要注重主客观要件的统一，只有在造成了损失后果的情况下才追究责任。这个损失后果可能是因玩忽职守而造成的财物损失，也可能是该行为所造成的国家和人民财产利益以外的其他利益损失，如

---

〔1〕 参见秦前红、石泽华："监察委员会留置措施研究"，载《苏州大学学报》2017年第4期。

〔2〕 出境自由是迁徙自由的一种，也经常与入境自由合称为出境自由，出境自由包括短期从一国境内移居他国境内的自由，如出国旅游、参观、访问、学习和探亲等，也包括长期定居他国甚至脱离国籍的自由。出境自由的主体是有国籍的公民，也有短期或者长期留居本国的外国人。参见汪进元："人身自由的构成与限制"，载《华东政法大学学报》2011年第2期。

〔3〕 参见刘志欣、董礼洁："诉讼程序中限制出境措施的完善与救济——对公民出境自由的限制与救济"，载《法律适用》2013年第11期。

损害国家机关的声誉、妨碍监察机关职责的正常履行等。

二、监察机关及监察人员违法违纪行为之责任

根据《监察法》之规定，监察机关及监察人员有上述违法违纪行为时，应承担责任。其具体要义有：①承担责任之主体。承担责任的主体是负有责任的领导人员和直接责任人员。负有责任的领导人员，是在监察机活动中起决定、批准、指挥等作用的人员，一般是某一监察机关的主要负责人。直接责任人员，是在监察机关中实施具体调查行为并起较大作用的人员，既可以是领导人员，也可以是一般监察干部。②承担责任之形式。《监察法》规定是“依法给予处理”。这里的依法给予处理是根据不同情节依法作出处理，包括行政处分、政务处分、问责等；构成犯罪的，依法追究刑事责任。

【法条链接】

一、《中华人民共和国监察法》（2018年）

第六十五条　监察机关及其工作人员有下列行为之一的，对负有责任的领导人员和直接责任人员依法给予处理：

（一）未经批准、授权处置问题线索，发现重大案情隐瞒不报，或者私自留存、处理涉案材料的；

（二）利用职权或者职务上的影响干预调查工作、以案谋私的；

（三）违法窃取、泄露调查工作信息，或者泄露举报事项、举报受理情况以及举报人信息的；

（四）对被调查人或者涉案人员逼供、诱供，或者侮辱、打骂、虐待、体罚或者变相体罚的；

（五）违反规定处置查封、扣押、冻结财物的；

（六）违反规定发生办案安全事故，或者发生安全事故后隐瞒不报、报告失实、处置不当的；

（七）违反规定采取留置措施的；

（八）违反规定限制他人出境，或者不按规定解除出境限制的；

（九）其他滥用职权、玩忽职守、徇私舞弊行为的。

【释义】本条是对监察机关和监察人员的几种违法违纪行为及其所应当承担的责任的规定。

二、《中华人民共和国公务员法》（2017年）

第五十五条　公务员因违法违纪应当承担纪律责任的，依照本法给予处分；违纪行为情节轻微，经批评教育后改正的，可以免予处分。

【释义】本条是对公务员违纪处分和免予处分的规定。

第五十六条　处分分为：警告、记过、记大过、降级、撤职、开除。

【释义】本条是对公务员处分类型的规定。

第五十七条　对公务员的处分，应当事实清楚、证据确凿、定性准确、处理恰当、程序合法、手续完备。

【释义】本条是对处分原则的规定。

三、《中华人民共和国刑事诉讼法》（2012年）

第六十一条　人民法院、人民检察院和公安机关应当保障证人及其近亲属的安全。

对证人及其近亲属进行威胁、侮辱、殴打或者打击报复，构成犯罪的，依法追究刑事责任；尚不够刑事处罚的，依法给予以治安管理处罚。

【释义】本条是对证人及其近亲属保护的规定。

第六十三条　证人因履行作证义务而支出的交通、住宿、就餐等费用，应当给予补助。证人作证的补助列入司法机关业务经费，由同级政府财政予以保障。

有工作单位的证人作证，所在单位不得克扣或者变相克扣其工资、奖金及其他福利待遇。

【释义】本条是对证人作证补助及工资收入的保障。

四、《公安机关办理刑事案件程序规定》（2012年）

第七十条　公安机关应当保障证人及其近亲属的安全。对证人及其近亲属进行威胁、侮辱、殴打或者打击报复，构成犯罪的，依法追究刑事责任；尚不够刑事处罚的，依法给予治安管理处罚。

【释义】本条是对证人作证补助与安全保障制度的规定。

五、《中华人民共和国人民警察法》（2012年）

第二十二条　人民警察不得有下列行为：……（四）刑讯逼供或者体罚、虐待人犯；……（七）殴打他人或者唆使他人打人；……

【释义】本条是对人民警察违法犯罪行为法律责任的规定。

第六节　刑事责任

刑事责任是我国刑法中广泛使用的一个概念。所谓刑事责任，就是指犯罪人和单位因其实施犯罪行为而应当承担的由代表国家的司法机关依照刑事法律对其犯罪行为所作的否定性评价以及对其本人的谴责。[1]违反刑事法律的行为，应当依法追究其刑事法律责任，监察人员也不例外。《监察法》第66条对此仅作了原则性规定，并没有一一列举违反的刑法条文和罪名内容。这是出于立法技术的考虑：一是条文较简捷，二是内容完整，避免因为专门规定几类犯罪行为而漏掉其他犯罪行为，三是既与刑法相衔接，又可以避免因刑法的修改而导致《监察法》的修改。依照这一原则，违反第66条规定，构成犯罪的，应当依法追究其刑事责任的行为，针对监察工作人员主要包括以下几种：

一、玩忽职守罪

玩忽职守罪，是指国家机关工作人员严重不负责任，不履行或不认真履行职责，致使公共财产、国家和人民利益受到损失的行为。[2]该罪的主要表现：一是在履行职责过程中，马虎草率、敷衍塞责，严重不负责任；二是放弃职守，不履行自己应尽的职责。监察人员违反《监察法》第65条规定，所实行的玩忽职守、徇私舞弊等违法行为，构成犯罪的，要依据当前《刑法》第397条的规定追究其刑事责任。

二、报复陷害罪、诬告陷害罪

报复陷害罪，是指国家机关工作人员滥用职权、假公济私，对控告人、申诉人、批评人、举报人实行报复陷害的行为。[3]诬告陷害罪，是指捏造事实，作虚假告发，意图陷害他人，使他人受刑事追究的行为。[4]监察对象违反《监察法》第64条规定，构成犯罪的，依法追究刑事责任。其具体情形包括：监察对象对控告人、检举人、证人或者监察人员进行报复陷害，可能涉嫌违反《刑法》第254条规定的行为；控告人、检举人、证人违反《监察法》第64条规定，构成犯罪应依法追究其刑事责任的行为；控告人、检举人、证人诬告陷害

---

〔1〕参见曲新久：《刑法学》，中国政法大学出版社2009年版，第177页。

〔2〕参见刘宪权主编：《中国刑法学》，上海人民出版社2008年版，第372页。

〔3〕参见《刑法》（2017年）第254条规定。

〔4〕参见《刑法》（2017年）第243条规定。

监察对象，可能涉嫌违反当前《刑法》第243条规定的行为。

三、帮助毁灭、伪造证据罪；妨害作证罪

帮助毁灭、伪造证据罪，是指帮助当事人毁灭、伪造证据，情节严重的行为。[1]监察对象有违反《监察法》第63条第1款第3项之规定，构成犯罪的，依法追究刑事责任，并按照2015年修正的《刑法》第307条规定处罚，即“帮助当事人毁灭、伪造证据，情节严重的，处三年以下有期徒刑或者拘役”。

妨害作证罪，是指以暴力、威胁、贿买等方法阻止证人作证或者指使他人作伪证的行为。[2]监察对象有违反《监察法》第63条第1款第4项之规定，构成犯罪的，依法追究刑事责任，按照当前《刑法》第307条之规定科处刑罚，即“以暴力、威胁、贿买等方法阻止证人作证或者指使他人作伪证的，处三年以下有期徒刑或者拘役；情节严重的，处三年以上七年以下有期徒刑”。

五、故意泄露国家秘密罪、过失泄露国家秘密罪

故意泄露国家秘密罪，是指国家机关工作人员或者非国家机关工作人员违反保守国家秘密法，故意使国家秘密被不应知悉者知悉，或者故意使国家秘密超出限定的接触范围，情节严重的行为。[3]过失泄露国家秘密罪，是指国家机关工作人员或非国家机关工作人员违反保守国家秘密法的规定，过失泄露国家秘密，情节严重的行为。[4]监察机关及其工作人员违反《监察法》第65条规定，构成犯罪的，依法追究刑事责任。例如，泄露调查工作信息，可能涉嫌违反当前《刑法》第398条规定的行为。

当然，除了以上几种典型的犯罪行为，其他的违反《监察法》规定，涉嫌到犯罪的也应该追究其刑事责任。例如，在《监察法》第65条第4款中监察工作人员对被调查人逼供、诱供，或者侮辱、打骂、虐待、体罚或者变相体罚的行为明显侵犯了他人的人身权利，可能会涉及故意伤害罪、侮辱罪、暴力取证罪等罪名。

---

〔1〕 参见郝英兵编著：《最新中华人民共和国刑法配套解读与案例》，法律出版社2017年版，第436页。

〔2〕 参见马克昌主编：《刑法》，高等教育出版社2007年版，第520页。

〔3〕 参见李晓明主编：《中国刑法分论》，清华大学出版社2014年版，第409页。

〔4〕 参见赵秉志主编：《当代刑法学》，中国政法大学出版社2009年版，第768页。

【法条链接】

《中华人民共和国监察法》（2018年）

第六十六条 违反本法规定，构成犯罪的，依法追究刑事责任。

【释义】本条是关于刑事责任的规定。

第十一章　附　则

第一节　对中央军事委员会的制定授权

《监察法》第68条赋予了中央军事委员会（以下简称“中央军委”）制定监察工作具体规定的权力，即中国人民解放军和中国人民武装警察部队开展监察工作时，中央军委可以根据《监察法》制定具体规定。加强军队和武装警察部队的监察监督工作，对于维护军队政治秩序，增强国防，促进军队革命化、现代化、正规化建设是必要的。由于中国人民解放军监察和武警部队监督工作具有特殊性，涉及国家国防和军队的稳定和担负国家赋予的国家内部安全保卫任务，所以应当由中央军委根据《监察法》对中国人民解放军和中国人民武装警察部队作出对专门规定。同时，中国解放军的监察工作又是我国监察工作的组成部分，应当适用《监察法》的主要原则规定，如《监察法》第4条规定，监察机关依照法律规定独立行使监察权，不受行政机关、社会团体和个人的干涉。这就是监察机关的独立原则。主要是指监察机关依照法律的规定独立行使职权，不受其他行政部门、社会团体和个人的干涉。

“依照法律”，主要是军队监察部门在履行监察职权、查处政纪案件、受理举报和处理申诉等方面，要依据宪法、法律以及中央军事委员会根据《监察法》制定的具体规定。不受“干涉”，是指其他部门、社会团体和个人不得利用职权、地位，或者采取多种不正当手段来干预、影响监察活动。监察活动不可避免地会遇到许多困难和矛盾，这就特别需要强调依法监察，依法行使职权，并有相应的法律保障，使之不受任何干扰。因此，监察机关必须具有较强的权威性和独立性，否则监察机关的职能作用就无法得到实现。同时，这样规定也是要求军队监察机关应当执法如山，不惧权势，不徇私情。

另外《监察法》第5条规定，国家监察工作坚持宪法法律至上，以事实为根据，以法律为准绳，在适用法律上一律平等，权责对等，从严监督惩戒与教育相结合，宽严相济。分别体现了宪法至上，实事求是，适用法律上人人平等等原则。以上都是中央军事委员会制定监察法规时应该遵循的原则。《监察法》第 68 条一方面作出了授权，中央军事委员会可基于军事监察工作的特殊情况，起草军事监察具体规定，以此作为监察法的配套法规；另一方面，也要求军事监察工作的具体规定应当根据监察法的基本原则、精神来制定。

【法条链接】

《中华人民共和国监察法》（2018 年）

第六十八条 中国人民解放军和中国人民武装警察部队开展监察工作，由中央军事委员会根据本法制定具体规定。

【释义】 本条是授权中央军事委员会和中国人民武装警察部队制定中国人民解放军的监察工作规定的条款。

第二节 施行时间与《行政监察法》的废止

一、《监察法》的施行时间

法律通过以后，就产生了法律效力的问题。法律效力包括时间效力、空间效力两个方面。法律的时间效力又包括法律从何时开始起生效、到何时终止生效和法律生效后有无溯及力三个问题。法律开始生效的时间，指法律从何时起开始发生约束力，法律的施行日期是法律开始生效的标志。《立法法》（2015 年）第 51 条规定："法律应当明确规定施行日期。"明确规定施行日期，是法律得到有效实施所必需的。

目前，法律中关于生效日期的规定，主要有以下三种情况：

1. 在法律条文中规定"本法自×年×月×日起施行"，直接规定的生效日期。这也是目前使用最多的方式。

2. 法律条文没有直接规定具体的生效日期，而是规定"本法自公布之日起施行"。根据《立法法》的规定，全国人民代表大会通过的法律、常务委员会通过的法律，由国家主席签署主席令予以公布，签署公布法律的主席令载明该法律的制定机关、通过和施行日期。[1]目前，一般都是于全国人大或者全国人大常委会通过法律的当天由国家主席发布命令公布法律，如 1989 年 10 月 31 日第七届全国人民代表大会常务委员会第六次会议通过的《集会游行示威法》第 36

〔1〕 参见《中华人民共和国立法法》第 25 条和第 44 条。

条规定："本法自公布之日起施行。"采用的就是这种方式。

3. 规定一个法律的生效日期取决于另一个法律的制定和实施时间。这种方式在立法实践中非常少见，属于一种特殊情况。1986 年 12 月 2 日全国人民代表大会常务委员会第十八次会议通过的《企业破产法（试行）》第 43 条规定："本法自全民所有制工业企业法实施满 3 个月之日起施行。"而《全民所有制工业企业法在企业破产法（试行）》在《企业破产法（试行）》通过时还尚未制定出来，因此，也有意见批评认为采取这种方式规定的施行日期是不确定的，立法应当明确施行日期。

法律的时间效力问题，还涉及法律对其实施前的行为有无溯及力的问题。法律的溯及力，是指法律施行后，对生效前的行为是否适用的效力。如果适用，就表明具有溯及力；如果不能适用，也就是所谓的法不溯及既往，表明没有溯及力。目前，我国主要采取从旧兼从轻原则，在特殊情况下也可溯及既往。但法律如果有溯及力，就应当在法律条文中对此作出明确的规定。本法没有关于溯及力问题的规定，因此，可以认为本法没有溯及力。本法自通过之日起施行，需要一些配套规定进一步具体化，有关部门应当抓紧制定有关配套规定。

二、废止《行政监察法》

《监察法》第 69 条规定，《中华人民共和国行政监察法》（以下简称《行政监察法》）自本法开始施行之日起予以废止，不再有效。《行政监察法》由第八届全国人民代表大会常务委员会第二十五次会议于 1997 年 5 月 9 日修订通过，自 1997 年 5 月 9 日起施行。2010 年 6 月 25 日第十一届全国人民代表大会常务委员会第十五次会议通过《全国人民代表大会常务委员会关于修改〈中华人民共和国行政监察法〉的决定》，并于同年 10 月 1 日起施行。《行政监察法》在加强行政监察工作，保证政令畅通，维护行政纪律，促进廉政建设，改善行政管理，促进国家行政机关，国家公务员依法行政、廉政、勤政和加强反腐斗争中都有十分重要的意义。

随着我国社会、经济的不断发展，反腐败斗争出现了许多新的情况和问题。例如，由职务犯罪和金融犯罪相结合的行为、犯罪手法种类和涉及的额度等方面都不断变化，相关的监察工作难度更大，《行政监察法》难以覆盖如此大的范围，所以难以适应反腐高压态势的需要。尤其是《行政监察法》不能够实现监察全覆盖。因此才有了新《监察法》之颁布，与此同时原《行政监察法》被废止，两部法律在时间效力上实现了无缝衔接。

【法条链接】

《中华人民共和国监察法》（2018 年）

第六十九条 本法自公布之日起施行。《中华人民共和国行政监察法》同时废止。

【释义】本条是对本法施行日期的规定以及废止《行政监察法》的决定。

附　录

附录1　《中华人民共和国监察法》

（2018年3月20日第十三届全国人民代表大会第一次会议通过）

第一章　总　　则

第一条　为了深化国家监察体制改革，加强对所有行使公权力的公职人员的监督，实现国家监察全面覆盖，深入开展反腐败工作，推进国家治理体系和治理能力现代化，根据宪法，制定本法。

第二条　坚持中国共产党对国家监察工作的领导，以马克思列宁主义、毛泽东思想、邓小平理论、“三个代表”重要思想、科学发展观、习近平新时代中国特色社会主义思想为指导，构建集中统一、权威高效的中国特色国家监察体制。

第三条　各级监察委员会是行使国家监察职能的专责机关，依照本法对所有行使公权力的公职人员（以下称公职人员）进行监察，调查职务违法和职务犯罪，开展廉政建设和反腐败工作，维护宪法和法律的尊严。

第四条　监察委员会依照法律规定独立行使监察权，不受行政机关、社会团体和个人的干涉。

监察机关办理职务违法和职务犯罪案件，应当与审判机关、检察机关、执法部门互相配合，互相制约。

监察机关在工作中需要协助的，有关机关和单位应当根据监察机关的要求依法予以协助。

第五条　国家监察工作严格遵照宪法和法律，以事实为根据，以法律为准绳；在适用法律上一律平等，保障当事人的合法权益；权责对等，严格监督；惩戒与教育相结合，宽严相济。

第六条　国家监察工作坚持标本兼治、综合治理，强化监督问责，严厉惩治腐败；深化改革、健全法治，有效制约和监督权力；加强法治教育和道德教育，弘扬中华优秀传统文化，构建不敢腐、不能腐、不想腐的长效机制。

第二章 监察机关及其职责

第七条 中华人民共和国国家监察委员会是最高监察机关。

省、自治区、直辖市、自治州、县、自治县、市、市辖区设立监察委员会。

第八条 国家监察委员会由全国人民代表大会产生，负责全国监察工作。

国家监察委员会由主任、副主任若干人、委员若干人组成，主任由全国人民代表大会选举，副主任、委员由国家监察委员会主任提请全国人民代表大会常务委员会任免。

国家监察委员会主任每届任期同全国人民代表大会每届任期相同，连续任职不得超过两届。

国家监察委员会对全国人民代表大会及其常务委员会负责，并接受其监督。

第九条 地方各级监察委员会由本级人民代表大会产生，负责本行政区域内的监察工作。

地方各级监察委员会由主任、副主任若干人、委员若干人组成，主任由本级人民代表大会选举，副主任、委员由监察委员会主任提请本级人民代表大会常务委员会任免。

地方各级监察委员会主任每届任期同本级人民代表大会每届任期相同。

地方各级监察委员会对本级人民代表大会及其常务委员会和上一级监察委员会负责，并接受其监督。

第十条 国家监察委员会领导地方各级监察委员会的工作，上级监察委员会领导下级监察委员会的工作。

第十一条 监察委员会依照本法和有关法律规定履行监督、调查、处置职责：

（一）对公职人员开展廉政教育，对其依法履职、秉公用权、廉洁从政从业以及道德操守情况进行监督检查；

（二）对涉嫌贪污贿赂、滥用职权、玩忽职守、权力寻租、利益输送、徇私舞弊以及浪费国家资财等职务违法和职务犯罪进行调查；

（三）对违法的公职人员依法作出政务处分决定；对履行职责不力、失职失责的领导人员进行问责；对涉嫌职务犯罪的，将调查结果移送人民检察院依法审查、提起公诉；向监察对象所在单位提出监察建议。

第十二条 各级监察委员会可以向本级中国共产党机关、国家机关、法律法规授权或者委托管理公共事务的组织和单位以及所管辖的行政区域、国有企业等派驻或者派出监察机构、监察专员。

监察机构、监察专员对派驻或者派出它的监察委员会负责。

第十三条 派驻或者派出的监察机构、监察专员根据授权，按照管理权限依法对公职人员进行监督，提出监察建议，依法对公职人员进行调查、处置。

第十四条 国家实行监察官制度，依法确定监察官的等级设置、任免、考评和晋升等制度。

第三章 监察范围和管辖

第十五条 监察机关对下列公职人员和有关人员进行监察：

（一）中国共产党机关、人民代表大会及其常务委员会机关、人民政府、监察委员会、人民法院、人民检察院、中国人民政治协商会议各级委员会机关、民主党派机关和工商业联合会机关的公务员，以及参照《中华人民共和国公务员法》管理的人员；

（二）法律、法规授权或者受国家机关依法委托管理公共事务的组织中从事公务的人员；

（三）国有企业管理人员；

（四）公办的教育、科研、文化、医疗卫生、体育等单位中从事管理的人员；

（五）基层群众性自治组织中从事管理的人员；

（六）其他依法履行公职的人员。

第十六条 各级监察机关按照管理权限管辖本辖区内本法第十五条规定的人员所涉监察事项。

上级监察机关可以办理下一级监察机关管辖范围内的监察事项，必要时也可以办理所辖各级监察机关管辖范围内的监察事项。

监察机关之间对监察事项的管辖有争议的，由其共同的上级监察机关确定。

第十七条 上级监察机关可以将其所管辖的监察事项指定下级监察机关管辖，也可以将下级监察机关有管辖权的监察事项指定给其他监察机关管辖。

监察机关认为所管辖的监察事项重大、复杂，需要由上级监察机关管辖的，可以报请上级监察机关管辖。

第四章 监察权限

第十八条 监察机关行使监督、调查职权，有权依法向有关单位和个人了解情况，收集、调取证据。有关单位和个人应当如实提供。

监察机关及其工作人员对监督、调查过程中知悉的国家秘密、商业秘密、个人隐私，应当保密。

任何单位和个人不得伪造、隐匿或者毁灭证据。

第十九条　对可能发生职务违法的监察对象，监察机关按照管理权限，可以直接或者委托有关机关、人员进行谈话或者要求说明情况。

第二十条　在调查过程中，对涉嫌职务违法的被调查人，监察机关可以要求其就涉嫌违法行为作出陈述，必要时向被调查人出具书面通知。

对涉嫌贪污贿赂、失职渎职等职务犯罪的被调查人，监察机关可以进行讯问，要求其如实供述涉嫌犯罪的情况。

第二十一条　在调查过程中，监察机关可以询问证人等人员。

第二十二条　被调查人涉嫌贪污贿赂、失职渎职等严重职务违法或者职务犯罪，监察机关已经掌握其部分违法犯罪事实及证据，仍有重要问题需要进一步调查，并有下列情形之一的，经监察机关依法审批，可以将其留置在特定场所：

（一）涉及案情重大、复杂的；

（二）可能逃跑、自杀的；

（三）可能串供或者伪造、隐匿、毁灭证据的；

（四）可能有其他妨碍调查行为的。

对涉嫌行贿犯罪或者共同职务犯罪的涉案人员，监察机关可以依照前款规定采取留置措施。

留置场所的设置、管理和监督依照国家有关规定执行。

第二十三条　监察机关调查涉嫌贪污贿赂、失职渎职等严重职务违法或者职务犯罪，根据工作需要，可以依照规定查询、冻结涉案单位和个人的存款、汇款、债券、股票、基金份额等财产。有关单位和个人应当配合。

冻结的财产经查明与案件无关的，应当在查明后三日内解除冻结，予以退还。

第二十四条　监察机关可以对涉嫌职务犯罪的被调查人以及可能隐藏被调查人或者犯罪证据的人的身体、物品、住处和其他有关地方进行搜查。在搜查时，应当出示搜查证，并有被搜查人或者其家属等见证人在场。

搜查女性身体，应当由女性工作人员进行。

监察机关进行搜查时，可以根据工作需要提请公安机关配合。公安机关应当依法予以协助。

第二十五条　监察机关在调查过程中，可以调取、查封、扣押用以证明被调查人涉嫌违法犯罪的财物、文件和电子数据等信息。采取调取、查封、扣押措施，应当收集原物原件，会同持有人或者保管人、见证人，当面逐一拍照、登记、编号，开列清单，由在场人员当场核对、签名，并将清单副本交财物、文件的持有人或者保管人。

对调取、查封、扣押的财物、文件，监察机关应当设立专用账户、专门场所，确定专门人员妥善保管，严格履行交接、调取手续，定期对账核实，不得毁损或者用于其他目的。对价值不明物品应当及时鉴定，专门封存保管。

查封、扣押的财物、文件经查明与案件无关的，应当在查明后三日内解除查封、扣押，予以退还。

第二十六条 监察机关在调查过程中，可以直接或者指派、聘请具有专门知识、资格的人员在调查人员主持下进行勘验检查。勘验检查情况应当制作笔录，由参加勘验检查的人员和见证人签名或者盖章。

第二十七条 监察机关在调查过程中，对于案件中的专门性问题，可以指派、聘请有专门知识的人进行鉴定。鉴定人进行鉴定后，应当出具鉴定意见，并且签名。

第二十八条 监察机关调查涉嫌重大贪污贿赂等职务犯罪，根据需要，经过严格的批准手续，可以采取技术调查措施，按照规定交有关机关执行。

批准决定应当明确采取技术调查措施的种类和适用对象，自签发之日起三个月以内有效；对于复杂、疑难案件，期限届满仍有必要继续采取技术调查措施的，经过批准，有效期可以延长，每次不得超过三个月。对于不需要继续采取技术调查措施的，应当及时解除。

第二十九条 依法应当留置的被调查人如果在逃，监察机关可以决定在本行政区域内通缉，由公安机关发布通缉令，追捕归案。通缉范围超出本行政区域的，应当报请有权决定的上级监察机关决定。

第三十条 监察机关为防止被调查人及相关人员逃匿境外，经省级以上监察机关批准，可以对被调查人及相关人员采取限制出境措施，由公安机关依法执行。对于不需要继续采取限制出境措施的，应当及时解除。

第三十一条 涉嫌职务犯罪的被调查人主动认罪认罚，有下列情形之一的，监察机关经领导人员集体研究，并报上一级监察机关批准，可以在移送人民检察院时提出从宽处罚的建议：

（一）自动投案，真诚悔罪悔过的；

（二）积极配合调查工作，如实供述监察机关还未掌握的违法犯罪行为的；

（三）积极退赃，减少损失的；

（四）具有重大立功表现或者案件涉及国家重大利益等情形的。

第三十二条 职务违法犯罪的涉案人员揭发有关被调查人职务违法犯罪行为，查证属实的，或者提供重要线索，有助于调查其他案件的，监察机关经领导人员集体研究，并报上一级监察机关批准，可以在移送人民检察院时提出从宽处罚的建议。

第三十三条　监察机关依照本法规定收集的物证、书证、证人证言、被调查人供述和辩解、视听资料、电子数据等证据材料，在刑事诉讼中可以作为证据使用。

监察机关在收集、固定、审查、运用证据时，应当与刑事审判关于证据的要求和标准相一致。

以非法方法收集的证据应当依法予以排除，不得作为案件处置的依据。

第三十四条　人民法院、人民检察院、公安机关、审计机关等国家机关在工作中发现公职人员涉嫌贪污贿赂、失职渎职等职务违法或者职务犯罪的问题线索，应当移送监察机关，由监察机关依法调查处置。

被调查人既涉嫌严重职务违法或者职务犯罪，又涉嫌其他违法犯罪的，一般应当由监察机关为主调查，其他机关予以协助。

第五章　监察程序

第三十五条　监察机关对于报案或者举报，应当接受并按照有关规定处理。对于不属于本机关管辖的，应当移送主管机关处理。

第三十六条　监察机关应当严格按照程序开展工作，建立问题线索处置、调查、审理各部门相互协调、相互制约的工作机制。

监察机关应当加强对调查、处置工作全过程的监督管理，设立相应的工作部门履行线索管理、监督检查、督促办理、统计分析等管理协调职能。

第三十七条　监察机关对监察对象的问题线索，应当按照有关规定提出处置意见，履行审批手续，进行分类办理。线索处置情况应当定期汇总、通报，定期检查、抽查。

第三十八条　需要采取初步核实方式处置问题线索的，监察机关应当依法履行审批程序，成立核查组。初步核实工作结束后，核查组应当撰写初步核实情况报告，提出处理建议。承办部门应当提出分类处理意见。初步核实情况报告和分类处理意见报监察机关主要负责人审批。

第三十九条　经过初步核实，对监察对象涉嫌职务违法犯罪，需要追究法律责任的，监察机关应当按照规定的权限和程序办理立案手续。

监察机关主要负责人依法批准立案后，应当主持召开专题会议，研究确定调查方案，决定需要采取的调查措施。

立案调查决定应当向被调查人宣布，并通报相关组织。涉嫌严重职务违法或者职务犯罪的，应当通知被调查人家属，并向社会公开发布。

第四十条 监察机关对职务违法和职务犯罪案件，应当进行调查，收集被调查人有无违法犯罪以及情节轻重的证据，查明违法犯罪事实，形成相互印证、完整稳定的证据链。

严禁以威胁、引诱、欺骗及其他非法方式收集证据，严禁侮辱、打骂、虐待、体罚或者变相体罚被调查人和涉案人员。

第四十一条 调查人员采取讯问、询问、留置、搜查、调取、查封、扣押、勘验检查等调查措施，均应当依照规定出示证件，出具书面通知，由二人以上进行，形成笔录、报告等书面材料，并由相关人员签名、盖章。

调查人员进行讯问以及搜查、查封、扣押等重要取证工作，应当对全过程进行录音录像，留存备查。

第四十二条 调查人员应当严格执行调查方案，不得随意扩大调查范围、变更调查对象和事项。

对调查过程中的重要事项，应当集体研究后按程序请示报告。

第四十三条 监察机关采取留置措施，应当由监察机关领导人员集体研究决定。设区的市级以下监察机关采取留置措施，应当报上一级监察机关批准。省级监察机关采取留置措施，应当报国家监察委员会备案。

留置时间不得超过三个月。在特殊情况下，可以延长一次，延长时间不得超过三个月。省级以下监察机关采取留置措施的，延长留置时间应当报上一级监察机关批准。监察机关发现采取留置措施不当的，应当及时解除。

监察机关采取留置措施，可以根据工作需要提请公安机关配合。公安机关应当依法予以协助。

第四十四条 对被调查人采取留置措施后，应当在二十四小时以内，通知被留置人员所在单位和家属，但有可能毁灭、伪造证据，干扰证人作证或者串供等有碍调查情形的除外。有碍调查的情形消失后，应当立即通知被留置人员所在单位和家属。

监察机关应当保障被留置人员的饮食、休息和安全，提供医疗服务。讯问被留置人员应当合理安排讯问时间和时长，讯问笔录由被讯问人阅看后签名。

被留置人员涉嫌犯罪移送司法机关后，被依法判处管制、拘役和有期徒刑的，留置一日折抵管制二日，折抵拘役、有期徒刑一日。

第四十五条 监察机关根据监督、调查结果，依法作出如下处置：

（一）对有职务违法行为但情节较轻的公职人员，按照管理权限，直接或者委托有关机关、人员，进行谈话提醒、批评教育、责令检查，或者予以诫勉；

（二）对违法的公职人员依照法定程序作出警告、记过、记大过、降级、撤职、开除等政务处分决定；

（三）对不履行或者不正确履行职责负有责任的领导人员，按照管理权限对其直接作出问责决定，或者向有权作出问责决定的机关提出问责建议；

（四）对涉嫌职务犯罪的，监察机关经调查认为犯罪事实清楚，证据确实、充分的，制作起诉意见书，连同案卷材料、证据一并移送人民检察院依法审查、提起公诉；

（五）对监察对象所在单位廉政建设和履行职责存在的问题等提出监察建议。

监察机关经调查，对没有证据证明被调查人存在违法犯罪行为的，应当撤销案件，并通知被调查人所在单位。

第四十六条 监察机关经调查，对违法取得的财物，依法予以没收、追缴或者责令退赔；对涉嫌犯罪取得的财物，应当随案移送人民检察院。

第四十七条 对监察机关移送的案件，人民检察院依照《中华人民共和国刑事诉讼法》对被调查人采取强制措施。

人民检察院经审查，认为犯罪事实已经查清，证据确实、充分，依法应当追究刑事责任的，应当作出起诉决定。

人民检察院经审查，认为需要补充核实的，应当退回监察机关补充调查，必要时可以自行补充侦查。对于补充调查的案件，应当在一个月内补充调查完毕。补充调查以二次为限。

人民检察院对于有《中华人民共和国刑事诉讼法》规定的不起诉的情形的，经上一级人民检察院批准，依法作出不起诉的决定。监察机关认为不起诉的决定有错误的，可以向上一级人民检察院提请复议。

第四十八条 监察机关在调查贪污贿赂、失职渎职等职务犯罪案件过程中，被调查人逃匿或者死亡，有必要继续调查的，经省级以上监察机关批准，应当继续调查并作出结论。被调查人逃匿，在通缉一年后不能到案，或者死亡的，由监察机关提请人民检察院依照法定程序，向人民法院提出没收违法所得的申请。

第四十九条 监察对象对监察机关作出的涉及本人的处理决定不服的，可以在收到处理决定之日起一个月内，向作出决定的监察机关申请复审，复审机关应当在一个月内作出复审决定；监察对象对复审决定仍不服的，可以在收到复审决定之日起一个月内，向上一级监察机关申请复核，复核机关应当在二个月内作出复核决定。复审、复核期间，不停止原处理决定的执行。复核机关经审查，认定处理决定有错误的，原处理机关应当及时予以纠正。

第六章　反腐败国际合作

第五十条　国家监察委员会统筹协调与其他国家、地区、国际组织开展的反腐败国际交流、合作，组织反腐败国际条约实施工作。

第五十一条　国家监察委员会组织协调有关方面加强与有关国家、地区、国际组织在反腐败执法、引渡、司法协助、被判刑人的移管、资产追回和信息交流等领域的合作。

第五十二条　国家监察委员会加强对反腐败国际追逃追赃和防逃工作的组织协调，督促有关单位做好相关工作：

（一）对于重大贪污贿赂、失职渎职等职务犯罪案件，被调查人逃匿到国（境）外，掌握证据比较确凿的，通过开展境外追逃合作，追捕归案；

（二）向赃款赃物所在国请求查询、冻结、扣押、没收、追缴、返还涉案资产；

（三）查询、监控涉嫌职务犯罪的公职人员及其相关人员进出国（境）和跨境资金流动情况，在调查案件过程中设置防逃程序。

第七章　对监察机关和监察人员的监督

第五十三条　各级监察委员会应当接受本级人民代表大会及其常务委员会的监督。

各级人民代表大会常务委员会听取和审议本级监察委员会的专项工作报告，组织执法检查。

县级以上各级人民代表大会及其常务委员会举行会议时，人民代表大会代表或者常务委员会组成人员可以依照法律规定的程序，就监察工作中的有关问题提出询问或者质询。

第五十四条　监察机关应当依法公开监察工作信息，接受民主监督、社会监督、舆论监督。

第五十五条　监察机关通过设立内部专门的监督机构等方式，加强对监察人员执行职务和遵守法律情况的监督，建设忠诚、干净、担当的监察队伍。

第五十六条　监察人员必须模范遵守宪法和法律，忠于职守、秉公执法，清正廉洁、保守秘密；必须具有良好的政治素质，熟悉监察业务，具备运用法律、法规、政策和调查取证等能力，自觉接受监督。

第五十七条　对于监察人员打听案情、过问案件、说情干预的，办理监察事项的监察人员应当及时报告。有关情况应当登记备案。

发现办理监察事项的监察人员未经批准接触被调查人、涉案人员及其特定关系人，或者存在交往情形的，知情人应当及时报告。有关情况应当登记备案。

第五十八条 办理监察事项的监察人员有下列情形之一的，应当自行回避，监察对象、检举人及其他有关人员也有权要求其回避：

（一）是监察对象或者检举人的近亲属的；

（二）担任过本案的证人的；

（三）本人或者其近亲属与办理的监察事项有利害关系的；

（四）有可能影响监察事项公正处理的其他情形的。

第五十九条 监察机关涉密人员离岗离职后，应当遵守脱密期管理规定，严格履行保密义务，不得泄露相关秘密。

监察人员辞职、退休三年内，不得从事与监察和司法工作相关联且可能发生利益冲突的职业。

第六十条 监察机关及其工作人员有下列行为之一的，被调查人及其近亲属有权向该机关申诉：

（一）留置法定期限届满，不予以解除的；

（二）查封、扣押、冻结与案件无关的财物的；

（三）应当解除查封、扣押、冻结措施而不解除的；

（四）贪污、挪用、私分、调换以及违反规定使用查封、扣押、冻结的财物的；

（五）其他违反法律法规、侵害被调查人合法权益的行为。

受理申诉的监察机关应当在受理申诉之日起一个月内作出处理决定。申诉人对处理决定不服的，可以在收到处理决定之日起一个月内向上一级监察机关申请复查，上一级监察机关应当在收到复查申请之日起二个月内作出处理决定，情况属实的，及时予以纠正。

第六十一条 对调查工作结束后发现立案依据不充分或者失实，案件处置出现重大失误，监察人员严重违法的，应当追究负有责任的领导人员和直接责任人员的责任。

第八章 法律责任

第六十二条 有关单位拒不执行监察机关作出的处理决定，或者无正当理由拒不采纳监察建议的，由其主管部门、上级机关责令改正，对单位给予通报批评；对负有责任的领导人员和直接责任人员依法给予处理。

第六十三条 有关人员违反本法规定，有下列行为之一的，由其所在单位、主管部门、上级机关或者监察机关责令改正，依法给予处理：

（一）不按要求提供有关材料，拒绝、阻碍调查措施实施等拒不配合监察机关调查的；

（二）提供虚假情况，掩盖事实真相的；

（三）串供或者伪造、隐匿、毁灭证据的；

（四）阻止他人揭发检举、提供证据的；

（五）其他违反本法规定的行为，情节严重的。

第六十四条 监察对象对控告人、检举人、证人或者监察人员进行报复陷害的；控告人、检举人、证人捏造事实诬告陷害监察对象的，依法给予处理。

第六十五条 监察机关及其工作人员有下列行为之一的，对负有责任的领导人员和直接责任人员依法给予处理：

（一）未经批准、授权处置问题线索，发现重大案情隐瞒不报，或者私自留存、处理涉案材料的；

（二）利用职权或者职务上的影响干预调查工作、以案谋私的；

（三）违法窃取、泄露调查工作信息，或者泄露举报事项、举报受理情况以及举报人信息的；

（四）对被调查人或者涉案人员逼供、诱供，或者侮辱、打骂、虐待、体罚或者变相体罚的；

（五）违反规定处置查封、扣押、冻结的财物的；

（六）违反规定发生办案安全事故，或者发生安全事故后隐瞒不报、报告失实、处置不当的；

（七）违反规定采取留置措施的；

（八）违反规定限制他人出境，或者不按规定解除出境限制的；

（九）其他滥用职权、玩忽职守、徇私舞弊的行为。

第六十六条 违反本法规定，构成犯罪的，依法追究刑事责任。

第六十七条 监察机关及其工作人员行使职权，侵犯公民、法人和其他组织的合法权益造成损害的，依法给予国家赔偿。

第九章 附 则

第六十八条 中国人民解放军和中国人民武装警察部队开展监察工作，由中央军事委员会根据本法制定具体规定。

第六十九条 本法自公布之日起施行。《中华人民共和国行政监察法》同时废止。

附录2 《监察机关在调查处理政纪案件中相互协作配合的规定》

（1992年11月16日 监察部第4号令发布）

第一条 为了加强监察机关在调查处理政纪案件中相互协作配合，提高办案工作效率，根据《中华人民共和国行政监察条例》制定本规定。

第二条 监察机关查办政纪案件需要外地监察机关予以协作配合的，可以提出请求，受请求的监察机关应当依照本规定予以协作配合。

第三条 监察机关查办政纪案件需要向外地有关单位和个人调取收集证据的，可以委托当地监察机关办理。但需要采取《中华人民共和国行政监察条例》第二十一条规定第（二）、（三）、（五）、（六）、（七）项调查措施调取收集证据的，应由办案机关派员直接办理，当地监察机关应当予以协助。

第四条 监察机关可以委托外地监察机关代为送达监察决定书、监察建议书等监察文书，受委托监察机关应及时予以送达，并代办送达手续。

第五条 提请委托调查取证、委托代为送达的监察机关必须出具委托书，委托书应注明委托事项的内容、涉及单位、人员、目的和要求及委托单位的负责人、承办人等。委托书须以机要信函、电传等方式送达。

第六条 受委托监察机关应在收到委托书次日起一个月内将委托调查事项办理完毕，并将办理结果回复委托监察机关；因故确实不能办理或者延期办理的，应向委托监察机关说明理由。

第七条 监察机关依法作出的没收、追缴、责令退赔和采取补救措施的监察决定，需要在外地执行的，可以请求当地监察机关予以协助。

第八条 监察机关在查处政纪案件中发现属外地监察机关管辖的违法违纪线索和材料，应及时移送外地监察机关。

第九条 因查处政纪案件需要，两个以上监察机关可以进行联合调查。联合调查的监察机关在调查结束后，按照有关规定各自负责处理属本监察机关职权范围内的事项。各监察机关在作出处理决定之前，应协商、通报各自的处理意见。

第十条 受委托监察机关依照委托监察机关的要求办理委托事项所产生的法律责任由委托监察机关承担；但受委托监察机关因超越委托范围或者不正确办理委托事项所产生的法律责任，由受委托监察机关承担。

第十一条 本规定所称“外地监察机关”，是指提出委托或者请求的监察机关管辖以外的地区的监察机关。

第十二条 本办法由监察部负责解释。

第十三条 本办法自发布之日起实行。

附录3 《公职人员政务处分暂行规定》

（2018年4月16日 中央纪委国家监察委发布）

第一条 为了规范监察机关的政务处分工作，促进所有行使公权力的公职人员（以下简称公职人员）依法履职、秉公用权，廉洁从政从业、坚持道德操守，根据《中华人民共和国监察法》，制定本规定。

第二条 公职人员有违法违规行为应当承担法律责任的，在国家有关公职人员政务处分的法律出台前，监察机关可以根据被调查的公职人员的具体身份，依照相关法律、法规、国务院决定和规章对违法行为及其适用处分的规定，给予政务处分。

第三条 监察机关实施政务处分的依据，主要包括《中华人民共和国监察法》《中华人民共和国公务员法》《中华人民共和国法官法》《中华人民共和国检察官法》《中华人民共和国企业国有资产法》《行政机关公务员处分条例》《事业单位人事管理条例》《事业单位工作人员处分暂行规定》《国有企业领导人员廉洁从业若干规定》以及《农村基层干部廉洁履行职责若干规定（试行）》等。

第四条 公职人员依法履行职务的行为受法律保护，非因法定事由，非经法定程序，不受政务处分。

第五条 给予公职人员政务处分，应当坚持法律面前一律平等，实事求是、公平公正，做到事实清楚、证据确凿、定性准确、处理恰当、程序合法、手续完备；坚持民主集中制，集体讨论决定；坚持惩前毖后、治病救人方针，与违法行为的性质、情节、危害程度相适应。

第六条 监察机关对违法的公职人员可以依法作出警告、记过、记大过、降级、撤职、开除等政务处分决定。

公职人员政务处分的期间、政务处分适用规则，可以根据被调查的公职人员的具体身份等情况，适用有关法律、法规、国务院决定和规章。

第七条 公职人员中的中共党员严重违犯党纪涉嫌犯罪的，应当由党组织先做出党纪处分决定，并由监察机关依法给予政务处分后，再依法追究其刑事责任。

非中共党员的公职人员涉嫌犯罪的，应当先由监察机关依法给予政务处分，再依法追究其刑事责任。

公职人员中的中共党员先依法受到行政处罚和刑事责任追究的，党组织、监察机关可以根据生效的行政处罚决定和司法机关的生效判决、裁定、决定及其认定的事实、性质和情节，依纪依法给予党纪、政务处分。

第八条 监察机关对公职人员中的中共党员给予政务处分，一般应当与党纪处分的轻重程度相匹配。其中，受到撤销党内职务、留党察看处分的，如果担任公职，应当依法给予其撤职等政务处分。严重违犯党纪、严重触犯刑律的公职人员必须依法开除公职。

第九条 对基层群众性自治组织、国有企业等单位中从事管理的人员，或者未列入国家机关人员编制的受国家机关依法委托管理公共事务的组织中从事公务的人员、其他依法履行公职的人员，监察机关可以依法采取下列处理措施：

（一）依据《中华人民共和国监察法》采取谈话提醒、批评教育、责令检查、诫勉；

（二）依据本规定第三条有关法规采取警示谈话、通报批评、停职检查、责令辞职。

对前款人员，监察机关可以依法向有关机关、单位提出下列监察建议：

（一）取消当选资格或者担任相应职务资格；

（二）调离岗位、降职、免职、罢免。

上述处理措施可以单独使用，也可以合并使用。

第十条 公职人员受到开除以外的政务处分，在受处分期间有悔改表现，并且没有再发生违法行为的，处分期满后自动解除。

事业单位工作人员在受处分期间有重大立功表现，按照有关规定给予个人记功以上奖励的，经作出处分决定的监察机关批准后，可以提前解除处分。

处分解除后，受处分的公职人员不再受原处分影响。受到降级或者撤职处分的，处分解除不视为恢复原级别、原职务。

第十一条 对公职人员给予政务处分，由监察机关按照管理权限依法作出决定。有下列情形的，应当履行有关手续：

（一）对经各级人民代表大会及其常务委员会选举或者决定任命的公职人员给予撤职、开除处分的，应当先由人民代表大会及其常务委员会依法罢免、撤销或者免去其职务，再由监察机关依法作出处分决定。

（二）对经中国人民政治协商会议各级委员会全体会议及其常务委员会选举或者决定任命的公职人员给予撤职、开除处分的，应当先由政协全体会议及其常务委员会免去其职务后，再由监察机关依法作出处分决定。

（三）对各级人大代表、政协委员给予政务处分，应当向其所在的人大常委会或者政协常委会通报。

（四）对基层群众性自治组织中从事管理的人员给予责令辞职等处理的，由县级监察机关向其所在的基层群众性自治组织及上级管理单位（机构）提出建议。

第十二条 公职人员有违法行为，已经被立案调查，不宜继续履行职责的，监察机关可以决定暂停其履行职务。

被调查的公职人员在被监察机关立案调查期间，不得交流、出境、辞去公职或者办理退休手续。监察机关应当在立案决定书中写明上述要求，并告知被调查人所在单位。

第十三条 监察机关经过调查、审理，决定给予公职人员政务处分或者免予处分的，按照下列程序办理：

（一）将调查认定的事实及拟给予政务处分的依据告知被调查的公职人员，听取其陈述和申辩，并对其陈述的事实、理由和证据进行复核，记录在案。被调查的公职人员提出的事实、理由和证据成立的，应予采信。

（二）按照处分决定权限，履行审批手续后，作出对该公职人员给予处分或者免予处分的决定；

（三）印发政务处分决定；

（四）将政务处分决定送达受处分人和所在单位，并在一定范围内宣布；

（五）对于受到降级以上政务处分的，应当在一个月内办理职务、工资及其他有关待遇等相应变更手续；

（六）将政务处分决定存入受处分公职人员的档案。

政务处分决定的内容和生效日期，参照《行政机关公务员处分条例》有关规定执行。给予开除以外政务处分的，应当在处分决定中写明处分期间。

第十四条 监察机关对本级党委管理的公职人员依法作出政务处分决定后，除依照本规定第十三条送达受处分人所在单位执行外，还应当根据受处分人的具体身份函告相应的机关或者群团组织等单位。

受处分人系民主党派和无党派人士的，同时函告本级党委统战部以及相应的民主党派机关或者相关单位。

第十五条 公职人员受到开除处分后，其本人档案按照国家有关规定转递管理。

第十六条 对公职人员不服政务处分决定的复审、复核，按照《中华人民共和国监察法》的规定办理。变更、撤销政务处分的情形和法律后果，根据受处分的公职人员的具体身份，依照或者参照《行政机关公务员处分条例》《事业单位工作人员处分暂行规定》等规定执行。

第十七条 对公职人员不履行或者不正确履行职责负有管理责任的领导人员，监察机关可以依据或者参照《中国共产党问责条例》《关于实行党政领导干部问责的暂行规定》等规定，按照管理权限对其作出通报批评、诫勉、停职检查、责令辞职等问责决定，或者向有权作出问责决定的机关提出降职、免职等问责建议。

第十八条 有违法行为应当受到政务处分的公职人员，在监察机关作出处分决定前已经退休的，不再给予处分；监察机关可以对其立案调查，依法应当给予降级、撤职、开除处分的，应当按照规定降低或者取消其享受的待遇。

有违法行为应当受到政务处分的公职人员，在监察机关作出处分决定前已经辞去公职或者死亡的，不再给予处分，但是监察机关可以立案调查，对其违法取得的财物和用于违法的财物，依照本规定第二十一条处理。

第十九条 公职人员有违法行为的，任免机关、单位可以履行主体责任，依照《中华人民共和国公务员法》等规定，对公职人员给予处分。

对公职人员的同一违法行为，监察机关已经给予政务处分的，任免机关、单位不再给予处分；任免机关、单位已经给予处分的，监察机关不再给予政务处分。

第二十条 下级监察机关根据上级监察机关的指定管辖决定，对不属于本监察机关管辖范围内的监察对象立案调查的，应当按照管理权限交有处分权的监察机关依法作出政务处分决定，或者交由其任免机关、单位给予处分。

第二十一条 公职人员违法取得的财物和用于违法的财物，除依法应当由其他机关没收、追缴或者责令退赔的，由监察机关没收、追缴或者责令退赔。违法取得的财物应当退还原所有人或者原持有人的，予以退还；属于国家财产以及不应当退还或者无法退还原所有人或者原持有人的，上缴国库。

第二十二条 本规定由中央纪律检查委员会、国家监察委员会负责解释。

第二十三条 本规定自发布之日起施行。

附录4　监察管辖88个罪名最新立案量刑一览表

序　号	罪　名	立案（定罪量刑）标准
一、贪污贿赂犯罪（17个罪名）		
1	贪污罪（第382条*）	1.3万元以上（六种情形【注1】：1万元以上），处3年以下有期徒刑或者拘役，并处罚金； 2.20万元以上（六种情形【注1】：10万元以上），处3年以上10年以下有期徒刑，并处罚金或者没收财产； 3.300万元以上（六种情形【注1】：150万元），处10年以上有期徒刑或者无期徒刑，并处罚金或者没收财产。
2	挪用公款罪（第384条）	1. 非法活动3万元以上的，营利活动或者超过3个月未还5万元以上，应予立案，处5年以下有期徒刑或者拘役； 2. 涉嫌下列情形之一的，处5年以上有期徒刑：（1）挪用公款非法活动100万元以上、营利活动200万元以上；（2）挪用救灾、抢险、防汛、优抚、扶贫、移民、救济特定款物，非法活动50万元以上，营利活动100万元以上；（3）挪用公款不退还，非法活动50万元以上，营利活动100万元以上；（4）其他严重的情节。 3. 非法活动300万元以上，营利活动500万元以上，不退还的，处10年以上有期徒刑或者无期徒刑。
3	受贿罪（第385条）	1.3万元以上（四种情形【注2】：1万元以上），应予立案，处3年以下有期徒刑或者拘役，并处罚金； 2.20万元以上（四种情形【注2】：10万元以上），处3年以上10年以下有期徒刑，并处罚金或者没收财产； 3.300万元以上（四种情形【注2】：150万元以上），处10年以上有期徒刑或者无期徒刑，并处罚金或者没收财产。
4	单位受贿罪（第387条）	10万元以上（不满10万元，但故意刁难、要挟有关单位、个人，造成恶劣影响的，或者强行索取财物的，或者致使国家或者社会利益遭受重大损失的），应予立案，处5年以下有期徒刑或者拘役的。

* 本表格中法条为《中华人民共和国刑法》条文。

续表

序 号	罪 名	立案（定罪量刑）标准
5	利用影响力受贿罪（第 388 条之一）	1. 3 万元以上（四种情形【注 2】：1 万元以上），应予立案，处 3 年以下有期徒刑或者拘役，并处罚金； 2. 20 万元以上（四种情形【注 2】：10 万元以上），处 3 年以上 7 年以下有期徒刑，并处罚金； 3. 300 万元以上（四种情形【注 2】：150 万元以上），处 7 年以上有期徒刑或者无期徒刑，并处罚金或者没收财产。
6	行贿罪（第 389 条）	1. 3 万元以上（六种情形【注 3】：1 万元以上），应予立案，处 5 年以下有期徒刑或者拘役，并处罚金； 2. 100 万元以上［六种情形【注 3】（1-5）或行贿造成损失 100 万元以上：50 万元以上］或具有其他严重的情节，处 5 年以上 10 年以下有期徒刑，并处罚金； 3. 500 万元以上［六种情形【注 3】（1-5）或行贿造成损失 500 万元以上：250 万元以上］或具有其他特别严重的情节，处 10 年以上有期徒刑或者无期徒刑，并处罚金或者没收财产。
7	对有影响力的人行贿罪（第 390 条之一）	1. 3 万元以上（六种情形【注 3】：1 万元以上），应予立案，处 3 年以下有期徒刑或者拘役，并处罚金； 2. 100 万元以上［六种情形【注 3】（1-5）或造成损失 100 万元以上：50 万元以上］或具有其他严重的情节，处 3 年以上 7 年以下有期徒刑，并处罚金； 3. 500 万元以上［六种情形【注 3】（1-5）或造成损失 500 万元以上：250 万元以上］或具有其他特别严重的情节，处 7 年以上 10 年以下有期徒刑，并处罚金。 单位对有影响力的人行贿数额在 20 万元以上的，应予立案，处三年以下有期徒刑或者拘役，并处罚金。
8	对单位行贿罪（第 391 条）	涉嫌下列情形之一的，应予立案，处 3 年以下有期徒刑或者拘役，并处罚金：（1）个人行贿 10 万元以上、单位行贿 20 万元以上的；（2）个人行贿不满 10 万元、单位行贿 10 万元以上不满 20 万元，但具有下列情形之一的：①为谋取非法利益而行贿的；②向 3 个以上单位行贿的；③向党政机关、司法机关、行政执法机关行贿的；④致使国家或者社会利益遭受重大损失的。

续表

序　号	罪　名	立案（定罪量刑）标准
9	介绍贿赂罪（第392条）	涉嫌下列情形之一的，应予立案，处3年以下有期徒刑或者拘役，并处罚金：（1）介绍个人行贿3万元（参照最新解释行受贿标准）以上的；介绍单位行贿20万元以上的；（2）介绍贿赂数额不满上述标准，但具有下列情形之一的：①为使行贿人获取非法利益而介绍贿赂的；②3次以上或者为3人以上介绍贿赂的；③向党政领导、司法工作人员、行政执法人员介绍贿赂的；④致使国家或者社会利益遭受重大损失的。
10	单位行贿罪（第393条）	涉嫌下列情形之一的，应予立案，处5年以下有期徒刑或者拘役，并处罚金：（1）单位行贿20万元以上的；（2）单位行贿，数额10万元以上不满20万元，但具有下列情形之一的：①为谋取非法利益而行贿的；②向3人以上行贿的；③向党政领导、司法工作人员、行政执法人员行贿的；④致使国家或者社会利益遭受重大损失的。
11	巨额财产来源不明罪（第395条第1款）	30万元以上的，应予立案，处5年以下有期徒刑或者拘役。
12	隐瞒境外存款罪（第395条第2款）	折合人民币30万元以上，应予立案，处2年以下有期徒刑或者拘役。
13	私分国有资产罪（第396条第1款）	10万元以上，应予立案，处3年以下有期徒刑或者拘役，并处或单处罚金。
14	私分罚没财物罪（第396条第2款）	10万元以上，应予立案，处3年以下有期徒刑 或者拘役，并处或单处罚金。
15	非国家工作人员受贿罪（第163条）	1.6万元以上，应予立案，处5年以下有期徒刑或者拘役。 2.100万元以上，处5年以上有期徒刑，可以并处没收财产。
16	对非国家工作人员行贿罪（第164条）	1. 个人行贿6万元以上，单位行贿20万元以上，应予立案，处3年以下有期徒刑或者拘役。 2. 行贿200万元以上，处3年以上10年以下有期徒刑，并处罚金。

续表

序 号	罪 名	立案（定罪量刑）标准
17	对外国公职人员、国际公共组织官员行贿罪（第164条第2款）	数额较大的，处3年以下有期徒刑或者拘役；数额巨大的，处3年以上10年以下有期徒刑，并处罚金。暂无具体标准，可参照行贿罪及对非国家工作人员行贿罪标准。
二、滥用职权犯罪（15个罪名）		
18	滥用职权罪（第397条）	1. 涉嫌下列情形之一的，处3年以下有期徒刑或者拘役：（1）造成死亡1人以上，或者重伤3人以上，或者轻伤9人以上，或者重伤2人、轻伤3人以上，或者重伤1人、轻伤6人以上的；（2）造成经济损失30万元以上的；（3）造成恶劣社会影响的；（4）其他致使公共财产、国家和人民利益遭受重大损失的情形。 2. 涉嫌下列情形之一的，处3年以上7年以下有期徒刑：（1）造成伤亡达到前款第1项规定人数3倍以上的；（2）造成经济损失150万元以上的；（3）造成前款规定的损失后果，不报、迟报、谎报或者授意、指使、强令他人不报、迟报、谎报事故情况，致使损失后果持续、扩大或者抢救工作延误的；（4）造成特别恶劣社会影响的；（5）其他特别严重的情节。 此外，两种特殊情况下滥用职权罪标准。【注4】
19	国有公司、企业、事业单位人员滥用职权罪（第168条）	涉嫌下列情形之一的，应予立案，处3年以下有期徒刑或者拘役：（1）造成国家直接经济损失数额在30万元以上的；（2）造成有关单位破产，停业、停产6个月以上，或者被吊销许可证和营业执照、责令关闭、撤销、解散的；（3）其他致使国家利益遭受重大损失的情形。
20	滥用管理公司、证券职权罪（第403条）	涉嫌下列情形之一的，应予立案，处5年以下有期徒刑或者拘役：（1）造成直接经济损失50万元以上的；（2）工商管理部门的工作人员对不符合法律规定条件的公司设立、登记申请，违法予以批准、登记，严重扰乱市场秩序的；（3）金融证券管理机构工作人员对不符合法律规定条件的股票、债券发行、上市申请，违法予以批准，严重损害公众利益，或者严重扰乱金融秩序的；（4）工商管理部门、金融证券管理机构的工作人员对不符合法律规定条件的公司设立、登记申请或者股票、债券发行、上市申请违法予以批准或者登记，致使犯罪行为得逞的；（5）上级部门、当地政府直接负责的主管人员强令登记

续表

序　号	罪　名	立案（定罪量刑）标准
		机关及其工作人员，对不符合法律规定条件的公司设立、登记申请或者股票、债券发行、上市申请予以批准或者登记，致使公共财产、国家或者人民利益遭受重大损失的；（6）其他致使公共财产、国家和人民利益遭受重大损失的情形。
21	食品监管渎职罪（第408条之一）	滥用职权或者玩忽职守，导致发生重大食品安全事故或者造成其他严重后果的，处5年以下有期徒刑或者拘役；造成特别严重后果的，处5年以上10年以下有期徒刑。暂无具体标准，可参照玩忽职守等相关罪名。
22	故意泄露国家秘密罪（第398条）	涉嫌下列情形之一的，应予立案，处3年以下有期徒刑或者拘役：（1）泄露绝密级国家秘密1项（件）以上的；（2）泄露机密级国家秘密2项（件）以上的；（3）泄露秘密级国家秘密3项（件）以上的；（4）向非境外机构、组织、人员泄露国家秘密，造成或者可能造成危害社会稳定、经济发展、国防安全或者其他严重危害后果的；（5）通过口头、书面或者网络等方式向公众散布、传播国家秘密的；（6）利用职权指使或者强迫他人违反国家保守秘密法的规定泄露国家秘密的；（7）以牟取私利为目的泄露国家秘密的；（8）其他情节严重的情形。
23	报复陷害罪（第254条）	涉嫌下列情形之一的，应予立案，处2年以下有期徒刑或者拘役：（1）报复陷害，情节严重，导致控告人、申诉人、批评人、举报人或者其近亲属自杀、自残造成重伤、死亡或者精神失常的；（2）致使控告人、申诉人、批评人、举报人或者其近亲属的其他合法权利受到严重损害的；（3）其他报复陷害应予追究刑事责任的情形。
24	阻碍解救被拐卖、绑架妇女、儿童罪（第416条第2款）	涉嫌下列情形之一的，应予立案，处2年以上7年以下有期徒刑，情节较轻的，处2年以下有期徒刑或者拘役：（1）利用职权，禁止、阻止或者妨碍有关部门、人员解救被拐卖、绑架的妇女、儿童的；（2）利用职务上的便利，向拐卖、绑架者或者收买者通风报信，妨碍解救工作正常进行的；（3）其他利用职务阻碍解救被拐卖、绑架的妇女、儿童应予追究刑事责任的情形。

续表

序　号	罪　名	立案（定罪量刑）标准
25	帮助犯罪分子逃避处罚罪（第417条）	涉嫌下列情形之一的，应予立案，处3年以下有期徒刑或者拘役：（1）向犯罪分子泄漏有关部门查禁犯罪活动的部署、人员、措施、时间、地点等情况的；（2）向犯罪分子提供钱物、交通工具、通讯设备、隐藏处所等便利条件的；（3）向犯罪分子泄漏案情的；（4）帮助、示意犯罪分子隐匿、毁灭、伪造证据，或者串供、翻供的；（5）其他帮助犯罪分子逃避处罚应予追究刑事责任的情形。
26	违法发放林木采伐许可证罪（第407条）	涉嫌下列情形之一的，致使森林遭受严重破坏，应予立案，处3年以下有期徒刑或者拘役：（1）发放林木采伐许可证允许采伐数量累计超过批准的年采伐限额，导致林木被超限额采伐10立方米以上的；（2）滥发林木采伐许可证，导致林木被滥伐20立方米以上，或者导致幼树被滥伐1000株以上的；（3）滥发林木采伐许可证，导致防护林、特种用途林被滥伐5立方米以上，或者幼树被滥伐200株以上的；（4）滥发林木采伐许可证，导致珍贵树木或者国家重点保护的其他树木被滥伐的；（5）滥发林木采伐许可证，导致国家禁止采伐的林木被采伐的；（6）其他情节严重，致使森林遭受严重破坏的情形。
27	办理偷越国（边）境人员出入境证件罪（第415条）	对明知是企图偷越国（边）境的人员而予以办理出入境证件的，应予立案，处3年以下有期徒刑或者拘役。
28	放行偷越国（边）境人员罪（第415条）	对明知是偷越国（边）境的人员而予以放行的，应予立案，处3年以下有期徒刑或者拘役。
29	挪用特定款物罪（第273条）	涉嫌下列情形之一的，应予立案，处3年以下有期徒刑或者拘役：（1）挪用特定款物数额在5000元以上的；（2）造成国家和人民群众直接经济损失数额在5万元以上的；（3）虽未达到上述数额标准，但多次挪用特定款物的，或者造成人民群众的生产、生活严重困难的；（4）严重损害国家声誉，或者造成恶劣社会影响的；（5）其他致使国家和人民群众利益遭受重大损害的情形。

续表

序　号	罪　名	立案（定罪量刑）标准
30	非法剥夺公民宗教信仰自由罪（第251条）	情节严重的，处2年以下有期徒刑或者拘役。情节严重，是指非法剥夺宗教信仰自由的手段恶劣，造成被害人精神失常或自杀等严重后果的情况。
31	侵犯少数民族风俗习惯罪（第251条）	情节严重的，处2年以下有期徒刑或者拘役。情节严重，即多次或多人侵犯、手段恶劣、引起民族纠纷、民族矛盾的，造成骚乱、示威游行或社会秩序严重混乱，产生恶劣的政治影响的。
32	打击报复会计、统计人员罪（第255条）	情节恶劣的，处3年以下有期徒刑或者拘役。暂无具体标准，可参照报复陷害罪立案标准。
三、玩忽职守犯罪（11个罪名）		
33	玩忽职守罪（第397条）	同滥用职权罪标准。除外：疏于审查或者审查不严，致使盗窃、抢劫、诈骗、抢夺的机动车被办理登记手续，数量达到5辆以上或者价值总额达到50万元以上的，以玩忽职守罪定罪，处3年以下有期徒刑或者拘役。
34	国有公司、企业、事业单位人员失职罪（第168条）	涉嫌下列情形之一的，应予追诉，处3年以下有期徒刑或者拘役：（1）造成国家直接经济损失数额在50万元以上的；（2）造成有关单位破产，停业、停产1年以上，或者被吊销许可证和营业执照、责令关闭、撤销、解散的；（3）其他致使国家利益遭受重大损失的情形。
35	签订、履行合同失职被骗罪（第406条）	涉嫌下列情形之一的，应予立案，处3年以下有期徒刑或者拘役：（1）造成国家直接经济损失数额在50万元以上的；（2）造成有关单位破产，停业、停产6个月以上，或者被吊销许可证和营业执照、责令关闭、撤销、解散的；（3）其他致使国家利益遭受重大损失的情形。
		金融机构、从事对外贸易经营活动的公司、企业的工作人员严重不负责任，造成100万美元以上外汇被骗购或者逃汇1000万美元以上的，应予立案。
36	国家机关工作人员签订、履行合同失职被骗罪（第406条）	涉嫌下列情形之一的，应予立案，处3年以下有期徒刑或者拘役：（1）造成直接经济损失30万元以上，或者直接经济损失不满30万元，但间接经济损失150万元以上的；（2）其他致使国家利益遭受重大损失的情形。

续表

序　号	罪　名	立案（定罪量刑）标准
37	环境监管失职罪（第408条）	致使公私财产损失30万元以上，或者涉嫌下列情形之一的，属于“致使公私财产遭受重大损失或者造成人身伤亡的严重后果”，应予立案，处3年以下有期徒刑或者拘役：（1）造成生态环境严重损害的；（2）致使乡镇以上集中式饮用水水源取水中断12小时以上的；（3）致使基本农田、防护林地、特种用途林地5亩以上，其他农用地10亩以上，其他土地20亩以上基本功能丧失或者遭受永久性破坏的；（4）致使森林或者其他林木死亡50立方米以上，或者幼树死亡2500株以上的；（5）致使疏散、转移群众5000人以上的；（6）致使30人以上中毒的；（7）致使3人以上轻伤、轻度残疾或者器官组织损伤导致一般功能障碍的；（8）致使1人以上重伤、中度残疾或者器官组织损伤导致严重功能障碍的；（9）其他严重污染环境的情形。
38	传染病防治失职罪（第409条）	涉嫌下列情形之一的，应予立案，处3年以下有期徒刑或者拘役：（1）导致甲类传染病传播的；（2）导致乙类、丙类传染病流行的；（3）因传染病传播或者流行，造成人员重伤或者死亡的；（4）因传染病传播或者流行，严重影响正常的生产、生活秩序的；（5）在国家对突发传染病疫情等灾害采取预防、控制措施后，对发生突发传染病疫情等灾害的地区或者突发传染病病人、病原携带者、疑似突发传染病病人，未按照预防、控制突发传染病疫情等灾害工作规范的要求做好防疫、检疫、隔离、防护、救治等工作，或者采取的预防、控制措施不当，造成传染范围扩大或者疫情、灾情加重的；（6）在国家对突发传染病疫情等灾害采取预防、控制措施后，隐瞒、缓报、谎报或者授意、指使、强令他人隐瞒、缓报、谎报疫情、灾情，造成传染范围扩大或者疫情、灾情加重的；（7）在国家对突发传染病疫情等灾害采取预防、控制措施后，拒不执行突发传染病疫情等灾害应急处理指挥机构的决定、命令，造成传染范围扩大或者疫情、灾情加重的；（8）其他情节严重的情形。 在国家对突发传染病疫情等灾害采取预防、控制措施后，具有下列情形之一的，应予立案，处3年以下有期徒刑或者拘役：（1）对发生突发传染病疫情等灾害的地区或者突发传染病病人、病原携带者、疑似突发传染病病人，未按照预防、控制突发传染病疫情等灾害工作规范的要

续表

序　号	罪　名	立案（定罪量刑）标准
		求做好防疫、检疫、隔离、防护、救治等工作，或者采取的预防、控制措施不当，造成传染范围扩大或者疫情、灾情加重的；（2）隐瞒、缓报、谎报或者授意、指使、强令他人隐瞒、缓报、谎报疫情、灾情，造成传染范围扩大或者疫情、灾情加重的；（3）拒不执行突发传染病疫情等灾害应急处理指挥机构的决定、命令，造成传染范围扩大或者疫情、灾情加重的；（4）具有其他严重情节的。
39	商检失职罪（第 412 条第 2 款）	涉嫌下列情形之一的，应予立案，处 3 年以下有期徒刑或者拘役：（1）致使不合格的食品、药品、医疗器械等商品出入境，严重危害生命健康的；（2）造成个人财产直接经济损失 15 万元以上，或者直接经济损失不满 15 万元，但间接经济损失 75 万元以上的；（3）造成公共财产、法人或者其他组织财产直接经济损失 30 万元以上，或者直接经济损失不满 30 万元，但间接经济损失 150 万元以上的；（4）未经检验，出具合格检验结果，致使国家禁止进口的固体废物、液态废物和气态废物等进入境内的；（5）不检验或者延误检验出证、错误出证，引起国际经济贸易纠纷，严重影响国家对外经贸关系，或者严重损害国家声誉的；（6）其他致使国家利益遭受重大损失的情形。
40	动植物检疫失职罪（第 413 条第 2 款）	涉嫌下列情形之一的，应予立案，处 3 年以下有期徒刑或者拘役：（1）导致疫情发生，造成人员重伤或者死亡的；（2）导致重大疫情发生、传播或者流行的；（3）造成个人财产直接经济损失 15 万元以上，或者直接经济损失不满 15 万元，但间接经济损失 75 万元以上的；（4）造成公共财产或者法人、其他组织财产直接经济损失 30 万元以上，或者直接经济损失不满 30 万元，但间接经济损失 150 万元以上的；（5）不检疫或者延误检疫出证、错误出证，引起国际经济贸易纠纷，严重影响国家对外经贸关系，或者严重损害国家声誉的；（6）其他致使国家利益遭受重大损失的情形。

续表

序　号	罪　名	立案（定罪量刑）标准
41	不解救被拐卖、绑架妇女、儿童罪（第416条第1款）	涉嫌下列情形之一的，应予立案，处5年以下有期徒刑或者拘役：（1）导致被拐卖、绑架的妇女、儿童或者其家属重伤、死亡或者精神失常的；（2）导致被拐卖、绑架的妇女、儿童被转移、隐匿、转卖，不能及时进行解救的；（3）对被拐卖、绑架的妇女、儿童不进行解救3人次以上的；（4）对被拐卖、绑架的妇女、儿童不进行解救，造成恶劣社会影响的；（5）其他造成严重后果的情形。
42	失职造成珍贵文物损毁、流失罪（第419条）	涉嫌下列情形之一，造成珍贵文物损毁或者流失，后果严重的，应予立案，处3年以下有期徒刑或者拘役：（1）导致二级以上文物或者5件以上三级文物损毁或者流失的；（2）导致全国重点文物保护单位、省级文物保护单位的本体严重损毁或者灭失的；（3）其他后果严重的情形。
43	过失泄露国家秘密罪（第398条）	涉嫌下列情形之一的，处3年以下有期徒刑或者拘役：（1）泄露绝密级国家秘密1项（件）以上的；（2）泄露机密级国家秘密3项（件）以上的；（3）泄露秘密级国家秘密4项（件）以上的；（4）违反保密规定，将涉及国家秘密的计算机或者计算机信息系统与互联网相连接，泄露国家秘密的；（5）泄露国家秘密或者遗失国家秘密载体，隐瞒不报、不如实提供有关情况或者不采取补救措施的；（6）其他情节严重的情形。
四、徇私舞弊犯罪（15个罪名）		
44	徇私舞弊低价折股、出售国有资产罪（第169条）	涉嫌下列情形之一的，应予立案，处3年以下有期徒刑或者拘役：（1）造成国家直接经济损失数额在30万元以上的；（2）造成有关单位破产，停业、停产6个月以上，或者被吊销许可证和营业执照、责令关闭、撤销、解散的；（3）其他致使国家利益遭受重大损失的情形。
45	非法批准征收、征用、占用土地罪（第410条）	1. 涉嫌下列情形之一的，应予立案，处3年以下有期徒刑或者拘役：（1）非法批准征用、占用基本农田10亩以上的；（2）非法批准征用、占用基本农田以外的耕地30亩以上的；（3）非法批准征用、占用其他土地50亩以上的；（4）虽未达到上述数量标准，但造成有关单位、个人直接经济损失30万元以上，或者造成耕地大量毁坏或

续表

序　号	罪　名	立案（定罪量刑）标准
		者植被遭到严重破坏的；（5）非法批准征用、占用土地，影响群众生产、生活，引起纠纷，造成恶劣影响或者其他严重后果的；（6）非法批准征用、占用防护林地、特种用途林地分别或者合计10亩以上的；（7）非法批准征用、占用其他林地20亩以上的；（8）非法批准征用、占用林地造成直接经济损失30万元以上，或者造成防护林地、特种用途林地分别或者合计5亩以上或者其他林地10亩以上毁坏的；（9）非法批准征收、征用、占用草原40亩以上的；（10）非法批准征收、征用、占用草原，造成20亩以上草原被毁坏的；（11）其他情节严重的情形。 2. 涉嫌下列情形之一的，处3年以上7年以下有期徒刑：（1）非法批准征用、占用基本农田20亩以上的；（2）非法批准征用、占用基本农田以外的耕地60亩以上的；（3）非法批准征用、占用其他土地100亩以上的；（4）非法批准征用、占用土地，造成基本农田5亩以上，其他耕地10亩以上严重毁坏的；（5）非法批准征用、占用土地造成直接经济损失50万元以上等恶劣情节的。（6）非法批准征用、占用防护林地、特种用途林地数量分别或者合计达到20亩以上；（7）非法批准征用、占用其他林地数量达到40亩以上；（8）非法批准征用、占用林地造成直接经济损失数额达到60万元以上，或者造成本条第（一）项规定的林地数量分别或者合计达到10亩以上或者本条第（二）项规定的林地数量达到20亩以上毁坏；（9）非法批准征收、征用、占用草原80亩以上的；（10）非法批准征收、征用、占用草原，造成40亩以上草原被毁坏的；（11）非法批准征收、征用、占用草原，造成直接经济损失60万元以上，或者具有其他特别恶劣情节的。
46	非法低价出让国有土地使用权罪（第410条）	1. 涉嫌下列情形之一的，应予立案，处3年以下有期徒刑或者拘役：（1）非法低价出让国有土地30亩以上，并且出让价额低于国家规定的最低价额标准的60%的；（2）造成国有土地资产流失价额30万元以上的；（3）非法低价出让国有土地使用权，影响群众生产、生活，引起纠纷，造成恶劣影响或者其他严重后果的；（4）非法低价出让林地合计30亩以上，并且出让价额低于国家规定的最低价额标准的60%的；（5）造成国有资产流失30万元以上

续表

序　号	罪　名	立案（定罪量刑）标准
		的；（6）其他情节严重的情形。 2. 涉嫌下列情形之一的，处3年以上7年以下有期徒刑：（1）非法低价出让国有土地使用权面积在60亩以上，并且出让价额低于国家规定的最低价额标准的40%的；（2）造成国有土地资产流失价额在50万元以上的；（3）造成国有资产流失价额达到60万元以上的。
47	非法经营同类营业罪（第165条）	获取非法利益10万元以上，应予立案，处3年以下有期徒刑或者拘役，并处或者单处罚金。
48	为亲友非法牟利罪（第166条）	涉嫌下列情形之一的，应予追诉，处3年以下有期徒刑或者拘役，并处或者单处罚金：（1）造成国家直接经济损失数额在10万元以上的；（2）使其亲友非法获利数额在20万元以上的；（3）致使有关单位破产，停产、停业6个月以上或者被吊销许可证和营业执照、责令关闭、撤销、解散的；（4）其他致使国家利益遭受重大损失的情形。
49	枉法仲裁罪（第399条之一）	情节严重的，处3年以下有期徒刑或者拘役，情节特别严重的，处3年以上7年以下有期徒刑。暂无具体标准，可参照滥用职权等相关罪名。
50	徇私舞弊发售发票、抵扣税款、出口退税罪（第405条第1款）	涉嫌下列情形之一的，应予立案，处5年以下有期徒刑或者拘役：（1）徇私舞弊，致使国家税收损失累计达10万元以上的；（2）徇私舞弊，致使国家税收损失累计不满10万元，但发售增值税专用发票25份以上或者其他发票50份以上或者增值税专用发票与其他发票合计50份以上，或者具有索取、收受贿赂或者其他恶劣情节的；（3）其他致使国家利益遭受重大损失的情形。
51	商检徇私舞弊罪（第412条第1款）	涉嫌下列情形之一的，应予立案，处5年以下有期徒刑或者拘役：（1）采取伪造、变造的手段对报检的商品的单证、印章、标志、封识、质量认证标志等作虚假的证明或者出具不真实的证明结论的；（2）将送检的合格商品检验为不合格，或者将不合格商品检验为合格的；（3）对明知是不合格的商品，不检验而出具合格检验结果的；（4）其他伪造检验结果应予追究刑事责任的情形。

续表

序　号	罪　名	立案（定罪量刑）标准
52	动植物检疫徇私舞弊罪（第413条第1款）	涉嫌下列情形之一的，应予立案，处5年以下有期徒刑或者拘役：（1）采取伪造、变造的手段对检疫的单证、印章、标志、封识等作虚假的证明或者出具不真实的结论的；（2）将送检的合格动植物检疫为不合格，或者将不合格动植物检疫为合格的；（3）对明知是不合格的动植物，不检疫而出具合格检疫结果的；（4）其他伪造检疫结果应予追究刑事责任的情形。
53	放纵走私罪（第411条）	涉嫌下列情形之一的，应予立案，处5年以下有期徒刑或者拘役：（1）放纵走私犯罪的；（2）因放纵走私致使国家应收税额损失累计达10万元以上的；（3）放纵走私行为3起次以上的；（4）放纵走私行为，具有索取或者收受贿赂情节的；（5）其他情节严重的情形。
54	放纵制售伪劣商品犯罪行为罪（第414条）	涉嫌下列情形之一的，应予立案，处5年以下有期徒刑或者拘役：（1）放纵生产、销售假药或者有毒、有害食品犯罪行为的；（2）放纵生产、销售伪劣农药、兽药、化肥、种子犯罪行为的；（3）放纵依法可能判处3年有期徒刑以上刑罚的生产、销售伪劣商品犯罪行为的；（4）对生产、销售伪劣商品犯罪行为不履行追究职责，致使生产、销售伪劣商品犯罪行为得以继续的；（5）3次以上不履行追究职责，或者对3个以上有生产、销售伪劣商品犯罪行为的单位或者个人不履行追究职责的；（6）其他情节严重的情形。（致使国家和人民利益遭受重大损失或者造成恶劣影响的。）
55	招收公务员、学生徇私舞弊罪（第418条）	涉嫌下列情形之一的，应予立案，处3年以下有期徒刑或者拘役：（1）徇私舞弊，利用职务便利，伪造、变造人事、户口档案、考试成绩或者其他影响招收工作的有关资料，或者明知是伪造、变造的上述材料而予以认可的；（2）徇私舞弊，利用职务便利，帮助5名以上考生作弊的；（3）徇私舞弊招收不合格的公务员、学生3人次以上的；（4）因徇私舞弊招收不合格的公务员、学生，导致被排挤的合格人员或者其近亲属自杀、自残造成重伤、死亡，或者精神失常的；（5）因徇私舞弊招收公务员、学生，导致该项招收工作重新进行的；（6）其他情节严重的情形。

续表

序 号	罪 名	立案（定罪量刑）标准
56	徇私舞弊不移交刑事案件罪（第402条）	涉嫌下列情形之一的，应予立案，处3年以下有期徒刑或者拘役：（1）对依法可能判处3年以上有期徒刑、无期徒刑、死刑的犯罪案件不移交的；（2）不移交刑事案件涉及3人次以上的；（3）司法机关提出意见后，无正当理由仍然不予移交的；（4）以罚代刑，放纵犯罪嫌疑人，致使犯罪嫌疑人继续进行违法犯罪活动的；（5）行政执法部门主管领导阻止移交的；（6）隐瞒、毁灭证据，伪造材料，改变刑事案件性质的；（7）直接负责的主管人员和其他直接责任人员为牟取本单位私利而不移交刑事案件，情节严重的；（8）其他情节严重的情形。
57	违法提供出口退税凭证罪（第405条第2款）	涉嫌下列情形之一的，应予立案，处5年以下有期徒刑或者拘役：（1）徇私舞弊，致使国家税收损失累计达10万元以上的；（2）徇私舞弊，致使国家税收损失累计不满10万元，但具有索取、收受贿赂或者其他恶劣情节的；（3）其他致使国家利益遭受重大损失的情形。
58	徇私舞弊不征、少征税款罪（第404条）	涉嫌下列情形之一的，应予立案，处5年以下有期徒刑或者拘役：（1）徇私舞弊不征、少征应征税款，致使国家税收损失累计达10万元以上的；（2）上级主管部门工作人员指使税务机关工作人员徇私舞弊不征、少征应征税款，致使国家税收损失累计达10万元以上的；（3）徇私舞弊不征、少征应征税款不满10万元，但具有索取或者收受贿赂或者其他恶劣情节的；（4）其他致使国家税收遭受重大损失的情形。
五、责任事故犯罪（11个罪名）		
59	重大责任事故罪（第134条）	1. 涉嫌下列情形之一的，应予立案追诉，处3年以下有期徒刑或者拘役：（1）造成死亡1人以上，或者重伤3人以上的；（2）造成直接经济损失100万元以上的；（3）其他造成严重后果或者重大安全事故的情形。 2. 涉嫌下列情形之一的，处3年以上7年以下有期徒刑：（1）造成死亡3人以上或者重伤10人以上，负事故主要责任的；（2）造成直接经济损失500万元以上，负事故主要责任的；（3）其他造成特别严重后果、情节特别恶劣或者后果特别严重的情形。

续表

序号	罪名	立案（定罪量刑）标准
60	教育设施重大安全事故罪（第138条）	1. 造成死亡1人以上，或者重伤3人以上的，应予立案，处3年以下有期徒刑或者拘役； 2. 涉嫌下列情形之一的，对直接责任人员，处3年以上7年以下有期徒刑：（1）造成死亡3人以上或者重伤10人以上，负事故主要责任的；（2）造成死亡1人以上，或者重伤3人以上，同时造成直接经济损失500万元以上并负事故主要责任的，或者同时造成恶劣社会影响的。
61	消防责任事故罪（第139条）	同重大责任事故罪（第134条）
62	重大劳动安全事故罪（第135条）	同重大责任事故罪（第134条）
63	强令违章冒险作业罪（第134条）	1. 涉嫌下列情形之一的，应予立案，处5年以下有期徒刑或者拘役：（1）造成死亡1人以上，或者重伤3人以上的；（2）造成直接经济损失100万元以上的；（3）其他造成严重后果或者重大安全事故的情形。 2. 涉嫌下列情形之一的，处5年以上有期徒刑：（1）造成死亡3人以上或者重伤10人以上，负事故主要责任的；（2）造成直接经济损失500万元以上，负事故主要责任的；（3）其他造成特别严重后果、情节特别恶劣或者后果特别严重的情形。
64	不报、谎报安全事故罪（第139条之一）	1. 涉嫌下列情形之一的，应予立案，处3年以下有期徒刑或者拘役：（1）导致事故后果扩大，增加死亡1人以上，或者增加重伤3人以上，或者增加直接经济损失100万元以上的；（2）实施下列行为之一，致使不能及时有效开展事故抢救的：①决定不报、迟报、谎报事故情况或者指使、串通有关人员不报、迟报、谎报事故情况的；②在事故抢救期间擅离职守或者逃匿的；③伪造、破坏事故现场，或者转移、藏匿、毁灭遇难人员尸体，或者转移、藏匿受伤人员的；④毁灭、伪造、隐匿与事故有关的图纸、记录、计算机数据等资料以及其他证据的；（3）其他情节严重的情形。 2. 涉嫌下列情形之一的，处3年以上7年以下有期徒刑：（1）导致事故后果扩大，增加死亡3人以上，或者增加重伤10人以上，或者增加直接经济损失500万元以上的；（2）采用暴力、胁迫、命令等方式阻止他人报告事故情况，导致事故后果扩大的；（3）其他情节特别严重的情形。

续表

序　号	罪　名	立案（定罪量刑）标准
65	铁路运营安全事故罪（第 132 条）	同重大责任事故罪（第 134 条）
66	重大飞行事故罪（第 131 条）	飞机等航空器或者其他航空设施受到严重损坏，航空器上人员遭受重伤，公私财产受到严重损失等严重后果的，处 3 年以下有期徒刑或者拘役；造成飞机坠毁或者人员死亡的，处 3 年以上 7 年以下有期徒刑。
67	大型群众性活动重大安全事故罪（第 135 条之一）	同重大责任事故罪（第 134 条）
68	危险物品肇事罪（第 136 条）	同重大责任事故罪（第 134 条）
69	工程重大安全事故罪（第 137 条）	1. 涉嫌下列情形之一的，应予立案，处 5 年以下有期徒刑或者拘役，并处罚金：（1）造成死亡 1 人以上，或者重伤 3 人以上的；（2）造成直接经济损失 100 万元以上的；（3）其他造成严重后果或者重大安全事故的情形。 2. 涉嫌下列情形之一的，对直接责任人员，处 5 年以上 10 年以下有期徒刑，并处罚金：（1）造成死亡 3 人以上或者重伤 10 人以上，负事故主要责任的；（2）造成直接经济损失 500 万元以上，负事故主要责任的；（3）其他造成特别严重后果、情节特别恶劣或者后果特别严重的情形。
六、其他（19 个罪名）		
70	破坏选举罪（第 256 条）	涉嫌下列情形之一的，应予立案：（1）以暴力、威胁、欺骗、贿赂等手段，妨害选民、各级人民代表大会代表自由行使选举权和被选举权，致使选举无法正常进行或者选举结果不真实的；（2）以暴力破坏选举场所或者选举设备，致使选举无法正常进行的；（3）伪造选举文件，虚报选举票数，产生不真实的选举结果或者强行宣布合法选举无效、非法选举有效的；（4）聚众冲击选举场所或者故意扰乱选举会场秩序，使选举工作无法进行的。

续表

序　号	罪　名	立案（定罪量刑）标准
71	背信损害上市公司利益罪（第169条之一）	涉嫌下列情形之一的，应予立案，处3年以下有期徒刑或者拘役，并处或者单处罚金：（1）无偿向其他单位或者个人提供资金、商品、服务或者其他资产，致使上市公司直接经济损失数额在150万元以上的；（2）以明显不公平的条件，提供或者接受资金、商品、服务或者其他资产，致使上市公司直接经济损失数额在150万元以上的；（3）向明显不具有清偿能力的单位或者个人提供资金、商品、服务或者其他资产，致使上市公司直接经济损失数额在150万元以上的；（4）为明显不具有清偿能力的单位或者个人提供担保，或者无正当理由为其他单位或者个人提供担保，致使上市公司直接经济损失数额在150万元以上的；（5）无正当理由放弃债权、承担债务，致使上市公司直接经济损失数额在150万元以上的；（6）致使公司发行的股票、公司债券或者国务院依法认定的其他证券被终止上市交易或者多次被暂停上市交易的；（7）其他致使上市公司利益遭受重大损失的情形。
72	金融工作人员购买假币、以假币换取货币罪（第171条第2款）	总面额在2000元以上或者币量在200张（枚）以上的，应予立案，处3年以下有期徒刑或者拘役，并处或者单处1万元以上10万元以下罚金。
73	利用未公开信息交易罪（第180条第4款）	涉嫌下列情形之一的，应予立案，处5年以下有期徒刑或者拘役，并处或者单处违法所得1倍以上5倍以下罚金：（1）证券交易成交额累计在50万元以上的；（2）期货交易占用保证金数额累计在30万元以上的；（3）获利或者避免损失数额累计在15万元以上的；（4）多次利用内幕信息以外的其他未公开信息进行交易活动的；（5）其他情节严重的情形。
74	诱骗投资者买卖证券、期货合约罪（第181条第2款）	涉嫌下列情形之一的，应予立案，处5年以下有期徒刑或者拘役，并处或者单处1万元以上10万元以下罚金：（1）获利或者避免损失数额累计在5万元以上的；（2）造成投资者直接经济损失数额在5万元以上的；（3）致使交易价格和交易量异常波动的；（4）其他造成严重后果的情形。

续表

序　号	罪　名	立案（定罪量刑）标准
75	背信运用受托财产罪（第 185 条之一第 1 款）	涉嫌下列情形之一的，应予立案，处 3 年以下有期徒刑或者拘役，并处 3 万以上 30 万以下罚金：（1）擅自运用客户资金或者其他委托、信托的财产数额在 30 万元以上的；（2）虽未达到上述数额标准，但多次擅自运用客户资金或者其他委托、信托的财产，或者擅自运用多个客户资金或者其他委托、信托的财产的；（3）其他情节严重的情形。
76	违法运用资金罪（第 185 条之一第 2 款）	涉嫌下列情形之一的，应予立案，处 3 年以下有期徒刑或者拘役，并处 3 万以上 30 万以下罚金：（1）违反国家规定运用资金数额在 30 万元以上的；（2）虽未达到上述数额标准，但多次违反国家规定运用资金的；（3）其他情节严重的情形。
77	违法发放贷款罪（第 186 条第 1 款）	涉嫌下列情形之一的，应予立案，处 5 年以下有期徒刑或者拘役，并处 1 万以上 10 万以下罚金：（1）违法发放贷款，数额在 100 万元以上的；（2）违法发放贷款，造成直接经济损失数额在 20 万元以上的。
78	吸收客户资金不入账罪（第 187 条）	涉嫌下列情形之一的，应予立案，处 5 年以下有期徒刑或者拘役，并处 2 万以上 20 万以下罚金：（1）吸收客户资金不入账，数额在 100 万元以上的；（2）吸收客户资金不入账，造成直接经济损失数额在 20 万元以上的。
79	违规出具金融票证罪（第 188 条）	涉嫌下列情形之一的，应予立案，处 5 年以下有期徒刑或者拘役：（1）违反规定为他人出具信用证或者其他保函、票据、存单、资信证明，数额在 100 万元以上的；（2）违反规定为他人出具信用证或者其他保函、票据、存单、资信证明，造成直接经济损失数额在 20 万元以上的；（3）多次违规出具信用证或者其他保函、票据、存单、资信证明的；（4）接受贿赂违规出具信用证或者其他保函、票据、存单、资信证明的；（5）其他情节严重的情形。
80	对违法票据承兑、付款、保证罪（第 189 条）	造成直接经济损失 20 万元以上的，应予立案，处 5 年以下有期徒刑或者拘役。

续表

序　号	罪　名	立案（定罪量刑）标准
81	非法转让、倒卖土地使用权罪（第228条）	涉嫌下列情形之一的，应予立案，处3年以下有期徒刑或者拘役，并处罚金：（1）非法转让、倒卖基本农田5亩以上的；（2）非法转让、倒卖基本农田以外的耕地10亩以上的；（3）非法转让、倒卖其他土地20亩以上的；（4）违法所得数额在50万元以上的；（5）虽未达到上述数额标准，但因非法转让、倒卖土地使用权受过行政处罚，又非法转让、倒卖土地的；(6) 其他情节严重的情形。
82	私自开拆、隐匿、毁弃邮件、电报罪（第253条第1款）	涉嫌下列情形之一的，应予立案，处2年以下有期徒刑或者拘役：（1）私拆或者隐匿、毁弃邮件、电报、次数较多或数量较大的；（2）私拆或者隐匿、毁弃邮件，并从中窃取财物的；(3) 私拆或者隐匿、毁弃邮件、电报，虽然次数不多，数量不大，但给国家、集体利益以及公民合法权益造成严重后果的；（4）私拆或者隐匿、毁弃邮件、电报，造成其他危害后果的。
83	职务侵占罪（第271条第1款）	1. 6万元以上，应予立案，处5年以下有期徒刑或者拘役。 2. 100万元以上，处5年以上有期徒刑，可以并处没收财产。
84	挪用资金罪（第272条第1款）	1. 涉嫌下列情形之一的，应予立案，处3年以下有期徒刑或者拘役：（1）挪用资金10万元以上，超过3个月未还的或进行营利活动的；（2）挪用资金6万元以上，进行非法活动的。 2. 涉嫌下列情形之一的，或者数额较大不退还的，处3年以上10年以下有期徒刑：（1）挪用资金400万元以上，超过3个月未还的或进行营利活动的；（2）挪用资金200万元以上，进行非法活动的。
85	故意延误投递邮件罪（第304条）	涉嫌下列情形之一的，应予立案，处2年以下有期徒刑或者拘役：（1）造成直接经济损失2万元以上的；（2）延误高校录取通知书或者其他重要邮件投递，致使他人失去高校录取资格或者造成其他无法挽回的重大损失的；（3）严重损害国家声誉或者造成其他恶劣社会影响的；（4）其他致使公共财产、国家和人民利益遭受重大损失的情形。
86	泄露不应公开的案件信息罪（第308条之一第1款）	造成信息公开传播或者其他严重后果的，处3年以下有期徒刑、拘役或者管制，并处或者单处罚金。

续表

<table>
<tr><th>序 号</th><th>罪 名</th><th>立案（定罪量刑）标准</th></tr>
<tr><td>87</td><td>披露、报道不应公开的案件信息罪（第308条之一第3款）</td><td>造成信息公开传播或者其他严重后果的，处3年以下有期徒刑、拘役或者管制，并处或者单处罚金。</td></tr>
<tr><td>88</td><td>接送不合格兵员罪（第374条）</td><td>情节严重的，处3年以下有期徒刑或者拘役；造成特别严重后果的，处3年以上7年以下有期徒刑。</td></tr>
<tr><td colspan="3">【注1】六种情形：
1. 贪污救灾、抢险、防汛、优抚、扶贫、移民、救济、防疫、社会捐助等特定款物的；2. 曾因贪污、受贿、挪用公款受过党纪、行政处分的；3. 曾因故意犯罪受过刑事追究的；4. 赃款赃物用于非法活动的；5. 拒不交待赃款赃物去向或者拒不配合追缴工作，致使无法追缴的；6. 造成恶劣影响或者其他严重后果的。
【注2】四种情形：
1. 多次索贿的；2. 为他人谋取不正当利益，致使公共财产、国家和人民利益遭受损失的；3. 为他人谋取职务提拔、调整的；4. 具有以上六种情形（2-6）的。
【注3】六种情形：
1. 向3人以上行贿的；2. 将违法所得用于行贿的；3. 通过行贿谋取职务提拔、调整的；4. 向负有食品、药品、安全生产、环境保护等监督管理职责的国家工作人员行贿，实施非法活动的；5. 向司法工作人员行贿，影响司法公正的；6. 造成经济损失数额在50万元以上不满100万元的。
【注4】两种特殊情况：
（一）国家机关工作人员滥用职权，有下列情形之一，致使盗窃、抢劫、诈骗、抢夺的机动车被办理登记手续，数量达到3辆以上或者价值总额达到30万元以上的，以滥用职权罪定罪，处三年以下有期徒刑或者拘役：1. 明知是登记手续不全或者不符合规定的机动车而办理登记手续的；2. 指使他人为明知是登记手续不全或者不符合规定的机动车办理登记手续的；3. 违规或者指使他人违规更改、调换车辆档案的；4. 其他滥用职权的行为。
国家机关工作人员实施前款行为，致使盗窃、抢劫、诈骗、抢夺的机动车被办理登记手续，达到前款规定数量、数额标准5倍以上的，或者明知是盗窃、抢劫、诈骗、抢夺的机动车而办理登记手续的，属于“情节特别严重”，处3年以上7年以下有期徒刑。国家机关工作人员徇私舞弊，实施上述行为，构成犯罪的，依照《刑法》第397条第2款的规定定罪处罚。
（二）林业主管部门工作人员之外的国家机关工作人员，违反森林法的规定，滥用职权，致使林木被滥伐40立方米以上或者幼树被滥伐2000株以上，或者致使防护林、特种用途林被滥伐10立方米以上或者幼树被滥伐400株以上，或者致使珍贵树木被采伐、毁坏4立方米或者4株以上，或者致使国家重点保护的其他植物被采伐、毁坏后果严重的，或者致使国家严禁采伐的林木被采伐、毁坏情节恶劣的，按照《刑法》第397条的规定以滥用职权罪追究刑事责任。</td></tr>
</table>

参考文献

[1] 吴旭明："习近平总书记关于深化国家监察体制改革重要论述的内在逻辑体系"，载《中国纪检监察报》2018 年 4 月 19 日。

[2] 中共中央纪律检查委员会、中华人民共和国国家监察委员会法规室编写：《〈中华人民共和国监察法〉释义》，中国方正出版社 2018 年版。

[3] 谢超："《监察法》对中国特色反腐败工作的法治影响"，载《法学杂志》2018 年第 5 期。

[4]《全国人民代表大会常务委员会关于在全国各地推开国家监察体制改革试点工作的决定》，载《全国人民代表大会常务委员会公报》2017 年第 6 期。

[5] 邱曼丽："落实全面从严治党 必须强化党内监督"，载《先锋》2016 年第 11 期。

[6] 胡锦光："论监察委员会'全覆盖'的限度"，载《中州学刊》2017 年第 9 期。

[7] 秦前红："困境、改革与出路：从'三驾马车'到国家监察——我国监察体系的宪制思考"，载《中国法律评论》2017 年第 1 期。

[8] 卢乐云："实现对所有行使公权力的公职人员监察全覆盖"，载《人民日报》2018 年 3 月 27 日。

[9] 李建国："关于《中华人民共和国监察法（草案）》的说明——2018 年 3 月 13 日在第十三届全国人民代表大会第一次会议上"，载《全国人民代表大会常务委员会公报》2018 年第 2 期。

[10] 马怀德："国家监察体制改革的重要意义和主要任务"，载《国家行政学院学报》2016 年第 6 期。

[11] 秦前红、刘怡达："监察全面覆盖的可能与限度——兼论监察体制改革的宪法边界"，载《甘肃政法学院学报》2017 年第 2 期。

[12] 任进："中国特色国家监察体制的法治保障"，载《行政管理改革》2018 年第 4 期。

[13] 魏昌东："《监察法》与中国特色腐败治理体制更新的理论逻辑"，载《华东政法大学学报》2018 年第 3 期。

[14] 秦前红等：《国家监察制度改革研究》，法律出版社 2018 年版。

[15] 江国华、彭超："国家监察立法的六个基本问题"，载《江汉论坛》2017 年第 2 期。

[16] 陶敬一："检察机关职务犯罪侦查权性质辨析"，载《今日湖北旬刊》2013 年第 1 期。
[17] 江国华："国家监察体制改革的逻辑与取向"，载《学术论坛》2017 年第 3 期。
[18] 韩大元："论国家监察体制改革中的若干宪法问题"，载《社会科学文摘》2017 年第 8 期。
[19] 江国华："司法立宪主义与中国司法改革"，载《法制与社会发展》2016 年第 1 期。
[20] 王晨："关于《中华人民共和国宪法修正案（草案）》的说明——2018 年 3 月 5 日在第十三届全国人民代表大会第一次会议上"，载《全国人民代表大会常务委员会公报》2018 年第 2 期。
[21] 田国垒："始终在党的领导和监督下开展工作"，载《中国纪检监察报》2018 年 3 月 19 日，第 3 版。
[22] 瞿芃："从'结果通报'到'过程通报'，从'纪法分开'到'纪法贯通'，从发布'有规律'到'无规律'——细数'打虎通报'变化 倾听反腐铿锵足音"，载《中国纪检监察报》2018 年 4 月 5 日。
[23] 李翫："深化国家监察体制改革彰显'四个自信'"，载《中国纪检监察》2018 年第 5 期。
[24] "习近平在中共中央政治局第三十七次集体学习时强调 坚持依法治国和以德治国相结合 推进国家治理体系和治理能力现代化"，载《中国纪检监察》2016 年第 24 期。
[25] 尹传政："汲取优秀政德文化 加强政治生态建设"，载《光明日报》2018 年 5 月 8 日。
[26] 张云霄："国家监察体制改革法治化进程初探"，载《法学杂志》2018 年第 5 期。
[27] 钟纪轩："深化国家监察体制改革 健全党和国家监督体系"，载《求是》2018 年第 9 期。
[28] 袁明圣："派出机构的若干问题"，载《行政法学研究》2001 年第 3 期。
[29] 黄韶鹏："监察全覆盖是怎样体现的——六大类人员全部纳入监察对象"，载《中国纪检监察》2017 年第 23 期。
[30] 姚文胜："国家监察体制改革有关问题的思考"，载《环球法律评论》2017 年第 2 期。
[31] 朱福惠："国家监察体制之宪法史观察——兼论监察委员会制度的时代特征"，载《武汉大学学报（社会科学版）》2017 年第 2 期。
[32] 侯建良：《公务员制度发展纪实》，中国人事出版社年 2007 年版。
[33] 侯建良："我国公务员范围的几次变化"，载《中共党史资料》2009 年第 3 期。
[34] 倪洪涛："论我国公务员范围的拓展"，载《河北法学》2007 年第 1 期。
[35] 姜明安："重视制度设计，保障《公务员法》立法目的的实现"，载《华东政法大学学报》2005 年第 1 期。
[36] 许安标："人大机关干部是公务员队伍的有机组成部分"，载《中国人大》2005 年第 24 期。

[37] 马怀德:"《国家监察法》的立法思路与立法重点",载《环球法律评论》2017 年第 2 期。

[38] 侯志山:"国家监察:中国特色监督的创举",载《中国党政干部论坛》2018 年第 4 期。

[39] 江国华、何盼盼:"中国特色监察法治体系论纲",载《新疆师范大学学报(哲学社会科学版)》2018 年第 5 期。

[40] 蔡乐渭:"国家监察机关的监察对象",载《环球法律评论》2017 年第 2 期。

[41] 董正奇:"公务员法视阈下构建和谐党际、党政、党群关系的思考",载《理论研究》2007 年第 2 期。

[42] 罗重谱:"中国事业单位分类改革轨迹及走向判断",载《改革》2012 年第 4 期。

[43] 李帆、樊轶侠:"中国政府公务人员规模与结构研究:基于国际比较视角",载《中国人民大学学报》2017 年第 6 期。

[44] 本书编目组:《国有企业反腐警示录》,中国方正出版社 2017 年版。

[45] 胡于凝、刘金程:"国有企业反腐败与纪检监察研究综述",载《天津行政学院学报》2013 年第 6 期。

[46] 黄晓彤、曾慧华:"当下我国国有企业经营者去行政化改革的路径建构——规范行政者行为还是解除公务员身份",载《理论探讨》2015 年第 2 期。

[47] 卫学莉:"基层群众性自治组织职能定位与优化",载《人民论坛》2015 年第 26 期。

[48] 秦前红:"监察法理解和适用的若干难点问题",载《人民法治·法律实施》2018 年第 3 期。

[49] 应松年:《公务员法》,法律出版社 2010 年版。

[50] [荷兰] 菲力普·兰布克、[意大利] 马克·法布瑞主编:《法院案件管辖与案件分配:奥英意荷挪葡加七国的比较》,范明志等译,法律出版社 2007 年版。

[51] 钱晓萍主编:《行政监察法概论》,中国政法大学出版社 2016 年版。

[52] 付洪林、窦家应:"行政诉讼提级管辖改革的探索与实践——以广东法院提级管辖改革为样本",载《法律适用》2014 年第 5 期。

[53] 叶赞平:《行政诉讼管辖制度改革研究》,法律出版社 2014 年版。

[54] 龙宗智:"刑事诉讼指定管辖制度之完善",载《法学研究》2012 年第 4 期。

[55] 郭晓光:《民事诉讼管辖实证研究》,中国政法大学出版社 2016 年版。

[56] 舒丹、徐冉:《实用版法规专辑——行政法》,法律出版社 2017 年版。

[57] 李志明编著:《〈中华人民共和国行政诉讼法〉配套解读与实例》,法律出版社 2015 年版。

[58] 中国法制出版社编:《〈中华人民共和国行政诉讼法〉配套解读与案例注释》,中国法制出版社 2013 年版。

[59] 夏红、毛淑玲、单丽雪:《〈中华人民共和国刑事诉讼法〉注释本》,法律出版社 2016 年版。

[60] 全国人大常委会法制工作委员会刑法室编著:《〈中华人民共和国刑事诉讼法〉释义及实用指南》，中国民主法制出版社 2012 年版。
[61] 夏红、毛淑玲、单丽雪编著:《〈中华人民共和国刑事诉讼法〉配套解读与实例：含司法解释》，法律出版社 2014 年版。
[62] 法律出版社法规中心编:《〈中华人民共和国刑事诉讼法〉配套解读》，法律出版社 2012 年版。
[63] 中国法制出版社编:《刑事诉讼法新解读》，中国法制出版社 2017 年版。
[64] 陈国庆主编:《中华人民共和国刑事诉讼法最新释义》，中国人民公安大学出版社 2012 年版。
[65] 全国人民代表大会常务委员会法制工作委员会刑法室编著:《〈中华人民共和国刑事诉讼法〉解读》，中国法制出版社 2012 年版。
[66] 全国人大常委会法制工作委员会编:《中华人民共和国刑事诉讼法释义》，法律出版社 2012 年版。
[67] 郑贤君:“试论监察委员会之调查权”，载《中国法律评论》2017 年第 4 期。
[68] 李庚:“为什么要赋予监察机关相应的监察权限——确保惩治腐败的有效性和威慑力”，载《中国纪检监察》2018 年第 6 期。
[69] 何家弘:《从应然到实然——证据法学探究》，中国法制出版社 2008 年版。
[70] 徐继敏:《行政证据学基本问题研究》，四川大学出版社 2010 年版。
[71] 王锡锌:“政府信息公开语境中的‘国家秘密’探讨”，载《政治与法律》2009 年第 3 期。
[72] [美] 理查德·A. 波斯纳:《争议/司法的经济学》，苏力译，中国政法大学出版社 2002 年版。
[73] 张天上:“隐私权的经济分析”，载《法制与社会发展》2006 年第 1 期。
[74] 沈成骄:“《政府信息公开条例》第二十三条中‘个人隐私’的理解与适用”，载《湖北行政学院学报》2013 年第 2 期。
[75] 董树文:“纪检监察谈话过程中的难点及对策”，载《北京石油管理干部学院学报》2010 年第 4 期。
[76] 刘玫:“论监察委员会的调查措施”，载《学习与探索》2018 年第 1 期。
[77] 汪海燕:“监察制度与《刑事诉讼法》的衔接”，载《政法论坛》2017 年第 6 期。
[78] 吴宏耀:“侦查讯问制度研究”，载《中国刑事法杂志》2001 年第 5 期。
[79] 陈瑞华:“论证人证言规则”，载《苏州大学学报》2012 年第 2 期。
[80] 梁三利:“留置取代‘两规’措施的法治化路径”，载《天津行政学院学报》2018 年第 1 期。
[81] 张翔、赖伟能:“基本权利作为国家权力配置的消极规范——以监察制度改革试点中的留置措施为例”，载《法律科学（西北政法大学学报）》2017 年第 6 期。

[82] 陈越峰："监察措施的合法性研究"，载《环球法律评论》2017 年第 2 期。
[83] 王飞跃："监察留置适用中的程序问题"，载《法学杂志》2018 年第 5 期。
[84] 宋英辉："职务犯罪侦查中强制措施的立法完善"，载《中国法学》2007 年第 5 期。
[85] 张咏涛："留置措施的基本内涵与规范运行"，载《新疆师范大学学报（哲学社会科学版）》2018 年第 1 期。
[86] 陈光中、张小玲："中国刑事强制措施制度的改革与完善"，载《政法论坛》2003 年第 5 期。
[87] 王少伟："以首善标准完成监察体制改革试点任务——北京开展国家监察体制改革试点工作纪实（上）"，载《中国纪检监察报》2017 年 6 月 1 日。
[88] 郭华："监察委员会与司法机关的衔接协调机制探索——兼论刑事诉讼法的修改"，载《贵州民族大学学报（哲学社会科学版）》2017 年第 2 期。
[89] 艾明："刑事诉讼法中的侦查概括条款"，载《法学研究》2017 年第 4 期。
[90] 张翔、赖伟能："基本权利作为国家权力配置的消极规范——以监察制度改革试点中的留置措施为例"，载《法律科学（西北政法大学学报）》2017 年第 6 期。
[91] 陈瑞华："审前羁押的法律控制——比较法角度的分析"，载《政法论坛》2001 年第 4 期。
[92] 刘艳红："监察委员会调查权运作的双重困境及其法治路径"，载《法学论坛》2017 年第 6 期。
[93] 戴涛："监察体制改革背景下调查权与侦查权研究"，载《国家行政学院学报》2018 年第 1 期。
[94] 姜明安："国家监察法立法的若干问题探讨"，载《法学杂志》2017 年第 3 期。
[95] 蒋山花、舒小亮："论行政扣押行为的执法困境与化解思路"，载《法治论坛》2010 年第 3 期。
[96] 李宝："'查封、扣押'的行政法律适用"，载《武汉公安干部学院学报》2015 年第 2 期。
[97] 邱景辉："罚金刑执行与监督若干问题研究"，载《人民检察》2004 年第 2 期。
[98] 梁芙蓉、郭斐飞："侦查措施违法时的权利救济及检察监督——兼评《刑事诉讼法》第一百一十五条"，载《河南社会科学》2013 年第 1 期。
[99] 王锴："我国国家公法责任体系的构建"，载《清华法学》2015 年第 3 期。
[100] 孔令勇："刑事人身物证同一认定鉴定意见审查判断规则研究"，载《中国司法鉴定》2015 年第 2 期。
[101] 王泓杰："对交通肇事案中的死者进行'全面尸检'的必要性及措施"，载《犯罪研究》2014 年第 4 期。
[102] 杨开湘、余蓝："人身检查概念之检讨"，载《时代法学》2010 年第 1 期。
[103] 高崇慧、刘博："男女平等与保护妇女合法权益探析"，载《云南大学学报》2006 年

第 1 期。
[104] 陈刚："刑事勘验、检查笔录的科学定义及分类"，载《中国人民公安大学学报》2016 年第 1 期。
[105] 陈敏、刘鑫："我国司法鉴定标准体系研究"，载《昆明理工大学学报》2013 年第 3 期。
[106] 卢乐云："司法鉴定的证据能力及其审查——以'两高三部''两个证据规定'为视域"，载《中国刑事法杂志》2011 年第 2 期。
[107] 张斌："论我国刑事鉴定意见的科学性保证"，载《南京大学法律评论》2015 年秋季卷。
[108] 赵剑海："试论司法鉴定人签名备案制度的构建"，载《中国司法鉴定》2014 年第 2 期。
[109] 孙启亮、金颖晔："论技术侦查措施在我国职务犯罪侦查中的适用"，载《华东政法大学学报》2011 年第 1 期。
[110] 李建国、张建兵："新刑诉法背景下职务犯罪技术侦查措施的运用和思考"，载《河北法学》2012 年第 12 期。
[111] 兰跃军："比较法视野中的技术侦查措施"，载《中国刑事法杂志》2013 年第 1 期。
[112] 秦卫东、任海新："检察机关配置技术侦查权研究"，载《中国刑事法杂志》2009 年第 6 期。
[113] 王彬："比较法视野下的技术侦查制度研究及其启示"，载《武汉大学学报（哲学社会科学报）》2010 年第 5 期。
[114] 任学强、蒋云国："技术侦查在职务犯罪中限制适用的再思考"，载《中国刑事法杂志》2009 年第 1 期。
[115] 詹建红："理论共识与规则细化：技术侦查措施的司法适用"，载《法商研究》2013 年第 3 期。
[116] 闫利国、徐光华："技术侦查在刑事诉讼中的运用——以监听为视角"，载《华中科技大学学报（社会科学版）》2010 年第 2 期。
[117] 刘明光："关于通缉的几个问题"，载《公安研究》2002 年第 4 期。
[118] 王秋杰："困境与完善：论我国通缉制度"，载《法学杂志》2012 年第 11 期。
[119] 王彦学："论网上通缉误认"，载《中国人民公安大学学报（社会科学版）》2010 年第 6 期。
[120] 揭萍："论刑事悬赏"，载《政法学刊》2004 年第 1 期。
[121] 陈立波："论我国限制出境的司法救济"，载《行政法学研究》2010 年第 4 期。
[122] 朱建朝、金香平、姜金良："限制出境（边控）措施的法律适用"，载《人民司法》2012 年第 18 期。
[123] 汪进元："人身自由的构成与限制"，载《华东政法大学学报》2011 年第 2 期。

[124] 刘志欣、董礼杰:“诉讼程序中限制出境措施的完善与救济——对公民出境自由的限制与救济”,载《法律适用》2013 年第 11 期。
[125] 杜以星:“民事诉讼中限制出境措施的若干实务问题”,载《法律适用》2011 年第 5 期。
[126] 胡晓东、熊燕:“对限制被执行人出境之申请的审查”,载《人民司法》2010 年第 10 期。
[127] 麦锐:《〈中华人民共和国民事诉讼法〉注释本》,法律出版社 2017 年版。
[128] 兰跃军:“被害人报案与控告”,载《刑事法律评论》2014 年第 4 期。
[129] 赵秉志:“刑事立案若干问题探讨”,载《人民检察》2000 年第 4 期。
[130] 秦前红、石泽华:“论监察权的独立行使及其外部衔接”,载《法治现代化研究》2017 年第 6 期。
[131] 韩大元:“论国家监察体制改革中的若干法律问题”,载《法学评论》2017 年第 3 期。
[132] 焦洪昌、叶远涛:“监察委员会的宪法定位”,载《国家行政学院学报》2017 年第 2 期。
[133] 周长军:“监察委员会调查职务犯罪的程序构造研究”,载《法学论坛》2018 年第 2 期。
[134] 沈叶:“问题线索流转之旅”,载《中国纪检监察》2017 年第 5 期。
[135] 陈振:“关于纪检监察机关运用函询处置问题线索的思考”,载《广州大学学报》2016 年第 12 期。
[136] 卞建林:“监察机关办案程序初探”,载《法律科学》2017 年第 6 期。
[137] 龙宗智:“监察体制改革中的职务犯罪调查制度完善”,载《政治与法律》2018 年第 1 期。
[138] 周鹏飞:“纪检监察机关收集的证据在刑事诉讼中的使用”,载《中国监察》2013 年第 24 期。
[139] 高铭暄等主编:《中华法学大辞典 刑法学卷》,中国检察出版社 1996 年版。
[140] 张保生主编:《证据法学(第 2 版)》,中国政法大学出版社 2014 年版。
[141] 杜万华主编:《最高人民法院民事诉讼司法观点全集》,人民法院出版社 2016 年版。
[142] 罗志勇、冯黔刚:“刑事审判中实物证据的审查判断及排除”,载《证据科学》2012 年第 2 期。
[143] 参见姜明安:“国家监察发立法的若干问题探讨”,载《法学杂志》2017 年第 3 期。
[144] 赵秉志等主编:《宽严相济死刑政策在刑事适用中的贯彻研究》,中国法制出版社 2015 年版。
[145] 高源、全英杰:“论基于证据体系构建的侦查取证模式”,载《山东社会科学》2006 年版第 6 期。
[146] 纵博:“监察体制改革中的证据问题探讨”,载《法学》2018 年第 2 期。

[147] 王海、王金凤、杨琳："刑事审判中被告人翻供的司法应对——基于裁判者角度的思考"，载《山东法官培训学院学报》2018 年第 1 期。
[148] 赵培显："侦查讯问录音录像的证据效力与适用"，载《上海政法学院学报》2015 年第 2 期。
[149] 吴春华、温志强主编：《中国公务员制度》，南开大学出版社 2008 年版。
[150] 许兵编著：《社会管理相关法律法规一本通》，国家行政学院出版社 2011 版。
[151] 田志毅："德法两国公务员惩戒及救济制度比较"，载《行政论坛》2004 年第 6 期。
[152] 中央纪委法规室编：《中国共产党纪律处分条例》，方正出版社 2015 年版。
[153] 冯俊伟："国家监察体制改革中的程序分离和衔接"，载《法律科学》2017 年第 6 期。
[154] 陈兴良主编：《刑法学》，复旦大学出版社 2003 年版。
[155] 孙长永："提起公诉的证据标准及其司法审查"，载《中国法学》2001 年第 4 期。
[156] 易延友："刑事强制措施体系及其完善"，载《法学研究》2012 年第 3 期。
[157] 施鹏鹏："国家监察委员会的侦查权及其限制"，载《中国法律评论》2017 年第 2 期。
[158] [新西兰] 杰瑞米·波普：《制约腐败——建构国家廉政体系》，清华大学公共管理学院廉政研究室译，中国方正出版社 2003 年版。
[159] 陈海锋："刑事审查起诉程序正当性完善研究"，华东政法大学 2013 年博士学位论文。
[160] 屈新、吕云川："监委会移送的职务犯罪案件需经检察机关审查起诉"，载《西华大学学报（哲学社会科学版）》2017 年第 4 期。
[161] 武晓慧："论公诉裁量权的运行与程序性控制"，载《中国刑事法杂志》2016 年第 1 期。
[162] 刘立霞："移送审查起诉的证明标准探析——以证伪思维为视角"，载《河北法学》2008 年第 6 期。
[163] 云山城："完善补充侦查若干问题的思考"，载《中国人民公安大学学报（社会科学版）》2006 年第 6 期。
[164] 陈卫东："职务犯罪监察调查程序若干问题研究"，载《政治与法律》2018 年第 1 期。
[165] 唐亮："监察体制改革与检察机关之归位"，载《河北法学》2018 年第 1 期。
[166] 周欣："我国检察机关自侦权的缺陷与重构"，载《中国人民公安大学学报》2007 年第 2 期。
[167] 陈光中："我国监察体制改革若干问题思考"，载《中国法学》2017 年第 4 期。
[168] 张建伟："法律正当程序视野下的新监察制度"，载《环球法律评论》2017 年第 2 期。
[169] 纵博："监察体制改革中的证据制度问题探讨"，载《法学》2018 年第 2 期。
[170] 张智辉："公诉权论"，载《中国法学》2006 年第 6 期。
[171] 熊秋红："认罪认罚从宽的理论审视与制度完善"，载《法学》2016 年第 10 期。

[172] 魏晓娜："完善认罪认罚从宽制度：中国语境下的关键词展开"，载《法学研究》2016 年第 4 期。
[173] 刘志云："国家利益的层次分析与国家在国际法上的行动选择"，载《现代法学》2015 年第 1 期。
[174] 吴建雄："国家监察体制改革背景下职务犯罪检察职能定位与机构设置"，载《国家行政学院学报》2018 年第 1 期。
[175] 天津市北辰区人民检察院课题组："检察机关'提前介入'问题研究"，载《河北法学》2009 年第 3 期。
[176] 秦前红："我国监察体制的宪制思考：从'三驾马车'到国家监察"，载《中国法律评论》2017 年第 1 期。
[177] 中央纪委案件审理室编著：《纪律审查证据收集与运用——以新修订的〈中国共产党纪律处分条例〉为视角》，中国方正出版社 2018 年版。
[178] 参见龙宗智：《证据法的理念、制度与方法》，法律出版社 2008 年版。
[179] 张雨茂："纪检监察部门证据机制研究——以刑事证据转化为视角"，中国社会科学院 2017 年硕士学位论文。
[180] 王昌奎："纪检监察证据之效力及其向刑事证据的转化"，载《司法实务》2010 年第 8 期。
[181] 鲁冰婉："刑事诉讼中纪检监察证据转化机制研究"，吉林大学 2017 年硕士学位论文。
[182] 郑曦："监察委员会技术侦查权研究"，载《学习与探索》2018 年第 1 期。
[183] 邓思清："刑事缺席审判制度研究"，载《法学研究》2007 年第 3 期。
[184] 钱文杰："我国刑事司法中的缺席审判——基于刑事诉讼特别没收程序的观察与思考"，载《河北法学》2018 年第 4 期。
[185] 李步云："中国特色社会主义人权理论体系论纲"，载《法学研究》2015 年第 2 期。
[186] 江国华："无诉讼即无法治——论宪法诉讼乃法治之精义"，载《法学论坛》2002 年第 4 期。
[187] 秦奥蕾："论我国救济性基本权利"，载《法学论坛》2009 年第 3 期。
[188] 杨红："被监察者的权利及其保障研究"，载《行政法学研究》2017 年第 11 期。
[189] 丁建军："公民程序性权利及其价值考量"，载《山东社会科学》2006 年第 9 期。
[190] 江平：《中华人民共和国法律全释》（第 3 册），中国检察出版社 2000 版。
[191] 国家法官学院案例开发研究中心编：《中国法院 2014 年度案例 5 · 合同纠纷》，中国法制出版社 2014 年版。
[192] 张柏林：《中华人民共和国公务员法释义》，中国人事出版社 2005 年版。
[193] 中华人民共和国公务员法释义编写组：《中华人民共和国公务员法释义》，中国法制出版社 2005 年版。
[194] 徐静琳：《行政法与行政诉讼法学》（第 3 版），上海大学出版社 2013 年版。

[195] 茅铭晨："论宪法申诉权的落实和发展"，载《现代法学》2002 年第 6 期。

[196] 万毅、林喜芬：《刑事诉讼法》，清华大学出版社 2010 年版。

[197] 沈太霞：《人权的守卫者 欧洲人权法院个人申诉制度》，暨南大学出版社 2014 年版。

[198] 高家伟：《公正高效权威视野下的行政司法制度研究》，中国人民公安大学出版社 2013 年版。

[199] 陈红：《国家赔偿法》，厦门大学出版社 2015 年版。

[200] 赵志云：《〈中华人民共和国行政强制法〉条文解读与案例解析》，国家行政学院出版社 2012 年版。

[201] 吴鹏：《行政法攻略》（第 6 版），中国财政经济出版社 2014 年版。

[202] 《法律法规案例注释版系列》编写组：《〈中华人民共和国行政诉讼法〉案例应用版》，中国法制出版社 2010 年版。

[203] 岳光辉：《国家赔偿法实例说》，湖南人民出版社 2000 年版。

[204] 中纪委驻国家工商行政管理局纪检组、监察部驻国家工商行政管理局监察局组织编写：《工商行政管理机关执法监察指要》，工商出版社 1997 年版。

[205] 储槐植、郭明跃："联合国反腐败公约与中国反腐败国际合作研究"，载《刑法论丛》2007 年第 1 期。

[206] 马军亮："试析中国反腐败国际追逃追赃长效机制的构建"，载《哈尔滨工业大学学报（社会科学版）》2016 年第 2 期。

[207] 陈挥、王关兴：《中国共产党反腐倡廉史》，上海人民出版社 2014 年版。

[208] 陈泽宪主编：《〈联合国反腐败公约〉与中国刑事法治的完善》，中国检察出版社 2010 年版。

[209] 楼伯坤："APEC 成员合作反腐司法一体化机制构建"，载《中国法学》2016 年第 2 期。

[210] 丁开杰："国际组织反腐举措（一）世界银行——帮助受援国创造善政环境"，载《中国监察》2003 年第 9 期。

[211] 陈雪莲："国际组织反腐举措（二）联合国开发计划署的反腐败框架"，载《中国监察》2003 年第 10 期。

[212] 丁开杰："国际组织反腐举措（三）国际货币基金组织——以善治向腐败开战"，载《中国监察》2003 年第 11 期。

[223] 陈正云、李翔、陈鹏展：《〈联合国反腐败公约〉——全球反腐败的法律基石》，中国民主法制出版社 2006 年版。

[224] "我国对外缔结司法协助及引渡条约情况"，载 http://www.fmprc.gov.cn/web/ziliao_674904/tytj_674911/wgdwdjdsfhzty_674917/t1215630.shtml.

[225] 陈雷：《反腐败国际合作理论与实务》，中国检察出版社 2012 年版。

[226] 周鲠生主编：《国际法》（上册），武汉大学出版社 2007 年版。

[227] 黄风："我国主动引渡制度研究：经验、问题和对策"，载《法商研究》2006 年第 4 期。

[228] 李翔：《反腐败国际刑事合作机制研究》，北京大学出版社 2011 年版。
[229] 李蓉："反腐败的国际刑事司法协助——《联合国打击跨国有组织犯罪公约》的刑事司法协助体系"，载《政法论坛》2005 年第 2 期。
[220] 黄风："国际司法协助中的被判刑人移管"，载《比较法研究》1990 年第 4 期。
[221] 林雪标："外逃腐败资产的追回"，载《国家检察官学院学报》2010 年第 5 期。
[222] 张士金："对资产追回国际法律合作的现实考量"，载《政法论坛》2010 年第 1 期。
[223] 赵秉志、张磊："习近平反腐败追逃追赃思想研究"，载《吉林大学社会科学学报》2018 年第 2 期。
[224] 张磊："腐败犯罪境外追逃追赃的反思与对策"，载《当代法学》2015 年第 3 期。
[225] 王强军："利用遣返实现境外追逃问题研究"，载《法学评论》2013 年第 6 期。
[226] 张磊：《国际刑事司法协助热点问题研究》，中国人民公安大学出版社 2012 年版。
[227] 薛丰民、黄鹏："中国反腐败境外追逃实践之劝返模式研究"，载《郑州大学学报》2017 年第 6 期。
[228] 解彬：《境外追赃刑事法律问题研究》，中国政法大学出版社 2016 年版。
[229] 彭新林："破解反腐境外追赃难点的对策"，载《人民论坛》2017 年第 1 期。
[230] 庄德水："扎牢防逃追逃追赃的制度笼子"，载《检察日报》2014 年 9 月 30 日。
[231] [法] 孟德斯鸠：《论法的精神》（上册），许明龙译，商务印书馆 2009 年版。
[232] [英] 霍布斯：《利维坦》，黎思复、黎廷弼译，商务印书馆 1985 年版。
[233] 吴海红："反腐倡廉建设中的社会监督机制研究"，载《中共福建省委党校学报》2012 年第 2 期。
[234] 任铁缨："反腐败与社会监督"，载《中共中央党校学报》2009 年第 4 期。
[235] 梁平、张蓓蓓："从舆论监督到新闻法治——基于当代传媒与司法的关系研究"，载《河北法学》2012 年第 3 期。
[236] 曹亘平："对监察委的监督制约严密而有效——多把'连环锁'确保监察权良性运行"，载《人民论坛》2018 年第 1 期。
[237] 李和生："浅谈加强纪检监察干部队伍建设的几点思考"，载《法制与社会》2013 年第 4 期。
[238] 谈江萍、饶兰兰："我国刑事诉讼回避制度的完善"，载《江西社会科学》2008 年第 9 期。
[239] 国家保密局指导管理司："涉密人员离岗离职的保密管理"，载《保密工作》2015 年第 12 期。
[240] 于志刚："从业禁止制度的定位与资格限制、剥夺制度的体系化——以《刑法修正案（九）》从业禁止制度的规范解读为切入点"，载《法学评论》2016 年第 1 期。
[241] 张文显："法律责任论纲"，载《吉林大学社会科学学报》1991 年第 1 期。
[242] [法] 孟德斯鸠：《论法的精神》，张雁深译，商务印书馆 1961 年版。

[243] 陈光中主编:《刑事诉讼法》,北京大学出版社、高等教育出版社 2012 年版。
[244] 周云之、刘培育:《先秦逻辑史》,中国社会科学出版社 1984 年版。
[245] 金承光:“从逻辑学的视角谈谈证据的充分性及其判定方法”,载《政法论丛》1999 年第 1 期。
[246] 胡学相、尹晓闻:“对拒不执行判决、裁定罪立法的反思与建言——兼评《刑法修正案(9)》对拒不执行判决、裁定罪的修订”,载《法治研究》2015 年第 6 期。
[247] 马克昌主编:《刑法》,高等教育出版社 2007 年版。
[248] 全国人大常委会法制工作委员会编著:《〈中华人民共和国刑法〉释义及实用指南》,中国民主法制出版社 2011 年版。
[249] 中国法制出版社编:《刑法新解读》,中国法制出版社 2017 年版。
[250] 曲新久:《刑法学》,中国政法大学出版社 2009 年版。
[251] 刘宪权主编:《中国刑法学》,上海人民出版社 2008 年版。
[252] 郝英兵编著:《最新中华人民共和国刑法配套解读与案例》,法律出版社 2017 年版。
[253] 李晓明主编:《中国刑法分论》,清华大学出版社 2014 年版。
[254] 法律出版社法规中心编:《〈中华人民共和国刑法〉注释本》,法律出版社 2015 年版。
[255] 赵秉志主编:《当代刑法学》,中国政法大学出版社 2009 年版。
[256] 张金喜:“疑难刑事案证据的审查规则”,载《法制与社会》2009 年第 5 期。
[257] 中国社会科学院语言研究所词典编辑室编:《现代汉语词典》(第 5 版),商务印书馆 2005 年版。
[258] 陈光中主编:《刑事诉讼法》,北京大学出版社、高等教育出版社 2012 年版。
[259] 陈光中主编:《证据法学》,法律出版社 2015 年版。
[260] 秦前红、石泽华:“监察委员会留置措施研究”,载《苏州大学学报》2017 年第 4 期。
[261] 杨建顺:“国家监察体制改革十大课题”,载《中国法律评论》2017 年第 6 期。
[262] 马岭:“论监察委员会的宪法条款设计”,载《中国法律评论》2017 年第 6 期。
[263] 冯留建:“监督执纪问责,必须坚持惩前毖后、治病救人”,载《光明日报》2018 年 4 月 19 日,第 16 版。
[264] 周农:“‘执纪必严、动辄则咎’不是一句空话”,载《中国纪检监察》2015 年第 10 期。
[265] 石伟、范丽君:“把握运用监督执纪‘四种形态’”,载《中国党政干部论坛》2016 年第 1 期。
[266] 刘艳红、夏伟:“法治反腐视域下国家监察体制改革的新路径”,载《武汉大学学报(哲学社会科学版)》2018 年第 1 期。
[267] 陈光中、邵俊:“我国监察体制改革若干问题思考”,载《中国法学》2017 年第 4 期。
[268] 李晓明:“法治反腐:反腐败机构的整合与重构”,载《法治研究》2016 年第 6 期。
[269] 李红勃:“迈向监察委员会:权力监督中国模式的法治化转型”,载《法学评论》2017 年第 3 期。

后记

这是中国法学会“研究阐释党的十八届六中全会精神”重点专项课题“国家监察立法研究”的衍生性成果。感谢课题组的精诚合作。感谢国家2011计划司法文明协同创新中心的经费支持。我的学生何盼盼、何宗鹏、王冲、卢宇博、罗航、易清清、李芸书、符迪等同学参与了课题的前期调研和资料收集整理工作，在此一并表示感谢。

江国华

2018年7月